DIE ORTS- UND GEWÄSSERNAMEN DER FREIEN UND HANSESTADT HAMBURG

Photo: Eva Nagel, Schleswig 1985

Wolfgang Laur

1921–2009

WOLFGANG LAUR

Die Orts- und Gewässernamen der Freien und Hansestadt Hamburg

Ein historisches Lexikon unter Einbeziehung relevanter Flurnamen

Wachholtz

Herausgegeben von
Peter Laur und Friedhelm Debus

Veröffentlicht mit freundlicher Unterstützung durch die

ZEIT-Stiftung
Ebelin und Gerd
Bucerius

Hamburgische
Wissenschaftliche
Stiftung

Haspa
Hamburger Sparkasse

Umschlag: Ausschnitt der Holstein-Karte von Johannes Mejer
aus Caspar Danckwerths „Newe Landesbeschreibung der zwey
Hertzogthümer Schleswich vnd Holstein" (1652)

Redaktion: Sabine Durchholz M.A., 52351 Düren

ISBN 978-3-529-02816-8

www.wachholtz.de

Geleitwort

Das vorliegende Werk wurde von Dr. Wolfgang Laur in einer ersten Fassung um das Jahr 2002 abgeschlossen. Die auch von mir mit geplante Veröffentlichung in den „Kieler Beiträgen zur deutschen Sprachgeschichte" scheiterte seinerzeit an der nicht möglichen Einwerbung der Druckkosten. So blieb das Manuskript mit zunächst noch weiterhin angebrachten Ergänzungen durch den Autor bis zu dessen Tod im August 2009 liegen. Es ist das große Verdienst seines Bruders, Prof. Dr. Peter Laur von der RWTH Aachen, dieses im Nachlaß befindliche wertvolle Werk zu neuem Leben erweckt und mit erheblichen persönlichen Mitteln zum Druck vorbereitet zu haben. Dass dabei für die einleitenden Kapitel die bereitwillig-uneigennützige Mitwirkung zweier Hamburger Wissenschaftler – des Historikers Dr. Klaus Richter und des Archäologen Wulf Thieme M.A. – gewonnen werden konnte, sei an dieser Stelle dankend hervorgehoben. Peter Laur hat in seiner folgenden „Vorbemerkung" den durchaus mühevollen, aber mit Zielstrebigkeit betriebenen Fortgang des Veröffentlichungsvorhabens ausführlicher beschrieben. Ich selbst habe im Gedenken an den langjährigen Fachkollegen und Freund Wolfgang Laur gerne die weitere Betreuung und Herausgeberschaft des nicht nur für Hamburg, sondern auch allgemein für die namenkundlich-kulturhistorische Wissenschaft bedeutenden Werkes übernommen.

Wolfgang Laur hat sich durch seine zahlreichen Veröffentlichungen einen Namen als hochangesehener Wissenschaftler gemacht, nicht nur national, sondern auch international. Der Weg dorthin war freilich nicht geradlinig. Den am 1. Dezember 1921 in Riga/Lettland Geborenen traf das Schicksal der meisten Deutschbalten mit der befohlenen „Umsiedlung" ins Deutsche Reich 1939. Nach Zwischenaufenthalten in Westpreußen konnte er 1940 an der Schiller-Oberschule in Posen das Abitur ablegen und mit dem Studium der Fächer Germanistik, Nordistik und Geschichte an der Universität Greifswald beginnen, mußte als Deutschbalte dann aber an die „Reichsuniversität" Posen wechseln. Doch schon 1942 wurde er zum Wehrdienst einberufen – mit verschiedenen Einsatzorten, Verwundung, Lazarettaufenthalten und amerikanischer/französischer Kriegsgefangenschaft in mehreren Lagern bis Juli 1945. Danach fand er zu Mutter und Bruder, die nach der Flucht aus dem Osten in Schleswig-Holstein eine Bleibe gefunden hatten. Endlich konnte er nun ab dem Wintersemester 1946 das Studium an der Universität Kiel fortsetzen und mit der Promotion 1949 abschließen. Seine Dissertation konnte erst viel später (im Jahre 2001) in erweiterter Form unter dem Titel „Germanische Heiligtümer und Religion im Spiegel der Ortsnamen. Schleswig-Holstein, nördliches Niedersachsen und Dänemark“ gedruckt werden und hat ihm 2005 den Preis der Königl. Gustav-Adolf-Akademie für schwedische Volkskultur in Uppsala eingetragen. Das Thema dieser Arbeit weist bereits auf die von ihm nachfolgend erfolgreich betriebene Namenforschung. Nach einigen Jahren wissenschaftlicher Forschungen als wissenschaftlicher Assistent an der Kieler Universität und im Rahmen mehrerer Förderungsmaßnahmen konnte Wolfgang Laur 1962 am Schleswig-Holsteinischen Landesarchiv in Schleswig fest angestellt werden. Bereits im Jahre 1960 war sein Buch „Die Ortsnamen in Schleswig-Holstein mit Einschluß der nordelbischen Teile von Groß-Hamburg und der Vierlande“ erschienen, das wichtige Vorarbeiten für das nun vorgelegte Werk enthält. Eine ganze Reihe weiterer Bücher, nicht nur zu namenkundlichen Themen, und mehrere hundert Aufsätze zur Namenkunde, Sprachwissenschaft, Germanischen Altertumskunde, Geschichte (insbesondere Frühgeschichte) und auch zur Literaturgeschichte dokumentieren die reiche Ernte eines rastlos tätigen Wissenschaftlers. Seine Verdienste wurden 1985 durch die Verleihung des renommierten Joost-van-den-Vondel-Preises und 2006 der Schleswig-Holstein-Medaille gewürdigt. Daß Wolfgang Laur im Rahmen gemeinsam an der Universität Kiel durchgeführter Hauptseminare sein reiches Wissen an Studenten weitergegeben und Doktoranden bei ihrer Archivarbeit unterstützt hat, erwähne ich hier in dankbarer Erinnerung.

Wolfgang Laurs Hauptwerk, das zugleich publikumswirksam an interessierte Laien gerichtet ist, stellt zweifellos das viel benutzte „Historische Ortsnamenlexikon von Schleswig-Holstein“ aus dem Jahr 1967 dar, das 1992 in veränderter und stark erweiterter zweiter Auflage erschien und seit längerem vergriffen ist. Nun stellt sich das vorliegende Werk thematisch und tendenziell für Hamburg jenem erfolgreichen Lexikon direkt zur Seite. Es bleibt zu wünschen, daß das jetzt auf den Weg gebrachte, durch den Wachholtz Verlag ansprechend ausgestattete Werk aus dem Nachlaß eine ebenso wohlwollende Aufnahme finden und allen Interessierten Bereicherung bringen und Freude bereiten möge!

Die Herausgeber bedanken sich sehr herzlich bei der "ZEIT-Stiftung Ebelin und Gerd Bucerius", der "Hamburgischen Wissenschafltichen Stiftung" und der "Hamburger Sparkasse - Haspa" für die Übernahme der Druckkosten! Ohne diese Unterstützung hätte das Werk nicht erscheinen können.

Kiel, Dezember 2011 Prof. Dr. Friedhelm Debus

Vorbemerkung

Der Autor dieses Buches, mein Bruder Dr. Wolfgang Laur, ist im August 2009, fast 88 Jahre alt, verstorben. Bis an sein Lebensende ist er wissenschaftlich aktiv geblieben, soweit seine abnehmende Gesundheit das zuließ. Die vorliegende, seine letzte größere Arbeit, war um etwa 2002 abgeschlossen und auch als Typoskript mit handschriftlichen Zusätzen an einen Verlag weitergereicht worden. Zum großen Bedauern meines Bruders ist die Veröffentlichung damals nicht zustande gekommen, hauptsächlich wegen Finanzierungsschwierigkeiten. Diese beruhten teilweise darauf, dass Schleswig-Holstein sich nicht für ein „hamburgisches Thema", Hamburg jedoch nicht für einen „schleswig-holsteinischen Fachmann" zuständig sah. Eine solche Grenzziehung ist angesichts des im Text dargelegten namengeschichtlichen und allgemeinhistorischen Hintergrundes des Themas überraschend. Ich habe meinem Bruder versprochen, mich dennoch weiterhin für die Veröffentlichung einzusetzen, soweit mir das möglich ist.
Wie gewisse Änderungen und Ergänzungen des Manuskripts zeigen, hat der Autor bis jedenfalls 2006 den Text überarbeitet und teilweise aktualisiert. Offenbar war es vorgesehen, in größerem Maße als hier vorgelegt mundartliche Bezeichnungen aufzunehmen; dazu ist es nicht mehr gekommen, hauptsächlich wegen der nachlassenden Sehkraft des Autors. Entsprechende hierfür reservierte Lücken im Manuskript werden jedoch im folgenden nicht kenntlich gemacht, um die Lesbarkeit zu fördern; inhaltliche Einschränkungen durch diese „Unvollständigkeit" sind kaum zu befürchten.
Ein weiteres Hindernis einer zügigen Publikation hat die heutige Erfordernis gebildet, ein digitalisiertes, „druckfertiges" Manuskript einzureichen. Hierzu sah sich mein Bruder nicht mehr in der Lage. Ich habe ihm noch kurz vor seinem Tode versprochen, die Weiterförderung in dieser Sache zu betreiben. Als Ergebnis kann nunmehr die nachfolgende Fassung vorgelegt werden.
Die zeitliche Verzögerung hat es nötig gemacht, die einleitenden Kapitel zu aktualisieren, während der eigentliche Lexikon-Hauptteil davon kaum berührt ist. Für die Mitwirkung hierbei ist dem Historiker Herrn Dr. Klaus Richter, früher Archivdirektor am Staatsarchiv der Freien und Hansestadt Hamburg, und dem Archäologen Herrn Wulf Thieme M.A., pensionierter Oberkustos des Helms-Museums, Hamburger Museum für Archäologie und die Geschichte Harburgs, verbindlich Dank zu sagen.
Beide Herren, Fachleute auf den betreffenden Gebieten, haben großzügig und uneigennützig eine solche Überarbeitung in den Jahren 2009/2010 vorgenommen.

Die technische Erstellung des Buches hat in den kompetenten Händen von Frau Sabine Durchholz M.A., freie Lektorin und Mitarbeiterin am Institut für Germanistische und Allgemeine Literaturwissenschaft der RWTH Aachen University, gelegen. Mit außerordentlicher Gewissenhaftigkeit hat Frau Durchholz nicht nur die Digitalisierung des Textes vorgenommen, sondern auch den Text vereinheitlicht, Druck- und Schreibfehler beseitigt und Unstimmigkeiten geklärt. Ohne ihre Mitwirkung hätte das Buch weiterhin auf seine Veröffentlichung warten müssen.

Ein besonderer Dank gebührt den Erben meines Bruders dafür, daß sie das Manuskript aus dem Nachlaß zur Verfügung gestellt haben, und darüber hinaus der jüngeren Tochter des Autors, Frau Dr. Elisabeth Laur, Hamburg, für ihre große Hilfe bei der Überprüfung von Namen und Zitaten sowie beim Korrekturlesen. Im Übrigen ist der wissenschaftliche Nachlaß meines Bruders einschließlich der Unterlagen zum vorliegenden Buch dem Landesarchiv Schleswig-Holstein in Schleswig übergeben worden, wo er nunmehr zugänglich ist.

Meine eigene Mitarbeit beschränkt sich auf eine Koordinierung der Arbeiten sowie geringere Korrekturen eher orthographischer oder stilistischer Art sowie auf die Prüfung einer genauen Übereinstimmung mit dem Manuskript, da ich als Naturwissenschaftler fachfremd bin. Nur in Einzelfällen ist eine Überprüfung des Textes anhand der Quellen selbst möglich gewesen. Trotz aller Mühen sind bei einem Werk dieser Art Lese-, Schreib- und Übertragungsfehler nie ganz zu vermeiden. Dennoch besteht die begründete Hoffnung, dass solche Unvollkommenheiten letzten Endes doch unerheblich bleiben. Die Kosten der Digitalisierung und der Produktion einer druckfertigen Fassung habe ich als Privatmann übernommen, wie ich das meinem Bruder als Geschenk zum 85. Geburtstag zugesagt habe.

Dennoch wären wohl auch jetzt alle Bemühungen um eine Veröffentlichung vergeblich geblieben, wenn nicht Herr Kollege Professor (em.) Dr. Friedhelm Debus, der Herausgeber der „Kieler Beiträge zur deutschen Sprachgeschichte“, sich freundlicherweise spontan bereit erklärt hätte, das Projekt zu fördern, zu unterstützen und zumal dabei als fachkompetenter Herausgeber mitzuwirken. Der Dank meines Bruders wäre ihm gewiss.

Aachen, Juni 2010 — Prof. Dr. Peter Laur

Vorwort

Über die Orts-, die Flur- und die Gewässernamen im Raume der Freien und Hansestadt Hamburg ist schon viel geschrieben worden. Da Hamburg bis auf Harburg und Umgebung in der Hauptsache altes holsteinisches Gebiet darstellt, findet man auch die meisten Ortsnamen in den entsprechenden älteren Abhandlungen über die holsteinischen Ortsnamen, so in denen von Jellinghaus und Dohm. In meinem Buch von 1960 „Die Ortsnamen in Schleswig-Holstein mit Einschluß der nordelbischen Teile von Groß-Hamburg und der Vierlande“ habe ich, wie der Titel besagt, auch die Ortsnamen dieses Gebietes berücksichtigt. Es handelt sich dabei aber nicht um eine systematische Darstellung aller Ortsnamen, sondern es werden hier die einzelnen Probleme, die sich an die Ortsnamen knüpfen, erörtert.[1] So bestand daher nach wie vor der Wunsch nach einer zusammenfassenden Darstellung aller Hamburger Ortsnamen gemäß den neuesten Erkenntnissen und Gesichtspunkten der Namenforschung. Nachdem im Spätherbst 1992 die zweite, völlig veränderte und erweiterte Auflage meines „Historischen Ortsnamenlexikons von Schleswig-Holstein“ erschienen war, meinte ich, daß nun ein ähnliches Werk über die Ortsnamen der Freien und Hansestadt Hamburg folgen sollte.

Dieses Hamburger Ortsnamenlexikon schließt sich im Aufbau und in der Gliederung dem Schleswig-Holsteinischen Historischen Ortsnamenlexikon an. Nur glaubte ich, hier in der Einleitung auf eine allgemeine namenkundliche Einführung mit einer Darstellung der Namenbildung und der Namentypen, der Flexion und lautlichen Entwicklung der Namen verzichten zu können, da dieses schon öfters geschehen ist, so in meinem erwähnten Buch von 1960, im oben genannten „Historischen Ortsnamenlexikon von Schleswig-Holstein“ und in meinem Buch „Der Name. Beiträge zu einer allgemeinen Namenkunde und ihrer Grundlegung“ von 1989. Stattdessen bringt dieses Hamburger Lexikon in der Einleitung eine kurze Übersicht über die Naturräume und die Geschichte im Hinblick auf die territoriale Entwicklung und die Besiedlung. Berücksichtigt sind aber mundartliche Verhältnisse, da sie sich in der Großstadt anders gestaltet haben als in einem Flächenlande.

---

[1] Die Ortsnamen des Hamburger Raumes habe ich zehn Jahre davor zusammen mit denen in den holsteinischen Kreisen Stormarn und Pinneberg mit Ausblicken auch auf angrenzende holsteinische Regionen in einem Aufsatz „Die Ortsnamen Stormarns“ in der Zeitschrift Hammaburg behandelt, worunter aber nicht nur der heutige gleichnamige Kreis, sondern eben die alte nordelbische Landschaft zu verstehen ist. Manches an Ortsnamendeutungen ist allerdings auf Grund der nachfolgenden Forschungen als überholt zu bezeichnen.

Das Lexikon behandelt in der Hauptsache die Ortsnamen im eigentlichen Sinne, d. h. die Namen der Stadtteile, die ja in unserem Falle auf ursprünglich selbstständige Ortschaften zurückgehen, und von sonstigen noch bestehenden oder vergangenen Örtlichkeiten. In einer Stadt spielen die Straßennamen eine besondere Rolle und bilden ein eigenes namenkundliches Thema für sich. Sie sind hier nur insoweit berücksichtigt worden, als sie auf ältere Flurnamen zurückgehen oder Bezug auf besondere Örtlichkeiten nehmen. Ferner sind Flur- und Landstrichnamen aufgenommen worden, soweit sie sich auf der Stadtkarte von Hamburg 1:20.000 finden. Flurnamen begegnen uns nicht nur in den entsprechenden Archivalien der frühen Neuzeit und unserer Zeit, sondern auch in mittelalterlichen Urkunden. Da es sich dabei nicht um allzu viele handelt und es mir wichtig erscheint, sie als Grundlage für eine spätere allgemeine Flurnamenveröffentlichung festzuhalten, sind sie hier aufgenommen worden. Hamburg ist reich an Gewässern, nicht nur im Hinblick auf Elbe, Alster und Bille, sondern an vielen Zuflüssen und Kanälen. So habe ich daher versucht, möglichst viele Gewässernamen in das Lexikon aufzunehmen. Eine große und wertvolle Hilfe leistete mir dabei die Lieferung 16 der „Hydronomia Germaniae – Zuflüsse zur unteren Elbe“ von Jürgen Udolph.
Erwähnt werden müssen noch die mundartlichen niederdeutschen Namenformen. Wo sie mir erreichbar waren und mir wichtig erschienen, habe ich sie wie im schleswig-holsteinischen Ortsnamenlexikon in gewöhnlicher Umschrift gegeben, um Nichtsprachwissenschaftlern das Lesen zu erleichtern. Nur in einigen Fällen habe ich lautschriftliche Angaben gemacht, wo ich es nötig fand. Im schleswig-holsteinischen Ortsnamenlexikon und in meinem Buch von 1960 findet sich ein umfangreiches Literaturverzeichnis, das auch Hamburg berücksichtigt; daher habe ich hier das Literaturverzeichnis etwas kürzer gehalten.
Jede wissenschaftliche Arbeit schuldet ihren Vorgängern Dank, weil sie sozusagen auf deren Schultern steht, und so fühlt sich auch dieses Hamburger Ortsnamenbuch einer Reihe von Vorgängern verpflichtet, wenn auch die heutige Namenforschung auf Grund ihrer neueren Erkenntnisse an manchen früheren Arbeiten und Aussagen Kritik üben muß. Die holsteinischen Vorgänger wie Dohm und Jellinghaus habe ich bereits erwähnt. Speziell in Bezug auf Hamburg will ich nur von topographisch-historischen Werken die Topographie von Schröder-Biernatzki und die von Gaedechens nennen, ferner die große „Heimatchronik der Freien und Hansestadt Hamburg“, das „Historische Verzeichnis der wichtigsten Straßennamen, der Namen der Stadtteile, Vororte und einiger benachbarter Ortschaften“ von H. Olsen in „Hamburg. Die Geschichte einer Stadt“ von B. Studt und H. Olsen, dazu „Zwischen Alster und Wandse“ von G.-W. Röpke sowie „Zwischen Bille und Elbe“ von H. Richert und schließlich, nicht zu vergessen, „Die Straßennamen“ von Horst Beckershaus.

Vom gleichen Verfasser liegen inzwischen ferner vor „Die Namen der Hamburger Stadtteile“ vom Jahre 2002 in der zweiten Auflage und „Die Namen der Hamburger Märkte und Plätze“ aus dem Jahre 2004. Da das Manuskript unseres Lexikons zu dieser Zeit bereits fertig vorlag, konnten sie im wesentlichen nicht mehr berücksichtigt werden. Eine Reihe von Deutungen, die sie enthalten, sind aber mittlerweile überholt, so z. B. von Altengamme, Farmsen, Othmarschen oder auch Sasel. Ein Vergleich mit den Ausführungen zur Etymologie und Deutung in diesem Lexikon zeigt das und auch die sprachwissenschaftlich-namenkundliche Begründung der jeweiligen neuen Deutung.
Der größere Teil der unveröffentlichten Quellen zu den Hamburger Ortsnamen befindet sich aus naheliegenden geschichtlichen Gründen im Schleswig-Holsteinischen Landesarchiv in Schleswig. Für die Bereitstellung eines Arbeitsplatzes auch als Ruheständler und für den ständigen Zugang zur Bibliothek und den Findbüchern, vor allem aber zu den Quellen, den Archivalien, schulde ich dem Leitenden Direktor Prof. Dr. Reimer Witt und seinen Mitarbeitern großen Dank. Ohne diese großzügige Hilfe hätte dieses wissenschaftlche Vorhaben gar nicht durchgeführt werden können.
In gleicher Weise habe ich für die Bereitstellung von Quellen und für Unterstützung dem Staatsarchiv der Freien und Hansestadt Hamburg zu danken, seinem ehemaligen Leitenden Direktor Prof. Dr. Hans-Dieter Loose und den Mitarbeitern Archivdirektor Dr. Klaus Richter und Oberarchivrat Dr. Klaus-Joachim Lorenzen-Schmidt, ferner den Damen des Lesesaals. Zu danken habe ich darüber hinaus Prof. Dr. Jürgen Meier und der Niederdeutschen Abteilung des Germanistischen Seminars der Hamburger Universität für die Bereitstellung von mundartlichen Namenformen.

Schleswig — Wolfgang Laur

INHALTSVERZEICHNIS

EINLEITUNG

Naturräume und Bodengestalt

Das Gebiet der Freien und Hansestadt Hamburg wird durch die Elbe und ihr Urstromtal in einen größeren nördlichen Raum und einen kleineren südlichen geteilt. Beide Räume sind im Wesentlichen durch die Saale-Warthe-Eiszeit und darauf folgend durch periglaziale Vorgänge während der Weichseleiszeit, der letzten, gestaltet worden. Wir bezeichnen diese Landschaften als Altmoränengebiete oder in Bezug auf die Bodengestalt auch als Geest, ein Wort, das zu einer Bezeichnung für „trocken, unfruchtbar" gehört, vgl. afries. *gêst, gâst* „trocken", sylternordfries. *gēst,* ahd. *keisinî* „Unfruchtbarkeit" oder ablautend dazu nd. *göst, güst* „unfruchtbar, trocken".[2] Es handelt sich in der Hauptsache um Sandergebiete. Sie bilden nördlich der Elbe den Südteil der holsteinischen Geest. Damit gehört der nordelbische Teil von Hamburg zur gleichen Landschaft wie das angrenzende Holstein, in der Hauptsache eine wellige und flachkuppige, die nur dem Elbufer entlang von Nienstedten nach Westen zu ein hoher Moränenrücken beschließt, der mit dem Süllberg in Blankenese 75 m erreicht. Im Nordosten im Bereich der Walddörfer ragt noch ein Stück des ostholsteinischen Hügellandes der Jungmoräne, die von der letzten Eiszeit gestaltet ist, in das Gebiet von Hamburg hinein.
Das Urstromtal der Elbe ist von den Schmelzwassern der letzten Eiszeit geformt worden. In den nachfolgenden Perioden bildeten sich hier durch die Ablagerungen auf Grund des Gezeiteneinflusses die Marschen. In diesem Bereich ließen die Verzweigungen der Elbe eine Vielfalt von Wasserarmen und Inseln entstehen. Die Sturmfluten, besonders aber auch die Eindeichungen und die Urbarmachung durch den Menschen veränderten diese Landschaft merklich, wozu dann in jüngerer und jüngster Zeit die Umgestaltungen infolge der Hafenanlagen treten.
Im Süden des Urstromtales begegnet uns wiederum die Hohe Geest der Altmoräne. Sie weist hier eine besonders bewegte Oberfläche auf, die vielfach die Höhe von 100 m übersteigt. Kennzeichnend für dieses Gebiet sind die Harburger Berge. Es handelt sich um den Nordrand der niedersächsischen Geest, deren bekannteste Landschaft die Lüneburger Heide darstellt.

---

[2] Vgl. W. Laur, Historisches Ortsnamenlexikon von Schleswig-Holstein, 2., völlig veränderte und erweiterte Auflage; Neumünster 1992, S. 267.

Während auf dem Nordufer der Elbe die Flußmarsch im Gegensatz zu der im Westen in den angrenzenden schleswig-holsteinischen Kreisen Pinneberg und Steinburg im Hamburger Gebiet, d. h. richtiger im Bereich der Innenstadt und von Altona, nur von geringer Breite oder fast gar nicht ausgeprägt ist, erweitert sie sich im Südosten zu den Marschlandschaften um die untere Bille und vor allem die einzelnen Elbarme. Den Ostteil dieses Gebietes bilden die Vierlande. Auf dem Südufer westlich von Harburg erstreckt sich ein breiter Gürtel von Flußmarschen, der vor allem im angrenzenden Kreis Stade als Altes Land bekannt ist.
Außer dem Hauptstrom der Elbe und der in sie mündenden Alster und Bille weist der Raum von Hamburg einen großen Reichtum von kleineren Flüssen und Bächen auf. Dazu kommen Kanäle und vor allem die Fleete der Innenstadt.

Literatur

H. P. Patten, Lage und Naturräume. In: Hamburg und sein Umland in Karte und Luftbild; Neumünster 1989, S. 9–13.

Hamburgs Geschichte: Die territoriale Entwicklung

Es kann nicht unsere Aufgabe sein, hier einen Abriß zur Geschichte der Freien und Hansestadt Hamburg zu geben. Es soll vielmehr nur ein kurzer Überblick vorgelegt werden, hauptsächlich über die territoriale Entwicklung, um Aussagen und Erklärungen zu den Ortsnamen besser zu verstehen.
Die Anfänge Hamburgs gehen wahrscheinlich auf eine sächsische Siedlung aus der Zeit zwischen 600 und 700 n. Chr. zurück, und zwar auf eine Siedlung östlich des Alsterüberganges im Bereich südlich vom heutigen Speersort auf einem von drei Seiten durch Wasser und Sumpf natürlich geschützten Geestvorsprung. Hier entstand wohl schon im 8. Jahrhundert eine ringförmige Befestigung. Es ist möglich, daß bereits diese Burg den altsächsischen Namen *Hammaburg* trug. Als Karl der Große 810 Nordelbingen in sein Reich einbezog, stellte das Kastell Esesfeld bei Itzehoe den ersten Stützpunkt der fränkischen Macht nördlich der Elbe dar, um dann vor 831 von der historisch überlieferten Hammaburg abgelöst zu werden. Hier saßen Grafen als Vertreter des Königs bzw. Kaisers. Auch das erste Missionszentrum nördlich der Elbe befand sich bei Itzehoe, nämlich in Welna/Wellen, dem heutigen Münsterdorf. Es wurde unter Ansgar, dem Apostel des Nordens, gleichfalls nach Hamburg verlegt. Im Jahre 831 wurde Ansgar wahrscheinlich zunächst zum Bischof,

vielleicht aber auch Erzbischof geweiht, und Kaiser Ludwig der Fromme errichtete in Hamburg ein kirchliches Zentrum (ob Bistum oder Erzbistum, wird kontrovers diskutiert). Doch 14 Jahre später überfiel eine Flotte dänischer Wikinger Burg und Siedlung und zerstörte sie weitgehend. Da Ansgar 848 das Bistum Bremen erhielt, kam es zu einem Zusammenschluß beider Bistümer. Deshalb wurde der Bischofs- bzw. Erzbischofssitz 848 nach Bremen verlegt. Das dortige spätere Erzbistum trug aber weiterhin den Namen von Hamburg, in dem spätestens seit dem frühen 11. Jahrhundert wieder eine Domkirche bestand.
Im 10. Jahrhundert finden wir keine Grafen mehr in Hamburg, wohl aber wiederum seit dem Ausgang des 11. Jahrhunderts. Es blieb jedoch weiterhin Zentrum der weltlichen Herrschaft in Nordelbingen, welche die Billunger als Herzöge in Sachsen und Markgrafen nördlich und östlich der Elbe innehatten. Erzbischof Bezelin Alebrand (1035–1043) erbaute sich innerhalb der Altstadt eine Turmburg. Als Reaktion darauf ließ der Billungerherzog Bernhard II. in seinem Teil Hamburgs ebenfalls eine feste Burg bauen. Herzog Ordulf errichtete dann um 1061 in der Alsterschleife, heute Nikolaifleet, die Neue Burg, deren Name im betreffenden Straßennamen weiterlebt und deren Anlage am Halbrund der Häuser und der Straße um die Ruine der alten Nikolaikirche noch zur Mitte des 20. Jahrhunderts zu erkennen war. Nach 1110 bildete Hamburg den Sitz der ersten Schauenburger in ihrer Grafschaft in Holstein und Stormarn.

Wie wir schon im Zusammenhang des Überfalles dänischer Wikinger auf Hamburg erwähnten, bestand neben der Hammaburg, der Domburg, ein „Wik“ als offene Siedlung von Handwerkern, Kaufleuten und Fischern. Sie erstreckte sich etwa vom Alten Fischmarkt bis zum Dornbusch und lehnte sich im Süden an das heute nicht mehr bestehende Reichenstraßenfleet, einen Arm der Bille, an. Diese Siedlung wurde nach 850 über das Reichenstraßenfleet nach Süden auf einem schmalen Uferstreifen sowie um 900 nach Westen hin erweitert. Um 1180 reichte Althamburg von der Gegend nördlich der Petrikirche im Norden bis auf die Reichenstraßen-Insel im Süden, und von der ehemaligen Alster, heute dem Nikolaifleet, im Westen bis zum Ende des Schopenstehls im Osten. Eine zweite Kaufmannssiedlung mit Hafen entstand auf Veranlassung von Graf Adolf III. unter Wirad von Boizenburg im Jahre 1188 nach Lübecker Recht westlich des Domviertels auf der gegenüberliegenden Alsterseite im Bereich der zerstörten Neuen Burg. Ihre Kirche wurde die Nikolaikirche. Das sogenannte Barbarossa-Privileg vom 7. Mai 1189 – ein Freibrief mit wichtigen Handels-, Zoll- und Schiffahrtsprivilegien – mag einer Fiktion entstammen; aber selbst wenn dem so ist, bleibt es eine Tatsache, daß Hamburg um 1189 ein wichtiges Hafen- und Handelszentrum wurde.

Althamburg galt als der Vorort des Gaues Stormarn und gehörte somit zur Grafschaft der Schauenburger in Nordelbingen, welche die Gaue Stormarn und Holstein umfaßte.[3] Das alte Stormarn erstreckte sich über das heutige nordelbische Gebiet von Groß-Hamburg, den angrenzenden Ostteil des Kreises Pinneberg bis zur Krückau im Westen, im Norden bis zur Kaltenkirchener Heide und dem Kisdorfer Wohld, und im Osten bis zum Sachsenwald und den nördlich daran anschließenden Grenzwaldungen gegen die slawischen Abotriten, so daß der Nordostteil des heutigen Kreises Stormarn in Schleswig-Holstein nicht mehr dazugehörte. Durch die Verlagerung der herrschaftlichen Zentren nach Altholstein – Itzehoe und Rendsburg –, die Eroberung des heutigen Ostholsteins und vor allem durch die schauenburgischen Landesteilungen verlor der Gau Stormarn seine Bedeutung als eine eigenständige Landschaft. Sein Gebiet zählte nun zu einem größeren Holstein, obwohl der Name in der Titulatur der Landesherren erhalten blieb.

Im Verlaufe der eben erwähnten Landesteilungen erhielt im Jahre 1273 Adolf VI., der Sohn Gerhards I., Stormarn. Er verzichtete aber auf den Ostteil und konzentrierte seine Herrschaft auf den Westteil, in dem sich nun die Grafschaft Holstein-Pinneberg herausbildete, die mit den Stammlanden der Schauenburger an der Weser vereinigt blieb. Im Elbe- und Alsterbereich gingen seit der Mitte des 13. Jahrhunderts viele Besitzungen an Hamburger Bürger und geistliche Institutionen über, wie Kloster Harvestehude und Hospital zum Heiligen Geist. Diese Besitzungen gelangten oft später an die Stadt selbst, so Barmbek, Eilbek, Horn, Hamm, Hammerbrook, Billhorn, Langenhorn, Harvestehude, Alsterdorf, Groß-Borstel, Eimsbüttel, Eppendorf, Fuhlsbüttel, die Nordhälfte von Finkenwerder und Gorrieswerder. Seit den 1330er Jahren erwarb die Stadt auch eigenen Besitz, so z. B. Billwerder, Ochsenwerder und Moorwerder. Auf diese Weise wuchs Hamburg dank einer geschickten Politik über seine engeren Stadtgrenzen hinaus und ins Umland hinein. Im Laufe des 14. Jahrhunderts wurden die Marschgebiete östlich und südöstlich von der Innenstadt erworben, wie wir eben sahen, und 1420 kamen Bergedorf, das Hamburg zusammen mit Lübeck verwaltete, und die Vierlande hinzu. Im Jahre 1375 erwarb Hamburg an der Süderelbe Glindesmoor, das heutige Moorburg. Im 15. Jahrhundert wurden die Walddörfer hamburgisch. 1460 besaß Hamburg Teile des Inselgebiets im Stromspaltungsbereich, die aber 1485 wiederum verlorengingen, um dann in ihrem nördlichen Bereich

[3] In seiner lateinischen „Cimbricae Chersonesi Descriptio Nova“ – d. h. Neuen Beschreibung der Kimbrischen Halbinsel – von 1597 bezeichnet Heinrich Rantzau Hamburg als Metropolis Stormariae, also den „Hauptort Stormarns“ (vgl. Text samt deutscher Übersetzung in: Heinrich Rantzau [1526-1598], Veröffentlichungen des Schleswig-Holsteinischen Landesarchivs 64; Schleswig 1999).

endgültig im Gottorfer Vergleich 1768 an Hamburg zu fallen. Die Erwerbungen an der Elbmündung mit Neuwerk und Ritzebüttel (Cuxhaven) 1299 und 1394 können wir hier übergehen, da sie durch das Groß-Hamburg-Gesetz von 1937 an die preußische Provinz Hannover bzw. nach 1946 das Land Niedersachsen gingen, ebenso wie Geesthacht, Großhansdorf und Schmalenbeck zu Schleswig-Holstein kamen. Lediglich die Insel Neuwerk wurde 1961 wieder hamburgisch.
Im Verlauf des 15. Jahrhunderts bildeten sich drei Verwaltungsbezirke für territoriale Erwerbungen des Hamburger Rats aus, die bis 1830 Bestand hatten. Die Landherrenschaft Hamm und Horn umfaßte Gebiete in den heutigen Stadtteilen Borgfelde, Eilbek, Fuhlsbüttel, St. Georg, Hamm, Hammerbrook, Hohenfelde und Horn. Für die Exklaven Farmsen, Großhansdorf, Hoisbüttel, Ohlstedt, Schmalenbeck, Volksdorf und Wohldorf im Norden des damaligen Stadtgebiets war zuständig die Waldherrenschaft. Sowohl die bereits im 14./15. Jahrhundert von der Stadt erworbenen Marschengebiete Allermöhe, Billwerder, Billwerder-Ausschlag, Billhorn (Rothenburgsort), Moorfleet, Moorwerder, Ochsenwerder, Spadenland, Tatenberg sowie die Exklaven Hamburgisch-Finkenwerder und Moorburg als auch die erst 1768 durch den Gottorfer Vergleich an Hamburg gekommenen Elbinseln in den heutigen Stadtteilen Veddel, Steinwerder und Waltershof nebst Reitbrook und Ost-Krauel wurden von der Landherrenschaft Bill- und Ochsenwerder verwaltet.

In den Jahren 1616 bis 1625 umgab sich Hamburg mit neuen Wall- und Befestigungsanlagen, die an Hand von Straßen mit ihren entsprechenden Namen und an Hand von Grünanlagen heute noch deutlich zu erkennen sind. Obwohl Hamburg einen der Haupthäfen in Deutschland und Nordeuropa besaß und sich als eine freie Hansestadt betrachtete – seit 1461 leistete es dem Landesherrn keine direkte Huldigung mehr –, erlangte es doch erst im Gottorfer Vergleich von 1768 die lang ersehnte Reichsunmittelbarkeit, die ihm schon 1618 vom Kammergericht bestätigt worden war. Seitdem bildet Hamburg zunächst eine Freie Reichsstadt im Heiligen Römischen Reich Deutscher Nation und danach ein Bundesland im Deutschen Bund, im Deutschen Reich und in der Bundesrepublik Deutschland.

Da es uns hier hauptsächlich auf die territoriale Entwicklung Hamburgs ankommt, verfolgen wir die eigentliche Geschichte nicht weiter, sondern wenden uns mit einem großen zeitlichen Sprung dem schon erwähnten Groß-Hamburg-Gesetz vom 26. Januar 1937 zu, mit dem das Territorium der Freien und Hansestadt Hamburg seine heutige Gestalt gewann. Hamburg erhielt von Preußen, d. h. der Provinz Schleswig-Holstein, im Westen die kreisfreie Stadt Altona, die 1927 einen großen Teil des ehemaligen Kreises Pinneberg einge-

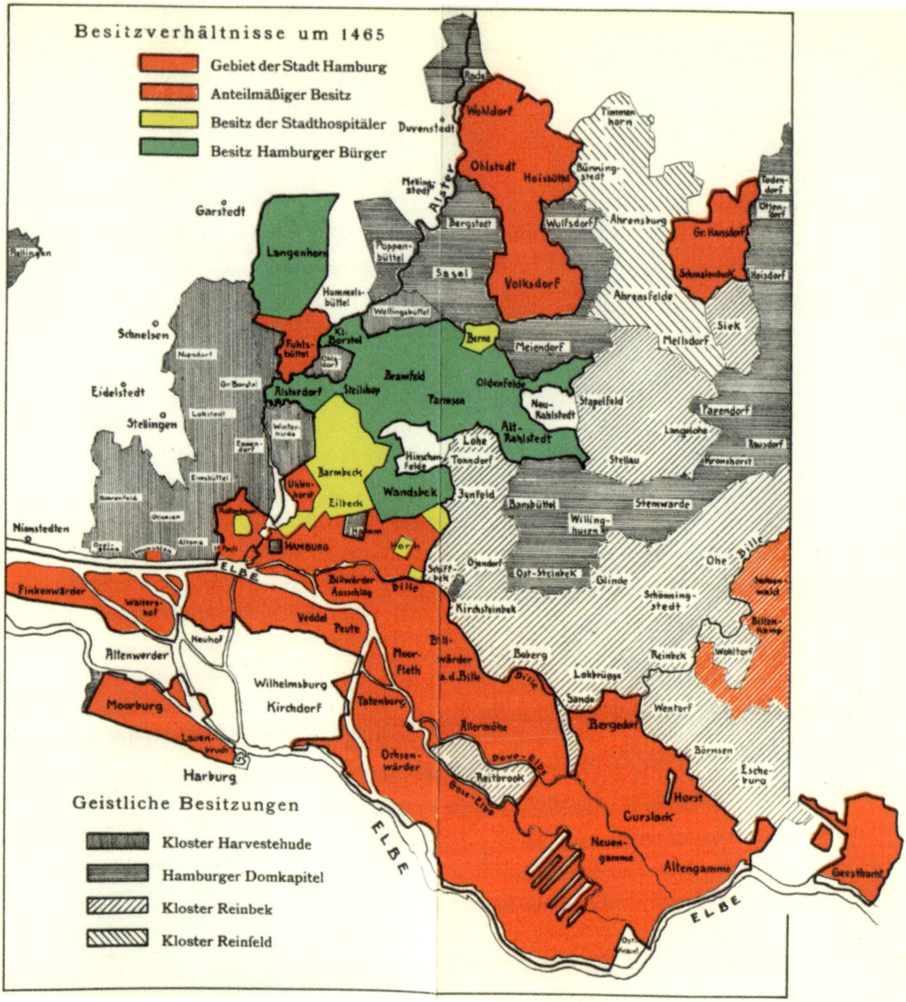

Aus: Heinrich Reincke, Hamburgische Territorialpolitik.
In: Zeitschrift des Vereins für Hamburgische Geschichte 38/39 (=Festschrift zum hundertjährigen Bestehen des Vereins am 9. April 1939), S. 28–116, Tafel 6

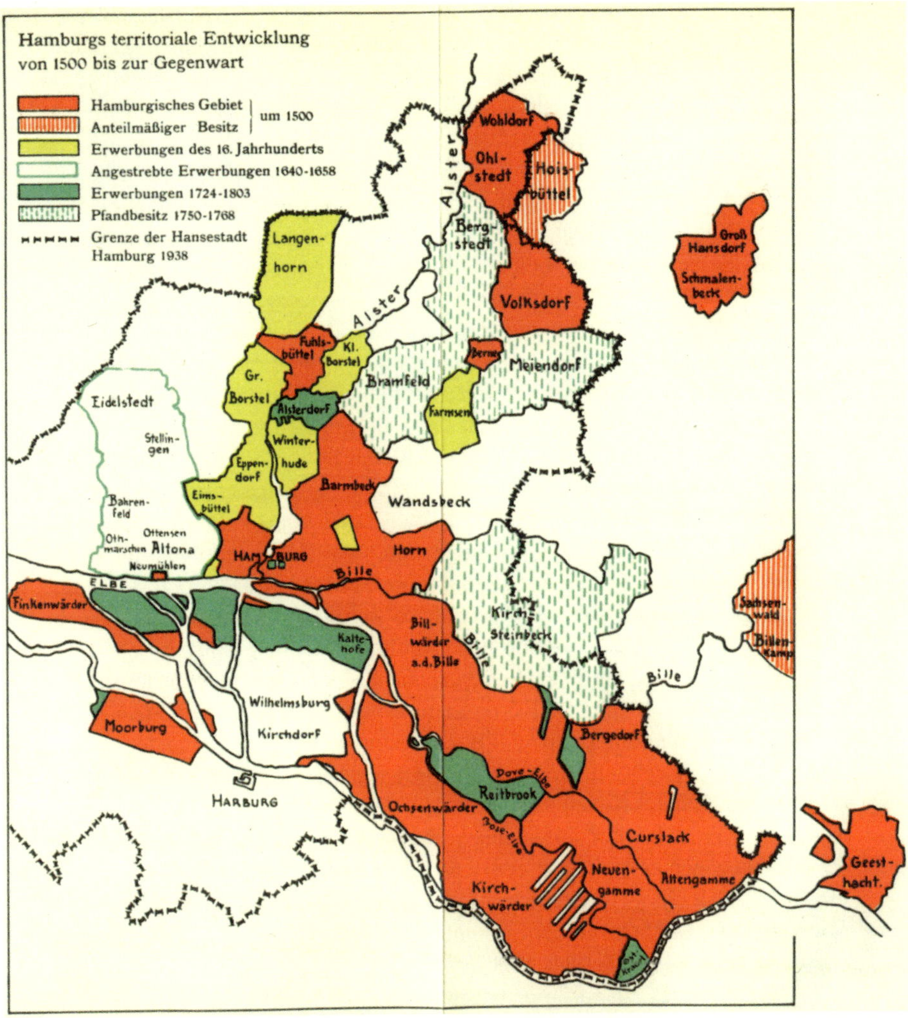

Aus: Heinrich Reincke, Hamburgische Territorialpolitik.
In: Zeitschrift des Vereins für Hamburgische Geschichte 38/39 (=Festschrift zum hundertjährigen Bestehen des Vereins am 9. April 1939), S. 28–116, Tafel 3

meindet hatte, und ferner die Gemeinden Lokstedt, Niendorf und Schnelsen sowie im Osten gößere Teile des Kreises Stormarn mit der Kreisstadt Wandsbek. An diesen Kreis waren 1867 Hummelsbüttel und Poppenbüttel gefallen, die nun Hamburg eingemeindet wurden. Südlich der Elbe fielen von der preußischen Provinz Hannover die Stadt Harburg nebst Teilen des gleichnamigen Kreises und auch ein kleiner Bereich des Kreises Stade an Hamburg.
Man vergegenwärtigt sich oft nicht, daß in der Großstadt Hamburg 1937 vier weitere Städte aufgegangen sind, nämlich Altona, Wandsbek, Bergedorf und Harburg-Wilhelmsburg. Altona stellte vor 1937 als einzige hiervon eine Großstadt dar. Seine Anfänge gehen auf eine Gastwirtschaft um 1530 zurück. Im Jahre 1536 war der Name bereits vorhanden. Daneben entstand eine Ansiedlung von Fischern und Handwerkern, die von den Landesherren, den Grafen von Holstein-Schaumburg als Pinneberger Grafen, planmäßig gefördert wurde. Im Jahre 1640 stellte es bereits einen Flecken mit zahlreichen von auswärts zugewanderten Kaufleuten dar. Der gleichen landesherrlichen Förderung erfreute sich Altona auch nach 1640 unter den dänischen Königen, die als Herzöge von Holstein nach dem Aussterben der Schauenburger die Grafschaft Pinneberg als einen besonderen Landesteil mit dem übrigen Holstein vereinigt hatten. Die dänischen Könige hatten das Bestreben, hier eine nachhaltige Konkurrenz gegenüber Hamburg aufzubauen. Im Jahre 1664 erhielt Altona von König Friedrich III. das Stadtrecht und entwickelte sich zu einem der Haupthandelsplätze im dänisch-norwegisch-schleswig-holsteinischen Gesamtstaat, dem zweiten nach Kopenhagen. Zugleich mit dem Stadtprivileg wurde der jungen Stadt vom König Land auf der Feldmark von Ottensen zugeteilt. Die Besiedlung drängte sich damals in der Südostecke an der Grenze zu Hamburg zusammen, wo auch die Anfänge lagen, und endete im Westen etwa im Bereich des Neuen Rathauses. In seinem Umfang hatte sich Altona in den ersten zwei Jahrhunderten seines Bestehens nicht wesentlich verändert. Das vollzog sich erst in der Preußischen Zeit nach 1866. So kamen 1889 das 1871 zur Stadt erhobene Ottensen mit dem 1868 dorthin eingemeindeten Neumühlen dazu, 1890 Oevelgönne, Othmarschen und Bahrenfeld und 1927 zehn Jahre vor dem Groß-Hamburg-Gesetz Langenfelde, Eidelstedt, Lurup, Groß und Klein Flottbek, Osdorf, Nienstedten, Blankenese, Sülldorf und Rissen.

Wandsbek im Osten Hamburgs führt seinen Namen auf den eines Baches – nd. *Bęk* – zurück. Es handelte sich um ein Dorf an der alten Handelsstraße nach Lübeck, das zu Ende des 13. Jahrhunderts dem Nonnenkloster Harvestehude gehörte. Am Ende des 15. Jahrhunderts entstand hier ein Gutshof, der im Jahre 1564 in den Besitz der Rantzaus überging. An Stelle dieses Gutshofes ließ Heinrich Rantzau 1568 ein Schloß, die Wandesburg, erbauen, welches 1614 wiederum verkauft wurde. Im Jahre 1762 erwarb es der dänische Finanzminister Heinrich Carl von Schimmelmann, der die Wasserburg der Rantzaus zu einem prächtigen und aufwendigen Schloß aus- und umbauen ließ. Im Jahre 1857 haben dann die Schimmelmanns diesen Besitz verkauft. Der Park wurde Baugrund und das Schloß 1861 abgetragen. Im Jahre 1614 hatte der Ort durch den dänischen König Christian IV., der Wandsbek von den Rantzaus erworben hatte, eine Kirche erhalten. Zur Zeit Heinrich Carls von Schimmelmann zählte Wandsbek etwa 1000 Einwohner. Dank seiner Förderung entwickelte sich hier eine rege Gewerbetätigkeit. Mit dem Beginn des 19. Jahrhunderts war der agrarische Charakter des Ortes, der im Jahre 1833 den Status eines Fleckens erhalten hatte, zugunsten der gewerblichen und industriellen Entwicklung stark zurückgegangen. Seit dem Übergang an Preußen nahm Wandsbek eine ähnliche Entwicklung wie Altona und wurde 1870 zur Stadt erhoben. Aus den Ämtern Reinfeld, Rethwisch, Reinbek, Trittau und Tremsbüttel nebst den Gütern an der Oberalster und den ehemals pinnebergischen Dörfern Hummelsbüttel und Poppenbüttel wurde nach dem Übergang Schleswig-Holsteins an Preußen 1867 der Kreis Stormarn gebildet. Sitz des Landratsamtes wurde Wandsbek. Zehn Jahre vor dem Groß-Hamburg-Gesetz entwickelte sich daraus ein Groß-Wandsbek, und mit der Eingliederung in Hamburg kamen die Stormarner Ortschaften Hummelsbüttel, Poppenbüttel, Lemsahl-Mellingstedt, Duvenstedt, Bergstedt, Sasel, Wellingsbüttel, Bramfeld, Steilshoop und Rahlstedt, Billstedt – das ehemalige Schiffbek mit Kirchsteinbek und Öjendorf – und Lohbrügge dazu. Hinschenfelde und Tonndorf waren bereits 1900 bzw. 1927 nach Wandsbek eingemeindet worden.

Während Altona im Jahre 1664 zur Stadt erhoben wurde und Wandsbek erst 1870, erhielt Bergedorf im Südosten von Hamburg bereits im Jahre 1275 durch Herzog Johann I. von Sachsen-Lauenburg lübisches Stadtrecht. Davor handelte es sich um ein Kirchdorf, das im Jahre 1162 vom Erzbistum Hamburg-Bremen zum Bistum Ratzeburg kam; d. h., bereits wenige Jahre nach der Gründung dieses Bistums durch Heinrich den Löwen wurde ihm das Kirchspiel Bergedorf zugewiesen. Es gehörte somit zu jener Landschaft im heutigen Kreis Herzogtum Lauenburg, die zwar den slawischen Namen *Sadelbande* trug, die aber, wie die älteren Namen wie *Bergedorf, Börnsen, Geesthacht* oder *Ertheneburg* am Nordufer der Elbe zeigen, hier eine sächsisch-deutsche Bevölkerung aufgewiesen hat und direkt den Sachsenherzögen aus dem Geschlecht der Billunger unterstand. Das älteste dörfliche Bergedorf hat nach J. F. Voigt wohl nicht am Platz des späteren Städtchens gelegen, also des heutigen Zentrums, sondern am Hang des Gojenberges in der Gegend der Straße Am Brink. Es ist dann etwas weiter nach Nordwesten auf die Aufschüttung um das Schloß im Billetal verlegt worden.

Im Jahre 1370 kam Bergedorf durch Pfandherrschaft an Lübeck, und zwar bis zum Jahre 1400, als dieses auf seine Pfandrechte an Bergedorf, Teilen der Vierlande und an anderen Dörfern zugunsten des Herzogs von Sachsen-Lauenburg verzichten mußte. Wegen dieser strittigen Besitzungen entwickelten sich im Jahre 1420 kriegerische Auseinandersetzungen, in deren Verlauf im Hochsommer dieses Jahres die beiden Hansestädte Hamburg und Lübeck Bergedorf besetzten. Kurz darauf folgte Riepenburg in den Vierlanden. Nach dem Frieden von Perleberg am 23. August 1420 kam Bergedorf unter die gemeinsame Herrschaft von Hamburg und Lübeck und blieb in diesem „beiderstädtischen" Besitz bis zum Jahre 1868, in dem Hamburg gegen eine Entschädigung Lübecks Anteile ablöste. Seitdem gehört es zu Hamburg.
Zum Bezirk Bergedorf, dem Nachfolger des früheren gleichnamigen Amts, seit 1872 Landherrenschaft, gehören auch die Vier- und heute zusätzlich die Marschlande im Südosten von Hamburg. Der Landschaftsname Vierlande nach den vier Kirchdörfern Alten- und Neuengamme, Curslack und Kirchwerder erscheint zum ersten Mal im Jahre 1556. Als Marschlande bezeichnet man die westlich daran anschließenden Gebiete von Allermöhe, Reitbrook, Billwerder, Ochsenwerder und Moorfleth, wobei diese Gliederung auf die Landesteilungen nach 1227 zurückgeht. Die Eindeichung und Besiedlung dieser Landschaften hatte bereits gegen Ende des 12. Jahrhunderts begonnen. Während man früher dazu neigte, in den ältesten Siedlern entsprechend den Verhältnissen in den anderen Elbmarschen Holländer zu sehen, vertrat E. Finder mit einer ausführlichen Begründung die Ansicht, daß es sich im wesentlichen um Sachsen gehandelt hat. Sie wird durch die Familien- und Namenforschung gestützt, wenn sich auch nach K. R. Möller holländische Einflüsse zeigen.
Die Vier- und Marschlande gehörten anfänglich wie auch Hamburg und sein Umland zu Holstein. Nach der Schlacht von Bornhöved im Jahre 1227 kamen die eigentlichen Vierlande zum Herzogtum Sachsen-Lauenburg, während Hamburg im Verlaufe des 14. Jahrhunderts die westlich daran anschließenden Marschlande erwarb. Mit Bergedorf gingen die Vierlande nach 1420 im Frieden von Perleberg in den „beiderstädtischen" Besitz von Hamburg und Lübeck über und mit der Übertragung der Lübecker Rechte im Jahre 1868 allein an Hamburg.
Eine größere Anzahl von Häfen und Ländereien gehörten im Mittelalter zu Klöstern und Stiften wie Reinbek, Ratzeburg und Scharnebeck. Mit der Reformation und Säkularisation der Klöster fiel dieser Besitz an weltliche Herren, darunter an die Herzöge von Braunschweig-Lüneburg. Deshalb entstand nach 1866 durch die Annexion von Hannover in Kirchwerder eine eigene preußische Gemeinde, die dann 1937 zu Hamburg kam.

Hamburg selbst war also ursprünglich holsteinisch; ebenso waren die umliegenden Gebiete mit Altona und Wandsbek bis 1937 holsteinische Städte und Gemeinden; Bergedorf mit den Vierlanden hatte ursprünglich enge Beziehungen zu Sachsen-Lauenburg und dann auch zu Lübeck. Harburg mit seiner Umgebung hingegen gehörte bis zur Vereinigung mit Hamburg 1937 in andere territoriale Zusammenhänge, nämlich in niedersächsische, und zwar in die des Erzstiftes Bremen, der Grafschaft Stade, der Herrschaftsbereiche der sächsischen Herzöge aus den Familien der Billunger und der Welfen, und dann seit 1235 in die der welfischen Herzöge von Braunschweig-Lüneburg sowie ab 1705 von Hannover. Von 1527 bis 1642 hatte auch ein eigenes Harburger Herzogtum einer welfischen Nebenlinie bestanden. Mit dem Groß-Hamburg-Gesetz von 1937 wurden Harburg und Umgebung aus der preußischen Provinz Hannover ausgegliedert; aber noch heute heißt der niedersächsische Kreis mit Kreisstadt Winsen an der Luhe „Landkreis Harburg“.
In den dreißiger Jahren des 12. Jahrhunderts wird die Harburg zum ersten Mal erwähnt. Sie hat aber nach archäologischen Funden schon vorher bestanden und spielte in den Auseinandersetzungen zwischen Erzbischof Hartwig I. von Bremen und Heinrich dem Löwen 1154–1170 eine wichtige Rolle. Nach dem Tode Heinrichs des Löwen ging der Streit zwischen den Bremer Erzbischöfen und den Welfen weiter, bis 1236 die Verhältnisse insoweit geklärt wurden, als Harburg unter der Herrschaft von Braunschweig-Lüneburg verblieb.
Außerhalb der Burg hatte sich eine Ansiedlung von Handwerkern, Fischern und Schiffern entwickelt, die im Jahre 1297 von den welfischen Herzögen von Braunschweig-Lüneburg Stadtrecht erhielt. Von 1527 bis 1642 regierte in Harburg eine Nebenlinie der Herzöge von Braunschweig-Lüneburg-Celle. 1644–1660 wurde das Schloß zu einer Festung ausgebaut. Ab 1849 mußte diese jedoch den neuen Hafenanlagen weichen. Die Straßennamen Schloß- und Zitadellenstraße im Norden Harburgs erinnern noch heute an Schloß und Festung. Die eigennützige und eifersüchtige Handelspolitik Hamburgs Harburg gegenüber führte dazu, daß dieses schon frühzeitig industrialisiert wurde, denn bereits im 18. Jahrhundert entstanden hier die verschiedensten Manufakturen. Vor allem die Ausbreitung nacheinander der Kautschuk-, Pflanzenöl- und Erdölindustrie hat aus einer hannoverschen Provinzstadt einen führenden Industrieort werden lassen und die Landschaft an der Süderelbe vollkommen verändert.
Im Umland von Harburg gab es noch 1937 selbstständige Gemeinden, die dann in Groß-Hamburg eingemeindet wurden, so Marmstorf mit Lürade und Appelbüttel, Sinstorf, ferner Langenbek und Rönneburg, die auf der Geest liegen, und dazu Altenwerder, die Südhälfte von Finkenwerder sowie Neuland in der Marsch. In der Moorzone liegen Gut Moor und Neugraben. Wilstorf, Heimfeld, Eißendorf und Lauenbruch waren schon 1888–1910 an die Stadt

Harburg gefallen. Im Westen kam als Nordzipfel des alten Amtes Moisburg Fischbek hinzu. Bei allen diesen Gemeinden und Ortschaften handelte es sich um alten welfischen Besitz, also um Teile des Herzogtums Braunschweig-Lüneburg bzw. des Kurfürstentums und Königreichs Hannover, nachher der gleichnamigen preußischen Provinz.
Die westlichsten Teile des Bezirkes Harburg, nämlich Neuenfelde (1929 aus der Zusammenlegung von Hasselwerder und Nincop entstanden), Francop und Cranz, bildeten einen Teil des Alten Landes, das sich nach Westen bis an die Schwinge erstreckt und dessen westlicher Teil heute zum Kreise Stade gehört. Seit dem Tode des letzten Stader Grafen Rudolfs II. im Jahre 1144 unterstanden diese Marschgebiete den Erzbischöfen von Bremen. Im Westfälischen Frieden von 1648 fiel das Erzstift an Schweden und im Verlaufe des Großen Nordischen Krieges 1715/19 an Hannover, das im Jahre 1866, wie schon erwähnt, preußische Provinz wurde. Im Jahre 1932 schloß man die sogenannte „Dritte Meile“und somit Francop und Neuenfelde dem Landkreis Harburg an; 1937 fiel sie an Hamburg. Schon früh, seit dem Ende des 14. Jahrhunderts, gehörten im südelbischen Raum als Enklaven Moorburg und Moorwerder zu Hamburg. Harburgische Besitzungen gab es anderseits nördlich der Elbe in den Vier- und Marschlanden, so das sogenannte Preußisch-Kirchwerder und Overhaken.
Im Bereich vom südlichen Gorrieswerder (Wilhelmsburg), dem östlichen Altenwerder und dem südlichen Finkenwerder gab es zum einen altwelfischen Besitz, der zum Amte Harburg gehörte; zum anderen unterstand der Norden von Finkenwerder und Gorrieswerder den Grafen von Holstein, wie auch in einer Urkunde von 1397 Graf Otto I. von Holstein-Pinneberg die Leute von Finkenwerder anwies, das Goding seiner Grafschaft aufzusuchen. Durch Verkauf und Verpfändung gingen diese Gebiete, wie wir gesehen haben, im Laufe des 14. und 15. Jahrhunderts an Hamburg über, wenn dieses auch das meiste wieder verlor. Neben den erwähnten altwelfischen Besitzungen sind im südöstlichen Bereich des alten Gorrieswerder, im wesentlichen Georgswerder und Stillhorn, die sogenannten Groteschen Ländereien zu erwähnen, die seit dem 14. Jahrhundert der adligen Familie Grote gehörten. Im Jahre 1672 erwarb Herzog Georg Wilhelm von Celle diese Besitzungen und vereinigte sie mit Reiherstieg-Rotehaus zu einer besonderen Herrschaft, die den Namen Wilhelmsburg erhielt. Nach dem Aussterben der Celler Linie fiel sie 1705 an die in Hannover residierende kurfürstliche Linie und wurde ein selbstständiges Amt bis 1859. Im Jahre 1925 wurde die Gemeinde Wilhelmsburg zur Stadt erhoben, 1927 mit Harburg vereinigt, und zehn Jahre später fiel Wilhelmsburg mit diesem an Hamburg. Damit hatte Groß-Hamburg auch südlich der Elbe den heutigen Gebietsumfang erreicht.

Literatur

J. Bracker, Klosterburg und Wiksiedlung – Idealplan einer erzbischflichen Residenz im 9. Jahrhundert? In: Mit Ansgar beginnt Hamburg; Hamburg 2000, S. 11–34.

M. Ewald (Hrsg.), 300 Jahre Altona. Beiträge zu seiner Geschichte; Hamburg 1964.

E. Finder, Die Vierlande; Hamburg 1922.

P. Flamme, P. Gabrielsson und K.-J. Lorenzen-Schmidt, Kommentierte Übersicht über die Bestände des Staatsarchivs der Freien und Hansestadt Hamburg, 2. Auflage; Hamburg 1999, hier: Gebietsverwaltung, S. 235–319.

H.-P. Jorzick, I. Möller, U. Muuß und H.-P. Patten, Hamburg und sein Umland in Karte und Luftbild. Eine Landeskunde; Neumünster 1989.

F. Kopitzsch und D. Tilgner (Hrsg.), Hamburg Lexikon, 3. aktualisierte Auflage; Hamburg 2005.

E. von Lehe, D. Kausche und H. Ramm, Heimatchronik der Freien und Hansestadt Hamburg, 2. erweiterte und verbesserte Auflage; Köln 1967.

H.-D. Loose (Hrsg. Bd 1), W. Jochmann (Hrsg. Bd 2), Hamburg. Geschichte der Stadt und ihrer Bewohner.

Band 1: Von den Anfängen bis zur Reichsgründung; Hamburg 1982.

Band 2: Vom Kaiserreich bis zur Gegenwart; Hamburg 1986.

K. R. Möller, Das Vierländer Bauernrecht; Leipzig 1940.

H. Reincke, Hamburgische Territorialpolitik. ZHG, 38, 1939, S. 28–116.

K. Richter, Quellen zur Hamburger Stadtteilgeschichte. In: Zwischen Verwaltung und Wissenschaft. Beiträge zur Geschichte und Gegenwart des Staatsarchivs Hamburg. Hrsg. v. H. W. Eckardt und P. Gabrielsson. Beiträge zur Geschichte Hamburgs, hrsg. v. Verein für Hamburgische Geschichte, 26, 1985, S. 171–184.

E. C. Schütt, Die Chronik Hamburgs. Übersichtsartikel. 2. Auflage; Dortmund 1997.

H Thomsen, Hamburg, Hamburg-Altona, Hamburg-Bergedorf, Hamburg-Billstedt, Hamburg-Blankenese, Hamburg-Harburg, Hamburg-Rahlstedt, Hamburg-Vierlande, Hamburg-Wandsbek. In: Handbuch der Historischen Stätten Deutschlands, 1. Band, Schleswig-Holstein und Hamburg. Hrsg. v. O. Klose, 3. verbesserte Auflage; Stuttgart 1976, S. 83–101.

J. F. Voigt, Aus dem ehemals Lübeck-Hamburgischen Amte Bergedorf; Hamburg 1913.

Zur Besiedlungsgeschichte des Hamburger Raumes

Im Abschnitt Besiedlungsgeschichte soll in der Hauptsache die Zeit von Christi Geburt bis zur Kolonisation Ostholsteins behandelt werden, da in diesen Perioden die Mehrzahl unserer Ortsnamen entstanden ist. Wie im vorhergehenden Abschnitt, so soll auch hier nur ein ganz kurzer Überblick gegeben werden. Wir sahen schon, daß das nordelbische Territorium der Freien und Hansestadt Hamburg den Hauptteil des alten Gaues Stormarn bildete. Als ein vorgeschichtliches „Urstormarn" hat C. Ahrens das Gebiet zwischen der Alster und der Krückau angesprochen, also den Westteil von Hamburg und den Südostteil des Kreises Pinneberg.

Nach R. Schindler setzen in der jüngeren vorrömischen Eisenzeit beiderseits der Alster die Bestattungen auf einigen Urnenfeldern aus, worin eine Verlagerung von Siedlungen zu erkennen ist. Von der späten vorrömischen Eisenzeit bis in die ausgehende ältere römische Kaiserzeit, d. h. ungefähr im letzten vorchristlichen Jahrhundert und den ersten beiden nachchristlichen Jahrhunderten, können wir eine stärkere Siedlungstätigkeit erkennen. Dabei handelt es sich wohl nicht um Zuwanderungen, sondern eher um eine stärkere Vermehrung der ansässig Gebliebenen. Besiedlungsschwerpunkte in diesem größeren Siedlungsbereich, zu dem auch der Raum von Hamburg gehörte, lagen an der Pinnau, der Alster und im mittleren Travegebiet. Der materiellen Kultur nach gehörte die Bevölkerung dieses Raumes zum sogenannten elbgermanischen Bereich. Somit wird es sich um Angehörige der großen Stammesgruppe der Sweben gehandelt haben, wie auch der altenglische Widsið *Swæfe* als Nachbarn der im Schleswigschen siedelnden Angeln kennt.[4]

Auf die längst überholte These, die auf solche swebischen Stämme die Ortsnamen auf *-ing(en)* zurückführen will, brauchen wir hier nicht mehr weiter einzugehen, da eine Widerlegung schon mehrfach anderswo erfolgt ist.

Nach Erkenntnissen der Archäologen kam es in der 2. Hälfte des 2. Jahrhunderts zu einer starken Ausdünnung der Besiedlung durch Abwanderungen, u. a. wegen klimatischer Veränderungen. Es entwickelten sich jedoch im 4. und 5. Jahrhundert wieder zahlreiche Siedlungen mit den zugehörigen Friedhöfen. Nach derzeitigem Forschungsstand ergaben sich dabei Besiedlungsschwerpunkte zwischen Alster und Bille und an der mittleren Trave. Zum Ende der Völkerwanderungszeit fanden erneut Abwanderungen statt, doch scheinen Teile der Bevölkerung ortstreu geblieben zu sein. Seit dem späten 7. Jahrhundert sind archäologisch wieder vermehrt Siedlungsbelege bekannt.

---

[4] Vgl. Vers 61 „Mid Englum ic wæs ond mid Swæfum" (J. Hill, Hrsg., Old English Minor Heroic Poems; Durham 1983).

In den sächsischen, und zwar den nordsächsischen, Bereich ist der Hamburger Raum bereits vor dem 5. Jahrhundert einbezogen worden. Nach den Angaben in der „Geographie" des Ptolemaeus aus der Mitte des 2. Jahrhunderts, die in Abschriften überliefert ist, bezog sich der Name Saxones (d. h. Sachsen) auf einen Stamm in Schleswig-Holstein. Durch Zusammenschlüsse, Angliederungen und Unterwerfungen entstand am Ende der römischen Kaiserzeit und in der Völkerwanderungszeit nach Meinung der Historiker ein Großstamm im heutigen Holstein mit Hamburg, in Niedersachsen mit Bremen, in Westfalen sowie im nordwestlichen Sachsen-Anhalt, auf den sich nun der Name Sachsen bezog.[5]

Wenn wir auch diese Vorgänge nicht in einem angeblichen Gegenüber oder einer angeblichen Abfolge von *ing(en)*- und *stedt*-Namen erkennen können, wie man früher oft angenommen hat, mag vielleicht doch ein Landschaftsname darauf hinweisen, nämlich *Stormarn*, der sich – wie schon gezeigt – ursprünglich nicht nur auf den heutigen gleichnamigen Kreis bezog, sondern auf den gesamten hamburgisch-südholsteinischen Raum. Bei Adam von Bremen begegnet uns in seiner Hamburgischen Kirchengeschichte aus der zweiten Hälfte des 11. Jahrhunderts der Einwohnername *Stormarii*, bei Saxo Grammaticus im 12. Jahrhundert der latinisierte Landesname in der Form von *in Stormariam* oder in einer Urkunde von 1318 im Mittelniederdeutschen als *to Stormeren*. Dabei handelt es sich um eine flektierte Form der Mehrzahl – mnd. *Stormeren,* as. **Stormērun, *Stormwērun* – zu einem Einwohnernamen as. **Stormwēras,* germ. **Sturmwarijōz,* der „Bewohner von [einer Landschaft] Sturm" bedeutet. Solch ein Landesname begegnet uns im Kudrunepos als *ze Stürmen* im Mittelhochdeutschen, der dem Textzusammenhang nach wohl unser Stormarn meint. Ein gleicher Name tritt uns in lat. *pagus Sturmi* mit Verden an der Aller als Mittelpunkt entgegen. *Stürmen* im Epos könnte somit auf den alten Landesnamen hinweisen, zu dem dann als eine Einwohnerbezeichnung as. **Stormwērun* in der Bedeutung von „Bewohner von Stürmen" gehört, wobei dann die flektierte Form zu einem neuen Landesnamen wurde.[6]

Betrachten wir nun die Verbreitung der Ortsnamen der Altschicht, also derjenigen, die man allgemein der ersten Hälfte des ersten nachchristlichen Jahrtausends zuschreibt, so sehen wir, daß sich vor allem die Namen auf *-ing(en)* und *-stedt* in der Hauptsache westlich der Alster finden.[7] Dabei waren die Archäo-

---

[5] Vgl. W. Lammers 1967.

[6] Vgl. W. Laur, Historisches Ortsnamenlexikon von Schleswig-Holstein, 2. völlig veränderte und erweiterte Auflage; Neumünster 1992, S. 624–625.

[7] Vgl. W. Laur, Die Ortsnamen in Schleswig-Holstein mit Einschluß der nordelbischen Teile von Groß-Hamburg und der Vierlande, Karte 13; Schleswig 1960.

logen H. G. Steffens und R. Schindler anhand der germanistischen Vorgaben der Ansicht, daß die *stedt*-Namen jünger, und zwar völkerwanderungszeitlich bis spätvölkerwanderungszeitlich seien und damit in eine Zeit zurückgingen, in der nach der Übersiedlung von Sachsen nach Britannien etwa 430/450 n. Chr. im nordsächsischen Gebiet starke Umbrüche und Siedlungsveränderungen stattfanden. Nachdem die Slawen spätestens im 8. Jahrhundert den Raum von Ostholstein bis Lauenburg besiedelt hatten, unter Karl d. Gr. zeitweilig zu Beginn des 9. Jahrhunderts sogar Hamburg beherrscht hatten, erfolgten im 11. Jahrhundert wiederholte heftige Slawenvorstöße bis nach Hamburg und sogar bis Itzehoe. Bereits zu Anfang des 12. Jahrhunderts wiederum dehnte sich die deutsche Kolonisierungswelle in bezug auf Herrschaft und Besiedlung über den Raum zwischen Hamburg und Trittau nach Osten und Norden aus. Dieser Kolonisation verdanken wir östlich des Moorgürtels und der Alster die typisch hochmittelalterlichen Ortsnamen wie die auf *-dorf* oder *-felde*, aber auch Ortschaften mit an sich älteren Namen wie denen auf *-büttel*. Aber sogar die Orte mit Namen auf *-stedt* weisen hier nach H. G. Steffens Merkmale auf, die sie siedlungsgeschichtlich erst der Kolonisationszeit zuweisen. Hier sind anscheinend alte und ältere Siedlungen durch die Slawenvorstöße zerstört worden, und deren alte Namen wurden nach der Neubesiedlung wieder aufgenommen; ein solcher Tatbestand ist allerdings archäologisch nicht gut belegt.

Wie in Landschaft und Geschichte, so zeigt der südlich der Elbe gelegene Harburger Raum hinsichtlich der vor- und frühgeschichtlichen Besiedlung sein eigenes Gesicht. Gleich dem Hamburger Gebiet nördlich der Elbe gehörte er zwar nach Aussage der archäologischen Funde in der jüngeren vorrömischen Eisenzeit und in der älteren römischen Kaiserzeit zum elbgermanischen Bereich, besaß aber sein eigenes Gepräge. Auf Grund des Zeugnisses römischer Autoren haben wir nach der älteren Forschungsmeinung mit dem Stamm der Langobarden zu rechnen.[8] Es scheint bei ihnen ein größerer Wohlstand und eine reichere Kultur als nördlich der Elbe geherrscht zu haben, wenn man die Grabinhalte betrachtet. Im Nordwesten reichte das Siedlungsgebiet dieser Langobarden nach W. Wegewitz bis an die Oste, im Südwesten bis an die Wald-, Heide- und Moorgebiete bei Tostedt und Schneverdingen, im Süden etwa bis zur Ilmenauquelle und im Osten über den Drawehn. In der römischen Kaiserzeit war anscheinend eine teilweise Besiedlung der Marschen an der unteren Elbe möglich.

Nach der Aufgabe von Siedlungen im 2. Jahrhundert, spätestens aber im frühen 3. Jahrhundert, erfolgten im 4. Jahrhundert wieder Gründungen verschie-

8 Vgl. W. Thieme 1988.

dener neuer Siedlungen. In der Völkerwanderungszeit kam es zur Abwanderung von Teilen der Bevölkerung nach England und nach Süden. Dennoch ist die Verbindung zu jenen Langobarden archäologisch nicht gesichert, die im 5. Jahrhundert elbaufwärts in Böhmen und Mähren auftraten, nach Pannonien (im heutigen Ungarn) und von dort im 6. Jahrhundert unter Alboin nach Italien weiterzogen, wo sie ein Reich begründeten. Der Landschaftsname *Lombardei* und eine ganze Reihe von Ortsnamen in Norditalien erinnern noch heute an sie.

Teile der Bevölkerung sind wahrscheinlich an der Niederelbe zurückgeblieben. Das bildete die Voraussetzung dafür, daß sich schon seit dem 7. Jahrhundert zunehmend Siedlungen und Friedhöfe nachweisen lassen. Als der Frankenkönig Karl die Sachsen im ausgehenden 8. Jahrhundert unterwarf, fand er rund um Harburg zahlreiche Einzelhöfe und kleine Dörfer mit einer landwirtschaftlich bestimmten Bevölkerung vor. 804 hielt er in Hollenstedt Hof, um die Machtverhältnisse beiderseits der Elbe zu ordnen.

Es kann wohl ausgeschlossen werden, daß der 780 zuerst bezeugte Name *Bardengau* eine Beziehung zu den Langobarden besitzt. Alles deutet auf eine Herkunft von dem Personennamen *„Bardo"* hin, der Leitname einer Ende des 10. Jahrhunderts in dem Gau ansässigen adligen Familie war. Der Bardengau, dessen Hauptort Bardowick nördlich von Lüneburg bildete, reichte im 9.–11. Jahrhundert westlich bis an die Seeve. Zwischen Seeve und Lühe schloß sich der um die Mitte des 9. Jahrhunderts zuerst erwähnte Gau *Moswidi* an mit dem Burgort Moisburg – 1242 *Mosedeborch* – bei Buxtehude, eine Zusammensetzung von unserem Worte *Moos* im Sinne von „Moor" und as. *widu* „Wald". Er bildet den späteren Harburger Raum. Die Ortsnamen im Bezirk Harburg – *dorf-, büttel-*Namen und Naturnamen – weisen auf eine mittelalterliche Siedlungstätigkeit hin.

Von den Marschen im Stromspaltungsgebiet der Elbe ist anzunehmen, daß sie seit dem Frühmittelalter nur vereinzelt vor allem von Fischern besiedelt waren. Eine ausgesprochene Marschenkolonisation setzte dann im 12. Jahrhundert ein, woran wie in den übrigen Marschländern an der Niederelbe und Niederweser, wenn auch nicht überall, holländische Siedler beteiligt waren.

Literatur

C. Ahrens, Vorgeschichte des Kreises Pinneberg und der Insel Helgoland; Neumünster 1966.

W. Lammers, Entstehung und Verfassung des Sachsenstammes; Darmstadt 1967.

W. Laur, Die Ortsnamen in Schleswig-Holstein mit Einschluß der nordelbischen Teile von Groß-Hamburg und der Vierlande. Gottorfer Schriften Bd VI, S. 139–144 (Kap. 9 Südholstein), mit weiteren Literaturangaben; Schleswig 1960.

W. Laur, Die Ortsnamen Stormarns in: Hammaburg; Vor- und frühgeschichtliche Forschungen aus dem niederelbischen Raum, 3, 1950/51, S. 7–19.

F. Laux, Karl der Große und seine Sachsenpolitik unter besonderer Berücksichtigung des nordelbischen Raumes – schriftliche Quellen und archäologische Funde. In: W. Budesheim (Hrsg.), Zur slawischen Besiedlung zwischen Oder und Elbe. Beiträge zur Wissenschaft und Kultur. Bd 1; Neumünster 1994, S. 9–24.

F. Laux, Studien zur frühgeschichtlichen Keramik aus dem slawischen Burgwall bei Hollenstedt, Ldkr. Harburg; Hammaburg N. F. 11, 1997, S. 5–183.

E. von Lehe, D. Kausche und H. Ramm, Heimatchronik der Freien und Hansestadt Hamburg, 2. erweiterte und verbesserte Auflage; Köln 1967, S. 27/28 u. S. 351–354.

K. Richter, Historisch bezeugte Orte im Harburg-Lüneburger Raum bis zur Mitte des 9. Jahrhunderts; Harburger Jahrbuch 16, 1980–85 (1986), S.7–24.

R. Schindler, Die Bodenaltertümer der Freien und Hansestadt Hamburg; Hamburg 1960, S. 27–30.

C. Schulz, Die Hammaburg und ihre Vorgängeranlagen. In: W. Budesheim (Hrsg.), Zur slawischen Besiedlung zwischen Oder und Elbe. Beiträge zur Wissenschaft und Kultur Bd 1; Neumünster 1994, S. 25–27.

M. Springer, Die angeblich und die tatsächlich frühesten Nennungen des Namens der Sachsen; Studien zur Sachsenforschung 15, 2005, S. 437–455.

H. G. Steffens, Siedlungsprobleme im spätmittelalterlichen Gau Stormarn; Hamburger Dissertation 1956.

H. G. Steffens, Die Siedlungskontinuität im mittelalterlichen Gau Stormarn; Archaeologia geographica 7, 1958, S. 27–36.

W. Thieme, Untersuchungen an eisenzeitlichen Siedlungen in Südholstein (ungedruckte Magisterarbeit Kiel 1976).

W. Thieme, Völkerwanderungszeit. In: R. Busch (Hrsg.), Von den Sachsen zur Hammaburg; Neumünster 1987, S. 14–25.

W. Thieme, Die Langobarden an der Niederelbe. In: R. Busch (Hrsg.), Die

Langobarden. Von der Niederelbe nach Italien; Neumünster 1988, S. 17–34.
W. Thieme, Ur- und Frühgeschichte. In: J. Ehlers, Geologische Karte von Hamburg 1:25000, Blatt 2425 Hamburg. Erläuterungen; Hamburg 1995, S. 124–148.
W. Wegenitz, Die langobardische Kultur im Gau Moswidi (Niederelbe) zu Beginn unserer Zeitrechnung; Hildesheim und Leipzig 1937.

Die Mundart

Die Mundart im Hamburger Raum nördlich der Elbe gehört zum Südholsteinischen, das wiederum einen Teil des Nordniederdeutschen darstellt. Freilich müssen wir in unserem Zusammenhang betonen, daß Stadtmundarten nicht ohne weiteres mit denen ländlicher Räume gleichgesetzt werden können. Schon die Zuwanderung aus der engeren oder weiteren Umgebung in die Großstadt erzeugt eine besondere Sprachmischung. Dazu kommt, daß die meisten heutigen Stadtteile von Hamburg, auch solche wie Barmbek und Eppendorf, ursprüngliche Dörfer waren, die im Laufe der Zeit, besonders in der zweiten Hälfte des 19. Jahrhunderts, urbanisiert worden sind. Die neuen Bewohner kamen teils aus der Innenstadt, vor allem aber aus der näheren und auch weiteren Umgebung oder gar aus ganz anderen Regionen. Das hat auf die Entwicklung der Mundart, soweit sie noch gesprochen wurde, seinen Einfluß ausgeübt.

A. Lasch hat in ihrem Beitrag von 1918 auf Unterschiede im Hamburger Niederdeutsch zwischen dem der Hafengegend und dem der Stadtteile weiter binnenwärts aufmerksam gemacht. Sie hat ferner auf die Einstellung bestimmter Schichten hingewiesen, z. B. im Hinblick auf den Übergang von *å* zu einem geschlossenen *ō* oder die Diphthongierung langer Vokale wie etwa *scheun* [šoin], die solche Entwicklungen als falsch oder nicht fein ablehnen; übrigens eine weit verbreitete Erscheinung, einen echten Sprachwandel als eine Verschlechterung oder Verunstaltung der Sprache zu betrachten. Für das Hamburger Niederdeutsch haben aber gerade das geschlossene *ō* für *å* und die Diphthonge oder Triphthonge, d. h. Verbindungen aus drei Vokalen wie z. B. *deo^{u}d* für *dood* „tot", aus langen Monophthongen als typisch zu gelten. Bei einer einfachen Schreibweise von langen Vokalen wie etwa *oo* für ein langes *ō* ist, wenn sie nicht extra bezeichnet ist, auf diese Aussprache zu achten.

Stärker noch als bei den ländlichen Mundarten spielt bei denen der Städte und vor allem auch der Großstädte das Verhältnis von der Hochsprache zur Mundart eine große Rolle. Die Hinweise von A. Lasch auf Unterschiede in der Mundart des Hamburger Raumes zeigen eine Erscheinung, die man in der

modernen Sprachwissenschaft Varianz nennt. Überhaupt tritt in der heutigen Mundartforschung der Gedanke der Varianz gegenüber dem von der Einheit *einer* Mundart stärker in den Vordergrund. Wir haben es dabei aber nicht nur mit räumlich verbreiteten Varianten zu tun, sondern vor allem auch mit solchen, die mit der gesellschaftlichen oder auch altersmäßigen Schichtung zusammenhängen und überhaupt mit der Abfolge der Generationen. In diesem Zusammenhang muß auch die Ortsnamenforschung berücksichtigen, daß bisweilen ältere alteinheimische Namenformen, besonders wenn sie in ihrer lautlichen Entwicklung von jener der Schreibformen abweichen, durch jüngere ersetzt werden, die auf die amtlichen hochdeutschen Formen zurückgehen.
Das Hamburger Niederdeutsch gehört, wie schon anfangs erwähnt, zum Südholsteinischen. Hierzu zählen im wesentlichen die Mundarten der holsteinischen Elbmarschen in den Kreisen Pinneberg und Steinburg und auch jene im südlichen Dithmarschen. Margareta Horn hat sie beschrieben. So weist auch das Hamburgische die nächste Verwandtschaft zu den Mundarten dieses Raumes auf. Der städtische Einfluß hat ihre Merkmale im Hamburger Raum aber weit auf die Geest und hier über die Stadtgrenzen hinaus getragen und ebenfalls in den südwestlichen Teil des Kreises Stormarn. Wir berührten schon die stärkeren hochdeutschen Einflüsse, die sich im Niederdeutschen der Stadt bemerkbar machen. Sie haben ebenfalls auf die Nachbarräume ausgestrahlt. Von den Elbmarschen abweichende Entwicklungen stellen z. B. der Übergang von *å, ę* und *ǫ̈* zu geschlossenen Längen dar wie etwa *Hoben* für *Håben* „Hafen", o^u und e^i als Ergebnisse der Hiatusdiphthongierung und vereinzelte umlautlose Formen wie *dat Dorp* für sonst *Dörp* im Holsteinischen. Bei M. Horn ist das nicht zu ersehen, da auf der entsprechenden Verbreitungskarte der Hamburger und der Pinneberger Raum keine Einzeichnungen aufweisen. In der Mundart der Vierlande beobachten wir einen Übergang von einem *å* zu einem langen *ō* vor einem alten *g* wie in *dooch* „doch" oder eine Kürzung eines gedehnten Vokals in offener Silbe vor *-el, -en* oder *-er*, z. B. *Hassel* oder *Nettel*. Die Mundart des Alten Landes zeigt manche Gemeinsamkeiten mit dem Hamburgischen und dem Südholsteinischen. Es fehlen aber anderseits die Hamburger Triphthonge. Vor einem Nasal kann ein *e* wie auch in Finkenwerder und auf der rückwärtigen Geest zu *i* werden, wie in *verstinnich* „verständig". In einigen Gebieten wie in Estebrügge, das allerdings außerhalb von Hamburg liegt, kann *e* vor einem *-dd-* zu *a* wie in *Ladder* „Leiter" werden. Im östlichen Teil wird in bestimmten Fällen ein *ö* zu einem *ü*, z. B. *twülf* für sonst *twölf* „zwölf". In der Hiatusdiphthongierung geht das Alte Land mit Hamburg, während mnd. *ê* und *ô* wie auch in Finkenwerder zu einem langen *ī* und *ū* werden, z. B. *irst* „erst" und *Muur* „Moor". Beim Ausfall eines zwischenvokalischen *-d-* konnte sich wie in Glückstadt ein spirantischer Übergangslaut wie älter *Laje* für *Lade* bilden, der heute wie ebenfalls in Glückstadt, aber auch in

Altengamme zu einem *i* wie in *breiin* „breiten“ geführt hat. Vereinzelt kann aber auch wie in Glückstadt, Altengamme und Hamburg ein Verschlußlaut auftreten, z. B. *breige Stråten* „breite Straßen“. Den alten Lautstand hat im Alten Lande das westliche Gebiet bewahrt, während sich im östlichen Teil der schon erwähnte hamburgische Einfluß zeigt.

Die mundartlichen Namenformen, die in diesem Ortsnamenlexikon angeführt werden, sind zum größten Teil nicht selbst erfragt. Sie entstammen Mitteilungen, Literatur-Beschreibungen oder auch Mensings „Schleswig-Holsteinischem Wörterbuch“. So mögen manche Formen daher veraltet sein, d. h. heute nicht mehr gebräuchlich. Wenn nun das Hamburger Niederdeutsch von heute im Vordergrund stünde, so ergäbe das natürlich ein falsches Bild. Im Falle einer Ortsnamenbeschreibung und -untersuchung stört das aber weniger, da ja veraltete mundartliche Namenformen ursprünglicher und die heutigen vielfach den schriftsprachlichen und amtlichen angeglichen sind, wie wir bereits angedeutet haben.

Literatur

O. Furcht, Die Mundart des Alten Landes (bei Hamburg), Stader Archiv N. F., H. 24, 1934, S. 114–172.

M. Horn, Der holsteinische Niederelberaum. Eine dialektgeographische Untersuchung, Teil I und II; Marburg 1984.

W. Kaestner, Die plattdeutschen Mundarten in Schleswig-Holstein. In: Zwischen Elbe und Skagerrak, hrsg. von R. H. Carsten. Aus Hansischem Raum, Bd 3; Hamburg 1938, S. 133–152.

H. Larsson, Lautstand der Mundart der Gemeinde Altengamme (in den Vierlanden bei Hamburg). 1. Beiheft zum Jahrbuch der Hamburgischen Wissenschaftlichen Anstalten XXXIV, 1916. Mitteilungen aus dem Deutschen Seminar zu Hamburg, III; Hamburg 1917.

A. Lasch, Beiträge zur Geschichte des Niederdeutschen in Hamburg. Jetzt in: A. Lasch, Ausgewählte Schriften zur Niederdeutschen Philologie; Neumünster 1979, S. 413–462.

A. Lasch, Hamburger Platt. Hamburgische Zeitschrift für Heimatkultur, 1918, S. 4–6.

W. Laur, Die Mundart. In: W. Laur, Die Ortsnamen im Kreise Pinneberg, Kieler Beiträge zur deutschen Sprachgeschichte Bd 2; Neumünster 1978, S. 16–28.

W. Laur, Die niederdeutschen Mundarten. In: Historisches Ortsnamenlexikon von Schleswig-Holstein, 2. Aufl.; Neumünster 1992, S. 27–30.

H. Wriede, Finkenwärder, seine Sprache und seine Eigenart. Quickborn 2, 1908/09, S. 66–74.

Verzeichnis der Abkürzungen

Quellen und Literatur

Adam von Bremen	-	Adam von Bremen, Hamburgische Kirchengeschichte, hrsg. v. B. Schmeidler. MGH SSrerGer; Hannover 1917; hauptsächlich nach Handschriften des 12. und 13. Jahrhunderts; übersetzt von W. Trillmich. In: Quellen des 9. und 11. Jahrhunderts zur Geschichte der Hamburgischen Kirche und des Reiches. Ausgewählte Quellen zur deutschen Geschichte des Mittelalters Bd 11; Berlin 1961, S. 135–499.
Aegidius a Couwenberchs Elbkarte	-	Aegidius a Couwenberchs Elbkarte von 1621. In: E. Reinstorf, Eindeichung Wilhelmsburg, nach S. 64.
Albert v. Stade	-	Albert von Stade, Annales Stadenses. In: MGH SS 16, S. 271–379.
Annales Fuldenses	-	Annales Fuldenses, Jahrbücher von Fulda. Quellen zur karolingischen Reichsgeschichte. Ausgewählte Quellen zur deutschen Geschichte des Mittelalters, bearb. v. R. Rau; Darmstadt 1960.
Annales Hamburgenses	-	Annales Hamburgenses. In: QuSHLG 4; Kiel 1888, S. 3 ff.
Annales Lundenses	-	Annales Lundenses. In: E. Jørgensen, Annales danici medii ævi; København 1920, S. 44–62.
Annales Magdeburgenses	-	Annales Magdeburgenses. In: MGH SS 16, S. 105–196.

Annales Waldemariani	-	Annales Waldemariani. In: E. Jørgensen, Annales danici medii ævi (s. o.), S. 102.
Annalista Saxo	-	Annalista Saxo. In: MGH SS 6, S. 542 ff.
Arnold v. Lübeck	-	Arnolds von Lübeck Slawenchronik. In: MGH SS 16, S. 101–250.
H. Beckershaus, Straßennamen	-	H. Beckershaus, Die Hamburger Straßennamen. Woher sie kommen und was sie bedeuten. Unter Mitarbeit von H. O. Möller (†). 3. überarbeitete Auflage; Hamburg 1999.
Beckershaus, Stadtteile	-	H. Beckershaus, Die Namen der Hamburger Stadtteile, 2. Auflage; Hamburg 2002.
Beckershaus, Märkte und Plätze	-	H. Beckershaus, Die Namen der Hamburger Märkte und Plätze; Hamburg 2004.
Bergedorfer Stadtb.	-	H. Kellinghusen, Das älteste Bergedorfer Stadtbuch; Bergedorf 1906.
BNF N. F.	-	Beiträge zur Namenforschung. Neue Folge.
Bürgerb. Glückstadt	-	Bürgerbuch der Stadt Glückstadt. Bearb. von C. Kortes Bd 1; Glückstadt 1957.
K. Casemir, Ortsnamen auf -büttel	-	K. Casemir, Die Ortsnamen auf -büttel. Namenkundliche Informationen Beiheft 19; Leipzig 1997.
Cassius Dio	-	Ausgabe von U. Ph. Boissevain Bd 1–5, 1895–1931.
Civilitates	-	Civilitates. Lübecks Neubürgerlisten 1317–1356, hrsg. v. O. Ahlers. Veröffentlichungen zur Geschichte der Hansestadt Lübeck Bd 19; Lübeck 1967.

Danckw.	-	Danckwerth, Caspar, Newe Landesbeschreibung der zwey Herzogthümer Schleswich und Holstein zusambt vielen dabei gehörigen newen Landcarten ... von Joh. Mejer elaborirt. Husum 1652. Nachdruck der Karten; Hamburg 1963.
DGP	-	Danmarks Gamle Personnavne I u. II; København 1954–1965.
J. H. Dielhelm, Allgemeines Hydrographisches Lexikon	-	J. H. Dielhelm, Allgemeines Hydrographisches Lexicon Aller Ströme und Flüsse in Ober- und Nieder-Deutschland; Frankfurt a. M. 1743.
Dipl.dan.	-	Diplomatarium danicum; København 1938 ff.
DMR	-	Danske Middelalderlige Regnskaber 1. R., 1. Bd, udg. af G. Galster; København 1944–1953.
P. Dohm, Holsteinische Ortsnamen	-	P. Dohm, Holsteinische Ortsnamen, die ältesten urkundlichen Belege gesammelt und erklärt; Kiel 1908 bzw. ZSHG 38 (1908) S. 104–260.
DUB	-	Urkundenbuch zur Geschichte des Landes Dithmarschen; Altona 1834.
Elbkarte M. Lorck	-	Die Elbkarte des Melchior Lorichs vom Jahre 1568. Gekürzte und vollständig umgearbeitete Auflage des 1847 erschienenen Werkes von Dr. iur. M. Lappenberg, hrsg. v. A. Aust; Hamburg 1927 ... u. 1964.
E. Finder, Billwärder	-	E. Finder, Die Landschaft Billwärder, ihre Geschichte und Kultur; Hamburg 1935.
E. Finder, Vierlande	-	E. Finder, Die Vierlande. Beiträge zur Geschichte, Landes- und Volkskunde Niedersachsens 1. Teil; Hamburg 1922.

Flurnamensamml. Wegemann	-	Flurnamensammlung von Georg Wegemann (Schleswig-Holstein und Hamburg) – LAS, Abt. 399.78.
A. C. Förste, Ursprung	-	A. C. Förste, Ursprung und Name der Geestrand-Orte zwischen Harburg und Buxtehude; Moisburg 1973.
E. Förstemann, Altdeutsches Namenbuch	-	E. Förstemann, Altdeutsches Namenbuch I u. II, Nachdruck; Hildesheim 1966 u. 1967.
Fränkische Reichsannalen	-	Annales Regni Francorum. MGH SSrerGer 1895, Nachdruck 1956; neu bearbeitet und übersetzt. In: Ausgewählte Quellen zur deutschen Geschichte des Mittelalters Bd 5; Darmstadt 1955, S. 1–55.
Gaedechens, Topographie	-	C. F. Gaedechens, Historische Topographie der Freien und Hansestadt Hamburg und ihrer nächsten Umgebung von der Entstehung bis auf die Gegenwart; Hamburg 1880.
W. Grabke, Wandsbek und Umgebung	-	W. Grabke, Wandsbek und Umgebung 2. Aufl.; Hamburg 1960.
J. Grote, Urkundl. Beitr.	-	J. Grote, Urkundliche Beiträge zur Geschichte des Königreichs Hannover und des Herzogthums Braunschweig; Wernigerode 1852.
E. v. Grote-Ebstorf, Beiträge	-	E. Frhr. von Grote-Ebstorf, Beiträge zur Geschichte der Elbinseln vor Hamburg; Wilhelmsburg 1907.
Grotefend, UB Heimbruch	-	H. Grotefend, Urkundenbuch der Familie von Heimbruch 1–2; Frankfurt a. M. 1882–1886.
Hamb. Bursprak.	-	Hamburgische Burspraken 1346 bis 1594. Bearb. v. J. Bolland Teil 1 u. 2, Veröffentlichungen aus dem Staatsarchiv der Freien und Hansestadt Hamburg Bd VI; Hamburg 1960.

Hamb. Schuldb.	-	Das Hamburgische Schuldbuch von 1288, hrsg. v. E. von Lehe. Veröffentlichungen aus dem Staatsarchiv der Freien und Hansestadt Hamburg Bd IV; Hamburg 1956.
Hamb. Test.	-	Hamburger Testamente 1351 bis 1400, hrsg. v. H.-D. Loose, Veröffentlichungen aus dem Staatsarchiv der Freien und Hansestadt Hamburg Bd XI; Hamburg 1970.
Hamburgs Weg zum Reich	-	H. Reincke, Hamburgs Weg zum Reich und in die Welt. Urkunden zur 750-Jahr-Feier des Hamburger Hafens; Hamburg 1939.
Hansen-Sottorf, Kollauer Chronik	-	A. Hansen und R. Sottorf, Die Kollauer Chronik I; Lokstedt 1922.
Hanserecesse	-	Die Recesse und andere Akten der Hansetage 1. Abt., Bd 1–4. Abt. Bd 12; Leipzig, Köln, Wien 1870–1970.
Hans. UB	-	Hansisches Urkundenbuch Bd 1–11; Halle, München und Leipzig 1876–1910.
Helmold v. Bosau	-	Helmolds Slawenchronik, hrsg. v. B. Schmeidler. MGH SSrerGer 1937; nach Handschriften des 14. und 15. Jahrhunderts und übersetzt von H. Stoob. In: Ausgewählte Quellen zur deutschen Geschichte des Mittelalters Bd 19; Darmstadt 1963.
HGHbl	-	Hamburgische Geschichts- und Heimatblätter.
HKR	-	Kämmereirechnungen der Stadt Hamburg Bd 1–10; Hamburg 1869–1951.
Hoyer UB	-	Hoyer Urkundenbuch; Hannover 1955.
HUB	-	Hamburgisches Urkundenbuch Bd 1–4; Hamburg 1842–1967.

H. W. C. Hübbe, Erläuterungen	-	H. W. C. Hübbe, Einige Erläuterungen zur histor.-topographischen Ausbildung des Elbstromes und der Marschinseln bei Hamburg; Hamburg 1869.
Itinerar Nikolás v. Þverá	-	Itinerar Nikolás af Þverá. Alfræði islenzk. Islandsk encyklopædisk Litteratur 1, Cod. MBR. AM 194, 8. vol., udgivet ved Kr. Kålund; København 1908.
JbA	-	Jahrbuch des Alstervereins.
H. Jellinghaus, Die westfälischen Ortsnamen	-	H. Jellinghaus, Die westfälischen Ortsnamen nach ihren Grundwörtern, 3. vermehrte Auflage; Osnabrück 1923.
H. Kaufmann, Ergänzungsband	-	H. Kaufmann, Ergänzungsband zu E. Förstemann, Personennamen; München, Hildesheim 1960.
H. Kaufmann, Untersuchungen	-	H. Kaufmann, Untersuchungen zu altdeutschen Rufnamen; München, Hildesheim 1965.
D. Kausche, Gerechtsame	-	D. Kausche, Gerechtsame an den Wasserläufen zwischen Hamburg und Harburg im späteren Mittelalter: ZHG 46 (1960) S. 45–103.
J. Karsten, Berne […]	-	J. Karsten, Berne, Bähren, Berne. Eine Chronik seiner historischen Entwicklung; Hamburg 1996.
J. Klefeker, Samml. d. Hamb. Gesetze u. Verfassungen	-	J. Klefeker, Sammlung der Hamburgischen Gesetze und Verfassungen Bd 1–12; Hamburg 1765–1774.
König Alfreds Orosius	-	King Alfred's Orosius. Edited by H. Sweet. London, Early English Text Society, 1883, bzw. J. Bately 1980.
Kurhannoversche Landesaufnahme	-	Kurhannoversche Landesaufnahme des 18. Jahrh's, Nachdruck; Hannover 1959–1963.

W. Laur, Ortsnamen	-	W. Laur, Die Ortsnamen in Schleswig-Holstein mit Einschluß der nordelbischen Teile von Groß-Hamburg und der Vierlande. Gottorfer Schriften Bd VI; Schleswig 1960.
W. Laur, Ortsnamen im Kreise Pinneberg	-	W. Laur, Die Ortsnamen im Kreise Pinneberg. Kieler Beiträge zur deutschen Sprachgeschichte Bd 2; Neumünster 1978.
W. Laur, Ortsnamen in Schaumburg	-	W. Laur, Die Ortsnamen in Schaumburg. Schaumburger Studien H. 51; Rinteln 1993.
W. Laur, Ortsnamenlexikon	-	W. Laur, Historisches Ortsnamenlexikon von Schleswig-Holstein, 2. völlig veränderte und erweiterte Auflage. Veröffentlichungen des Schleswig-Holsteinischen Landesarchivs 28; Neumünster 1992.
Leerhoff	-	H. Leerhoff, Niedersachsen in alten Karten; Neumünster 1985.
Lib.act.	-	Liber actorum, ein Erbe- und Rentebuch.
Lib.contr.	-	Liber contractuum, ein städtisches hamburgisches Kopialbuch.
Lib.cop.cap.	-	Liber copialis capituli, ein Kopialbuch des Domkapitels.
Lib.de hort.vend.	-	Liber de hortis venditis, ein Verzeichnis von Verlassungen von Grundstücken außerhalb der Stadtmauern.
Lib.mem.	-	Liber memorandorum, ein städtisches hamburgisches Kopialbuch.
Lib.resign.	-	Liber resignationum, ein städtisches hamburgisches Kopialbuch.

Lührs, Naturgegebenheiten	-	W. Lührs, Die Naturgegebenheiten des Winkels zwischen Elbe und Bille im Spiegel seiner Flurnamen und anderer Bezeichnungen der Örtlichkeit; Dissertation Hamburg 1943.
Lün. UB	-	Urkundenbuch der Stadt Lüneburg Bd 1–3; Hannover 1872–1877.
May	-	O. H. May, Regesten der Bischöfe von Bremen Bd 1; Hannover, Bremen 1937.
Mejer	-	Siehe Danckwerth.
W. Melhop, Die Alster	-	W. Melhop, Die Alster; Hamburg 1932.
W. Melhop, Top.	-	W. Melhop, Historische Topographie der Freien und Hansestadt Hamburg von 1895–1920; Hamburg 1923–1925.
Mon. Anc.	-	Monumentum Ancyranum. In: J. Gagé, Res gestae divi Augusti, 1955.
O. Mensing	-	O. Mensing, Schleswig-Holsteinisches Wörterbuch I–V; Neumünster 1925–1927.
MGH DD bzw. SS	-	Monumenta Germaniae Historica. Diplomata Rerum et Imperatorum Germaniae bzw. Scriptores.
MGH D L III	-	Monumenta Germaniae Historica. Lothar III.
MGH SSrerGer	-	Scriptores rerum Germanicarum in usum scholarum ex Monumentis Germaniae Historicis.
R. Möller, Dentalsuffixe	-	R. Möller, Dentalsuffixe in niedersächsischen Siedlungs- und Flurnamen in Zeugnissen vor dem Jahre 1200. BNF N. F. Beiheft 43; Heidelberg 1992.

R. Möller, Nasalsuffixe	-	R. Möller, Nasalsuffixe in niedersächsischen Siedlungsnamen und Flurnamen in Zeugnissen vor dem Jahre 1200. BNF N. F. Heft 50; Heidelberg 1998.
MUB	-	Mecklenburgisches Urkundenbuch Bd 1–25; Schwerin 1863–1913.
MVHG	-	Mitteilungen des Vereins für Hamburgische Geschichte.
Necr.cap.	-	Necrologium capituli.
Niedersächs. Jb	-	Niedersächsisches Jahrbuch für Landesgeschichte.
H. Olsen, Historisches Verzeichnis	-	H. Olsen, Historisches Verzeichnis der wichtigsten Namen der Stadtteile, Vororte und einiger benachbarter Ortschaften. Ein Versuch. In: B. Studt u. H. Olsen, Hamburg. Die Geschichte einer Stadt; Hamburg 1951 (als Anhang).
Paneg. Constantino Aug.	-	Panegyricus Constantino Augusto. In: Panegyrici latini XII. Recens. Aemil. Baehrens; Lipsiae 1874.
Pinneb.-Hatzb. Reg.	-	Das Pinneberg-Hatzburger Einwohnerregister von 1464–1465. Schleswig-Holsteiner Bürger und Bauern vor 1650, H. 1, hrsg. v. O. Hintze; Hamburg 1936 (verbessert nach dem Original).
Plinius	-	Gaius Plinius Secundus, Naturalis historia, hrsg. v. D. Detlefsen, 1866–1882.
F. Prien, Neumünstersches Flurnamenb.	-	F. Prien, Neumünstersches Flurnamenbuch: ZSHG 58 (1929) S. 31–286.
Ptolemaios	-	Claudius Ptolemaeus (Klaudios Ptolemaios), Geographia, hrsg. v. C. F. A. Nabbe, Bd 1–3, 1843–1845, Nachdruck 1968.

QuSHLG	-	Quellensammlung der Schleswig-Holstein-Lauenburgischen Gesellschaft für vaterländische Geschichte.
H. Ramm, Altona, Wandsbek und die südholsteinischen Randgebiete	-	H. Ramm, Altona, Wandsbek und die südholsteinischen Randgebiete. In: Heimatchronik der Freien und Hansestadt Hamburg; Köln 1958, S. 255–348.
Regesten Harburg	-	Regesten zur Geschichte des Harburger Raumes 1059 bis 1527, bearb. v. D. Kausche. Veröffentlichungen aus dem Staatsarchiv der Freien und Hansestadt Hamburg Bd 12; Hamburg 1976. Nachtrag: D. Kausche, Quellen zur Geschichte des Harburger Raumes im Mittelalter. Selbstanzeige und Nachtrag: ZHG 63 (1977) S. 217–232.
E. Reinstorf, Eindeichung Wilhelmsburg	-	E. Reinstorf, Die Eindeichung der Insel Wilhelmsburg, 2. Auflage; Wilhelmsburg 1916.
E. Reinstorf, Geschichte Wilhelmsburg	-	E. Reinstorf, Geschichte der Elbinsel Wilhelmsburg; Hamburg 1943.
E. Reinstorf, Geschichte Wilhelmsburg, Neuaufl. 2003	-	E. Reinstorf, Geschichte der Elbinsel Wilhelmsburg, Neuauflage; Hamburg 2003.
Rep.dipl.	-	Repertorium diplomaticum regni danici mediævalis. Fortegnelse over Danmarks breve fra middelalderen 1. og 2. Række; København 1894–1936.
H. Richert, Zwischen Bille und Elbe	-	H. Richert, Zwischen Bille und Elbe. Stadtteil-Lexikon des Bezirkes Bergedorf; Hamburg 1987.
G.-W. Röpke, Zwischen Alster und Wandse	-	G.-W. Röpke, Zwischen Alster und Wandse. Stadtteillexikon des Bezirks Wandsbek, 2. bearb. Auflage; Hamburg 1986.

Saxo Grammaticus - Saxonis Gesta Danorum, udg. af J. Olrik og H. Ræder I; København 1931.

Sächs. Weltchron. - Sächsische Weltchronik. In: MGH Deutsche Chroniken 2, hrsg. v. L. Weiland, 1877, S. 1 ff.

Schatz- u. Zinsverz. - Schatz- und Zinsverzeichnisse des 15. Jahrhunderts aus dem Fürstentum Lüneburg, 2. Auflage, hrsg. v. R. Grieser. Quellen und Darstellungen zur Geschichte Niedersachsens Bd 50; Hildesheim 1961.

Schröder-Biernatzki, Top.[2] - Joh. v. Schröder, H. Biernatzki, Topographie der Herzogthümer Holstein und Lauenburg, des Fürstenthums Lübeck und des Gebietes der freien und Hansestädte Hamburg und Lübeck, 2. Auflage Bd 1–2; Oldenburg i. H. 1855–1856.

SHLUS - Urkundensammlung der Schleswig-Holstein-Lauenburgischen Gesellschaft für vaterländische Geschichte; Kiel 1839–1875.

SHRU - Schleswig-Holsteinische Regesten und Urkunden Bd 1–15; Hamburg, Kiel, Neumünster 1866–1996.

Sidonius Apollinaris - Sidonius Apollinaris, Ausgabe v. W. B. Anderson Bd 1–2, 1931, Neudruck 1956.

Staphorst - N. Staphorst, Hamburgische Kirchengeschichte Bd 1–5; Hamburg 1722–1729.

Strabo - Strabo, Geographia, hrsg. v. Kramer, Bd 1–3, 1844–1852.

Sudendorf - Urkundenbuch zur Geschichte der Herzöge von Braunschweig und Lüneburg und ihrer Lande Bd I–XI, hrsg. v. H. Sudendorf; Hannover 1859–1883.

Tacitus - P. Cornelii Taciti Libri qui supersunt, hrsg. v. E. Koestermann; Leipzig 1950–1960.

Thietmar v. Merseburg - Thietmar von Merseburg, Chronik, hrsg. v. F. Kurze. In: MGH SSrerGer, 1889; neu hrsg. u. übersetzt nach R. Holtzmann von W. Trillmich. In: Ausgewählte Quellen zur Geschichte des deutschen Mittelalters Bd 9; Darmstadt 1957.

UB Erzst. Magd. - Urkundenbuch des Erzstiftes Magdeburg Teil 1; Magdeburg 1937.

UB Kl Scharnebeck - Urkundenbuch des Klosters Scharnebeck, bearb. von D. Brosius. Veröffentlichungen der Historischen Kommission für Niedersachsen und Bremen XXXVII; Hildesheim 1979.

UBBL - Urkundenbuch des Bistums Lübeck I; Oldenburg 1856.

UB Ramelsloh - Urkundenbuch des Stiftes Ramelsloh; Hildesheim 1981.

UB Stade - Urkundenbuch der Stadt Stade; Hildesheim, Stade 1981.

UBStL - Urkundenbuch der Stadt Lübeck Bd 1–11 u. Register; Lübeck 1843–1932.

J. Udolph, Namenkundliche Studien - J. Udolph, Namenkundliche Studien zum Germanenproblem. Ergänzungsbände zum Reallexikon der Germanischen Altertumskunde Bd 9; Berlin, New York 1994.

J. Udolph, Zuflüsse - J. Udolph, Zuflüsse zur unteren Elbe (von Seege und Stecknitz bis zur Mündung). Hydronymia Germaniae Reihe A Lief. 16; Stuttgart 1990.

UHL - Die Urkunden Heinrichs des Löwen, bearb. v. K. Jordan; Weimar 1949.

VBHK	-	Das Visitationsbuch der Hamburger Kirchen. Hrsg. v. E. Keyser, bearb. v. H.-M. Kühn; Hamburg 1970.
Versus de vita Vicelini	-	Versus de vita Vicelini. In: Helmolds Slawenchronik, Anhang, hrsg. v. B. Schmeidler, S. 224–235 (vgl. Helmold v. Bosau).
Vita Anskarii	-	Vita Anskarii, hrsg. v. G. Waitz; Hannover 1884, bzw. in: Quellen des 9. und 11. Jahrhunderts zur Geschichte der Hamburgischen Kirche und des Reiches (vgl. Adam von Bremen), S. 3–133.
Vita Rimberti	-	Vita Sancti Rimberti archiaepiscopi Hammaburgiensis. In: MGH SSrerGer; Hannover 1884.
Velleius Paterculus	-	Marcus Velleius Paterculus, Ausgabe von C. Stegmann von Pritzwald, 1933, Nachdruck 1965.
Wellingsbüttl. Urk.	-	Wellingsbütteler Urkunden I-II. Hrsg. v. Chr. Boeck; Hamburg 1936 u. 1950.
Widukind v. Corvey	-	Die Sachsengeschichte des Widukind von Korvei, hrsg. v. P. Hirsch u. H. E. Lohmann, MGH SSrerGer; Hannover 1935.
F. Witt, Hamburgs Straßen	-	F. Witt, Hamburgs Straßen und ihre Geschichte; Hamburg 1951.
ZHG	-	Zeitschrift des Vereins für Hamburgische Geschichte.
ZHVN	-	Zeitschrift des Historischen Vereins für Niedersachsen.
ZSHG	-	Zeitschrift der Gesellschaft für Schleswig-Holsteinische Geschichte.
Zunftrollen	-	O. Rüdiger, Die ältesten Hamburgischen Zunftrollen und Brüderschaftsstatuten; Hamburg 1874. Unveränderter Nachdruck Glashütten im Taunus 1976.

Allgemeine Abkürzungen

Abdr.	-	Abdruck
Abschr.	-	Abschrift
Abt.	-	Abteilung
adän.	-	altdänisch
afries.	-	altfriesisch
ahd.	-	althochdeutsch
ai.	-	altindisch
air.	-	altirisch
an.	-	altnordisch
Anm.	-	Anmerkung
AR	-	Amtsrechnung
as.	-	altsächsisch
-b.	-	-buch
balt.	-	baltisch
Bd	-	Band
Beschr.	-	Beschreibung
Bez.	-	Bezirk
Bon.-Instr.	-	Bonitierungsinstrument
dän.	-	dänisch
Dep.	-	Depositum
Des.	-	Designation
Dithm.	-	Dithmarscher
dt.	-	deutsch
Eb.	-	Erdbuch
engl.	-	englisch
Erbeb.	-	Erbebuch
Fälsch.	-	Fälschung
FaN	-	Familienname
fasc.	-	Faszikel
FlN	-	Flußname
FN	-	Flurname
fol.	-	Folio
gall.	-	gallisch
germ.	-	germanisch
GewN	-	Gewässername
got.	-	gotisch
gr.	-	griechisch
h.	-	heute
Handzeichn.	-	Handzeichnung

Hbg	-	Hamburg
hd.	-	hochdeutsch
hethit.	-	hethitisch
Hsgr.	-	Häusergruppe
Hsr.	-	Häuser
Hzgtm.	-	Herzogtum
idg.	-	indogermanisch
IN	-	Inselname
Inv.	-	Inventar
ir.	-	irisch
Jb	-	Jahrbuch
Jg.	-	Jahrgang
Karol.	-	Karolinger
Kr.	-	Kreis
Ksp.	-	Kirchspiel
LAS	-	Landesarchiv Schleswig-Holstein
lat.	-	lateinisch
lett.	-	lettisch
lit.	-	litauisch
LN	-	Landesname, Landschaftsname
mda.	-	mundartlich (niederdeutsch)
Meßtischbl.	-	Meßtischblatt
mhd.	-	mittelhochdeutsch
mlat.	-	mittellateinisch
mnd.	-	mittelniederdeutsch
mnl.	-	mittelniederländisch
nd.	-	niederdeutsch
Nebenfl.	-	Nebenfluß
nhd.	-	neuhochdeutsch
nl.	-	niederländisch
nnd.	-	neuniederdeutsch
Nom.	-	Nominativ
O.-Amt	-	Ortsamt
ON	-	Ortsname
Orig.	-	Original
Ortstl.	-	Ortsteil
PN	-	Personenname
polab.	-	polabisch
poln.	-	polnisch
Prot.	-	Protokoll
Reg.	-	Register

RN	- Rufname
s.	- siehe
Sdlg.	- Siedlung
SN	- Seename
Sp.	- Spalte
St.	- Sankt
StA	- Staatsarchiv
StAH	- Staatsarchiv der Freien und Hansestadt Hamburg
StAHan	- Niedersächsisches Hauptstaatsarchiv Hannover
StdA Buxt	- Stadtarchiv Buxtehude
StdA Lün	- Stadtarchiv Lüneburg
Stdttl.	- Stadtteil
StrN	- Straßenname
Transs.	- Transsumpt
Urk.	- Urkunde(n)
Verhandl.	- Verhandlung
Vertr.	- Vertrag
Verz.	- Verzeichnis
vgl.	- vergleiche
Vol.	- Volumen
Wrtshs.	- Wirtshaus
z.	- zu(r)
Zschr.	- Zeitschrift

Erklärungen besonderer Buchstaben und Zeichen

å	- dumpfer zwischen *a* und *o* stehender Laut
aú	- bezeichnet im Gotischen ein offenes *o*
ę	- offenes *e* wie in hd. *Bär*
ė	- bezeichnet in altsächsischen und hochdeutschen Texten ein *e* als Produkt des *i*-Umlautes von *a*
ə	- ein überkurzes *e*, ein sogenannter Murmelvokal wie das -*e* in vielen Wörtern

i̯	-	offenes *i* wie in *Ilse*
ǫ	-	offenes *o* wie in hd. *Gott*
ǫ̈	-	offenes *ö* wie in hd. *Götter*
ų̈	-	offenes *ü*
u̯	-	Halbvokal, dem englischen *w* entsprechend
ł	-	velares dickes *l*
l̥	-	silbisches *l* bzw. gemurmeltes *-el*
m̥	-	silbisches *m* bzw. gemurmeltes *-em*
n̥	-	silbisches *n* bzw. gemurmeltes *-en*
ŋ	-	*ng* wie in *Wange*
r̥	-	silbisches *r*
ɹ	-	gemurmeltes Zungen *-r* wie in norddeutsch *warm*
š	-	*sch*
ƀ	-	zwischen *b* und *w*
ð	-	stimmhafter dentaler Reibelaut wie in engl. *there*
þ	-	stimmloser dentaler Reibelaut wie in engl. *thick*
z	-	stimmhaftes s wie in dt. *sehr*
‾	-	Strich über dem Buchstaben bezeichnet einen langen Vokal
′	-	bezeichnet die betonte Silbe und steht vor ihr
*	-	erschlossene, nicht überlieferte Form
+	-	vergangener Name
°	-	falsche bzw. irrtümliche Namenform

Übersicht über jene Bestände des Staatsarchivs der Freien und Hansestadt Hamburg, aus denen hauptsächlich die Quellen für die Ortsnamenformen entnommen sind

111-1 Senat

Cl II Beziehungen zu Dänemark und Holstein
Cl III Angelegenheiten der Ämter Bergedorf und Ritzebüttel
Cl IV Grenz- und Langebietsangelegenheiten; Hoheits- und Schiffahrtsrechte auf Elbe und Alster
Cl VII Innere Angelegenheiten

231-1 Hypothekenamt (darin die mittelalterlichen Erbebücher)

413-3 Land- und Ortschaften
413-3/1 Landschaft Billwerder
413-3/8 Landschaft Ochsenwerder
413-3/10 Landschaft Spadenland

415 Bergedorf und Vierlande
415-13/1 Landschaft Altengamme
415-13/5 Landschaft und Gemeinde Neuengamme

422 Wandsbek Stadt
422-2 Gut Wandsbek, königlicher Anteil
422-4 Justitiariat für die Güter Wandsbek und Wellingsbüttel

430-1 Urkunden und Rechtssatzungen der Stadt Harburg

611-1 Sankt Johannis Kloster (ehemals Harvestehude)
611-2 Sankt Georgs-Hospital

710-1 I Threse I (Urkunden)
710-1 I R Hamburgische Marschlande

720-1 Karten und Bilder, Plankammer

Übersicht über jene Bestände des Schleswig-Holsteinischen Landesarchivs, aus denen hauptsächlich die Quellen für die Ortsnamenformen entnommen sind

Urkunden

Urk.-Abt. A	Schleswig-Holstein
Urk.-Abt. B	Holstein
Urk.-Abt. C	Schleswig
Urk.-Abt. 1	Gemeinschaftliches Archiv (der Landesherren)
Urk.-Abt. 3	Holstein-Schauenburg-Pinneberg
Urk.-Abt. 7	Schleswig-Holstein-Gottorf bis 1713
Urk.-Abt. 8	Holstein Gottorf bis 1773
Urk.-Abt. 120	Zisterzienser-Nonnenkloster Reinbek
Urk.-Abt. 127.3	Adliges Gut Ahrensburg

Archive und Behörden mit umfassenden Beziehungen

Abt. 1	Gemeinschaftliches Archiv – Landesherren bis 1544
Abt. 2	Grafschaft Holstein-Pinneberg bis 1640
Abt. 7	Herzogtum Schleswig-Holstein-Gottorf
Abt. 15	Adliges Landgericht
Abt. 25	Schleswig-Holsteinische Landkommission und Landkommissare 1768–1834
Abt. 65.1	Deutsche Kanzlei zu Kopenhagen, Akten bis ca 1730

Territoriale und lokale Archive

Abt. 109	Ämter Reinfeld, Rethwisch, Traventhal
Abt. 110	Amt Segeberg
Abt. 111	Ämter Reinbek, Trittau, Tremsbüttel
Abt. 112	Herrschaft Pinneberg

Abt. 127.3	Adliges Gut Ahrensburg
Abt. 127.4	Adliges Gut Hoisbüttel

Sonderarchive und Sammlungen

Abt. 400.1-5	Handschriften
Abt. 402	Karten, Risse, Pläne
Abt. 410	Reproduktionen aus fremden Archiven

HAUPTTEIL

Erläuterungen und Bemerkungen zur Benutzung

Stichwörter dieses historischen Ortsnamenlexikons sind die heutigen Namenformen nach dem gültigen Verzeichnis der „Orts- und Stadtteile mit Finanzämtern, Standesämtern und Amtsgerichten“ und der „Stadtkarte von Hamburg 1:20000“ in der Ausgabe von 1994. Aufgenommen wurden ferner die vergangenen Namen und mit einem Kreuz versehen, um sie besonders kenntlich zu machen. Stichwort ist dabei die jüngste oder gebräuchlichste Form auf Grund der Topographien von Schröder-Biernatzki und Gaedechens. Die Lage wird in Klammern durch den Namen des betreffenden Orts- und Stadtteiles, des Ortsamtes und des Bezirkes angegeben oder bei nicht ausführlicher zu lokalisierenden vergangenen durch Angaben wie z. B. *bei Finkenwerder*. Zur weiteren Verdeutlichung werden in besonderen Fällen auf die betreffenden Örtlichkeiten hinweisende Straßennamen angeführt. In abgekürzter Form wird danach der Namensträger wie etwa Stdttl., Ortstl. oder auch GewN näher gekennzeichnet. Da die Mehrzahl der Siedlungsnamen Orts- oder Stadtteile benennt, wird nach den Topographien die Art der früheren Siedlung wie Dorf, Kirchdorf, Einzelsiedlung u. ä. angegeben. Soweit erreichbar wird auch die mundartliche niederdeutsche Namenform verzeichnet, und zwar wie im „Historischen Ortsnamenlexikon von Schleswig-Holstein“ in einfacher Umschrift, um auch dem nicht sprachwissenschaftlich vorgebildeten Benutzer das Lesen zu erleichtern. In einzelnen Fällen, in denen es nötig erscheint, wird auch die Lautschrift verwendet. Die Lageangaben bei Gewässern werden oft in der Form einer kurzen Angabe des Verlaufes gemacht.

Unter die Stichwörter sind auch die häufigsten Grundwörter aufgenommen und erklärt worden. Von den alten und älteren Formen werden die wichtigsten angeführt, und zwar vor allem diejenigen, die nach Schreibweise, Lautung und Formen für die Namenentwicklung bis zur heutigen Form repräsentativ sind. Dabei finden sich in diesem Lexikon doch weit mehr ältere Formen als im betreffenden schleswig-holsteinischen. In Klammern wird abgekürzt die Quelle angegeben. Finden sich die betreffenden Urkunden und Texte in mehreren Publikationen, so wird den hamburgischen der Vorzug gegeben. Die Namendeutungen erfolgen in der Form einer etymologischen Erklärung der einzelnen Namenbestandteile und einer umschreibenden Wiedergabe der etymologischen Bedeutung des betreffenden Namens, z. B. *Volksdorf* = „*Dorf ... des Folcward*", wobei öfters wiederkehrende Grundwörter, wie schon erwähnt, unter den Stichwörtern erklärt werden. Soweit wie möglich wird ferner eine etymologische Erklärung und Deutung der in den Ortsnamen enthaltenen Personennamen gegeben. Auf wichtige Literatur wird in abgekürzter Form nach dem Literaturverzeichnis verwiesen.

Anmerkung der Herausgeber zur Schreibweise der Namen

Bisweilen finden sich im Manuskript dennoch unterschiedliche Varianten, die sich allerdings meist nur geringfügig unterscheiden. Die notwendige Auswahl ist möglicherweise nicht ganz ohne Willkür getroffen worden. Mißverständnisse auf Grund dieser Vorgehensweise sind wohl so gut wie ausgeschlossen.

A

Achterdeich (Neuengamme, O.-Amt Vier- u. Marschlande, Bez. Bergedorf) Ortstl., mda. *Achterdiek* – Nd. **achter den Diek* = „hinter dem Deich".

Achterdeich (Reitbrook, O.-Amt Vier- u. Marschlande, Bez. Bergedorf) Ortstl., mda. *Achterdiek* – 1856 (Schröder-Biernatzki, Top.[2] I, S. 334) Hinterdeich, Meßtischbl. 1880: Achterdeich – Siehe oben.

Achterschlag (Curslack, O.-Amt Vier- u. Marschlande, Bez. Bergedorf) Ortstl., früher Dorf – 1302 (HUB II, 21) in Achtersclage, 1306 (HUB II, 101) in Achtterslaghe, 1334 (HUB II, 950) in nostra terra paludis dicta Achterslach, 1435 (UBStL VII, 661) Achterslach, 1465 (UBStL X, 611) der lande … vnde Achterslaghe, 1855 (Schröder-Biernatzki, Top.[2] I, S. 314) Achterschlag – Nd. **Achter den Slach* = „hinter dem Schlag", d. h. „Anteil an der Feldmark".

Albrechtsbrack (Neuengamme, O.-Amt Vier- u. Marschlande, Bez. Bergedorf) GewN – Zu *Brack*, d. h. Stelle, wo früher der Deich durchbrochen ist, wohl nach Herzog Albrecht von Braunschweig-Lüneburg benannt.

+ **Alerberke** (vielleicht b. Allermöhe, O.-Amt Vier- u. Marschlande, Bez. Bergedorf) FN – 1178 (HUB I, 244, Abschr. 15. Jahrh., nach dem Diplomatarium Ratzeburg, II, S. 30, 1180) Alerbergke, um 1236 (HUB I, 506, Abschr. 15. Jahrh.) de Alerberghe – Beim Grundwort dieses vergangenen Orts- oder Flurnamens bei Bergedorf handelt es sich trotz einiger Unsicherheiten nicht um nd. *Bęk* = „Bach", wie Udolph als Stichwort ansetzt (vgl. J. Udolph, Zuflüsse, S. 4), sondern entweder um mnd. *berke* = „Birke, Birkenwäldchen" oder *berch* = „Berg, Erhebung". Eine genaue Entscheidung ist auf Grund der beiden Belege nicht möglich (vgl. W. Laur, Ortsnamen, S. 272). Da als Bestimmungswort as. *alar* = „Erle" wohl bei einem Grundwort *Berg* in Frage kommen kann, nicht aber bei *berke* = „Birke", weil zwei unterschiedliche Baumbezeichnungen sich ja ausschließen, könnte es sich um einen alten Gewässernamen **Alara* als eine Parallele zum FlN *Aller* als eine Bildung mit einem *r*-Suffix zur Wurzel germ. **al*-, idg. **ol*- = „fließen" handeln, vgl. Alster.

Allermöhe (O.-Amt Vier- u. Marschlande, Bez. Bergedorf) Stdttl., früher Kirchdorf, mda. *Aller'möh* – 1162 (HUB I, 224) Anremuthe, 1238 (SHRU I, 576) in Anremuthe, 1263 (HUB I, 672) de Anremude, 1324 (HUB II, 480) in Anremůde, 1397 (SHRU VI, 1306, Insert 1453) to Alremude, 1508 (VBHK 40, 21b) in Alremude, Elbkarte M. Lorck 1568: Aller Muer Karcke, Mejer 1649: Allermöyh, Mejer 1650: Allermöhe, 1855 (Schröder-Biernatzki, Top.[2] I, S. 159) Allermöhe – Der Ortsname mnd. **Anremūthe*, **Anremūde* ist oft als **an dere mūthe* = „an der Mündung" gedeutet worden, wie z. B. auch von H. Olsen (vgl. H. Olsen, Historisches Verzeichnis, S. 2), eine Erklärung jedoch, die nicht zutreffend ist, da as. *gimūthi* Neutrum ist wie ein heutiges Wort, das mit der Vorsilbe *Ge-* wie *Gebäude* gebildet ist. Wie ich bereits an anderer Stelle hingewiesen habe, wird eine Zusammensetzung von as. *gimūthi*, mnd. *mūthe*, *mūde* = „Mündung" mit einem Flußnamen vorliegen – **Anremūthe* wie 1141 *Szestermuthe*, heute *Seestermühe*, südwestlich von Elmshorn zum alten Flußnamen *Seesterau* (vgl. W. Laur, Ortsnamenlexikon, S. 597). Allem Anschein nach liegt ein alter Gewässername vor – as. **Anara*, mnd. **Anre* – als ein alter Name vielleicht für die jetzige Dove Elbe, so nach Olsen, oder für einen alten Mündungsarm der Bille. Dabei handelt es sich wohl um einen Namen der alteuropäischen Hydronymie als eine Bildung mit einem *r*-Suffix zur Wurzel idg. **on*- in der Bedeutung „Wasser, Gewässer", vgl. *Arnbach* bei Montabaur im Westerwald – 959 *Anara*, 1220 *Anra* – oder auch als eine andere Bildung von der gleichen Wurzel wie die Flußnamen Inn als alt **An̯ios* und *Enns* (vgl. W. Laur, Gewässernamen in Schleswig-Holstein, ein Überblick: BNF N. F. 16, 1981, S. 107–124, bes. S. 120). Da die Form *Anremuthe*, *Anremude* mit einem *n* in den Belegen vom 12. bis zum 14. Jahrh. mehrfach vertreten ist, wird es sich bei dem *l* in den spätmittelalterlichen und neuzeitlichen Formen um das Ergebnis eines Dissimilationsvorganges handeln. Wie in holsteinischen Ortsnamen (z. B. *Seestermühe* oder *Mühbrook*) ist das zwischenvokalische *d* nach einem langen Vokal ausgefallen. Das *ū̆* ist hier zu einem *ō̆* gesenkt worden.

\+ **Allwerder** (Elbinsel vor Moorburg, O.-Amt Süderelbe, Bez. Harburg) IN – Elbkarte M. Lorck 1568: Allwarder – Auf Grund der einen Form ist das Bestimmungswort nur schwer zu deuten; beim Grundwort handelt es sich um *Werder*, nd. *Warder* in der Bedeutung „Insel".

Alster (entspringt südlich von Henstedt-Ulzburg im Kisdorfer Wohld und mündet im Bereich der Innenstadt von Hamburg in die Elbe) FlN – Adam v. Bremen Ende 11. Jahrh.: rivum, qui Alstra vocatur, 1188 (SHRU I, 162) iuxta Alstriam, Arnold v. Lübeck um 1200: tota … Halstera, um 1216 (HUB I, 151, Abschr. 1267) in Alstra, 1220 (HUB I, 440, Abschr. 14. Jahrh.) in Alsteram fluuium, 1248–1274 (StAH, 231, I 1 Bd 1, Lib.act., S. 77_1) iuxta Alstriam, 1306 (HUB II, 99) partem Alstrie, 1314 (HUB II, 302) up dhe Alstere, 1322 (HUB II, 534) over de Alstere, 1410 (UBStL V, 314) upter Alstere, 1443 (Hamb. Bursprak. 20, 1) vppe der Alster, 1467 (LAS, Urk.-Abt. 3, 393) in de Alster, um 1569 (Karte D. Drever, Leerhoff Nr. 20) De Alster, 1578 (SHRU IX, 710) in de Lutge Alster, 1628 (Wellingsbüttl. Urk. II, S. 21, Abschr.) an der Alster, Mejer 1649: Alster, 1855 (Schröder-Biernatzki, Top.^{2} I, S. 160) Alster – Eine Bildung mit dem Suffix *-str-* zur Wurzel idg. **el-*, **ol-* in der Bedeutung „Gewässer, Fluß". Der Annahme eines sekundären Namens zu einem Appellativ **alster* in der Bedeutung „der schwellende, wachsende Fluß" zu germ. **alan* = „nähren" oder auch „wachsen" widerspricht die weite und reiche Verbreitung der Wurzel **el-*, **ol-* in der alteuropäischen Hydronymie von Rußland bis zum Atlantik und auch die Tatsache, daß **alan* = „nähren" im Germanischen nur eine transitive und keine intransitive Bedeutung hat, die allerdings beim Adjektiv *alt* vorauszusetzen ist. Diese wäre aber dann in gleicher Weise vorgermanisch wie **al-* zu idg. **ol-* und weist demgegenüber eine geringere Verbreitung auf (vgl. W. Laur, Ortsnamenlexikon, S. 120, mit weiteren Literaturangaben). Unser Flußname hat Parallelen in Süddeutschland und in Schweden und mit Umlaut auf Grund des Suffixvokals in *Elster* in Sachsen.

Alsterberg (O.-Amt Fuhlsbüttel, Bez. Hamburg-Nord) früher Streusiedlung, h. StrN, mda. *Alsterbarch*, *Alsterborg* mit einem *o* geschrieben in der Flurnamensammlung von Wegemann stellt wohl eine Verschreibung dar – 1855 (Schröder-Biernatzki, Top.^{2} I, S. 161) Alsterberg – „Berg, Erhebung – nd. *Barch* – an der Alster".

Alsterdorf (O.-Amt Alsterdorf, Bez. Hamburg-Nord) Stdttl., früher Dorf, mda. *Alsterdörp* – 1219 (HUB I, 430) in … Alsterthorpe, 1258 (HUB I, 624) in Alsterthorpe, um 1320 (SHRU IV, 392, Verz., neue Datierung nach J. Reetz, Abschr. 14. Jahrh.) in Alstertorpe, 1347 (HUB IV, 339, Verz., Abschr. 1581–86) in Alsterdorpe, 1385 (HKR I, 401_4) de Alsterdorpe, 1465 (SHLUS IV, 97, Reg. Chr.I.) Alsterdorppe, 1470 (SHLUS IV, 134, Reg. Chr.I.) Alsterdorppe, 1500 (HKR IV, 461_{24}) to Alsterdorp, 1579 (LAS, Abt. 7, 5100) zu Alsterdorf, 1600 (LAS, Abt. 111,

AR Trittau) Alsterdorpe, Danckw. 1652: Alsterdorp, 1655 (Schröder-Biernatzki, Top.[2] I, S. 161) Alsterdorf – „Dorf – mnd. *dorp*, nnd. *Dörp* – an der Alster".

+ **Alsterwerder** (Hamburg-Altstadt, O.-Amt u. Bez. Hamburg-Mitte) IN – 1189 (HUB I, 285, Abschr. 14. Jahrh.) cum … Alstreuuerdere – „Werder, d. i. Halbinsel an der Alster(mündung)".

Alsterwerth (Wellingsbüttel, O.-Amt Alstertal, Bez. Wandsbek) FN – 1552 (LAS, Urk.-Abt. B, 158, vgl. auch Wellingsbüttl. Urk. I, S. 30) na der Alsterwerth, na der Alsterwerdt – „Insel, Halbinsel – as. *wėrith*, ahd. *wėrid* – an der Alster".

Altendeich (Moorburg, O.-Amt Süderelbe, Bez. Harburg) StrN, früher Bezirk v. Moorburg, mda. *Oolen'diek* – 1856 (Schröder-Biernatzki, Top.[2] II, S. 158) Altendeich, Flurnamensamml. Wegemann 1920–1933: Altendeich – „Zum alten Deich".

Altengamme (O.-Amt Vier- u. Marschlande, Bez. Bergedorf) Stdttl., früher Kirchdorf u. Landschaft, mda. *Oolen'gamm* – 1158 (UHL S. 60, Fälsch. 13. Jahrh.) in Gamma, 1229 (HUB I, 493, Abschr. 16. Jahrh.) in Gamma, 1237 (HUB I, 507) in Antiqua Gamma, 1264 (HUB I, 677, Abschr. 14. Jahrh.) in Antiqua Gamma, 1302 (HUB II, 21) in … Antiqua Gamma, 1318 (HUB II, 429) in Gamma, um 1320 (SHRU IV, 392, Verz., neue Datierung nach J. Reetz, Abschr. 14. Jahrh.) in Antiqua Gamma, 1332 (HUB II, 885) in Antiqua Gamma, 1348 (SHRU IV, 338, Abschr. 17. Jahrh.) der Olden Gamme, 1354 (Hamb. Test. 5) ut der Gamme, 1370 (UBStL III, 745) to der Olden Gamme, 1415 (UBStL V, 552) to der Oldengamme, 1462 (HKR II, 151_{34}) versus … et Gamma, 1471 (HKR III, 29_{35}) in … Oldengamme, Elbkarte M. Lorck 1568: Olde Gamme, 1578 (LAS, Abt. 111, AR Reinbek) in der Olden Gamme, 1600 (LAS, Abt. 111, AR Reinbek) in der Alten Gamme, Mejer 1649: Olde Gamm, Olden Gamb, 1750 (LAS, Abt. 111, 53, Beschr.) aus der Alten Gamme, 1855 (Schröder-Biernatzki, Top.[2] I, S. 162) Altengamm – Übertragung des alten Gewässernamens *Gamme* (s. Gammelelbe) auf den Landstrich und den Ort mit der Unterscheidung in *Alten-* und *Neuengamme*.

Altenwerder (O.-Amt Süderelbe, Bez. Harburg) IN, h. Stdttl., mda. *Oolen'warder* – Mitte 13. Jahrh. (Regesten Harburg 28) in Oldenwerdere, 1321 (StA Stade, Dep. Stadt Buxtehude, 6) in … Oldenwerder, 1396 (Hamburgs Weg zum Reich 42, Abschr. 17. Jahrh.) des Oldenwerders,

1418 (Regesten Harburg 533, Abschr. 1671/80) Oldenwerder, 1488 (Staphorst I, 2, S. 868, Abschr.) in dem Oldenwarder, 1501 (Sudendorf VIII, 196, 1, Verhandl.) in Olden werder, Elbkarte M. Lorck 1568: Olde Warderweyde, um 1569 (Karte D. Drever, Leerhoff Nr. 20) De Olde Werder, Mejer 1649: Oldenwerdr – „Zum alten – mnd. *olden* – Werder, zur alten Insel, Halbinsel".

Altenwerder Schleusengraben (Altenwerder, O.-Amt Süderelbe, Bez. Harburg) GewN – „Schleusengraben von Altenwerder".

Alter Teich (Bramfeld, O.-Amt Bramfeld, Bez. Wandsbek) SN, mda. *Oolendiek* – 1771 (LAS, Abt. 402 A 3, 84, Karte) Alte Teich – Durchsichtiger Name.

Altes Land (Landschaft am Südufer der Elbe zw. Schwinge u. Harburg) LN, mda. *Oolland* – 1332 (ZHG 6, 1875, S. 38, Necr.cap., Abschr. 17. Jahrh.) in Antiqua terra, 1353 (Sudendorf II, 441) dat Oldeland, in deme Oldenlande, 1378 (Hamb. Test. 46) in deme Oldenlande, 1419 (Zunftrollen S. 64) in dem Oldenlande, 1430 (HKR II, 51_8) Veteris terre, 1554 (DUB 86) im Oldelande, Elbkarte M. Lorck 1568: Olde Landt, Mejer 1650: das Olde Landt – Benennung für die Marschgebiete am Südufer der Elbe zwischen der Schwinge und Harburg, dessen südöstlichster Teil heute zu Hamburg gehört, der übrige weit größere zum Landkreis Stade, und zwar für die alten Kolonisationsbereiche, ursprünglich im Nordwesten. Der Name ist auch sonst verbreitet (vgl. W. Laur, Ortsnamenlexikon, S. 122).

Alte Süderelbe GewN – Durchsichtiger Name.

+ **Alte Weide** (Gorrieswerder, h. O.-Amt Wilhelmsburg, Bez. Harburg) FN – 1388 (Regesten Harburg 352, Abschr. 15. u. 17. Jahrh.) de Oldeweyde – Durchsichtiger Name.

Altona (O.-Amt u. Bez. Altona) Stdttl., früher Ort u. Flecken, 1664 Stadt, mda. [*aldn*] – 1537 (HKR V, 654_{22}) in Altena, 1545 (Hamb. Bursprak. 133, 32) to ... und Althena, 1546 (LAS, Abt. 3, 169) zuschen Altena, 1546 (LAS, Urk.-Abt. 3, 250, Transs. 1583) zwischen unsrem Dorff Altona, Elbkarte M. Lorck 1568: Altenawe, 1592 (LAS, Urk.-Abt. 3, 341) zu Altona, 1594/1602 (Hamb. Bursprak. 145, 68) to Altena, 1603 (LAS, Abt. 3, 19) zu Altona, 1608 (LAS, Abt. 111, 22) zu Altonahe, 1639 (LAS, Abt. 3, 77, Reg.) zu Altonahe, Mejer 1650: Altenah, 1662 (LAS, Urk.-Abt. B,

391) in dem … Stättlein Altonah, 1855 (Schröder-Biernatzki, Top.[2] I, S. 165) Altona – Ursprünglich eine scherzhafte Benennung für einen Krug, ein Wirtshaus, am Pepermöhlenbek, nämlich nd. **all to nåh* = „allzu nahe“ (vgl. H. Olsen, Historisches Verzeichnis, S. 3 u. W. Laur, Ortsnamen, S. 305 u. Ortsnamenlexikon, S. 124, mit weiteren Literaturangaben), nach A. Bach ein typischer Wirtshausname, wohl als eine Art von Stoßseufzer, daß die betreffende Lokalität allzu nahe liegt und somit allzu leicht zu erreichen ist (vgl. A. Bach, Deutsche Namenkunde II, 1, S. 126). An Ortsnamen wie *Altona*, die als Zusammenrückungen aus kleinen Sätzen oder Satzfügungen entstanden sind, besonders in einer scherzhaften Bedeutung, knüpfen sich öfters kurze schwankartige Erzählungen, die den Anlaß zu dieser Namengebung erklären wollen, und so auch bei unserem *Altona*. Müllenhoff bringt in seinen „Sagen, Märchen und Lieder der Herzogtümer Schleswig, Holstein und Lauenburg“ solch eine, im Neudruck der Neuausgabe von Otto Mensing von 1975 auf Seite 92 unter der Nummer 109. Er irrte aber, wenn er diesen Scherznamen als ursprünglichen Gewässernamen im Sinn von „zur alten Au“ auffaßte. Flußnamen dieser Art sind aber durchaus verbreitet, so *Aldenau* für die heutige Schmiedau, einen Nebenfluß der Stör bei Breitenburg im heutigen Kreise Steinburg, oder *Ollen* als ein Nebenfluß der Hunte in der Wesermarsch – 1049 *Aldena* – oder *Altena* im südlichen Westfalen oder *Altena* bei Velbert nordwestlich von Wuppertal und weitere entsprechende Namen im niederländischen Sprachgebiet. Sie müssen aber von Namen wie *Altona* unterschieden werden (vgl. R. Möller, Nasalsuffixe, S. 115–116, D. Berger, Geographische Namen in Deutschland, S. 34 u. 35 u. W. Laur, Ortsnamenlexikon, S. 119), enthalten auch nicht nd. *old* = „alt“, sondern gehören als Bildungen mit einem *t*- und einem *n*-Suffix zur Wurzel idg. **el*-, **ol*- = „fließen“ bereits der alteuropäischen Hydronymie an. Nun könnte man vielleicht meinen, daß unser *Altona* auf Grund von Namenformen wie *Altena* mit einem *e* in Formen des 16. Jahrhunderts doch in solch einen Zusammenhang gehören könnte. Da aber die *Aldena*-Namen im nördlichen Niedersachsen und in Holstein ein *d* aufweisen, also die germanische Lautverschiebung, wird es sich bei den genannten Formen von *Altona* einfach um eine Schwächung des Mittelsilbenvokals *o* zu *e* handeln, wie er sich auch sonst beim Ortsnamen *Altona* in Holstein zeigt (s. o. u. J. Udolph, Die Ortsnamen des Landkreises Hannover und der Stadt Hannover, Bielefeld 1998, S. 4).

Altwiedenthal (O.-Amt Süderelbe, Bez. Harburg) Ortstl., früher Hof – 1552–1561 (StdA Buxt St V. XII, 3) im Wedendale, 1546 (StAHan, Celle Br. 71 XLIV 1 ff.) in Weyedenthall, 1577 (StAHan Kart. Abt. 31 g/6k,

Karte) Weidenthal, 1610 (A. C. Förste, Ursprung, S. 20, Karte) Wiedenthal, 1775 (Kurhannoversche Landesaufnahme, Staatsbibl. „Preußischer Kulturbesitz“, Nr. 25564, Karte) Alten-Wiedenthal – Die jüngeren Formen sprechen für eine Zusammensetzung mit der Baumbezeichnung nd. *Wied* = „Weide“, die älteste für mnd. *wēde* = „Wald“, wenn keine Verschreibung vorliegen sollte. Wir werden wohl deshalb mit einer Umdeutung zu rechnen haben, also „Waldtal“ und „Weidental“ (vgl. A. C. Förste, Ursprung, S. 17–23).

Ammersbek Nebenfl. d. Alster (Wohldorf, O.-Amt Walddörfer, Bez. Wandsbek) FlN – Meßtischbl. 1880: Ammersbek. – Obwohl nur eine ganz junge Überlieferung vorliegt, handelt es sich doch um einen alten Gewässernamen, der entweder mit *Am(m)er* in den Niederlanden und gr. *ἄμαρα* (*ámara*) = „Wassergraben, Kanal“ als einer Bildung mit einem *r*-Suffix zur Wurzel **am-* = „Flußbett, Graben“ zu vergleichen ist, oder zur Wurzel **embr-*, **ombr-*, **m̥br-*, vgl. gr. *ὄμβρος* (*ómbros*), lat. *imber* = „Regen“, wie die Flußnamen *Ammer*, *Emmer* oder der Landschaftsname *Ammerland* – 1007 *Ambria* – oder wohl auch der Inselname *Amrum* (vgl. W. Laur, Ortsnamenlexikon, S. 125–126).

An der Lohe (Lokstedt, O.-Amt Lokstedt, Bez. Eimsbüttel) h. StrN, früher Ortstl. – 1789 (LAS, Abt. 112, 285, Eb) Baben de Loh, 1856 (Schröder-Biernatzki, Top.[2] II, S. 95) an der Lohe – Entweder zu *Loh(e)* = „lichtes Gehölz, Hain“ oder *Lohe* = „sumpfiges Gelände“ (vgl. W. Laur, Ortsnamenlexikon, S. 434).

Appelbüttel (Marmstorf, O.-Amt Marmstorf, Bez. Harburg) Ortstl., früher Dorf – 1450/51 (Schatz- u. Zinsverz., S. 34) Mamesbuttell, 1453 (Regesten Harburg 671) in Abelenbuttel, 1472 (Regesten Harburg 817) in Appenbuttel, 1497 (Schatz- u. Zinsverz., S. 97) Abbellenbuttel – „Büttel, d. h. Siedlung“, wohl „des Abulo“, zu einem Kurznamen, der nach Kaufmann zu einem Lallwort wie got. *aba* „Mann, Gatte“, ursprünglich im Sinne von „Familienoberhaupt“, gehört (vgl. H. Kaufmann, Ergänzungsband, S. 19 u. K. Casemir, Ortsnamen auf -büttel, S. 115), in den späteren Formen zu nd. *Appel* = „Apfel“ umgedeutet. Die Form *Mamesbuttell* im Register von 1450/51 zeigt wohl eine Vermengung mit den älteren Formen von Marmstorf.

Aspersort (Farmsen-Berne, O.-Amt u. Bez. Wandsbek) FN, h. StrN – 1375 (SHRU IV, 1547) mit … Aspehorn, 1518 (StAH, 611-2, Kopialb., vgl. J. Karsten, Berne […], S. 94) Asperorde – „Vorsprung, Spitze“ – zunächst *Horn*, dann *Ort* in gleicher oder sehr ähnlicher Bedeutung als Grundwort – „von Aspe“, ein Flurname, der zu nd. *Asp* = „Espe“ gehört. Die neuzeitlichen Formen mit dem Ableitungssuffix *-er* zeigen, daß als Bestimmungswort eine Bildung von mnd. *aspe* nun nicht mehr als eine Baumbezeichnung, sondern bereits als ein Flurname vorliegt, wie auch bei *Bergedorf* zu mnd. *Bergerdorp*. In den neueren Formen ist noch ein *-s* in Angleichung an Bildungen mit einem Bestimmungswort im Genitiv hinzugetreten (vgl. J. Karsten, Berne […], S. 94 u. H. Beckershaus, Straßennamen, S. 31).

Au – As. *awia*, mnd. *ouwe*, nnd. *Au(ch)* zu germ. **agwjō* stellt als eine ja-Ableitung und mit grammatischem Wechsel eine Nebenform zu germ.**ahwō* dar, as., ahd. *aha*, mnd. *ā*, nnd. *Aa*, nhd. *Ach(e)*, vgl. lat. *aqua*, idg. **akṷā*, und bezeichnet in Nordwestdeutschland an Stelle des älteren *aha* einen Fluß, einen Wasserlauf (vgl. W. Laur, Ortsnamenlexikon, S. 132).

Aue (verbindet die alte Süderelbe u. d. Köhlfleet) GewN – Elbkarte M. Lorck 1568: Owe, um 1569 (Karte D. Drever, Leerhoff Nr. 20) De Ouw, Mejer 1649: Awe, Danckw. 1652: Die Aw – Siehe oben.

\+ **Aue** (Eppendorf, O.-Amt Eppendorf, Bez. Hamburg-Nord) FlN – 1607 (J. Klefeker, Samml. d. Hamb. Gesetze u. Verfassungen X, 148) nach der Awe, an das Ufer der Awe – Siehe oben.

\+ **Aue** (Georgswerder, O.-Amt Wilhelmsburg, Bez. Harburg) – 1460 (LAS, Urk.-Abt. 3, 391) de Lutteke Ouwe, 1494 (LAS, Urk.-Abt. 3, 83, Abschr. 15./16. Jahrh.) de Lutken Owe – Siehe oben.

\+ **Auf dem Stüben** (Barmbek, O.-Amt Barmbek, Bez. Hamburg-Nord) FN – 1855 (Schröder-Biernatzki, Top.^{2} I, S. 194) Auf dem Stüben, Flurnamensamml. Wegemann 1920–1933: Auf den Stübben – Zu nd. *stüben* = „stieben, stäuben“?

Auf der Böge (Curslack, O.-Amt Vier- u. Marschlande, Bez. Bergedorf) h. StrN, früher Katensiedlung, mda. *op de Bööch* –1750 (LAS, Abt. 111, 53, Beschr.) Boye, 1855 (Schröder-Biernatzki, Top.^{2} I, S. 314) Auf der Böge – „Auf der Biegung“ zu nd. *Böch*, *Böge*.

Außenmühlenteich (Wilstorf, O.-Amt u. Bez. Harburg) SN – Durchsichtiger Name.

Avensberg (Ochsenwerder, O.-Amt Vier- u. Marschlande, Bez. Bergedorf) h. StrN, früher Kirchort, mda. *Avenbarch* – 1142 (HUB I, 167, Verdener Urk.) usque Ameneberge, 1254 (HUB I, 585) in Avenberge, 1388 (SHRU VI, 763, Abschr.) in Auenberge, 1417 (Regesten Harburg 527, Abschr.) Awenberghe, 1856 (Schröder-Biernatzki, Top.[2] II, S. 233) auf dem ... Avensberge – „Berg, Erhebung – nd. *Barch* – des Avo", ein Kurzname, der zu got. *aba* = „Mann, Gatte" gehört (vgl. H. Kaufmann, Ergänzungsband, S. 48) mit der jüngeren Genitivendung *-ens* in den jungen Formen. Bei der ältesten von 1142 mit einem <*m*> liegt wohl eine Verschreibung vor.

B

Baakensand (am Reiherstieg) IN, mda. *Bǫkensand* – 1855 (Schröder-Biernatzki, Top.[2] I, S. 184) Baakensand – „Sand, sandige Untiefe, Sandbank, Sandinsel mit einer Baake, d. i. einem Feuerzeichen."

Baakenwerder (b. Grasbrook, O.-Amt Veddel-Rothenburgsort, Bez. Hamburg-Mitte) IN, h. Baakenwerder Straße, mda. *Bǫkenwarder* – 1855 (Schröder-Biernatzki, Top.[2] I, S. 184) Baakenwärder – „Werder, d. h. Insel, mit einer Baake", früher *Grandeswerder.*

Bäckerfleet (verbindet die Alte Süderelbe mit dem Reiherstieg) GewN – 1354 (HKR I, 40) pro purgacione Beckervlete, 1770–1780 (E. Reinstorf, Eindeichung Wilhelmsburg, K 13) Becker's Fleth, Wärtjen-Fleth, 1855 (Schröder-Biernatzki, Top.[2] I, S. 429) zwischen dem Bäcker- oder Wörtjen-Fleth – Wohl zur Handwerkerbezeichnung *Bäcker*, vielleicht im übertragenen Sinne. Das Grundwort ist *Fleet* = „Wasserlauf, Kanal".

Bahrenfeld (O.-Amt u. Bez. Altona) Stdttl., früher Dorf, mda. *Bǫhrenfeld* – 1256 (HUB I, 613, Abschr. 14. Jahrh.) ad locum, qui vocatur Bahrenueldesmor, 1256 (HUB I, 614) in uilla Barenuelde, 1291 (Hamb. Schuldb. 344) Henrici Barenveld, um 1320 (SHRU IV, 392, Verz., neue Datierung nach J. Reetz, Abschr.) in Barenuelde, 1347 (HUB IV, 366, Abschr. 14. Jahrh.) villam nostram Barenvelde, 1350 (HUB IV, 467) de

Barenvelde, 1380 (Hamb. Test. 53) Make Barenvelt, 1393 (SHRU VI, 1093) tho Barenvelde, 1406 (LAS, Urk.-Abt. 3, 39, Abschr.) to Barenvelde, 1476 (HKR III, 222_1) in … Barenvelde, 1508 (VBHK 18, 9b) in Barenvelde, 1528 (LAS, Urk.-Abt. 3, 114) der dorper … Barenfelde, 1591/92 (LAS, Abt. 3, 608, Reg.) Barenfelde, 1639 (LAS, Abt. 3, 77, Reg.) Barenfeldt, Mejer 1650: Barenfelt, 1855 (Schröder-Biernatzki, Top.² I, S. 185) Bahrenfeld – Wohl eher „zum baren, d. h. wüsten, unbebauten Felde" als „zum Felde des Baro", wie Olsen meint (vgl. H. Olsen, Historisches Verzeichnis, S. 3).

Bahrenfelder See (Bahrenfeld, O.-Amt u. Bez. Altona) SN – 1785 (LAS, Abt. 402 A 1, 351, Karte) der See, 1855 (Schröder-Biernatzki, Top.² I, S. 185) Bahrenfelder-See – „See von Bahrenfeld".

Ballastsand (westl. d. Mündung d. Köhlbrands) IN – 1855 (Schröder-Biernatzki, Top.² I, S. 187) Ballastsand – Durchsichtiger Name.

+ **Barmbek** (O.-Amt Barmbek-Uhlenhorst, Bez. Hamburg-Nord) FlN – 1306 (HUB II, 99) fluviis … et Bernebeke, 1310 (HUB II, 195) de fluviis … Bernebeke – Die älteren Formen finden sich beim Ortsnamen. Das Bestimmungswort von mnd. *Bernebeke* ist mehrdeutig. Es könnte sich einmal um eine Bezeichnung handeln, die uns im ON *Berne* begegnet, ein Name, der aber seinerseits mehrdeutig ist (s. Berne). Es kann aber auch as. *bern* = „Bär" vorliegen, also „Bärenbach", oder aber wie in *Berneburg* in Sachsen- Anhalt – 1137, 1138 *Berneburch*, 1199 *Berneborch* – der PN *Berno* als Koseform zu *Bernhard* (vgl. E. Eichler, H. Walther, Städtenamenbuch der DDR, Leipzig ²1988, S. 54 u. D. Berger, Duden. Geographische Namen in Deutschland, Mannheim, Leipzig, Wien, Zürich 1993, S. 54), demnach „Bach – mnd. *beke*, nnd. *Bęk* – des Berno". In den jüngeren Formen ist das *e* vor einem *r* und einem Konsonanten zu *a* gesenkt und das *n* an das folgende *b* zu einem *m* assimiliert worden (vgl. W. Laur, Ortsnamen, S. 284). Beim namengebenden Bach handelt es sich um die heutige Osterbek.

Barmbek (Barmbek-Nord u. Barmbek-Süd, O.-Amt Barmbek-Uhlenhorst, Bez. Hamburg-Nord) Stdttl., früher Dorf – 1271 (HUB I, 746) in villa Bernebeke, 1275 (HUB I, 759) in Bernebeke, 1304 (HUB II, 63) villam, que Bernebeke dicitur, um 1320 (SHRU IV, 392, neue Datierung nach J. Reetz, Verz., Abschr. 14. Jahrh.) Bernebek, 1341 (HUB IV, 121) de Bernebeke, 1345–1350 (UBStL II, 2, 986) ere dorpe, alse Bernebeke, 1365 (SHRU IV, 1129, Abschr. 17. Jahrh.) twischen dem dorpe Barnebeke,

1508 (VBHK 10, 4a) in villa Bernebeke, 1582 (LAS, Abt. 7, 1185) zum Barmbeck, 1600 (LAS, Abt. 7, 1185) der Dorfschaften … unnd Barmebegke, 17. Jahrh. (HUB II, 941, S. 725, Rückaufschrift) aus Barnebeke, Mejer 1649: Barnbeck, 1744 (ZHG 29, 1928, S. 208, Handzeichn.) der Dorfschaft Barnebeck, 1855 (Schröder-Biernatzki, Top.^{2} I, S. 194) Barmbek – Übertragung des Gewässernamens auf den Ort.

Baursberg (Blankenese, O.-Amt Blankenese, Bez. Altona) FN – 1855 (Schröder-Biernatzki, Top.^{2} I, S. 223) der … Baursberg, Meßtischbl. 1880: Baurs-Berg – Wie *Baurs Park* und *Baurs Weg* nach der Kaufmannsfamilie *Baur* benannt bzw. nach dem Konferenzrat Georg Friedrich Baur.

Beerental (Eißendorf, O.-Amt u. Bez. Harburg) Ortstl. – Wohl „Tal mit Beeren".

Bei den Mühren (Innenstadt südl. d. Nikolaikirche a. Zollkanal, Altstadt, O.-Amt u. Bez. Hamburg-Mitte) StrN – 1262 (StAH, 231, I 1 Bd 1, Lib.act.) iuxta Murum, 1535 (C. R. Schnitger, Plattdeutsche Straßennamen in Hamburg, 1915, S. 38) Bi de Muren, 17. Jahrh. (daselbst, S. 38) Bei der Mühren – Bei nd. *Mür* handelt es sich um eine Nebenform zu nd. *Muur* = „Mauer", also „Bei den (Stadt-)Mauern".

Bei der Schleuse (Curslack, O.-Amt Vier- u. Marschlande, Bez. Bergedorf) Hsr., mda. *Bi de Slüs* – 1600 (LAS, Abt. 111, AR Reinbek) Uf der Schluse, Danckw. 1652: Schluse – Durchsichtiger Name.

Bęk – Germ. **bakiz*, as. *bėki*, *biki*, mnd. *bēke*, nnd. *Bęk*, unser *Bach*, ist verwandt mit lett. *banga* = „Welle" und bezeichnet einen kleineren bis kleinen Wasserlauf, und zwar im allgemeinen einen kleineren als *Aa*/*Au*, wobei diese Unterscheidung allerdings nicht allzu schematisch genommen werden darf (vgl. W. Laur, Ortsnamenlexikon, S. 146).

+ **Bek** (Stadtgraben v. Altona, ehemals Herwardeshuder Bach) GewN – 1740 (LAS, Abt. 402 A 1, 344, Karte) des Scheide-Bachs, 1855 (Schröder-Biernatzki, Top.^{2} I, S. 172) der … Bek – Siehe oben.

Berg – Germ. **bergaz* zu idg. **bherghos* als einer Bildung zur Wurzel **bher-* = „tragen, emporheben", vgl. *-bar* in Wörtern wie *hörbar* oder *tragbar*, *Bahre* oder *gebären*, lat. *ferre* = „tragen", gr. *φέρειν* (phérein), as. *berch*, mnd. *berch*, *barch*, nnd. *Barch*, hd. *Berg*, bezeichnet eine Erhebung, eine Erhöhung oder auch ein ansteigendes Gelände (vgl. W. Laur, Ortsnamenlexikon, S. 150).

+ **Berg** (Altstadt, O.-Amt u. Bez. Hamburg-Mitte) FN – 1248–1256 (StAH, 231, I 1 Bd 1, Lib.act.) iuxta Montem, 1290 (Hamb. Schuldb. 299) iuxta Montem, 1376 (Hamb. Test. 39) up deme Berghe, 1410 (HKR II, 28) Montem, 1453 (Hamb. Bursprak. 26, 4) de Berch, 1553 (HKR VI, 501_{34}) apud Montem boarium – Siehe oben.

Bergedorf (O.-Amt u. Bez. Bergedorf) Stdttl., früher Stadt, vor 1275 Kirchort, mda. *Badörp* – 1162 (MUB I, 76, Abdr. 18. Jahrh.) de Bergerdorp, 1178 (HUB I, 244, Ratzeb. Kopialb.) in Bergerdorp, 1189 (HUB I, 287, Regula S. Wilhadi) in villa, que dicitur Bergthorpe, Arnold v. Lübeck um 1200: venit Bergherstorp, 1204–1215 (MUB I, 1, 75, Ratzeb. Kopialb.) in Bergertorpe, 1208 (HUB I, 372) in Bergerdorp, 1217 (MUB I, 228) de Bergerdorpe, 1217 (HUB I, 404) in Bergedorp, 1224 (SHRU I, 421) in Bergerthorp, 1275 (HUB I, 758) in opido Berierdorp, 1290 (Hamb. Schuldb. 260) de Berierdorpe, 1309 (HUB II, 176) iuxta Bergerdhorp, 1322 (HUB II, 556) duo oppida Bercherdorpe et …, 1334 (HUB II, 950) in Bergherdorpe, 1349 (HUB IV, 402) in Bergherdorpe, 1357 (Sudendorf III, 35) tho Bergherdorpe, 1376 (SHRU VI, 38) in castro nostro Bergherdorpe, 1401 (Sudendorf IX, 131) to Bergherdorpe, 1429 (UBStL VI, 265) de slōt Bergerdorp, 1451 (UBStL IX, 15) des blekes Bergherdorpe, 1470 (UBStL XI, 666) to Bergerdorp, 1502 (DMR, S. 591) to Bargerdorpe, 1533 (LAS, Urk.-Abt. 210, 649) tho Bergerdorp, 1542 (LAS, Urk.-Abt. 210, 688) des Hauses … Bergerdorff, 1562 (LAS, Abt. 7, 1212) zwischen … unnd Bergerdorff, Elbkarte M. Lorck 1568: Bargerdorp, um 1569 (Karte D. Drever, Leerhoff Nr. 20) Bergerdorp, 1576 (LAS, Urk.-Abt. B, 268) zu Bargerdorf, 1600 (LAS, Abt. 111, AR Reinbek) vor Bergerdorf, 1636 (LAS, Abt. 7, 5105) Bergerdorf, 1644 (LAS, Abt. 7, 927) zu Bergedorff, Mejer 1649: Bergerdorff, Mejer 1650: Bergerdorp, 1696 (LAS, Abt. 7, 5074) vor Bergerdorff, 1855 (Schröder-Biernatzki, Top.[2] I, S. 207) Bergedorf – „Dorf – mnd. *dorp*, nnd. *Dörp* – der Leute vom Berge“ zu einer Einwohnerbezeichnung auf *-er* zum Worte *Berg* wie im Falle von *Bergelieth* und *Bergewöhrden* in Dithmarschen (vgl. W. Laur, Ortsnamenlexikon, S. 150–151). Entsprechend nnd. *Barch* zu mnd. *berch* mit der Senkung des *e* zu *a* vor einem *r* und einem Konsonanten finden wir Formen wie *Bargerdorp* und auch nhd. *Bargerdorf* und *Badörp* aus **Barg(e)dörp* in der heutigen Mundart. Die Einwohnerbezeichnung *Berger-* bezieht sich nach Olsen auf die Ausläufer des Gojenberges (vgl. H. Olsen, Historisches Verzeichnis, S. 4).

Bergstedt (O.-Amt Walddörfer, Bez. Wandsbek) Stdttl., früher Kirchdorf, mda. *Barchstęd* – 1248 (HUB I, 549, Abschr. 14. Jahrh.) de Bericstede, 1252 (HUB I, 571) de Berchstede, 1256 (HUB I, 605, Abschr. Hübbe 1825) in Berichstede, 1293 (HUB I, 873) in Berchstede, 1314 (HUB II, 302) to Berchstede, um 1320 (SHRU IV, 392, neue Datierung nach J. Reetz, Verz., Abschr. 14. Jahrh.) de parochia Berchstede, 1322 (HUB II, 535) to Berghstede, 1329 (HUB II, 766) de villa Bergstede, 1345 (HUB IV, 247) totas villas Bergstede, 1350 (HUB IV, 442, Abschr. 14. Jahrh.) villarum Bergstede …, 1389 (SHRU VI, 807) to Berchstede, 1431 (UBStL VII, 440) in villa Berchstede, 1442 (StAH, 710-1 I Bd 4) in Berchstede, 1486 (LAS, Urk.-Abt. 121, 114) to Berchstede, 1508 (VBHK 2) in parrochia Berchstede, Elbkarte M. Lorck 1568: Bargstede, um 1569 (Karte D. Drever, Leerhoff Nr. 20) Berchstede, 1579 (LAS, Abt. 7, 5100) zu Bergstedte, 1599 (LAS, Abt. 7, 5129) zu Bargstett, zu Bergstett, 1600 (LAS, Abt. 111, AR Trittau) Barchstede, Mejer 1650: Bargstede, 1695 (LAS, Abt. 7, 5074) wegen Bergstede, deren … Dörfern Bergstette, 1855 (Schröder-Biernatzki, Top.[2] I, S. 209) Bergstedt – „Stätte, Wohnstätte, Wohnplatz – as. *stėdi*, mnd. *stēde*, nnd. *Stę(d)* – des Berich, Berig“ oder „Beriko“ entsprechend ahd. *Bericho* oder eventuell auch „der Leute des Bero“ als einer Bildung mit dem Suffix *-ing* zum PN *Bero*. Beide Personennamen gehören zu unserem Worte *Bär* (vgl. W. Laur, Ortsnamen, S. 204). Der ältesten und älteren Formen wegen wie *Bericstede* oder *Berichstede* kommt das Wort *Berg*, wie oft vermutet (vgl. H. Olsen, Historisches Verzeichnis, S. 3) nicht in Frage. Eventuell könnte *Berie-* um die Mitte des 13. Jahrhunderts auf **Berige-* zu **Beringe-* zurückgehen. Das Bestimmungswort ist allerdings bald als mnd. *berch*, nnd. *Barch*, nhd. *Berg* angesehen worden.

Bergwettern (Wilhelmsburg, O.-Amt Wilhelmsburg, Bez. Harburg) GewN – „Wettern, d. h. Abzugs-, Entwässerungsgraben bei einer Erhebung, einem ansteigenden Gelände“ zu *Berg*, nd. *Barch*, das sie entwässert.

+ **Berkmüsse** (Rahlstedt?, O.-Amt Rahlstedt, Bez. Wandsbek) FN – 1256 (HUB I, 613, Abschr. 14. Jahrh.) a loco, qui vocatur Bercmusse – „Moos, Moor, Sumpf, Sumpfwald – mnd. *müsse*, *misse* – bei Birken“ zu mnd. *berke* = „Birke“. Die Form *Berc-* weist wohl eher auf die Baumbezeichnung als auf mnd. *berch* = „Berg“ hin.

Berne (Farmsen-Berne, O.-Amt u. Bez. Wandsbek) Stdttl., früher Gut, mda. *Bern* – 1296 (HUB I, 894) Baren, 1322 (HUB II, 528) villas nostras

… et Berne, 1343 (SHRU IV, 95, Verz., Abschr. 14. Jahrh.) de Berne, 1375 (SHRU IV, 1547) unse dorp, … Berne, Mejer 1650: Bern, 1855 (Schröder-Biernatzki, Top.^{2} I, S. 211) Berne – *Berne* als Ortsname geht auf den ursprünglichen Namen der Au, eines Zuflusses der Wandse, zurück, siehe unten, wie auch *Berne* nordwestlich von Bremen – 1149 *in fluvium ... Berna vocatum*, um 1200 *iuxta Berne* (als Ortsname), 1252 *iuxta Berne*. Eine gleiche Benennung liegt wohl auch im alten Ortsnamen *Berneke* in Eiderstedt vor, heute *Barnekermoor*, und zwar als eine Bildung mit dem Grundwort mnd. *ēke* = „Eichengehölz", und eventuell auch im ursprünglichen Gewässernamen, der dem Ortsnamen *Barmbek* (s. d.) zugrundeliegt. Es handelt sich dabei um eine Bildung mit einem *n*-Suffix, wobei das Grundmorphem mehrdeutig ist. Es kann zu den Bezeichnungen *Bär* oder *Beere* gehören, was aber weniger wahrscheinlich ist, zu einem zu erschließenden Wort mnd. *bere* in der Bedeutung „Wald" oder vielleicht auch mit Metathese zu unserem Wort *brennen* auf das Glänzen des Wassers bezogen (vgl. W. Laur, Ortsnamenlexikon, S. 141–142). R. Möller sieht in dem Fluß- und Ortsnamen *Berne* in der Wesermarsch entweder eine Zusammensetzung von as. *bero* = „Bär" und *aha* = „Fluß" oder eine Bildung mit einem *n*-Suffix zu einem Wortstamm **ber-*, der in unserem *brennen* in der Bedeutung von „wallen, sieden" vorliegt (vgl. R. Möller, Nasalsuffixe, S. 43 u. J. Karsten, Berne […], S. 16).

Berner Au (Zufluß d. Wandse, vgl. J. Udolph, Zuflüsse, S. 38, Farmsen-Berne, O.-Amt u. Bez. Wandsbek) GewN – 1518 (StAH [Literaturangabe im Manuskript unvollständig. Hrsg.]) Berner Beeke, 1750 (J. Klefeker, Samml. d. Hamb. Gesetze u. Verfassungen, S. 159–160) de Bårne, Bårner Beck, Barner Bach – „Au, Bach von Berne".

+ **Besenburg** (b. Winserbaum, h. b. Meßberg, Altstadt, O.-Amt u. Bez. Hamburg-Mitte) Haus – 1487 (HKR III, 523_{17}) pro hereditate dicta Bezenbergh – „Berg, d. h. Erhebung, bei Binsen" zu nd. *Bęs* = „Binse" mit der Umdeutung des Grundwortes von *Berg* zu *Burg*.

Billbrack (a. d. Billemündung) FN – 1855 (Schröder-Biernatzki, Top.^{2} I, S. 214) Billbraak – Wohl „Brack, d. h. Stelle, an der früher einmal der Deich durchbrochen ist, Riß, an der Bille".

Billbrook (O.-Amt Billstedt, Bez. Hamburg-Mitte) Stdttl. – „Brook, Bruch, Bruchlandschaft an der Bille".

Billdeich (Billwerder Ausschlag, O.-Amt Veddel-Rothenburgsort, Bez. Hamburg-Mitte) h. StrN, mda. *Billdiek* – 1552 (HKR VI, 464_{29}) prope Billendike – „Deich – nd. *Diek* – an der Bille“.

Bille (entspringt b. Sirksfelde im Nordwesten d. Kr. Hzgtm. Lauenburg u. mündet südöstl. v. Hauptbahnhof i. d. Elbe) FlN, mda. *de Bill* – Adam v. Bremen Ende 11. Jahrh.: Bilena, 12. Jahrh. (MGH DD Karol. I, 240, Fälsch. datiert f. 786) Bilena, in ortum Bilene, 1162 (MUB I, 75) Bilnam, 1207 (HUB I, 360) bannum Bilne, 1217 (HUB I, 404) rivum Bilne, 1225 (SHRU I, 438) a rivulo, dicto Billa, 1275 (HUB I, 759) in Bilna, 1338 (HUB IV, 47, Abschr. 17. Jahrh.) prope Billam, in parochia Bilne, 1339 (HUB IV, 76, Abschr. 14. Jahrh.) in parrochia Bilne iuxta fluvium Bilne, 1383 (SHRU VI, 491, Abschr. 17. Jahrh.) to der Billen, 15. Jahrh. (Zunftrollen S. 75) de Byllen up, 1410 (UBStL V, 314) de Billen, 1457 (UBStL IX, 445) de Byllen, 1564 (SHRU IX, 474, Vidimus 1566) bieß ahn die Bille, um 1569 (Karte D. Drever, Leerhoff Nr. 20) De Bille, Mejer 1649: Bille fl., Danckw. 1652: die Bille, 1855 (Schröder-Biernatzki, Top.[2] I, S. 214) Bille – Ein Flußname der alteuropäischen Hydronymie als eine Bildung mit einem *n*-Suffix zur Wurzel idg. **bhel-* = „weiß“ wie auch *Bühla* in Hessen aus alt *Bilena*. Bei der Entwicklung zur heutigen Form *Bille* liegt sowohl eine Assimilation von *-ln-* zu *-ll-* vor als auch, wie z. B. die Form *Billen* von 1363 zeigt, die Abstoßung des auslautenden *-e* aus dem älteren *-a*, vgl. 1217 *Bilne*, und der Verlust des auslautenden *-n*, das als Flexionsendung aufgefaßt wurde (vgl. W. Laur, Ortsnamenlexikon, S. 154).

Billerhude (h. Billerhuder Insel, Billwerder Ausschlag, O.-Amt Veddel-Rothenburgsort, Bez. Hamburg-Mitte) Ortstl. – 1855 (Schröder-Biernatzki, Top.[2] I, S. 216) Billerhude – „Hude, d. h. Anlegeplatz, an der Bille“.

+ **Billhorn** (Billwerder, O.-Amt Vier- u. Marschlande, Bez. Bergedorf) FN – 1319 (SHRU III, 385) prato Billehorn, 1383 (SHRU VI, 491, Abschr. 17. Jahrh.) mit den werdern alse Bilhorn – „Horn, d. h. Landvorsprung, an der Bille“.

Billstedt (O.-Amt Billstedt, Bez. Hamburg-Mitte) – Junger Name in Analogie zu den alten Ortsnamen auf *-stedt* für die 1928 aus Kirchsteinbek, Öjendorf und Schiffbek gebildete neue Gemeinde, also „Stätte, Siedlung an der Bille“ (vgl. W. Laur, Ortsnamen, S. 204).

Billwerder (O.-Amt Vier- u. Marschlande, Bez. Bergedorf) IN u. Stdttl., früher Kirchort u. Marschdistrikt, mda. *Bill'warder* – 1224 (SHRU I, 421) in Billenwerther, 1251 (HUB I, 561) in Bilnawerthere, 1257 (HUB I, 619) de insula, que Bilneuerdher uocatur, 1262 (HUB I, 662) in Billenwerdere, 1295 (Hamb. Schuldb. 662) in Billenwerdere, 1304 (HUB II, 59) insulam dictam Billenwerder, 1320 (HUB II, 488) in pallude, que dicitur Billenwerder, um 1320 (SHRU IV, 342, neue Datierung nach J. Reetz, Verz., Abschr. 14. Jahrh.) in Billenwerdere, 1346 (HUB IV, 276) in Billewerdere, Civilitates 1347: Billenwerder, 1358 (Sudendorf III, 52) des Billenwerders, 1390 (SHRU VI, 877) den Billenwerder, 1445 (UBStL VIII, 298, gleichzeit. Abschr.) in dem Billenwerder, 1460 (LAS, Urk.-Abt. 3, 391) Billenwerder, 1478 (HKR III, 306_{33}) a terris … Billenwerder, 1508 (VBHK 9, 5a) in Billekercken insule Billewerder, 1559 (LAS, Abt. 3, 316 I, fol. 10) der Bilwerder, 1566 (LAS, Abt. 7, 1182) den Billenwerder, um 1569 (Karte D. Drever, Leerhoff Nr. 20) Billenwerder, Elbkarte M. Lorck 1568: Bilwarder, 1572 (LAS, Abt. 111, AR Reinbek) im Bilwarder, 1594 (LAS, Abt. 7, 1212) des Bilwerders, 1603 (LAS, Abt. 7, 1187) im Billwerder, Mejer 1649: Billewerder, Danckw. 1652: im Billenwerder, Billwarder, 1692 (LAS, Abt. 7, 1209) im Billwärder, 1750 (LAS, Abt. 111, 53, Beschr.) an Billwärder, 1855 (Schröder-Biernatzki, Top.^{2} I, S. 215) Billwärder – „Werder, d. h. Insel, Halbinsel, an der Bille“.

Billwerder Ausschlag (O.-Amt Veddel-Rothenburgsort, Bez. Hamburg-Mitte) Ortstl., früher Marschdistrikt – 1330 (HUB II, 815, Abschr. 14. Jahrh.) prope Billenwerder, que Utslach dicitur, 1383 (SHRU VI, 491, Abschr. 17. Jahrh.) in dat Utschlach, 1419 (Regesten Harburg 543) in dem Utslaghe, 1427 (LAS, Urk.-Abt. 3, 382) de Olde Vtslach, 1522 (HKR V, 200_{19}) by dem Uthslage, Elbkarte M. Lorck 1568: Grotte, Lutk Utslach, Mejer 1649: Ausschlacht, 1855 (Schröder-Biernatzki, Top.^{2} I, S. 217) Billwärder-Ausschlag – *Ausschlag* – nd. *Utslach* – bezeichnet nach Dohm einen „ausgeschlagenen“, d. h. abgetrennten Landstrich oder solch ein Landstück (vgl. P. Dohm, Holsteinische Ortsnamen, S. 199 u. W. Laur, Ortsnamen, S. 280), oder auch Land vor dem Deich.

Billwerder Neuer Deich (Billwerder, O.-Amt Vier- u. Marschlande, Bez. Bergedorf) h. StrN, früher Marschdistrikt – 1855 (Schröder-Biernatzki, Top.^{2} I, S. 217) Billwärder Neuendeich – „Neuer Deich, zum neuen Deich – nd. *Diek* – von Billwerder“.

Billwerder Insel (Billwerder, O.-Amt Vier- u. Marschlande, Bez. Bergedorf) IN, früher Vorland – 1855 (Schröder-Biernatzki, Top.[2] I, S. 217) Billwärder-Insel – Durchsichtiger Name.

Billwerder Steindamm (Billwerder, O.-Amt Vier- u. Marschlande, Bez. Bergedorf) StrN, früher Marschdistrikt – 1703 (E. Finder, Die Landschaft Billwärder, S. 31) Billwärder Steindamm, 1855 (Schröder-Biernatzki, Top.[2] I, S. 218) Billwärder-Steindamm – „Damm aus Steinen von Billwerder".

+ **Bilnemuthe** (Billwerder, O.-Amt Vier- u. Marschlande, Bez. Bergedorf) FN – 1162 (HUB I, 24) a Bilnemuthe – „Billemündung" zu as. *gimūthi*, mnd. *mūthe*, *mūde* (vgl. Allermöhe).

Binnenrehden (Ochsenwerder, O.-Amt Vier- u. Marschlande, Bez. Bergedorf) GewN – Flurnamensamml. Wegemann ca 1928: Reeden – Enthält wohl die Gewässerbenennung mnd. **Rêde* = „Fluß, Bach, Wasserlauf" als eine Bildung zur Wurzel **rei-* = „fließen" (vgl. Reitbrook).

Blankenese (O.-Amt Blankenese, Bez. Altona) Stdttl., früher Dorf, mda. *Blank'nees* – 1301 (HUB II, 16, Abschr. 14. Jahrh.) in Blankinese, 1342 (HUB II, 2, S. 702, Abschr. 18. Jahrh.) bi Blankenese, 1427 (LAS, Urk.-Abt. 3, 382) to Blankenesen, 15. Jahrh. (Zunftrollen S. 75) to Blankenese, 1461 (HKR II, 130_{27}) de Blankenneze, 1464 (Pinneb.-Hatzb. Reg., S. 7) to Blankenese, 1545 (LAS, Urk.-Abt. 3, 167) zur Blanckenneße, 1557 (LAS, Abt. 3, 318) twischen … und Blanckenese, Elbkarte M. Lorck 1568: Blancke Neeß, um 1569 (Karte D. Drever, Leerhoff Nr. 20) Blanckennese, 1581/90 (LAS, Abt. 3, 604, Reg.) Blanckenese, 1608 (LAS, Urk.-Abt. 3, 298) zur Blankenesen, 1638 (LAS, Abt. 3, 737, Reg.) Blanckenese, Mejer 1649: Blanckenese, 1721 (LAS, Abt. 112, 595) zu Blanckenese, 1790 (LAS, Abt. 112, 1651, Eb) Blanckenees, 1855 (Schröder-Biernatzki, Top.[2] I, S. 221) Blankenese – „Blanker, d. h. heller, weißer Vorsprung" zu mnd. *-nese*, einer Nebenform zu unserem Wort *Nase* in der Bedeutung „Vorsprung" (vgl. H. Olsen, Historisches Verzeichnis, S. 4 u. W. Laur, Ortsnamen, S. 292).

Blumensand (Francop, O.-Amt Süderelbe, Bez. Harburg) FN, mda. *Bloomsand* [*bleōmsann*] – 1855 (Schröder-Biernatzki, Top.[2] I, S. 227) Blumensand – „Sand, Sandbank, Sandinsel mit Blumen".

+ **Bobberdesgrove** (i. Bereich d. ehemaligen Gorrieswerder, wohl O.-Amt Wilhelmsburg, Bez. Harburg) FN – 1388 (Regesten Harburg 352, Abschr. Anf. 15. Jahrh. bzw. 17. Jahrh.) bynnen der Bobberdesgrove – „Grube, Graben – mnd. *grôve*, nnd. *Groof* – des Bobobert, Bobbert", ein Rufname, der aus dem Lallwortstamm *Bobo*, *Bove*, vgl. unser *Bube*, und germ. **berhta-*, ahd. *beraht* = „hell, glänzend" gebildet ist (vgl. H. Kaufmann, Ergänzungsband, S. 59 u. 64).

Boberg (Lohbrügge, O.-Amt u. Bez. Bergedorf) Ortstl., früher Dorf, mda. *Bobarch* – 1197 (UBBL I, 18, Abschr. 13. Jahrh.) de Bober, 1201 (SHRU I, 225) de Boberg, 1217 (SHRU I, 338) de Bocberge, 1255 (HUB I, 593, Abschr. 14. Jahrh.) in … Bocberge, 1257 (HUB I, 619) de Bocberge, 1318 (HUB II, 425) in villis … Bucberghe, 1330 (HUB II, 820) in hiis villis, … Bocberghe, 1350 (HUB IV, 431) in Bocberghen, 1469 (HKR II, 401_{26}) versus Boekberge, 1527 (LAS, Urk.-Abt. 120, 69, Abschr.) Bockbarge, 1578 (LAS, Abt. 111, AR Reinbek) Boberge, 1642 (LAS, Abt. 111, 148) zu Boberges, Mejer 1649: Bohberg, Danckw. 1652: Boberge, 1692 (LAS, Abt. 7, 1212, Prot.) bey Bobergen, 1712 (LAS, Abt. 111, 182, Eb) Bobarg, 1750 (LAS, Abt. 111, 53, Beschr.) die Dorfschaft Bobarg, 1855 (Schröder-Biernatzki, Top.[2] I, S. 228) Boberg – Mnd.**Bōkberch* = „Buchenberg" zu mnd. *bôk*, nnd. *Book* = „Buche" und mnd. *berch*, nnd. *Barch* = „Berg" mit dem Ausfall des *k* vor dem *b* wie vor dem *st* in *Boostedt* zu mnd. *Bocstede* bei Neumünster (vgl. H. Olsen, Historisches Verzeichnis, S. 4 u. W. Laur, Ortsnamenlexikon, S. 169).

+ **Boizenwerder** (Billwerder westl. b. Rothenburgsort) IN u. Ortschaft – 1162 (HUB I, 224) Boycene, 1250 (HUB I, 556, Abschr.) in Boyerstene (lies wohl: *Boycene), 1319 (HUB II, 439) in … Boyze, 1334 (HUB II, 938) in Boycen, 1350 (HUB IV, 431) ton Boycen, 1383 (SHRU VI, 491, Abschr. 17. Jahrh.) mit den werdern … Boizenwerder, 1508 (VBHK 178, 92a) in Boystene – „Werder, d. h. Insel, Halbinsel von Boize". Dieser Name begegnet uns im Mittelalter und in der frühen Neuzeit als ein Orts- bzw. Flurname. In Parallele zum FlN *Boize* im Kreis Herzogtum Lauenburg und im westlichen Mecklenburg könnte es sich auch um einen ursprünglichen Gewässernamen handeln. Diesen Flußnamen hat man unterschiedlich gedeutet, einmal als eine Rückbildung zum ON *Boizenburg* in Mecklenburg, der dabei als ein ursprüngliches **Bōkinaburg* = „Buchenburg" mit der altsächsischen Palatalisierung des *k* erklärt wird, ferner als einen slawischen altpolabischen Namen zu altpolab. **byk* = „Stier" oder auch als einen vorslawischen und vorgermanischen Flußnamen zu idg. **bhug-*, einer Nebenform zu **bheug-* = „biegen". Des Hamburger Namens wegen empfiehlt es sich wohl kaum, auf eine slawische Form zurückzugehen (vgl. W. Laur, Ortsnamenlexikon, S. 165–166 mit weiteren Literaturangaben). Bei dem ts-Laut, geschrieben als ein <*c*> und <*(t)z*>, wird an ein assibiliertes palatales *k* und damit an nd. *Book* = „Buche“ der frühen Schreibungen mit einem *c* und des Fehlens eines jeglichen Hinweises auf ein ursprüngliches *k* wegen kaum zu denken sein.

+ **Bolterdesworden** (i. Bereich des ehemaligen Gorrieswerder) FN – 1395 (Regesten Harburg 398, Abschr.) to den Bolterdesworden – Das Grundwort -*worden* mit einem *o* weist wohl eher auf die Mehrzahlform zu *wurt*, *wort* = „Siedlungsplatz, erhöhter Siedlungsplatz in der Marsch“ als auf *Werder* hin. Beim Bestimmungswort handelt es sich um den Rufnamen *Baldhard*, *Boltert* zu ahd., as. *bald* = „kühn“ und *hard*, unser *hart*, in der Bedeutung von „stark, tapfer, kühn“.

+ **Bonhop** (Eppendorf, O.-Amt Eppendorf, Bez. Hamburg-Nord) FN – 1343 (HUB IV, 171, Abschr. 14. Jahrh.) Bonhop – Wohl „Erhebung – nd. *Hoop* = Haufe – mit Bohnen“ zu nd. *Bohn*.

Borgesch (Sankt Georg, O.-Amt u. Bez. Hamburg-Mitte) h. StrN, früher FN – 1483 (HKR IV, 51_{23}) supra Borchesse – „Esch, d. h. Eschengehölz“ oder auch „Esch“ in der Bedeutung „Saatfeld“, „das zur Stadt gehört“ zu nd. *Borch* = „Burg“ in dieser Bedeutung, so nach Olsen (vgl. H. Olsen, Historisches Verzeichnis, S. 4), aber wohl eher nach einer burgähnlichen Schanze benannt (vgl. Gaedechens, Topographie, S. 18).

Borgfelde (O.-Amt u. Bez. Hamburg-Mitte) Stdttl., früher Distrikt – 1855 (Schröder-Biernatzki, Top.^{2} I, S. 279) Burgfelde (Borgfelde), Meßtischbl. 1880: Borgfelde – Benannt nach einem Schloß – nd. *Borch* = „Burg“ – der Familie von Hamme.

Borghorst (Altengamme, O.-Amt Vier- u. Marschlande, Bez. Bergedorf) Hsgr. – 1435 (HKR II, 59_{32}) ad Borchhorst, 1453 (UBStL IX, 159, spätere Abschr.) in der Borckhorst, 1523 (HKR V, 222_{6}) pro defensione Borchorst, 1605 (LAS, Abt. 111, 31) der Borhorst, 1607 (LAS, Abt. 111, 31) bey der Borchorst, 1641 (LAS, Abt. 111, 31) hinter der Borghhorst, Mejer 1650: Borchorst, 1855 (Schröder-Biernatzki, Top.^{2} I, S. 162) Borghorst – „Gestrüpp, Gehölz – *Horst* – bei einer Burg“ zu nd. *Borch*.

Bornbach (Nebenfl. d. Tarpenbek, Langenhorn, O.-Amt Fuhlsbüttel, Bez. Hamburg-Nord) GewN, mda. *Bornbęk* – 1856 (Schröder-Biernatzki, Top.[2] II, S. 71) Born – Zu *Born* = „Brunnen, Quelle“ und nd. *Bęk* = „Bach“.

Bornbek (O.-Amt u. Bez. Bergedorf) GewN – Siehe oben.

Bornmoor (Bahrenfeld, O.-Amt u. Bez. Altona) FN – 1791 (LAS, Abt. 112, 1649, Eb) Opn Bornmohr, Flurnamensamml. Wegemann 1920–1933: opn Bornmoor – „Moor mit (einer) Quelle(n)“ zu *Born* in dieser Bedeutung.

Bornmühlenbach (rechter Nebenfl. z. Bille, O.-Amt u. Bez. Bergedorf) – „Bach – nd. *Bęk* – bei der Bornmühle“ zu *Born*, s. oben.

Borstel – As. *būrstal*, mnd. *-burstel*, *-borstel*, nnd. *-borstel*, *-bostel*, *-bossel*, als eine Zusammensetzung von as. *būr* = „Wohnstätte“ und *stall* = „Stelle, Stätte“ in der Bedeutung „Wohnplatz“ und dazu *-burstelde*, *-burstolde* als eine Nebenform mit einer d-Erweiterung (vgl. W. Laur, Ortsnamenlexikon, S. 172; H. Franke, Die *-borstel*-Namen, Mag.-Arbeit; Münster 1972).

+ **Borstel** (nach Reincke etwa südl. v. Dammtor gelegen, O.-Amt u. Bez. Hamburg-Mitte) Hof – 1202 (SHRU I, 232) de curia nostra Burstolde, 1275 (HUB I, 762, Abschr. 14. Jahrh.) in Borstele, 1297 (Hamb. Schuldb. 785) iuxta Borstelde, 1312 (HUB II, 266, Abschr. 14. Jahrh.) curie Borstelde, 1344 (HUB IV, 221) prope curtim Borstelde, 1447 (LAS, Urk.-Abt. 1, 204, Dithm. Klage) vpp dit … slot Burstele (?) – Siehe oben.

+ **Borstel** (Ottensen, O.-Amt u. Bez. Altona) FN – Siehe oben. Der Flurname *Borstel* weist auf eine ehemalige Siedlung hin. Nach ihm benannt ist die *Borselstraße* (vgl. H. Beckershaus, S. 58).

+ **Borstel** (Heimfeld, O.-Amt u. Bez. Harburg) Dorf, h. FN *Borsteler Heidberge* – 1393 (Regesten Harburg 380) in villa Borsteld, 1471 (Regesten Harburg 808) de Borstel (nd. Nom. hier als FN), 1473 (Regesten Harburg 826) in den hoven tome Borstelde, 1494 (Regesten Harburg 1012, Abschr. Mitte 17. Jahrh.) to dem Borstell (hier FN), 1541 (Regesten Harburg 380, Anm. 2) mit der wusten dorpstede Nortbostell – Siehe oben.

+ **Borstolt** (Kirchwerder, O.-Amt Vier- u. Marschlande, Bez. Bergedorf) Dorf – 1307 (HUB II, 140, Scharnebeker Urk.) in loco, qui dicitur Borstolt, 1325 (HUB II, 621) in villa Borstolt – Siehe Borstel.

Bostelbek (Heimfeld, O.-Amt u. Bez. Harburg) Ortstl. u. FlN – 1577 (Th. Benecke, Hannoverland 2, 1908, S. 62) Borstelbeck, 1667 (A. C. Förste, Ursprung, S. 14) biß an Bostelbeke – „Bach – nd. *Bęk* – von Borstel (b. Heimfeld)".

+ **Botelshop** (Eppendorf, O.-Amt Eppendorf, Bez. Hamburg-Nord) FN – 1343 (HUB IV, 171, Abschr. 14. Jahrh.) Botelshope – Wohl „Erhebung" – nd. *Hoop* = „Haufe" – „des Bötel", ein Beiname, der zu der entsprechenden Bezeichnung für ein Schlagwerkzeug gehört oder auch zu einem entsprechenden Ortsnamen.

+ **Brake** (i. Bereich d. ehemaligen Gorrieswerder, Wilhelmsburg, Bez. Harburg) FN – 1346 (HUB IV, 276) up dem Brake, ca 1350 (SHRU IV, 392, Abschr. 14. Jahrh.) in Brake – Entweder nd. *Brack* = „Stelle, an der früher der Deich durchbrochen ist" oder *Brake* = „Brache, Brachfeld".

Brakenburg (Francop, O.-Amt Süderelbe, Bez. Harburg) Ortstl. – Meßtischbl. 1880: Brakenburg – „Burg" – nd. *Borch*, vielleicht in übertragener Bedeutung, „an einem Brack" oder auch „an einer Brake" (siehe oben).

Bramfeld (O.-Amt Bramfeld, Bez. Wandsbek) Stdttl., früher Dorf, mda. *Bråhmfeld* – 1271 (HUB I, 746) in minori villa Bramvelde, 1275 (HUB I, 759) in Bramuelde, 1307 (HUB II, 136, Abschr. 14. Jahrh.) in villa Bramvelde, 1327–1332 (ZHG 6, 1875, S. 157, Necr.cap., Abschr. 17. Jahrh.) in Bramvelde, 1350 (HUB IV, 431) de Bramvelde, 15. Jahrh. (Zunftrollen S. 264, Anm.) to Bramvelde, 1508 (VBHK 10, 56) in villa … Bramvelde, 1561 (HKR VII, 309_{29}) in … Bramfelde, 1579 (LAS, Abt. 7, 5100) zu Bramfelde, 1608 (LAS, Abt. 7, 5074) für die Bramfelder, 1628 (Wellingsbüttl. Urk. II, S. 21, Abschr.) mit Bramfeldt, Mejer 1650: Bramfelde, 1673–1695 (Wellingsbüttl. Urk. II, S. 53, Abschr.) Bramfeldt, 1695 (LAS, Abt. 7, 5079) wegen der Bramfelder, 1855 (Schröder-Biernatzki, Top.^{2} I, S. 251) Bramfeld – „Ginsterfeld" zu nd. *Bråhm* = „Ginster".

Bramfelderheide (O.-Amt Bramfeld, Bez. Wandsbek) Hsr. – 1811 (LAS, Abt. 25, 804) in der Heide, 1811 (LAS, Abt. 25, 804) von der Bramfelder

Heide, 1855 (Schröder-Biernatzki, Top.[2] I, S. 251) Bramfelderhaide – „Heide von Bramfeld".

Bramfelder See (Bramfeld, O.-Amt Bramfeld, Bez. Wandsbek) SN – 1771 (LAS, Abt. 402 A 3, 126, Karte) der Neue Teich, 1855 (Schröder-Biernatzki, Top.[2] I, S. 251) Bramfelder-See – „See von Bramfeld", im 18. Jahrh. *Neuer Teich* genannt.

Brandshof (Billwerder, O.-Amt Vier- u. Marschlande, Bez. Bergedorf) h. StrN *Brandshofer Deich*, früher Hof – 1855 (Schröder-Biernatzki, Top.[2] I, S. 217) Brandshof, Flurnamensamml. Wegemann 1920–1933: Brandshof – Wohl „Hof des Brand" zum Bei- oder Familiennamen *Brand.*

Brausielgraben (Wilhelmsburg, O.-Amt Wilhelmsburg, Amt Harburg) GewN, mda. *Brosielgroben* – „Graben bei" oder „mit dem Brausiel", so benannt nach der Brauerei in Kirchdorf.

Bredenbek (z. Alster, Ohlstedt, O.-Amt Walddörfer, Bez. Wandsbek) FlN – 1667 (StAH, Cl IV Lit. B Vol. I b fasc. 1. fol. 271, Scheeles Waldbuch, S. 51) jenseit des Bekes, 1855 (Schröder-Biernatzki, Top.[2] I, S. 256) Bredenbek – Nd. **tom breden Bęk* = „zum breiten Bach", ein Gewässer- und Ortsname, der in Holstein mehrfach vertreten ist (vgl. W. Laur, Ortsnamenlexikon, S. 171).

+ **Brook** (südl. d. Reichenstr. a. d. Katharinenkirche, Altstadt, O.-Amt u. Bez. Hamburg-Mitte) FN – 1457 (Hamb. Bursprak. 37, 3) twisschen … unde dat Brok, 1461 (HKR II, 114_5) in Palude, um 1569 (Karte D. Drever, Leerhoff Nr. 20) up dem Broke – Nd. *Brook* = „Bruch, Bruchland, sumpfiges Gelände". Dieses Wort bringt man einerseits mit *Bruch* zu *brechen* in Zusammenhang, und zwar denkt man daran, daß durch umgestürzte Bäume auf Grund von Windbruch ein Sumpf entstehen kann. Andererseits denkt man aber, was auch wahrscheinlicher erscheint, an eine germanische Entsprechung zu einem Wortstamm, der im Keltischen als **brōg-* erscheint und die Bedeutung von „Sumpf" hat, vgl. *Bröhl* und *Brühl* in westdeutschen Orts- und Flurnamen, das auf gall. *brogilus* zurückgeht.

Brookdeich (Bergedorf, O.-Amt u. Bez. Bergedorf) h. StrN, mda. *Brookdiek* – 1855 (Schröder-Biernatzki, Top.[2] I, S. 314) Brookdiek – „Deich nd. *Diek* – am Bruch, Bruchland" zu nd. *Brook*.

Brookgraben (Eidelstedt, O.-Amt Stellingen, Bez. Eimsbüttel) GewN – 1789 (LAS, Abt. 25, 364 I, Eb) in Broock – „Graben am Bruch, Bruchland".

Brookwetter (Horst, Altengamme, O.-Amt Vier- u. Marschlande, Bez. Bergedorf) GewN – Mejer 1649: Broeckwetterung – „Wettern, d. h. Abzugs-, Entwässerungsgraben am Bruch, Bruchland".

+ **Bruneslake** (O.-Amt Vier- u. Marschlande, Bez. Bergedorf) h. Curslack – 1180 (HUB I, 244, Abdr. 18. Jahrh. nach Ratzeburger Kopialb.) infra Bruneslake – „Lake, d. h. stehendes Gewässer", aber auch „Wasserlauf des Brun", ein Rufname zu nd. *bruun* = „braun" (vgl. W. Laur, Ortsnamen, S. 287).

+ **Brunsdorf** (?) – Siehe + Engenhusen.

Buchenkamp (Volksdorf, O.-Amt Walddörfer, Bez. Wandsbek) Ortstl. – Meßtischbl. 1880: Buchenkamp – „Kamp, d. h. Feld, Landstück mit Buchen".

Buckhorn (Volksdorf, O.-Amt Walddörfer, Bez. Wandsbek) Ortstl. – Eine Zusammensetzung von *Horn* in der Bedeutung „Ecke, Winkel" und nd. *Buck* = „Bock".

Büttel – As. *-gibutli*, *-gibudli* bzw. *-butli*, mnd. *-bütle*, *-bötle*, nnd. *-büttel*, *-bötel* als eine Bildung mit einem *ja*-Suffix bzw. eine Lokativform zu germ. **buþla*, as. *bodal* = „Grundbesitz", afries. *bold* = „Haus" in der Bedeutung „Wohnstätte, Siedlung". Germ. **buþla* stellt wiederum eine Bildung mit dem Suffix *-þla* zum Wortstamm dar, der in germ. **būan* = „wohnen" enthalten ist, vgl. dän. *bo* und unser *Bauer* (vgl. W. Laur, Ortsnamenlexikon, S. 190 u. 191), hier aber mit einem kurzen Vokal. Da aber die Entwicklung von germ. **buþla* zu nd. *Büttel* mit einem *t* auf lautliche Schwierigkeiten stößt, möchte K. Casemir (S. 24 u. 25) von einem Ansatz vorgerm. **bud-lo-* ausgehen, und zwar zu idg. **bhu-t-*, einer Erweiterung der Wurzel **bhū-* durch ein *t*, vgl. unser Wort *Bude*, mit einem auch sonst im Vorgermanischen verbreiteten Wechsel von *d* und *t*, wie Udolph annehmen möchte (vgl. K. Casemir, Ortsnamen auf -büttel, S. 24 f. u. J. Udolph, Namenkundliche Studien S. 54–61). Dieses *d* wäre dann durch die Erste Lautverschiebung zu *t* geworden, vgl. lat. *cor*, *cordis*, lett. *sirds* – nd. *Hart*, engl. *heart*, hd. *Herz*.

Bullenrinne (Altenwerder, O.-Amt Süderelbe, Bez. Harburg) GewN – „Rinne, die nach Bullen benannt ist“.

Bullerdeich (Borgfelde, O.-Amt u. Bez. Hamburg-Mitte) h. StrN, früher Hsr., mda. *Bullerdiek* – 1855 (Schröder-Biernatzki, Top.[2] I, S. 276) Bullerdeich – Wohl zu *bullern* im Sinne von „poltern“.

Bullerwettern (Georgswerder, O.-Amt Wilhelmsburg, Bez. Harburg) GewN, vgl. FN *Auf dem Buller*, mda. *Op'n Buller* – Wohl „Wettern, d. h. Entwässerungsgraben, am *Buller* genannten Landstück“. Der Name gehört zu bullern, poltern.

+ **Bunken** (Elbarm gleich westl. v. Tatenberg u. Gelände) GewN u. FN – Um 1680 (Karte nach Schildknecht, E. Reinstorf, Eindeichung Wilhelmsburg, nach S. 118) Buncken – Für die Deutung bestehen mehrere Möglichkeiten, nämlich nd. *Bunk* = „Haufe“, *Bunk* = „grober Knochen, Beinröhre von großem Vieh“ oder *Bunk* = „grober Klotz, grober Knochen“ und in übertragener Bedeutung „Flegel“ (vgl. O. Mensing I, Sp. 585), Wörter, die aber für einen Wasserlauf nicht so recht passen wollen, es sei denn in einer metaphorischen Bedeutung oder als ein ursprünglicher Flurname für ein Gelände.

Buntehaus (Moorwerder, O.-Amt Wilhelmsburg, Amt Harburg) Haus – Um 1620 (Leerhoff Nr. 21) Buntehaus, 1856 (Schröder-Biernatzki, Top.[2] II, S. 162) Buntenhaus – Durchsichtiger Name.

Burg – Germ. **burgs*, as. *burg*, mnd. *borch*, nnd. *Borch*, nhd. *Burg* geht auf idg. **bhr̥gh-* zurück, vgl. gall. *briga* = „befestigte Höhe“, gr. *πύργος* (pýrgos) = „Turm, Befestigungswerk“, das aber aus dem sog. Pelasgischen stammt, und gehört als Schwundstufenform zur Vollstufenform idg. **bhergho-* = „Erhebung“, die unserem *Berg* (s. d.) zugrundeliegt (vgl. W. Laur, Ortsnamenlexikon, S. 194).

Burstah (Altstadt, O.-Amt u. Bez. Hamburg-Mitte) StrN – 1332 (StAH, 231, Erbeb. S. Nicolai, S. 144) Burstat, 1360 (Hamb. Test. 9) apud Burstade, 1410 (StAH, 231, Erbeb. S. Nicolai, S. 612) to dem Burstade, 1449 (StAH, 231, Lib.mem., S. 141) uppe deme Burstade, 1469 (HKR II, 395_{19}) super Burstade, 1524 (StAH, 231, Lib.mem., S. 395) up dem Burstade, 1544 (HKR VI, 137_{16}) supra Burstade – Der Flur- und Straßenname *Burstah* stellt eine Zusammensetzung von mnd. *bûr* = „Wohnstätte, Haus, Ansiedlung“ dar und kaum von der Mehrzahlform *bûren* = „Bauern“, wie

F. Witt meinte (vgl. F. Witt, Hamburgs Straßen, S. 225), und zwar mit wohl ursprünglich as. *stath*, mnd. *stad* =„Platz, Stelle“, das auf Grund der topographischen Gegebenheiten zu mnd. *stāde* = „Gestade, Ufer“ umgedeutet worden ist (vgl. W. Laur, Ortsnamen im Kreise Pinneberg, S. 131). Mnd. *bûrstat* wird daher wohl in der Bedeutung von „Wohnstätte, Wohnplatz“ aufzufassen sein, das dann zu „Ufer mit Wohnstätten“ oder „bebautes, bewohntes Ufer“ oder auch „Ufer der Bewohner, der Bürger“ zu mnd. *bûr* in dieser Bedeutung umgedeutet worden ist (vgl. auch H. Olsen, Historisches Verzeichnis, S. 5 u. H. Beckershaus, Straßennamen, S. 132).

Busbrook (Farmsen-Berne, O.-Amt u. Bez. Wandsbek) FN, vgl. StrN *Busbrookhöhe* – 1375 (SHRU IV, 1547) mit … Busbrok – „Bruch, Bruchland – nd. *Brook* –“ entweder „mit Büschen“ – **Buskbrôk* zu *Busbrôk* – oder „mit Buxus“ zu mnd. *bussbôm* (vgl. J. Karsten, Berne […], S. 95 u. H. Beckershaus, Straßennamen, S. 69).

+ **Butschallen** (i. Bereich von Gorrieswerder, h. O.-Amt Wilhelmsburg, Bez. Harburg) FN – 1460 (LAS, Urk.-Abt. 3, 391) de Butschallen, 1494 (LAS, Urk.-Abt. 3, 83, Abschr. 15./16. Jahrh.) de Buthschalle – „Außerhalb des Deiches liegende Ländereien, Außendeichsländereien“ zu nd. *buten* = „außerhalb“ und *Schallen* in diesem Sinne (vgl. O. Mensing IV, Sp. 288).

Butterberg (Blankenese, O.-Amt Blankenese, Bez. Altona) FN, mda. *Botterbarch* – 1788 (LAS, Abt. 112, 1657, Eb) Butterberg, 1790 (LAS, Abt. 402 A 3, 355, Karte) Butterberg, 1855 (Schröder-Biernatzki, Top.^{2} I, S. 223) Butterberg – Durchsichtiger Name wohl in übertragener Bedeutung.

C

+ **Calwerder** (zw. Altenwerder u. Pagensand) IN – Um 1569 (Karte D. Drever, Leerhoff Nr. 20) Calwarder – Wohl mnd.**Kalfwerder* zu mnd. *kalf* = „Kalb“ und *Werder* = „Insel, Halbinsel“, vgl. als bedeutungsmäßig ähnlichen Namen *Ochsenwerder*.

Carlsbrack (Kirchwerder, O.-Amt Vier- u. Marschlande, Bez. Bergedorf) GewN – Flurnamensamml. Wegemann 1920–1933: Carlsbrack – „Brack, d. h. Stelle, an der früher der Deich durchbrochen ist", benannt nach einem Karl.

+ **Cotwurth** (Lemsahl-Mellingstedt, O.-Amt Walddörfer, Bez. Wandsbek) FN – 1271 (HUB I, 747) de una area, que dicitur Cotwrth – „Wurt, d. h. Siedlungsplatz, oder auch Kohlhof, Garten mit einer Kate" zu mnd. *kote*, *kot*.

Cranz (O.-Amt Süderelbe, Bez. Harburg) Stdttl. – 1341 (Regesten Harburg 168) in Cranze, 1357 (Regesten Harburg 246) Kranze, 1420 (HKR II, 33_{23}) ad Kranse, 1430 (Regesten Harburg 585) to deme Kranse, 1461 (HKR II, 117_{17}) versus Krantze, 1466 (Regesten Harburg 764) in Krantze, 1503 (Regesten Harburg 1057) to deme Krantze, um 1569 (Karte D. Drever, Leerhoff Nr. 20) thom Crantz, 1590 (Karte A. Ortelius, Leerhoff Nr. 1) Crans, Krantz, Mejer 1650: Crantz – Unser Wort *Kranz*, nd. *Krans*, ist auch in Orts- und Flurnamen vertreten, wohl als eine Terrainbezeichnung, wie *Kranz* in Hetlingen, Kreis Pinneberg, *Kranzbarch* daselbst oder *Kranzbusch* in Bosau in Ostholstein zeigen (vgl. O. Mensing III, Sp. 303).

Cremon (Altstadt a. Nikolaifleet, O.-Amt u. Bez. Hamburg-Mitte) StrN, früher IN – 1248 (StAH, 231, I 1 Bd 4, Lib.act.) in Cremun, 1248–1256 (s. o.) de Crimuna, 1289 (HUB I, 850) in platea Crymon, 1289 (Hamb. Schuldb. 178) in Cremon, 1387 (SHRU VI, 689) in Cremona, 1390 (Hamb. Test. 94) in dem Kramone, 1461 (HKR II, 139_{7}) in Cremona, 1499 (HKR IV, 411_{33}) in Krammona, 1504 (HKR V, 34_{21}) in Cremona, 1548 (HKR VI, 306_{13}) in Cremona – Der Orts- oder Flurname, heute Straßenname, *Cremon* ist bisher nicht befriedigend erklärt worden. Olsen dachte an den Namen einer Besitzerfamilie (vgl. H. Olsen, Historisches Verzeichnis, S. 4 u. H. Beckershaus, Straßennamen, S. 73), aber die Präposition lat. *de* = „von" weist auf einen Herkunftsnamen hin, also wiederum auf einen Ortsnamen. Hübbe erwog die Latinisierung einer mittelniederdeutschen Form wie *krümme* = „Krümmung" (vgl. H. W. C. Hübbe, Topographische Miscellen über das alte Hamburg: MVHG Bd 4, 1887 [1888], S. 117), eine Annahme, die aber aus lautlichen Gründen nicht wahrscheinlich ist. Die volle und betonte Endsilbe läßt an einen Namen nicht deutscher Herkunft denken. Um eine Parallele könnte es sich beim ON *Krumon* im Kreis Schwerin in Mecklenburg handeln – 1178 *Cremun*, 1285 *Cremon*, 1381 *Cremmon* und *Cramon* im Kreis Waren, ebenfalls in Mecklenburg – 1332 *stagnum Kremon*, 1374 *Cremon*, 1429 *Cremon*. Trautmann stellte diese Namen zu einem slawischen Wort für „kleine Steine, Kieselsteine" – draväno-polab. *kremin*, poln. *kremień* (vgl. R. Trautmann, Die wendischen Ortsnamen Ostholsteins, Lübecks, Lauenburgs und Mecklenburgs. QuFGSH 21; Neumünster 1939, 1950, S. 122). Weitere Parallelen liegen anscheinend in den lettländischen Ortsnamen dt. *Kremon* nordöstlich von Riga vor – 1318 *Cremun*, 1352 *castris suis Cremun*, lett. *Krimulda*, nach Endzelīns wohl aus **Krimuna*, und lett. *Krimunas* in Semgallen südlich von Riga. Nach Krahe wäre hierher auch *Cremona* in Norditalien zu stellen. Möglicherweise liegt ein Wort oder eine topographische Bezeichnung vor, die nicht nur in den slawischen und baltischen, sondern auch in anderen indogermanischen Sprachen verbreitet ist. Im Falle des Hamburger Namens wird wohl an eine Übertragung zu denken sein, da es sich ja des unverschobenen Anlauts wegen um einen nicht germanischen Ortsnamen handelt, vielleicht doch über einen Beinamen.

+ **Cucliz** (Curslack, O.-Amt Vier- u. Marschlande, Bez. Bergedorf) – 1162 (MUB I, 75) Cucliz (nach HUB I, 224 Cuclis, nach SHRU I, 109 Cuclitz) – Trautmann dachte an einen Ortsnamen slawischer altpolabischer Herkunft, nämlich an **Kuklici* als eine Bildung mit dem Suffix *-ici* zu einem Kosenamen, vgl. russ. *kukla* = „Puppe" (vgl. R. Trautmann, Die wendischen Ortsnamen, S. 126). Wegen der Lage im Marschengebiet zwischen Elbe und Bille denken Dohm und Prange aber eher an eine verderbte Form für *Curslack* (vgl. W. Prange, Siedlungsgeschichte des Landes Lauenburg im Mittelalter. QuFGSH 41; Neumünster 1960, S. 142 u. W. Laur, Ortsnamen, S. 403).

Curslack (O.-Amt Vier- u. Marschlande, Bez. Bergedorf) Stdttl., früher Landschaft i. Amt Bergedorf – 1217 (HUB I, 404) in uilla Kureslake, 1302 (HUB II, 21) in Cursclake, 1322 (HUB II, 556) nostram parrochiam Kurslake, 1335 (HUB II, 996, Abschr. 14. Jahrh.) Curslake, um 1350 (HUB IV, 407) in Kurslake, 1367 (SHRU VI, 601, Transs. 1385) in Curslake, um 1400 (HUB IV, 196, Abschr. 1625) to Kurslacke, 1401 (Sudendorf IX, 131) de twe kerspel, Korslake, 1415 (UBStL V, 552) to … vnde Curslaken, 1435 (UBStL VII, 661) de twe kerspele, alse … vnde Kurslake, 1443–1445 (Zunftrollen S. 66) to dem Kurslaker Syle, 1465 (HKR II, 254_{35}) in de Kurslake, 1508 (VBHK 35, 186) in der Kurslake, 1527 (LAS, Urk.-Abt. 120, 69, Abschr.) in dem Kurslacke, um 1569 (Karte D. Drever, Leerhoff Nr. 20) in der Koslake, 1578 (LAS, Abt. 111, AR Reinbek) in der Kurse Lacken, 1596 (LAS, Abt. 111, 27) in der

Curslacke, Mejer 1649: Koßlach, Danckw. 1652: die Koßlack, 1692 (LAS, Abt. 7, 1212) die … undt Curselacker, 1750 (LAS, Abt. 111, 53, Beschr.) aus der Corslacke, 1855 (Schröder-Biernatzki, Top.[2] I, S. 313) Curslak – Man hat das Bestimmungswort mit einer Bezeichnung *kuren*, *koren* für das Eindringen des Wassers in Zusammenhang gebracht (vgl. E. Finder, Vierlande, S. 307, H. Olsen, Historisches Verzeichnis, S. 5 u. W. Laur, Ortsnamen, S. 287). Dann wäre aber das Genitiv-s nur schwer zu erklären. Bei mnd. *kûr(e)* = „Ausguck, Späher, Wächter, Turmwächter" fragt es sich wiederum, wie diese Bezeichnung mit *Lake* = „stehendes Gewässer" in Verbindung zu bringen wäre, vielleicht als ein Beiname. Dann müßte aber der lange Vokal im ersten Zusammensetzungsglied gekürzt worden sein.

D

Dänenheide (Meiendorf, O.-Amt Rahlstedt, Bez. Wandsbek) FN, mda. *Dän'heid* – 1786 (LAS, Abt. 111, 492a, Eb) in der Dänen Heyde, 1823 (LAS, Abt. 111, 492a, Eb) von Dehnheide, 1840 (LAS, Abt. 111, 492a, Eb) Dähnheide, 1855 (Schröder-Biernatzki, Top.[2] I, S. 249) Dänen-Haide – Flurnamen mit dem Bestimmungswort *Dänen-*, *Dän-*, *Den-* begegnen uns öfters. Man stellt sie meist zum Volksnamen *Dänen* (vgl. W. Laur, Ortsnamenlexikon, S. 209). Es kann aber auch mnd. *dēn*, *dēne* = „Vertiefung, kleines Tal" vorliegen, wie Beckershaus beim Barmbeker Straßennamen *Dehnhaide* auf den alten Flurnamen *An der Dänn Haide* verweist (vgl. H. Beckershaus, Straßennamen, S. 77).

+ **Dale** (a. d. Billemündung, Bez. Hamburg-Mitte) Ort – 1292 (Hamb. Schuldb. 454) in Dale, 1319 (HUB II, 439) in … Dale – Zu nd. *Dal* = „Tal".

+ **Deep** (h. Zollkanal b. d. Veddel) GewN – 1545 (Hamb. Bursprak. 133, 50) dat Deep – Nd. *Deep* = „Tief", d. h. „Wasserrinne im Watt" oder auch „Tiefe" im Sinne von „Niederung".

Deepenhorngraben (z. Berner Au, Berne, O.-Amt u. Bez. Wandsbek) GewN – „Graben von Deepenhorn" zu nd. *deep* = „tief" und *Horn* in der Bedeutung „Ecke, Winkel".

Deepenreiengraben (z. Lottbek als Nebenfluß d. Alster, Volksdorf, O.-Amt Walddörfer, Bez. Wandsbek) GewN – „Zur tiefen – nd. *deep* – Reihe“ – mnd. *rêge*, nnd. *Reech* als Bezeichnung für eine Reihensiedlung.

Deepenstöcken (Lokstedt, O.-Amt Lokstedt, Bez. Eimsbüttel) StrN, früher Wrtshs. – 1599 (Gaedechens, Topographie, S. 112) de Depen Stacke, 1785 (LAS, Abt. 402 A 3, 418, Karte) Deepen Stöcken, 1789 (LAS, Abt. 112, 285, Eb) Depen Stöcken, 1856 (Schröder-Biernatzki, Top.[2] II, S. 95) Deebenstökken (Tiefenstöcken) – „Zu den tiefen – nd. *deep* – Stöcken“, wobei Pfähle gemeint sind (vgl. H. Beckershaus, Straßennamen, S. 77).

Deepen Wiesengraben (z. Berner Au, Volksdorf, O.-Amt Walddörfer, Bez. Wandsbek) GewN – „Graben in der Deepenwiese“ zu einem niederdeutsch-hochdeutschen Mischnamen in der amtlichen Form.

Dehnhaide (Dulsberg, O.-Amt Barmbek-Uhlenhorst, Bez. Hamburg-Nord) h. StrN, mda. *Dän'heid* – Siehe Dänenheide.

Deich – Nd. *Diek*, hd. *Deich*, als ein Lehnwort aus dem Niederdeutschen mit dem unverschobenen *d* im Gegensatz zu *Teich*, aber mit der neuhochdeutschen Diphthongierung des langen *ī* zu *ei*, bezeichnet einen aufgeworfenen Wall oder Damm zum Schutz gegen Überflutungen. Das gleiche Wort ist nhd. *Teich*, das uns im 16., 17. und 18. Jahrhundert in dieser Form auch für *Deich* begegnet. Hd. *Teich* zu nd. *Diek* mit dem verschobenen Anlaut bezeichnet ein kleines und oft abgedämmtes stehendes Gewässer. In dem einen Fall bezieht sich nd. *Diek* auf den Damm – hd. *Deich* – und im anderen auf das Abgedämmte, hd. *Teich*. Unsere beiden ursprünglich homonymen Wörter für *Deich* und *Teich* gehören zu einer Wurzel, die „graben“ bedeutet (vgl. W. Laur, Ortsnamenlexikon, S. 207).

+ **Delf** (Ochsenwerder, O.-Amt Vier- u. Marschlande, Bez. Bergedorf) – 1328 (HUB II, 715) in loco Delf – Nd. *Delf* = „Graben“.

+ **Delvervorde** (b. Bergedorf, O.-Amt u. Bez. Bergedorf) Ortschaft – 1180 (HUB I, 224, Abdr.18. Jahrh. n. Abschr. 14. Jahrh.) Delvervorde – „Furt – mnd. *vorde* – über ein *Delf* genanntes Gewässer“.

+ **Demunder Horn** (zw. Alten- u. Finkenwerder) FN – Um 1569 (Karte D. Drever, Leerhoff Nr. 20) Demunder Horn – „Horn im Sinn von Vorsprung bei“ oder „von Demund“, wohl ein Gewässername, der wie der ON

Demühlen im südlichen Bereich von Kiel zu mnd. *dēn*, *dēne* = „Bodenvertiefung, kleines Tal“ (vgl. W. Laur, Ortsnamenlexikon, S. 208–209) und *Mund* im Sinne von „Mündung“ gehört.

Depenau (a. Meßberg, Altstadt, O.-Amt u. Bez. Hamburg-Mitte) h. StrN, früher GewN? – 1326 (Gaedechens, Topographie, S. 44) iuxta Depenow, 1387 (Gaedechens, Topographie, S. 44) in Depenow, 1492 (HKR III, 576_{16}) in der Depenow, 1525 (VBHK 345) in der Depenow – Nd. **tor deepen Au* = „zur tiefen Au“ wie *Depenau* im Kreise Plön (vgl. W. Laur, Ortsnamenlexikon, S. 209).

Depwisch (Fuhlsbüttel, O.-Amt Fuhlsbüttel, Bez. Hamburg-Nord) FN – 1347 (HUB IV, 339, Verz. Abschr. 1581–1586) secundum pratum … Depewisch – „Tiefe, tief gelegene Wiese“ zu nd. *deep* und *Wisch*.

+ **Derneke** (b. Eppendorf) FN – 1341 (SHRU IV, 40, Abschr. 14. Jahrh.) in decursu aque seu aquarum Derneke vulgariter dicte – Da es sich um einen Wasserlauf handelt, liegt wohl kaum eine Zusammensetzung mit dem Grundwort mnd. *ēke* in der Bedeutung „Eichenwäldchen“ vor, höchstens, wenn man davon ausgeht, daß mit *decursus* ein Abhang gemeint ist, an dem Wasser herabfließt, sondern eine Bildung mit einem *k*-Suffix, vielleicht als eine Verkleinerungsform. Das Bestimmungswort könnte vielleicht zu *Dorn* im Sinne von Dornengestrüpp gehören.

+ **Deveswerder** (später Mühlenwerder b. Waltershof, O.-Amt Finkenwerder, Bez. Hamburg-Mitte) IN – Elbkarte M. Lorck 1568: Deveswerder, um 1569 (Karte D. Drever, Leerhoff Nr. 20) Deveswerder – „Diebswerder, Diebsinsel“ zu nd. *Deef* = „Dieb“.

Diebsteich (O.-Amt u. Bez. Altona) h. StrN, früher SN, mda. *Deefsdiek* – 1639 (LAS, Abt. 3, 77, Reg.) den Diebes Deich, 1650 (HGHbl 10, 1937, S. 33) Devesdiek, 1855 (Schröder-Biernatzki, Top.[2] I, S. 172) der … große Diebsteich, an dem … kleinen oder oberen Diebsteich – Durchsichtiger Name. In der Nähe lagen Richtstätte und Galgen.

Diekbek (z. Alster, Duvenstedt, O.-Amt Walddörfer, Bez. Wandsbek) FlN – „Bach – nd. *Bęk*, der aus, durch“ oder auch „in einen Teich – nd. *Diek* – fließt“.

Dobber (Ochsenwerder, O.-Amt Vier- u. Marschlande, Bez. Bergedorf) GewN – Mnd. *dobber* = „ein auf dem Wasser schwimmendes Zeichen, welches anzeigt, wo der Anker liegt, Boje".

Dockenhuden (O.-Amt Nienstedten, Bez. Altona) Ortstl., früher Dorf, mda. *Docken'huden* – 1219 (HUB I, 430, Abschr. 14. Jahrh.) in Dockenhuthe, in Dockenhude, um 1320 (SHRU IV, 392, neue Datierung nach J. Reetz, Verz., Abschr. 14. Jahrh.) in Dockenhude, 1327–1332 (ZHG 6, 1875, S. 148, Abschr. 17. Jahrh.) in Dockenhuden, 1395 (SHRU VI, 1219) unser Dorp … Dockenhude, 1427 (LAS, Urk.-Abt. 3, 382) to Dockenhude, 1464 (Pinneb.-Hatzb. Reg., S. 7) Dockenhude, 1508 (VBHK 17, 9b) in Dockenhude, 1520 (LAS, Urk.-Abt. 3, 164, Abschr.) in vnserm dorppe Dockenhuden, 1530 (StAH, Cl XI Vol. 5 ex N 16 F 7) to Dockenhuden, 1557 (LAS, Abt. 3, 318) twischen Dockenhude …, Elbkarte M. Lorck 1568: Dockenhud, 1590/91 (LAS, Abt. 3, 604, Reg.) zu Dockenhuden, 1608 (LAS, Urk.-Abt. 3, 298) zu Dockenhude, Mejer 1650: Dockenhude, 1670/71 (LAS, Abt. 112, AR) Dockenhuden, 1855 (Schröder-Biernatzki, Top.^{2} I, S. 332) Dockenhuden – „Hude, d. h. Anlegeplatz" entweder „an den Docken", d. h. „Strohbündeln, die angelandet werden" (vgl. H. Olsen, Historisches Verzeichnis, S. 6) oder eher „des Docko, Docke" (vgl. W. Laur, Ortsnamen, S. 291), ein Rufname, der zum Kurznamen *Duge* und as. *dugan*, unserem *taugen*, gehört (vgl. H. Kaufmann, Ergänzungsband, S. 99–100). Auffällig ist die flektierte Mehrzahlform *-huden*, die schon im 16. Jahrh. auftritt und sonst bei den Orts- und Flurnamen auf *-hude* nicht begegnet (vgl. W. Laur, Ortsnamenlexikon, S. 727).

+ **Doppelte Reihe** (Moorburg, O.-Amt Süderelbe, Bez. Harburg) Bezirk – 1856 (Schröder-Biernatzki, Top.^{2} II, S. 158) Doppelte-Reihe – Durchsichtiger Name.

Dorf – Unser Wort ist oder war in allen germanischen Sprachen verbreitet – germ. **þurpa-,*þarpa-*, ahd. *thorf, dorf,* mhd. *dorf,* nhd. *Dorf,* as., afries., adän. *thorp*, mnd. *dorp*, nnd. *Dörp*. Das *ö* auf Grund des i-Umlautes, vgl. *Dörfer*, ist im Neuniederdeutschen analog aus dem Plural in den Singular übertragen. Früher stellte man das Wort *Dorf* zu lat. *turba* = „Schar", dann mehr zu lat. *trabs* = „Balken", ir. *treb* = „Wohnsitz", lit. *troba* = „Haus", lett. *traba* = „Gebäude". Als ursprüngliche Bedeutung sieht man aber heute die von „Gehege, Pferch" an, wie auch *þaúrp* im Gotischen der Wulfilabibel wohl ein eingefriedigtes, ein eingezäuntes Landstück meint. Aus den im Westen des Germanischen verbreiteten

Volksrechten ergibt sich für *thorp* die Bedeutung von „Herde“, worauf im Französischen *troupeau* und *troupe* zurückgeht und als Lehnwort unser *Trupp* und *Truppe*. Wie das Wort *trupephaldeo* in der Lex Salica, dem Recht der Salischen Franken, in der Bedeutung „Überfall auf ein Gehöft, eine villa“ zeigt, handelt es sich hierbei bereits um eine Gebäude- oder Siedlungsbezeichnung, wie die weitere Bedeutungsentwicklung unseres Wortes zu einer Terrain- oder Geländebezeichnung geht, die uns in oberdeutschen und skandinavischen Mundarten begegnet, und dann zu der von einer Siedlung, die aus einer Anzahl von Gebäuden und Gehöften besteht, vor allem für eine ländliche Siedlung im Gegensatz zur Stadt, eben von einem Dorf in dem uns vertrauten Sinne. Gerade in älteren Ortsnamen kann somit das Grundwort *-dorf* auf Siedlungen unterschiedlicher Art hinweisen, auf dörfliche, aber auch auf Einzelsiedlungen, so daß in unserer nur umschreibenden Übersetzung als Namendeutung *Dorf* als eine Kürzel aufgefaßt werden muß, da die in Frage kommende Grundbedeutung nicht immer festgestellt werden kann (vgl. W. Laur, Ortsnamenlexikon, S. 215–216).

\+ **Douaneort** (Gänseweide, O.-Amt Veddel-Rothenburgsort, Bez. Hamburg-Mitte) FN – 1855 (Schröder-Biernatzki, Top.[2] I, S. 401) Douanenort – „Ort, d. h. Vorsprung, mit einer Zollstation“ zu *Douane* als Fremdwort aus dem Französischen.

Dove Elbe (nördlicher Elbarm zw. Curslack, Allermöhe, Moorfleet einerseits u. Alten- u. Neuengamme, Reitbrook und Tatenberg andererseits) GewN, mda. *Dove Elv*, auch *De Oole Elv* – 15. Jahrh. (Zunftrollen S. 75) de Dovenelve up, 16. Jahrh. (HGHbl 8, 1970, S. 106) die Doue Elue, Elbkarte M. Lorck 1568: Doeff Elue, 1595 (LAS, Abt. 7, 1183) der Tauben Elbe, um 1569 (Karte D. Drever, Leerhoff, Nr. 20) De Doue Elue, 1640 (LAS, Abt. 111, 30) vber die Taube Elbe, Mejer 1649: Doue Elue, Danckw. 1652: in die Doue Elbe, 1750 (LAS, Abt. 111, 53, Beschr.) mit der Tauben … Elbe, 1855 (Schröder-Biernatzki, Top.[2] I, S. 356) Dove-Elbe – Zu nd. *doof* = „taub“, auf ein seichtes Gewässer bezogen (vgl. O. Mensing I, Sp. 764–765).

\+ **Dove Fleet** (Harburg, wohl um 1630 zugeschüttet) GewN – vor 1628 (Harburger Jb 11, 1965, S. 105) Dove Fleet – „Seichtes – nd. *doof* (siehe oben) – Fleet“.

Dovenfleet (Altstadt b. St. Katharinen, O.-Amt u. Bez. Hamburg-Mitte) h StrN, früher GewN – 1407 (Gaedechens, Topographie, S. 38, Anm. 11) surdum flumen apud steghas, 1508 (VBHK 57) by dem Dovenflete – Siehe oben. Der älteste Beleg stellt eine Übersetzung ins Lateinische zu *surdus* = „taub" dar.

Dove Wettern (Georgswerder, O.-Amt Wilhelmsburg, Bez. Harburg) GewN – Siehe oben.

Dradenau (Waltershof, O.-Amt Veddel-Rothenburgsort, Bez. Hamburg-Mitte) h. Große u. Kleine Dradenau, IN u. früher GewN, mda. [*drōn'ō*] – Um 1285 (HUB I, 672, Abschr. 14. Jahrh.) oppe de Dradenowe, 1368 (StAH, 710 R 38b) to der Dradenowe, 1375 (Zunftrollen S. 63) boven der Dradenowe, 1397 (SHRU VI, 1387, Abschr. 19. Jahrh.) uppe de Dradenow, 1415 (Regesten Harburg 511) Tradenow, 1417 (Hans. UB VI, 124) flumina … Dradenowe, 1424/27 (Regesten Harburg 562) boven der Dradenowe, 1430 (HKR II, 52_{14}) ad Dradenow, 1460 (HKR III, S. CXI_2) van der Dradenouwe, 1494 (LAS, Abt. 3, 83, Abschr. 15./16. Jahrh.) van der Dradenow, 1508 (StAH, 710 R 68) Tradenouw, 1548 (LAS, Urk.-Abt. 3, 179) vp der Tradenow, Elbkarte M. Lorck 1568: Dradenave, um 1569 (Karte D. Drever, Leerhoff Nr. 20) Tradenow, Tradenower Weide, 1598 (LAS, Abt. 3, 23) auff Dradenaw, Mejer 1649: Trauena, wohl für *Tradena als eine Verwechslung mit dem FlN *Trave*, 1855 (Schröder-Biernatzki, Top.[2] I, S. 335) Dradenau, Groß- und Klein- – Mnd. **to der drâden ouwe* = „zur schnellen Au" zu mnd. *drâde* = „schnell". Nd. *dråd* ist nach Mensing in Schleswig-Holstein heute nur als Adverb im Gebrauch. Der Name bezieht sich jetzt auf eine Elbinsel nördlich von Altenwerder und östlich von Finkenwerder, bezeichnete ursprünglich aber, worauf auch die Bedeutung hinweist, einen ehemaligen Elbarm.

+ **Dreiholsten** (Billwerder, O.-Amt Vier- u. Marschlande, Bez. Bergedorf) Hsgr. – 1724 (LAS, Abt. 111, 50) deren … drey … sogenannten Hollsten, 1855 (Schröder-Biernatzki, Top.[2] I, S. 216) Dreiholsten – Benannt nach drei Hufen, die vormals zu Holstein gehörten.

+ **Dröge Elbe** (Elbarm, der durch das heutige Wilhelmsburg floß) GewN – 1541 (E. Reinstorf, Eindeichung Wilhelmsburg, S. 189) die Owere Elbe, anders die dröge Elbe genandt, um 1569 (Karte D. Drever, Leerhoff Nr. 20) Droge Elue, 16. Jahrh. (HGHbl 8, 1970, S. 106) in die Drogen … Elbe, Mejer 1649: Droge Elue, um 1680 (Karte nach Schildknecht, E. Reinstorf, Eindeichung Wilhelmsburg, nach S. 118) Dröge Elbe – „Trockene Elbe" zu nd. *dröch* = „trocken".

Drosselbek (z. Alster, Wohldorf, Ohlstedt, O.-Amt Walddörfer, Bez. Wandsbek) FlN – 1856 (Schröder-Biernatzki, Top.[2] II, S. 242) Drosselbek – „Bach – nd. *Bęk*, an dem sich Drosseln aufhalten".

Düpenau (Osdorf, O.-Amt Blankenese, Bez. Altona) FlN – „Tiefe Au" zu nd. *Düp(e)* = Tiefe".

Dulsberg (O.-Amt Barmbek-Uhlenhorst, Bez. Hamburg-Nord) Stdttl., mda. *Dulsbarch* – Meßtischbl. 1880: Duls-Berg – Beim Bestimmungswort wird es sich wohl um den Personennamen, Beinamen, *Dul(l)* handeln, der zu nd. *dull* = „toll" gehört. Eventuell käme noch ein älterer Flurname in Frage, der wie *Dühlfeld*, *Dühlholz* und der alte Waldname *Diul* nördlich und nordöstlich von Stadthagen im südwestlichen Niedersachsen zu idg. **dheul-*, **dhel-*, **dholo-* und *dhl̥-* = „tief" gehört, vgl. auch unser Wort *Delle* (vgl. W. Laur, Ortsnamen in Schaumburg, S. 143). Diese Bedeutung würde aber der des Grundwortes *Berg* widersprechen. Man könnte aber auch von einer Bedeutung „Niederwald" ausgehen. Das Grundwort ist *Berg*, nd. *Barch*.

Dungelau (z. Mühlenau u. Kollau, Eidelstedt, O.-Amt Stellingen, Bez. Eimsbüttel) GewN – 1789 (LAS, Abt. 25, 364 I, Eb) Dungels Kamp, Düngels Kamp, Dungelswisch – Wohl zu unserem Worte *Dung* im Sinne von „Mist" auf einen moorigen oder schlammigen Boden bezogen; das Grundwort ist *Au* = „fließendes Gewässer, Fluß".

Durchdeich (Fünfhausen, Kirchwerder, O.-Amt Vier- u. Marschlande, Bez. Bergedorf) h. StrN, früher Ortstl., mda. *Dördiek* – 1570 [Literaturangabe fehlt im Manuskript. Hrsg.], 1856 (Schröder-Biernatzki, Top.[2] II, S. 35) Durchdeich – „Durchgehender Deich (?)".

Duvenstedt (O.-Amt Walddörfer, Bez. Wandsbek) Stdttl., früher Dorf, mda. *Duvenstęd* – 1261 (HUB I, 659, Abschr. 14. Jahrh.) in Duvenstede, 1271 (HUB I, 746) in villa Duvenstede, 1314 (HUB II, 302) to … Duventstede, um 1320 (SHRU IV, 392, Verz., neue Datierung n. J. Reetz, Abschr. 14. Jahrh.) in villa Duuenstede, 1322 (HUB II, 534) de dorp …, Duventstede, 1342 (SHRU IV, 72, zeitgenöss. Abschr.) villas … Duuenstede, 1349 (HUB IV, 403) Lůdekinus Důvenstede, 1380 (Hamb. Test. 53) Duvenstede (PN), 1475 (LAS, Urk.-Abt. 210, 418) Duvenstede, 1508 (VBHK 11, 5b) in villa Duvenstede, 1513 (LAS, Abt. 210, 1781, fol. 1–153, Landbede) Duuenstede, 1571 (LAS, Urk.-Abt. 7, 361) mit den … Dörffern … Duuenstede, 1580 (LAS, Abt. 7, 5068) vtt Duvenstede, 1650

(LAS, Abt. 111, AR Tremsbüttel) Duuensteter, Mejer 1650: Duuenstede, 1699 (LAS, Urk.-Abt. 7, 514) mit den … Dörfern … Duuenstede, 1855 (Schröder-Biernatzki, Top.[2] I, S. 342) Duvenstedt – Wie *Alt Duvenstedt* nördlich von Rendsburg „Stätte, Wohnstätte, Wohnplatz – as. *stėdi*, mnd. *stēde*, nnd. *Stę(d)* – des Duvo, Duve“, nach Kaufmann ein Rufname unsicherer Herkunft, wobei es sich aber auch um einen Beinamen auf Grund der Vogelbezeichnung mnd. *dûve* = „Taube“ handeln kann (vgl. W. Laur, Ortsnamenlexikon, S. 120), und nicht der Vogelname selbst, wie Olsen meinte (vgl. H. Olsen, Historisches Verzeichnis, S. 6) und auch nicht ein angebliches *duv* = „tief, niedrig“ nach Beckershaus (vgl. H. Beckershaus, Straßennamen, S. 85).

Duvenstedter Brook (östl. v. Wohldorf, O.-Amt Walddörfer, Bez. Wandsbek) FN – 1855 (Schröder-Biernatzki, Top.[2] I, S. 342) Duvenstedter-Brook, 1861 (LAS, Abt. 129, 5, 33) Duvenstedter Bruchs – „Brook, d. h. Bruch, Bruchland, von Duvenstedt“.

E

-ede – As. *-ithi*, mnd., nnd. *-ede* oder auch *-et*, ist als Suffix sowohl im appellativischen Wortschatz, vgl. *Gebäude* zu *Bau*, als auch bei der Bildung von Orts- und Flurnamen verbreitet. Man spricht ihm allgemein eine kollektive Funktion zu bzw. die Aufgabe auszudrücken, daß die entsprechende Gegebenheit mit etwas versehen ist. Die mit diesem Suffix gebildeten Orts- und Flurnamen bezeichnen „Stellen von einer bestimmten äußeren Gestalt“ oder „an denen etwas gehäuft vorkommt“ oder „die eine besondere Lage haben“ (vgl. R. Möller, Dentalsuffixe, S. 25 u. J. Udolph, Die Ortsnamen auf -ithi. In: Probleme der älteren Namenschichten. BNF N. F., Beiheft 32, Heidelberg 1991, S. 85–145). In Nordwestdeutschland und in den Niederlanden begegnet uns in Ortsnamen ferner ein Suffix *-iti* bzw. *-ati*, das auch in Appellativen enthalten ist, vgl. mnd. *gebēnte*, mhd. *gebeinze* = „Gebein“. Nach H. Kuhn handelt es sich bei diesem Suffix um eine unverschobene Form, zu der *-ithi* die Entsprechung mit Durchführung der Germanischen Lautverschiebung darstellt, und somit um eine vorgermanische Lautung. Es scheint aber auch in dänischen Ortsnamen im östlichen Jütland und im Landesteil Schleswig verbreitet zu sein, woran aber Kousgård Sørensen zweifelt, in Gebieten also, in denen sonst keine vorgermanischen Lautungen anzutreffen sind (vgl. W. Laur, Ortsnamen, S. 190, Ortsnamenlexikon, S. 227–228 u. Ortsnamen in Schaumburg, S. 36).

+ **Edria** (Reitbrook, O.-Amt Vier- u. Marschlande, Bez. Bergedorf) GewN – 1327–1332 (ZHG 6, 1875, S. 100, Abschr. 17. Jahrh.) ab Edria fluvio – Mit dieser nur einmaligen Nennung im Necrologium capituli ist wenig anzufangen. Es könnte sich um eine Verschreibung handeln, eher wohl um einen vergangenen Gewässernamen für einen später nicht mehr vorhandenen Wasserlauf oder einen heute anders benannten. Dann läge eine Entsprechung zum FlN *Eder* in Hessen vor, der zu idg. **adro-* = „schnell" gehört (vgl. H. Krahe, Unsere ältesten Flußnamen, Wiesbaden 1964, S. 41).

Eichbaum (Allermöhe, O.-Amt Vier- u. Marschlande, Bez. Bergedorf) Ortstl. – 1855 (Schröder-Biernatzki, Top.[2] I, S. 160) Eichbaum – Durchsichtiger Name.

Eichholz (Neustadt nördl. d. Landungsbrücken, O.-Amt u. Bez. Hamburg-Mitte) StrN – Um 1569 (Karte D. Drever, Leerhoff Nr. 20) Eckholt – „Eichengehölz".

Eichleher Rie (Wellingsbüttel, O.-Amt Alstertal, Bez. Wandsbek) FN – 1648 (Wellingsbüttl. Urk. II, S. 41) durch die Eichleher Ryenn, Ende 18. Jahrh. (LAS, Abt. 402 A 3, 121, Karte) Ecklohsberg, 1780 (LAS, Abt. 402 A 3, 19, Karte) Ecklosberg – Wohl *Rie* = „Gewässer" oder auch *Rie(d)* = „Gestrüpp, Gebüsch, Schilfrohr" von *Ekloh*, d. h. „Eichenhain, Eichenwäldchen" zu nd. *Eek* = „Eiche" und *Loh* = „Hain, Wäldchen".

Eichtalteich (Hinschenfelde, O.-Amt u. Bez. Wandsbek) SN – Durchsichtiger Name.

Eidelstedt (O.-Amt Stellingen, Bez. Eimsbüttel) Stdttl., früher Dorf – 1256 (HUB I, 606) de Eilenstede, 1288 (Hamb. Schuldb. 110) de Eylstede, um 1320 (SHRU IV, 392, neue Datierung n. J. Reetz, Verz., Abschr. 14. Jahrh.) in Eylstede, 1338 (HUB IV, 43, Abschr. 14. Jahrh.) Sifrido Eylstede, 1347 (HUB IV, 339, Verz., Abschr. 1581–1586) in villa Eilstede, 1441 (LAS, Urk.-Abt. 3, 52) vth vnsen twen dorpen ... Eylstede, 1447 (LAS, Urk.-Abt. 3, 53) Eylstede, 1466 (HKR II, 289_{27}) versus Eylstede, 1478 (LAS, Urk.-Abt. 3, 73, Abschr. 1488) to Eilstede, 1508 (VBHK 73, 37b) in villa Eygelstede, 1512 (LAS, Abt. 3, 602, Reg.) tho Eygelstede, 1527 (LAS, Urk.-Abt. 3, 111) tho Eilstede, 1591/92 (LAS,

Abt. 3, 608, Reg.) Eilstede, Eilstette, 1607 (LAS, Urk.-Abt. 3, 295) an den Eydelsteder wege, 1639 (LAS, Abt. 3, 77, Reg.) Eiellstedte, 1640/41 (LAS, Abt. 112, AR) Eillstedte, Mejer 1650: Eilenstede, 1855 (Schröder-Biernatzki, Top.[2] I, S. 347) Eidelstedt – „Stätte; Wohnstätte, Wohnplatz – as. *stėdi*, mnd. *stēde*, nnd. *Stę(d)* – des Agilo, Eile“ (vgl. W. Laur, Ortsnamen, S. 205), eine Rufnamenkurzform, die nach Kaufmann zu got. *agis*, ahd. *agī*, *egī* = „Schrecken“ gehört (vgl. H. Kaufmann, Ergänzungsband, S. 20). Die Deutung von Olsen zu unserem Worte *edel* (vgl. H. Olsen, Historisches Verzeichnis, S. 6) ist unbegründet, da das *d* einen späteren Einschub darstellt, der seit etwa 1600 zu beobachten ist.

Eilbek (h. Wandse u. Eilbekkanal, O.-Amt u. Bez. Wandsbek) FlN, mda. *Ielbęk* – 1247 (HUB I, 455) in aqua nostra Eylenbeke, 1306 (HUB II, 99) fluviis Eylenbeke, 1571/72 (P. Eickhoff, Geschichte Wandsbecks, Wandsbeck 1905, S. 52) to den Eylbecke, 1626 (MVHG Bd 4, 1889 [1890], S. 411, Inv.) bei dem Eilbek, 1855 (Schröder-Biernatzki, Top.[2] I, S. 161) den Eilbek oder die Wanse, Meßtischbl. 1880: Eilbek – Da unser Gewässer- und Ortsname trotz 1247 *in ... Ylenbeke* (s. u.) bereits in den Formen des 13. Jahrhunderts ein *ei* aufweist, kann als Bestimmungswort nicht mhd. *îlen*, nhd. *eilen* vorliegen, wie es Mechthild Wiswe für den Bachnamen *Eile* im Salzgittergebiet vermutet – 1680 *in Aile* (vgl. M. Wiswe, Die Flurnamen des Salzgittergebietes. Quellen und Forschungen zur Braunschweigischen Geschichte 17; Braunschweig 1970, S. 104), sondern es wird sich um mnd. *egel(e)*, *eyle* = „Blutegel“ wie im FN *Eilsiek* bei Kalefeld im Kreis Osterrode am Harz handeln (vgl. B.-U. Kettner, Flußnamen im Stromgebiet der oberen und mittleren Leine. Name und Wort Bd 6; Rinteln 1972, S. 53), demnach „Blutegelbach“, obwohl sonst in Flur- und Gewässernamen in Holstein die Form *Ihl* auftritt, vgl. *Ihlbek*, *Ihlsee*. Darauf weist aber die mundartliche Form *Ielbek* hin.

Eilbek (O.-Amt u. Bez. Wandsbek) Stdttl., früher Dorf – 1247 (HUB I, 538) in Eilenbeke, 1247 (HUB I, 541) in molendino Ylenbeke, 1256 (HUB I, 606) inter Eillenbeke … uillas, 1387 (Hamb. Test. 40) Albert Eelbeke, 1376 (Hamb. Test. 40) Hermannus Elebeke, 1399 (Hamb. Test. 121) Albert Eylbeke, 1508 (VBHK 3) Michael Elebeke, 1557 (Tratziger’s Chronica der Stadt Hamburg, hrsg. v. J. M. Lappenberg; Hamburg 1865, p. 69) Eylenbek, 1855 (Schröder-Biernatzki, Top.[2] I, S. 351) Eilbek – Übertragung des Gewässernamens auf den Ort.

Eimsbüttel (O.-Amt u. Bez. Eimsbüttel) Stdttl., früher Dorf – 1275 (HUB I, 759) in Elmersbotele, 1310 (HUB II, 208, späte Abschr.) Eymersbutle,

1339 (HUB IV, 59, Abschr. 14. Jahrh.) villam Eymersbutle, 1347 (HUB IV, 339, Verz., Abschr. 1581–1586) de Eimesbuttel, 1560 (LAS, Abt. 3, 22) von Eimesbuttel, 1605 (LAS, Abt. 3, 416) zu Eimeßbuttell, Mejer 1649: Eimesbuttel, 1855 (Schröder-Biernatzki, Top.[2] I, S. 351) Eimsbüttel – „Büttel, d. h. Siedlung, des *Aginmar, *Eimer“, ein nicht überlieferter Rufname, der zu ahd. *agī*, *egī* = „Schrecken“ und *mār* = „berühmt“ gehören würde. Die Form *Elmers-* von 1275 beruht wohl auf einer Verschreibung, da sonst die Entwicklung von *Elmers-* zu *Eimers-* nicht zu erklären wäre (vgl. K. Casemir, Ortsnamen auf -büttel, S. 136).

Eißendorf (O.-Amt Süderelbe, Bez. Harburg) Stdttl., früher Dorf, mda. *Eißendörp* – 1332/33 (Regesten Harburg 133, Reg.) in Eytzendorpe, 1359 (Regesten Harburg 221) in Eyzendorpe, 1431 (Regesten Harburg 597) in Eysendorpe, 1450/51 (Schatz- u. Zinsverz., S. 34) Eytzendorppe, 1471 (Regesten Harburg 811) in Eisendorpe, 1478 (Regesten Harburg 866) in Eytzingdorppe, 1497 (Schatz- u. Zinsverz., S. 96) Eyttzendorpe, 1511 (Regesten Harburg 1092) in Eyßendorpe, 1526 (Grotefend, UB Heimbruch II, 11) to Eisendorpe, 1560 (Grotefend, UB Heimbruch II, 88) zu Eissendorffe, 1667 (Harburger Jb 71, 1957, S. 27) bis an den Eißendorfer Feld – „Dorf – mnd. *dorp*, nnd. *Dörp* – des Aizo, Eitz(e)“, eine Kurznamenform, die zu unserem Worte *eigen* gehört (vgl. H. Kaufmann, Ergänzungsband, S. 25–26).

Eißendorfer Sunder (Eißendorf, O.-Amt u. Bez. Harburg) FN – Zu as. *sundera* = „aus der allgemeinen Nutzung ausgesondertes und dem Privatgebrauch übergebenes Grundstück“, zu unserem Worte *sonder(n)* (vgl. W. Laur, Ortsnamen in Schaumburg, S. 134).

+ **Eißlingen** (h. Zollenspieker, O.-Amt Vier- u. Marschlande, Bez. Bergedorf) Ortschaft – 1252 (HUB I, 569, Abschr. 14. Jahrh.) in Yslinge, 1272 (Sudendorf I, 79, Vertr.) in Eslinge, 1274 (HUB I, 756) in … Yslinghe, 1278 (HUB I, 776, Abschr. 1708) in Eislinge, 1288 (Hamb. Schuldb. 8) de Eslinghe, 1291 (HUB I, 857) in Eyslinghe, 1303 (Sudendorf I, 176, Abdr. 1839) Datum Eyslinghe, 1314 (HUB II, 302) van Eyslingge, 1314 (HUB II, 322, bayr. Urk.) in Eyslingen, 1322 (HUB II, 547) in Eyslinghe, 1342 (HUB IV, 156) tho Eyslinghe, 1363 (Sudendorf III, 186) to Eyslinghe mid dem Huse vñ Spikere, 1373 (Sudendorf IV, 332) to Eyslinghe, 1376 (UBStL IV, 528, S. 580) ex thelonio Eyslinghensi, 1420 (LAS, Abt. 210, 251) den tol Eyslingen, 1429 (UBStL VII, 293) vnse slote … vnde Eyslinge, 1455 (UBStL IX, 257) to Eyslinghe (hier auch weiter *to deme Tollenspikere* erwähnt), 1461 (HKR II, 120_{14}) versus Eyslinghe, 1500

(StdA Lün, Briefe, Hamburg 4) tho Eyslinge, 1557 (HKR VII, 133_7) in Eszlingen, 1635 (LAS, Urk.-Abt. 210, 997, Kaiserurk.) zu Eislingen anhiero der Tollenspicker genandt, 1654 (LAS, Urk.-Abt. 210, 1005) die … Elbzölle zu … Eißlingen – Eine Bildung mit dem Zugehörigkeitssuffix *-ing(en)* wohl zu einem nicht überlieferten Rufnamen *Eizilo*, vgl. *Eißendorf*, wobei der Diphthong *ei* in der ersten Silbe zu *ē* monophthongiert und dann gekürzt worden ist oder sich eine Vermengung mit dem Rufnamen *Azili*, *Azilo*, *Etzel* ergab.

+ **Ekholt** (Horn, O.-Amt Billstedt, Bez. Hamburg-Mitte) FN – 1346 (SHRU IV, 254) tho deme Echolte – „Eichengehölz, Eichenwald" zu nd. *Eek* und *Holt.*

Elbe FlN, mda. *de Elv*, *de Ilw* (Finkenwerder) – Strabo u. Mon. Anc. um Chr. Geb.: τὸν Ἄλβιν (*tòn 'Albin*), um 30 (Velleius Paterculus II, 106, 2) ad flumen Albim, um 100 (Plinius u. Tacitus) Albis, 2. Jahrh. (Ptolemaios II, 11, 1) τὸν Ἄλβιν (*tòn 'Albin*), um 200 (Cassius Dio LV, 1, 2) τοῦ Ἀλβίου (*toũ Albíou*), um 300 (Paneg. Constantino Aug. 21, 5) ad … Albam, um 480 (Sidonius Apollinaris VII, 391) Albin, Fränkische Reichsannalen Anf. 9. Jahrh.: Albiae fluvii, König Alfreds Orosius 9. Jahrh.: Ælfe muþa, Vita Anskarii 9. Jahrh.: ultra Albiam, 864 (HUB I, 16, Papsturk., Fälsch. 11. Jahrh.) iuxta Albiam, Widukind v. Corvey 10. Jahrh.: trans Albiamque, Thietmar v. Merseburg um 1015: ad Albim, 1110 (UB Erzst. Magd., 252) ultra Albiam, Itinerar Nikolás v. Þverá um 1150: yfir Saxelfe, Sächs. Weltchron. 13. Jahrh.: over Elve, 1185 (UB Erzst. Magd., 525) per Albiam, 1241 (HUB I, 525) Albeam, 1350 (SHRU IV, 411, Abschr. 15. Jahrh.) in de Elve, 1396 (Hamburgs Weg zum Reich 42, Abschr. 17. Jahrh.) der Elve, 1468 (Zunftrollen S. 72, gleichzeit. Abschr.) uppe der Elve, 16. Jahrh. (SHRU IX, 224, Rückaufschr.) by der Elf, 1512 (ZHG 13, 1908, S. 371) von wegen der Elve, 1594 (SHRU IX, 1027, 125) von der Elbe, 1598 (SHRU IX, 1093) über die Elbe, Mejer 1650: Elb fl., Danckw. 1652: der Elbe – Im Namen der *Elbe* sieht man allgemein eine Bildung zu idg. **albhos* = „weiß", vgl. lat. *albus*, und reiht ihn wegen der weiten Verbreitung der Wurzel **albh-* in europäischen Flußnamen in die alteuropäische Hydronymie ein (vgl. H. Krahe, Unsere ältesten Flußnamen, S. 52–53 u. W. Laur, Ortsnamenlexikon, S. 233). Nun hat W. P. Schmid dagegen eingewandt, daß ein Grundprinzip bei der Einordnung eines Flußnamens in die alteuropäische Hydronymie die Forderung darstelle, der Name dürfe nicht aus der Sprache der Anrainer erklärt werden und wir dagegen im Germanischen an. *elfr*, norweg. *elv*, schwed. *älv* in der Bedeutung „Fluß" kennen und dazu mnd. *elve* =

„Flußbett“. Nun könnte aber ein Flußname unter Umständen zu einem Appellativ geworden sein oder wie in anderen Fällen neben einem alten Flußnamen ein gleicherweise gebildetes Appellativ stehen, wie etwa neben den Flußnamen *Aland* in Norddeutschland und *Alanta* in Kurland in Lettland lett. *aluõts* = „Quelle“ aus urbalt. **alantas*. Schmid weist ferner darauf hin, daß Flußnamen nach Farbbbezeichnungen meist jüngere Namenbildungen darstellen. Zur alteuropäischen Hydronymie gehören aber auch Bildungen zur Wurzel idg. **arg-* = „klar, glänzend, weiß“, vgl. gr. *ἀργός* (argós) = „weiß“, lat. *argentum* = „Silber“ und ebenso zu idg. **bhel-* = „weiß“, vgl. unseren Flußnamen *Bille*. Für die Einordnung der Wurzel **albh-* in die alteuropäische Hydronymie spricht aber die weite Verbreitung. Schmid denkt daher an eine Wurzel, die in hethit. *alpa* = „Wolke“ vorliegt. Da die Bezeichnungen für „Wolke, Nebel“ oder auch „Regen“ von Wurzeln gebildet sind, die ihrer Bedeutung nach allgemein auf die Feuchtigkeit Bezug nehmen und auch in Gewässernamen verbreitet sind, könnten wir von idg. **albhā* = „Fluß“ ausgehen, wobei im Namen der *Elbe* eine Germanisierung zu einem i- oder jō-Stamm vorliegt, germ. **Albiz* oder **Albjō* (vgl. W. P. Schmid, Zur Schichtung der Gewässernamen. In: Deutsch-slawische Sprachkontakte im Lichte der Ortsnamen. Mit besonderer Berücksichtigung des Wendlandes. Hrsg. v. F. Debus. Kieler Beiträge zur deutschen Sprachgeschichte Bd 15; Neumünster 1993, S. 37–40). Es fragt sich aber, ob man nach dem oben Gesagten das Farbwort **albhos* = „weiß“ so strikt ausschließen kann.

+ **Elfkaten** (zw. Allermöhe u. Curslack, O.-Amt Vier- u. Marschlande, Bez. Bergedorf) Distrikt – 1855 (Schröder-Biernatzki, Top.[2] I, S. 357) Elfkathen – „Katen, kleine Häuser an der Elbe“ nd. *Elf*.

Ellerholz (Moorwerder, O.-Amt Wilhelmsburg, Bez. Harburg) FN, mda. *Ellerholt* – 1338 (HUB IV, 47, Abschr. 14. Jahrh.) bona sua … Elrholt, 1339 (HUB IV, 76, Abschr. 14. Jahrh.) iuxta Elrholt, 1856 (Schröder-Biernatzki, Top.[2] II, S. 162) Ellerholz – „Erlengehölz“.

+ **Ellerholz** (Altenwerder, O.-Amt Süderelbe, Bez. Harburg) FN – Um 1569 (Karte D. Drever, Leerhoff Nr. 20) Ellerbusch, 1855 (Schröder-Biernatzki, Top.[2] I, S. 358) Ellerholz – Siehe oben.

Ellernbek (z. Ammersbek, z. Alster, O.-Amt Walddörfer, Bez. Wandsbek) FlN – „Bach – nd. *Bęk* – bei Ellern, Erlen“.

Ellernholtgraben (z. Wedeler Au, Sülldorf, O.-Amt Blankenese, Bez. Altona) GewN – 1790 (LAS, Abt. 112, 1663, Eb) Ellernholt – „Graben beim Ellerngehölz".

\+ **Elversfleet** (Gorrieswerder) Ortschaft – 1202 (HUB I, 335) Eluersvlete, 1304 (HUB II, 57, Abschr. 14. Jahrh.) in loco, qui Elversflete dicitur, um 1330 (ZHG 6, 1875, S. 92) de Elversvlete – „Fleet, d. h. Wasserlauf, des Elbert, Elwert, Aliapert", ein Rufname, der aus germ. **alja*, vgl. got. *alja* = „ein anderer, fremder" und ahd. *beraht* = „glänzend" zusammengesetzt ist (vgl. H. Kaufmann, Ergänzungsband, S. 30–31).

Emme (Heimfeld, O.-Amt u. Bez. Harburg) FN – *Emme* begegnet uns häufiger in westfälischen Flurnamen (vgl. H. Jellinghaus, Die westfälischen Ortsnamen; Osnabrück [3]1923, S. 62) als Bezeichnung für eine hochliegende Fläche, vgl. as. *emnitha* = „Ebene" zu unserem Worte *eben*. R. Möller stellt den Ortsnamen *Emne* bei Gronau bei Göttingen, den er auf einen ursprünglichen Flußnamen zurückführt, und dazu im Vergleich *Emmen* bei Moisburg und auch unseren Flurnamen zu einem alten **Amina*, **Emina* als eine Bildung mit einem *n*-Suffix, zur Wurzel idg. **am-* = „Flußbett, Graben" (vgl. R. Möller, Nasalsuffixe, S. 78–79).

Engelbach (Wilstorf, O.-Amt u. Bez. Harburg) FlN, mda. *Engelbęk* – 1667 (Harburger Jb 7, 1957, S. 25) beim Engelbekteiche, 1845 (ZHG 26, 1925, S. 180) Engelbecke – „Bach – nd. *Bęk* – des Angilo, Engel", eine Kurznamenform zu Vollnamen wie *Engelbrecht* oder *Engelhard*, die als erstes Zusammensetzungsglied wohl den Stammesnamen der *Angeln* enthalten wie *Engelau* im Kreise Plön (vgl. W. Laur, Ortsnamenlexikon, S. 238).

\+ **Engenhusen** (nach Brüchmann unmittelbar westl. v. Volksdorf, O.-Amt Walddörfer, Bez. Wandsbek) Dorf – 1296 (HUB I, 894) Engenhusen, 1329 (HUB II, 777, Abschr. 14. Jahrh.) de Engenhusen, 1486 (LAS, Urk.-Abt. 121, 114) myne beyden wusten veltmarcke benamptliken … Engenhusen – „Zu den Häusern – mnd. *hûsen* – des Engo, Ingo", eine Kurzform, die zu Vollnamen wie *Ing(o)mar* u. a. gehört, die als Bestimmungswort den Götternamen *Ing* enthalten (vgl. W. Laur, Ortsnamen, S. 240). Das vergangene Engenhusen lag nach Brüchmann unmittelbar westlich von Volksdorf (vgl. W. Brüchmann, Engenhusen: HGHbl 14, 1953, S. 179–180), nach Seeler zwischen Volksdorf und Bergstedt. Nach einer Zeugenaussage von 1781 soll hier ein Dorf namens *Brunstorf* gelegen haben, woran der *Brunsdorfer Weg* im Nordosten von Bergstedt vor

Hoisbüttel erinnert. Ein Ort *Brunstorf* ist aber nach Seeler in älteren Quellen nicht zu finden. Er will dieses vergangene Dorf mit Engenhusen identifizieren (vgl. S. Seeler, Bramfeld; Hamburg 1959, S. 114–115, G. Bock, Ein Zehntverkauf im Jahre 1296 – Regionalgeschichtliche Überlegungen zu zwei Urkunden des 13. Jahrhunderts, Die Heimat 9/10, 1999, S. 173–186 u. H. Beckershaus, Straßennamen, S. 65).

Entenwerder (gleich östlich d. neuen Elbbrücke am Nordufer der Norderelbe, Rothenburgsort, O.-Amt Veddel-Rothenburgsort, Bez. Hamburg-Mitte) IN – 1855 (Schröder-Biernatzki, Top.[2] I, S. 366) Entenwärder – „Werder, d. h. Insel, Halbinsel, auf der sich Enten aufhalten".

Eppendorf (O.-Amt u. Bez. Hamburg-Nord) Stdttl., früher Kirchdorf, mda. *Eppendörp* – Um 1140 (HUB I, 162, Transs. 1204–1208) in Eppenthorp, 1245 (HUB I, 531) ad curiam Eppenthorpe, 1266 (HUB I, 711) prope Eppendorp, 1293 (Hamb. Schuldb. 529) de Eppendorp, 1297 (HUB I, 897) duas parrochias ... Eppendorpe, 1304 (HUB II, 64) parrochias Eppendorppe ..., um 1320 (SHRU IV, 392, Verz., neue Datierung nach J. Reetz, Abschr, 14. Jahrh.) de parrochia Eppendorpe, 1341 (HUB IV, 142, Abschr. 14. Jahrh.) in parrochia ... Eppendorpe, 1347 (HUB IV, 339, Verz., Abschr. 1581–1586) in Eppendorpe, 1443 (StAH, 710-1 I Bd 4) in Eppendorpe, 1469 (LAS, Urk.-Abt. 3, 394) to Eppendorppe, 1490 (HKR IV, 211_{18}) in Eppendorpe, 1508 (VBHK 2, 16) in parrochia Eppendorpe, 1552 (LAS, Urk.-Abt. B, 158) to Eppendorp, 1560 (LAS, Abt. 3, 22) den beiden Dorffschaften ... Eppendorpe, um 1569 (Karte D. Drever, Leerhoff Nr. 20) Eppendorp, 1599 (Gaedechens, Topographie, S. 112) nha Eppendorp, 1607 (LAS, Urk.-Abt. 3, 295) der Eppendorffer ... Ecker, Danckw. 1652: zu Eppendorff, 1855 (Schröder-Biernatzki, Top.[2] I, S. 366) Eppendorf – „Dorf – mnd. *dorp*, nnd. *Dörp*, – des Eppo", eine Kurznamenform, die mit expressiver Verschärfung des *b* zu *p* und mit Konsonantenverdoppelung zu Vollnamen wie *Eberhard* gehört (vgl. W. Laur, Ortsnamen, S. 226 u. Ortsnamenlexikon, S. 238). Ob unser Ortsname möglicherweise auf den Namen des Erzbischofs *Ebo* von Reims aus dem 9. Jahrh. zurückgeht, wie Olsen annehmen möchte (vgl. H. Olsen, Historisches Verzeichnis, S. 6), ist nicht näher zu erweisen. Bei Ebo handelt es sich um einen der ersten Missionare in Nordelbingen.

Eppendorfer Baum (Hoheluft-Ost, O.-Amt u. Bez. Hamburg-Nord) h. StrN, früher Hsr., mda. *Eppendörper Boom* – 1855 (Schröder-Biernatzki,

Top.[2] I, S. 366) Eppendorfer-Baum – „Baum, Schlagbaum bei Eppendorf", 1702 errichtet (vgl. H. Beckershaus, Straßennamen, S. 96).

Ernst-August-Kanal (Wilhelmsburg, O.-Amt Wilhelmsburg, Bez. Harburg) GewN – Benannt nach Ernst August von Hannover.

Este (entspringt südwestl. v. Lüneburg u. mündet b. Cranz auf Hamburger Gebiet i. d. Elbe) FlN, mda. *de Est* – 1229 (Grotefend, UB Heimbruch I, 15) in aqua Eschete, 1289 (May I, 371) Eschete, 1327–1332 (ZHG 6, 1875, S. 36, Abschr. 17. Jahrh.) in Eschedebrugge (f. d. ON *Estebrügge*), 1335 (Sudendorf III, 22_{19}) de Eschete, 1354 (Sudendorf II, 476) bi der Eschete, 1389 (Sudendorf IX, 35_4) to der Eschede, 1399 (Sudendorf IX, 46) to der Este, 1424 (UB Kl Scharnebeck, 399) by der Este, 1526 (Grotefend, UB Heimbruch II, 95) an der Este, um 1569 (Karte D. Drever, Leerhoff Nr. 20) De Este flus – Der Name der *Este*, die mit dem größten Teil ihres Laufes durch das nördliche Niedersachsen fließt, mutet auf Grund der ältesten und älteren Formen, nämlich *Eschete*, wie eine Bildung mit dem Dentalsuffix as. *-iti*, mnd. *-(e)te* (vgl. W. Laur, Ortsnamen, S. 190) zur Baumbezeichnung *Esche*, as. *ask*, an, und zwar wie ein Ortsname wie *Ehst* in Eiderstedt im Kreise Nordfriesland – 1462 *Este* (vgl. W. Laur, Ortsnamenlexikon, S. 230). Solch ein Name paßt seiner Bedeutung nach wohl für einen Orts- oder Flurnamen, aber kaum für einen Flußnamen. Außerdem handelt es sich bei diesen Ortsnamen um Neutra und beim Flußnamen *Este* um ein Femininum. Ableitungen von Siedlungsnamen mit einem Dentalsuffix als Gewässernamen hat Reinhold Möller vermutet, sich dann aber dazu skeptisch geäußert (vgl. R. Möller, Dentalsuffixe, S. 44 u. S. 52–55 mit weiteren Literaturangaben). Flußnamen als Bildungen mit *t*-Suffixen – idg. **-ta* (*-ata-*, *-to-*) – sind aber verbreitet, so vor allem in der alteuropäischen Hydronymie (vgl. H. Krahe, Unsere ältesten Flußnamen, S. 65). Allerdings wird man bei solchen Erwägungen auf die Erste, die Germanische, Lautverschiebung hinweisen müssen, denn einem indogermanischen *-t-* entspricht in diesen Fällen im Germanischen ein *-þ-*, wie auch das Suffix germ. **-iþja*, as. *-ithi*, auf idg. **-itio̯* zurückgeht. Nun gibt es, wie wir bereits andeuteten, auch ein Suffix as. *-iti* mit einem germ. *-t-*. Beide Suffixe sind schwer auseinanderzuhalten, wie *-ede* öfters zu *-ete* wird oder zu *-t* bei einer Apokope, einer Abstoßung des auslautenden *-e*. So erscheint für *Estebrügge* im 14. Jahrh. auch *Eschedebrugge*. Außerdem ist das ursprüngliche Verhältnis beider Suffixe in bezug auf den Dental zueinander noch nicht geklärt. Es treten aber mit dem *t*-Suffix auch germanische Flußnamen auf. Beim Wortstamm, von dem unser Flußname *Este* gebildet ist, könnte es sich, wie erwähnt, zunächst um die Baumbezeichnung *Esche* handeln. Es fragt sich aber, ob das gerade bei einem Flußnamen zu erwarten wäre. Namen wie *Eschborn* oder *Eschwege* zu ahd. *wâc* = „Gewässer" wären darin sinnvoller zu verstehen. Wir müßten daher wohl eher an einen Wortstamm oder eine Wortwurzel **ask-*, **esk-* denken, die einen Bach oder einen Fluß bezeichnet, wie sie auch in anderen indogermanischen Sprachen, so im Keltischen, zu finden ist (vgl. J. Udolph, Namenkundliche Studien, S. 261 u. ders., Zuflüsse, S. 107 mit weiteren Literaturangaben u. auch R. Möller, Nasalsuffixe, S. 79–82 u. W. Laur, Ortsnamenlexikon, S. 227–228).

+ **Everdesweide** (Gorrieswerder) FN – 1388 (Regesten Harburg 352, Abschr. Anf. 15. Jahrh., 17. Jahrh.) bynnen der ... und Everdesweide – „Weide des Ewert, Eberhard", ein Rufname, der aus der Tierbezeichnung *Eber* und dem Adjektiv *hart* zusammengesetzt ist.

Ewer Schween (Wilhelmsburg, O.-Amt Wilhelmsburg, Bez. Harburg, z. T. verschütteter Wassergraben gleich westl. v. Reiherstieg u. Hohe Schaar), GewN, vgl. StrN *Eversween*, mda. *Aeiwer Swäin* – 1621 (Aegidius a Couwenberchs Elbkarte) Auer Zwan, um 1680 (Karte nach Schildknecht, E. Reinstorf, Eindeichung Wilhelmsburg, nach S. 118) Evert Schwaen Fled, 1702 (E. Reinstorf, Eindeichung Wilhelmsburg, K 9) Evert Schween fleht, 1770–1780 (E. Reinstorf, Eindeichung Wilhelmsburg, K 13) Evert Schween Fleht – Dieser Gewässername ist nur schwer zu deuten. Ob als ein weiterer Name *Sauenstrom* dazugehört (s. diesen), den man zunächst zur Tierbezeichnung *Sau* stellen könnte, ist nach Udolph fraglich (vgl. J. Udolph, Zuflüsse, S. 108); er könnte aber mit Namen wie *Säven Strömen* und *Krumme Seeve* zusammengehören. Es fragt sich jedoch vor allem, worauf die einzelnen Namenformen zurückgehen. Zunächst stellt sich freilich die Frage nach der Herkunft und Bedeutung von *Sween*. An nd. *Schween* = „Hirte, Schweinehirte" ist zunächst nicht zu denken. Man könnte aber auch von einem Gewässernamen **Swene* als einer Entsprechung etwa zum FlN *Schwennau* bei Glücksburg ausgehen, der allerdings dänischer Herkunft ist und zu an. *svina* = „abnehmen, sich verringern, schwinden" gehört (vgl. W. Laur, Ortsnamenlexikon, S. 591). Als Bestimmungswort kommt die Tierbezeichnung nd. *Ewer* = „Eber" kaum in Frage. Es könnte aber *äwer* als Nebenform zu nd. *öwer* = „über" vorliegen, also **äwer de Sween* = „über die Sween", wobei es sich um einen ursprünglichen Geländenamen handeln müßte, oder die Schiffsbezeichnung *Ewer*, aber auch der Rufname *Ever(t)* ist nicht auszuschließen. Es könnte sich aber bei der heutigen Namenform auch um eine verkürzte handeln, und wir müßten, worauf die älteren Formen hinweisen könnten, von einem Namen **Ewer(t) Sween Fleet* ausgehen, also von einer Zusammensetzung von *Fleet* mit dem Personennamen *Ewert Sween*, wohl als ein Rufname, vgl. *Everdesweide*, und *Sween* zum erwähnten Wort in der Bedeutung „Hirte, Schweinehirte" als ein Bei- oder Familienname (vgl. H. Keesenberg, Die Flurnamen von Wilhelmsburg, Neuhof und Kattwiek – Hohe Schaar: Wilhelmsburger Zeitung, November, Dezember 1936).

F

Fährinsel (Neuland, O.-Amt u. Bez. Harburg) IN – „Insel bei einer Fähre, einer Überfahrt".

Falkenstein (Neugraben, O.-Amt Süderelbe, Bez. Harburg) Sdlg. – Meßtischbl. 1880: Falkenstein – Poetische Namengebung, vgl. *Falkenstein* bei Kiel.

Fangdiekgraben (Lurup, O.-Amt Blankenese, Bez. Altona) GewN – 1789 (LAS, Abt. 25, 364 I, Eb, Eidelstedt) Fangdiek – „Teich – nd. *Diek* –, der überschüssiges Wasser auffängt".

Farmsen (Farmsen-Berne, O.-Amt u. Bez. Wandsbek) Stdttl., früher Dorf – 1296 (HUB I, 894) Vermerschen, 1302 (HUB II, 26, Abschr. 14. Jahrh.) ville Vermersim (lies: Vermerschen), in Vermeschen, 1347 (HUB IV, 317) ville dicte Vermerschen, 1350 (HUB IV, 431) de Vermerschen, 1368 (Hamb. Test. 21) Hinrico Vermersen (Ausfertigung A: Vermerschen), 1394 (SHRU VI, 1138) van Vermerschen, 1408 (Regesten Harburg 482, gleichzeit. Abschr.) van Vermerssen, 1410 (HKR II, 17_3) in Vermersen, 1508 (VBHK 155, 80b) in villa Vermorsen, 1547 (HKR VI, 264_{27}) tho Varmersen, 1588 (LAS, Abt. 7, 1186) des gutes Vermerßen, Mejer 1650: Faermesen, Danckw. 1652: Fahrmessen, 1855 (Schröder-Biernatzki, Top.[2] I, S. 376) Farmsen – Wohl „zum Sumpfgelände" – mnd. *merschen* als flektierte Mehrzahlform zu mnd. *mersch*, nnd., nhd. *Marsch*, in dieser Bedeutung, „mit einer Furt, einem Durchgang" zu einer Entsprechung von mhd. *ver*, *vere*, mnl. *veere* = „Furt, Durchgang" (vgl. W. Laur Ortsnamen, S. 316). Noch immer wird aber unser Ortsname als eine Zusammensetzung **Fridumāres-hêm* zum Rufnamen *Fridumar* und as. *hêm* = „Heim, Wohnort" angesprochen und im Hinblick auf das angenommene Grundwort und auch in bezug auf den hier vorliegenden Personennamen als Bestimmungswort als eine fränkische Siedlung aufgefaßt, obwohl es dafür keine weiteren Hinweise gibt (vgl. H. Olsen, Historisches Verzeichnis, S. 7, H. Kaufmann, Genitivische Ortsnamen. Grundfragen der Namenkunde Bd 2; Tübingen 1961, S. 127–130 u. Zu den Orts- und Landschaftsnamen auf -marschen: BNF 13, 1962, S. 285–290, H. Reincke, Ortsnamen vom Typus Farmsen und Othmarschen: ZSHG 82, 1958, S. 137–139 u. G.-W. Röpke, Zwischen Alster und Wandse, S. 140). Betrachten wir aber gleiche oder ähnlich lautende Ortsnamen wie etwa *Farmsen* bei Hildesheim – 1151 *Vermessem*, 1239 *Vermesseim*, *Friemersheim* bei Rheinhausen bei Duisburg – 799 *Frimersheim*, 855 *Frimareshem*, Mitte 12. Jahrh. *Frimershem*, 1230 *Vriemersheim* – als Zusammensetzungen mit dem RN *Frimar*, oder auch *Farmsum* in der Provinz Groningen in den Niederlanden – 10. bis 11. Jahrh. *Fertmereshem*, so sehen wir, daß im Gegensatz zu unserem *Vermerschen* im Mittelniederdeutschen solch eine hier vorausgesetzte Namenbildung noch Ende des 13. Jahrhunderts deutlicher zu erkennen sein müßte. Ein *-mares-hêm* könnte freilich zu *-marsum*, *-marsem* und *-marsen* geworden sein; der š-Laut, geschrieben *sch*, zeigt aber deutlich im Gegensatz zu ursprünglichen heim-Namen wie *Börnsen* – 1217 *Burnessem* – oder *Ohrsee* – 1281 *Ordessem*, daß hier wie auch bei *Othmarschen* und *Hademarschen* und dem Landschaftsnamen *Dithmarschen* ein anderes Grundwort vorliegt, nämlich *mersch*, unser *Marsch*, in der Bedeutung „Sumpfland“ in der Mehrzahlform (vgl. W. Laur, Ortsnamen, S. 316, Hademarschen und verwandte Ortsnamen: Die Heimat 66, 1959, S. 137–139, Ortsnamen auf -marschen in Holstein: ZSHG 83, 1959, S. 248–252, Ortsnamen und Landschaftsnamen auf -merschen/-marschen in Schleswig-Holstein und Hamburg: BNF 13, 1962, S. 172–194 und Nochmals Orts- und Landschaftsnamen auf -marschen in Schleswig-Holstein und Hamburg: BNF 14, 1963, S. 168–180). Das *e* in der ersten Silbe ist vor dem *r* und einem Konsonanten zu *a* gesenkt worden, und bei der schwächeren Betonung der zweiten Silbe *-mer-* und wohl auch aus rhythmischen Gründen – hier ein zweisilbiger Name, dort aber bei den anderen drei dreisilbige – ist der Ausgang *-merschen* im Gegensatz zu *Dithmarschen*, *Hademarschen*, aber auch *Othmarschen*, zu *-mersen* geworden und dann zu *-msen* reduziert.

Farmsener Bach (anderer Name der Berner Aue) GewN, mda. *Farmsener Bęk* – 1855 (Schröder-Biernatzki, Top.[2] I, S. 376) Farmsenerbek – Durchsichtiger Name.

Feenteich (Uhlenhorst, O.-Amt Barmbek-Uhlenhorst, Bez. Hamburg-Nord) SN – Durchsichtiger Name.

Feld – Das Wort *Feld* hat nach J. Trier ursprünglich die Bedeutung von „eingezäuntes Ackerfeld", dann allgemein von „Ackerflur, Feld" und „freies offenes Land, Ebene, Flußebene". Die indogermanischen Verwandten zur Wurzel **pel-*, **pol-* weisen allerdings auf die Grundbedeutung „Fläche" hin (vgl. W. Laur, Ortsnamenlexikon, S. 248).

Feldhofe (Moorfleet, O.-Amt Vier- u. Marschlande, Bez. Bergedorf) h. StrN, früher Hsgr. – 1856 (Schröder-Biernatzki, Top.[2] II, S. 159) Feldhofe, Flurnamensamml. Wegemann 1920–1933: Feldhofe – „Hof" oder „Hufe im (freien) Felde" (vgl. H. Beckershaus, Straßennamen, S. 104).

+ **Feldwerder** (südl. v. Steinwerder) IN – 1855 (Schröder-Biernatzki, Top.[2] I, S. 381) Feldwärder – Durchsichtiger Name.

+ **Finkenbrook** (südl. v. Reiherstiegsland) FN – Elbkarte M. Lorck 1568: Vinckenbrock – „Bruch, Bruchland – nd. *Brook*, in dem sich Finken aufhalten". Unter *Fink* verstand man auch allgemein einen Singvogel (vgl. O. Mensing II, Sp. 101), nach Bodemann und Finder auch Wasserschnepfen und Bekassinen (vgl. E. Finder, Vierlande, Bd 1, S. 317).

Finkenriek (Wilhelmsburg, O.-Amt Wilhelmsburg, Bez. Harburg) Ortstl. u. StrN – 1338 (HUB IV, 41) in loco, qui Vinkenrike dicitur, Mejer 1649: Riekenhuß, um 1680 (Karte nach Schildknecht, E. Reinstorf, Eindeichung Wilhelmsburg, nach S. 118) Finckenreich – Mnd. *rik*, *rek* in der Bedeutung „Stange, Gestell" kommt nicht in Frage, da dieses Wort ein kurzes *i* aufweist und unser Ortsname, wie auch die Umsetzung zu *-reich* ins Hochdeutsche zeigt, ein langes, so gut auch die Bedeutung „Gestell, um Singvögel zu fangen" passen würde. Ebenfalls kommt des unterschiedlichen Konsonanten wegen mnd. *rîge*, nnd. *Rie* = „Wasserlauf" entgegen der Ansicht von Finder nicht in Frage (vgl. E. Finder, Vierlande, Bd 1, S. 311). Es liegt wohl nd. *Riek*, hd. *Reich* in der ursprünglichen Bedeutung von „Bereich, Landstrich" vor, also „Landstrich, in dem sich Finken, Singvögel aufhalten".

Finkenwerder (O.-Amt Finkenwerder, Bez. Hamburg-Mitte) Stdttl. u. IN, mda. *Finken'warder*, *Finkwarder* – 1236 (Sudendorf I, 19) duas insulas, ... Vinkenwerder, 1248–1256 (StAH, 231, I 1 Bd 1, Lib.act.) in Vinkenwerdere, 1343 (HUB IV, 169, Abschr. 14. Jahrh.) in Vinkenwerder,

1367 (SHRU VI, 94, Abschr. 16. Jahrh., nach einer nd. Übersetz. d. 14. Jahrh., verbessert nach Regesten Harburg 248) up denn Vinckenwarder, 1373 (UBStL IV, 201) in deme Vinkenwerder, 1396 (Hamburgs Weg zum Reich 42, Abschr. 17. Jahrh.) des Vinckenwerders, 1397 (SHRU VI, 1335) de Vinckenwerder (nd.), 1400 (Hamb. Test. 124) in den Vynkenwerder, 1410 (LAS, Urk.-Abt. 3, 41, Abschr. 15. Jahrh.) den Finkenwerder, 1427 (LAS, Urk.-Abt. 3, 382) des Vinkenwerders, 1438 (StAH, 710-1 I Bd 4) in … Vinckenwerdere, 1460 (LAS, Urk.-Abt. 3, 391) Vinckenwerder, 1500–1501 (Sudendorf VIII, 196, Verhandl.) in Vinckenwerder, 1513 (Regesten Harburg 1103) deme Vinckenwerder, 1565 (LAS, Abt. 3, 322) des … Vinkenwerder, Elbkarte M. Lorck 1568: Vinckenwarder, 1594 (Hamb. Bursprak. 146, 85) in Finckenwerder, Mejer 1649: Finckenwerdr, Danckw. 1652: Finckenwerder, 1855 (Schröder-Biernatzki, Top.[2] I, S. 382) Finkenwärder – „Werder, d. h. Insel, Halbinsel, auf der sich Finken, Singvögel aufhalten“, eventuell auch „gefangen werden“. Im neuen Lexikon über Hamburg wird der Inselname *Finkenwerder* mit einem entsprechenden Personennamen in Zusammenhang gebracht. Nun ist *Fink* mit Varianten als Beiname in Hamburger Quellen des 13. und 14. Jahrhunderts mehrfach bezeugt; jedoch fällt es schwer, von den genannten Personen gerade einen Zusammenhang mit Finkenwerder herzustellen. Vor allem sind aber Ortsnamen als Zusammensetzungen mit der Vogelbezeichnung *Fink* zahlreich vertreten, so daß auch unser Inselname mit größter Wahrscheinlichkeit diese Vogelbezeichnung enthält.

Finkenwerder Fleet (O.-Amt Finkenwerder, Bez. Hamburg-Mitte) GewN – „Fleet, d. h. Wasserlauf in Finkenwerder“.

Finkenwerder Landscheide (O.-Amt Finkenwerder, Bez. Hamburg-Mitte) GewN, mda. *Lannscheen* – Meßtischbl. 1880: Landscheide, Flurnamensamml. Wegemann ca 1928: Landscheen – „Landscheide, Grenze zwischen dem hamburgischen und hannöverschen Gebiet in Finkenwerder“.

Fischbek (Neugraben, O.-Amt Süderelbe, Bez. Harburg) Stdttl., mda. *Fißbeek* – 1343 (E. v. Grote-Ebstorf, Beiträge, S. 11) Claus Vissbecke, 1387 (E. v. Grote-Ebstorf, Beiträge, S. 37) in Visbeke, 1479 (A. C. Förste, Ursprung, S. 30) Hanns Vißbecken, 1528 (UB Ramelsloh 192), Johan Vieschbeken, 1544 (StAHan, Celle Br. Arch. Des. 61 II, Ämter. Generalia Nr. 7) Vischbecke, 1566 (KVNS 95, 1988, S. 23) thom Visbeke, 1607 (W. Marquardt, Die Harburger Geestdörfer der Stadt Buxtehude, Buxtehude 1981, S. 134) zum Vischbeck – „Fischbach“ mit einer Reihe von

Parallelen, so bei Bargteheide im Kreis Stormarn oder westlich von Hameln in Niedersachsen (vgl. W. Laur, Ortsnamenlexikon, S. 250 u. Ortsnamen in Schaumburg, S. 127). Wenn Förste meint (vgl. A. C. Förste, Ursprung, S. 30), die Beinamen *Vißbecken* und ähnlich als Herkunftsnamen von Buxtehuder Bürgern brauchten nicht auf unser *Fischbeck* hinzuweisen, sondern auch auf ein anderes der vielen norddeutschen *Fischbe(c)k* genannten Orte, so ist dem grundsätzlich zuzustimmen; auch *Fischbek* bei Bargteheide oder vielleicht sogar *Fischbeck* bei Hameln käme in Frage. Allerdings ist es doch im Falle von Buxtehude sehr wahrscheinlich, daß ein Hinzugezogener aus dem nicht weit entfernten Fischbeck stammt.

Fischbeker Heide (Neugraben, O.-Amt Süderelbe, Bez. Harburg) FN – „Heide von Fischbek".

Fischbeker Wiesen (Neugraben, O.-Amt Süderelbe, Bez. Harburg) FN – „Wiesen von Fischbek".

+ **Fischerboden** (h. Oevelgönne, Othmarschen, O.-Amt u. Bez. Altona) Dorf – Elbkarte M. Lorck 1568: Fischerbode – „Fischerbude(n)".

Fleet – As. *fliot*, mnd. *vlê^{i}t*, *vlît*, nnd. *Fleet*, nhd. *Fließ*, zu nd. *fleeten*, hd. *fließen*, bezeichnet einen Wasserlauf, besonders in den Marschen, und in Hamburg Kanäle. Öfters ist auch der Gewässername auf eine am betreffenden Wasserlauf liegende Ortschaft übertragen worden (vgl. W. Laur, Ortsnamenlexikon, S. 251).

Flethmannsteich (Volksdorf, O.-Amt Walddörfer, Bez. Wandsbek) SN – Um 1300 (?) (J. Udolph, Zuflüsse, S. 114 nach JbA 31, 1952, S. 73 – W. Brüchmann, Flurgeschichte Volksdorfs, eine moderne Karte als Rekonstruktion der Gemarkung um 1300) Flethmanns Teich, 1529 [Literaturangabe fehlt im Manuskript. Hrsg.] – Wohl zu einem Familiennamen *Flethmann* in der Bedeutung „Mann, der am Fleet wohnt".

Flottbek (zw. Klein Flottbek u. Othmarschen) FlN – 1301 (HUB II, 11) fluvium Vlotbeke, 1305 (SHRU III, 52) fluvium Vlotbeke – „Flacher, seichter Bach" zu mnd. *vlôt*, nnd. *flott* = „flach, seicht" (vgl. O. Mensing II, Sp. 162) u. nd. *Bęk* = „Bach". Weitere Namenbelege finden sich bei den ON *Groß* u. *Klein Flottbek*.

Flottgraben (Neugraben, O.-Amt Süderelbe, Bez. Harburg) GewN – „Flacher, seichter Graben" zu nd. *flott* (s. o.).

Francop (O.-Amt Süderelbe, Bez. Harburg) Stdttl., früher Dorf – Mitte 13. Jahrh. (Hoyer UB I H, 4, Lehnsreg. um 1370) in Vrankenkope, 1335 (Regesten Harburg 141, Abschr. 19. Jahrh.) in Vrankenkope, 1367 (Regesten Harburg 249) in Vrankope, 1480 (Regesten Harburg 881) in Franckope, 1490 (Regesten Harburg 990) in Ffranckope, 1525 (VBHK 373, 237a) in Franckopp, 1527 (Regesten Harburg 1146) in Franckope, um 1569 (Karte D. Drever, Leerhoff Nr. 20) Franckop – „Koop, d. h. Land, das bei der Besiedlung auf Grund einer bestimmten Abmachung mit einem Lokator erworben ist" zu nd., nl. *koopen* = „kaufen", „des Frank(e)", ein Rufname, der zur Stammesbezeichnung *Franke* gehört.

Francoper Moor (Neugraben, O.-Amt Süderelbe, Bez. Harburg) FN – „Moor von Francop".

Francoper Schleusenfleet (Francop, O.-Amt Süderelbe, Bez. Harburg) GewN – „Fleet, d. h. Wasserlauf, mit einer Schleuse bei Francop".

Francoper Wettern (Francop, O.-Amt Süderelbe, Bez. Harburg) GewN – „Wettern, d. h. Wasserlauf, von Francop".

\+ **Frauenthal** (Harvestehude, östl. v. Bahnhof Klosterstern, O.-Amt Harvestehude, Bez. Eimsbüttel) h. StrN, alter Name des Klosters Harvestehude – 1296 (HUB I, 894) in Vruwendal, 1298 (HUB I, 905, Abschr. 14. Jahrh.) claustro Vallis virginum, 1301 (HUB II, 2, Abschr. 14. Jahrh.) in Valle Virginum, 1308 (HUB II, 169) de Valle Virginum, 1325 (HUB II, 653, Abschr. 16. Jahrh.) to deme Juncvrowendale, 1347 (HUB IV, 305, Abschr. 14. Jahrh.) in Valle Virginum, 1378 (SHRU VI, 180, Abschr. 14./15. Jahrh.) to der Juncvrowendale, 1383 (SHRU VI, 466, Abschr. um 1400) monasterii Vallis uirginum, Mitte 16. Jahrh. (Wellingsbüttl. Urk. I, 10, Übersetz. d. Urk. v. 1296) thom Fruwendale – Benennung des Klosters Harvestehude, bei dem es sich um ein Nonnenkloster handelte, daher der Name.

Freeren (Francop, O.-Amt Süderelbe, Bez. Harburg) GewN – Zu nd. *freeren* = „frieren"?

Freerengraben (Altenwerder, O.-Amt Süderelbe, Bez. Harburg) GewN – „Graben von Freeren".

Friedrichsberg (O.-Amt Barmbek-Uhlenhorst, Bez. Hamburg-Nord) h. S-Bahnstation u. StrN *Friedrichsberger Straße*, früher Hsgr. – 1855 (Schröder-Biernatzki, Top.[2] I, S. 194) Friedrichsberg – Durchsichtiger Name. Der Anlaß zur Namengebung ist nicht bekannt (vgl. H. Beckershaus, Straßennamen, S. 112).

+ **Frühlingshude** (Hohenfelde, O.-Amt Barmbek-Uhlenhorst, Bez. Hamburg-Mitte) Wrtshs. – 1855 (Schröder-Biernatzki, Top.[2] I, S. 528) Frühlingshude – Durchsichtiger Name für ein Wirtshaus.

Fünfhausen (Kirchwerder, O.-Amt Vier- u. Marschlande, Bez. Bergedorf) Ortstl., mda. *Fief'husen* – 15. Jahrh. (Zunftrollen S. 75) to den Vyffhuserensile, 1856 (Schröder-Biernatzki, Top.[2] II, S. 35) Fünfhausen – Mnd. **to den fîf hûsen* = „zu den fünf Häusern“, ein öfters vorkommender Ortsname (vgl. W. Laur, Ortsnamenlexikon, S. 249 u. 262).

Fünfhausen (Neuland, O.-Amt u. Bez. Harburg) Ortstl., mda. *Fief'husen* – Siehe oben.

Fünfhausener Wettern (Neuland, O.-Amt u. Bez. Harburg) GewN – „Wettern, d. h. Wasserlauf, von Fünfhausen“.

+ **Fuhlenhorn** (Elbarm nördl. d. Veddel) GewN – 1561 (HKR VII, 332_1) prope Fulehorne, um 1569 (Karte D. Drever, Leerhoff Nr. 20) up der Fulen Horrn – Nd. **tom fuulen Horn* = „zum faulen Horn, Vorsprung“, hier auf ein Gewässer bezogen.

Fuhlsbüttel (O.-Amt Fuhlsbüttel, Bez. Hamburg-Nord) Stdttl., früher Dorf, mda. [*'fūlsbüdl̥*] – 1283 (HUB I, 805) in villa Fulesbutle, 1307 (HUB II, 135, Abschr. 14. Jahrh.) in Vulesbutle, 1349 (SHRU IV, 384, Abschr. 14. Jahrh.) villam suam Wulesbutle, 1367 (Hamb. Test. 19) de Vulsbyttel, 1463 (HKR II, 181_{31}) in Vulsbuttelle, 1508 (VBHK 180, 93b) in Vulsbuttel, 1563 (LAS, Urk.-Abt. B, 181, Transs. 1574) zwischen Fulenbuttell, um 1569 (Karte D. Drever, Leerhoff Nr. 20) Fulsbuttel, 1603 (LAS, Abt. 3, 19) zwischen … und Faulsbuttell, 1641 (Wellingsbüttl. Urk. II, S. 29) bey Fuhlsbuttel, 1645 (LAS, Abt. 7, 6379) bey … Faulsbüttelschen …, 1645 (LAS, Abt. 7, 6379) zu Fulesbüttel, Mejer 1650: Fuelsbüttell, 1855 (Schröder-Biernatzki, Top.[2] I, S. 397) Fuhlsbüttel – Der genitivischen Zusammensetzung wegen „Büttel, d. h. Siedlung des Fuhl“, ein Beiname, der zu nd. *fuul* = „faul“ gehört, und nicht das Adjektiv *fuul*, (vgl. H. Olsen, Historisches Verzeichnis, S. 7–8), da wir in diesem

Falle nicht *Fuhls-* wie in der überwiegenden Zahl der Belege sondern **Fuhlen-* zu erwarten hätten (vgl. K. Casemir, Ortsnamen auf -büttel, S. 143).

Furtbek (z. Alster, Bergstedt, O.-Amt Walddörfer, Bez. Wandsbek) FlN – „Bach – nd. *Bęk* – mit einer Furt, einem Übergang".

G

Gänseweide (a. Köhlbrand) IN – 1855 (Schröder-Biernatzki, Top.[2] I, S. 401) Gänseweide (Goosweide) – Durchsichtiger Name.

Gätjensort (Moorwerder, O.-Amt Wilhelmsburg, Bez. Harburg) Ortstl., mda. *Op'n Oort*, *Op Geutensort* – 1856 (Schröder-Biernatzki, Top.[2] II, S. 162) Gätjensort – „Ort, d. h. Spitze, Landvorsprung, des Gätjen(s)", eine Rufnamenform oder auch ein Familienname, der auf die Diminutivform *Godiko* zurückgeht, die wiederum zu unserem Wort *gut*, nd. *good* gehört. Nach Beckershaus (vgl. H. Beckershaus, Straßennamen, S. 124) nach dem Hofbesitzer Gödeke benannt.

Galgenbrack (Wilhelmsburg, O.-Amt Wilhelmsburg, Bez. Harburg) GewN – „Brack, d. h. Stelle, an der der Deich durchbrochen ist, beim Galgen".

+ **Galgenfeld** (Borgfelde, O.-Amt u. Bez. Hamburg-Mitte) Hsgr. – 1855 (Schröder-Biernatzki, Top.[2] I, S. 279) Galgenfeld – „Feld bei einem" oder „mit einem Galgen".

+ **Gammelelbe** (Elbarm, der bei Billwerder die Dove und die Goose Elbe mit einander verbindet) GewN, mda. *Gammel-Elv* – Arnold v. Lübeck um 1200: circa fluvium, qui Gamme dicitur, 1438 (Regesten Harburg 611) in der Gammerelve, 1443–1445 (Zunftrollen S. 65) up der Gammelve, 1551 (E. Finder, Billwärder, S. 62) yn der Gamme ynbrak, 1568 (ZHG 51, 1965, S. 21) Tauben oder Gammer-Elbe, 1568 (ZHG 51, 1965, S. 23) inn der Gamme, 1597 (LAS, Abt. 111, 30) in der Gammer Elbe, 1621 (Aegidius a Couwenberchs Elbkarte) Gammeelue, 1855 (Schröder-Biernatzki, Top.[2] I, S. 356) Gammer-Elbe – Ursprünglich bezog sich der alte Flußname *Gamme* auf zwei Elbarme nördlich des Hauptstromes (vgl.

Gaedechens, Topographie, S. 72 u. H. Kellinghusen, Das Amt Bergedorf … bis 1620: ZHG 13, 1908, S. 189–373). Dieser Flußname ist auf die beiden Ortsnamen *Alten-* und *Neuengamme* übertragen worden; deshalb kommt auch ein Vergleich der beiden Ortsnamen mit norweg. *gamme* = „Erdhütte" nicht in Frage (vgl. W. Laur, Ortsnamen, S. 300). Es handelt sich wohl um einen alten Gewässernamen, vielleicht zur Wurzel germ. **gem-*, **gam-* = „hüpfen springen", vgl. as. *gaman* = „Freude, Spiel", engl. *game* = „Spiel", enthalten in Ortsnamen wie *Gemen* bei Borken in Westfalen – 1017 *Gamini* – oder *Gembeck* bei Arolsen – 1028 *Gambiki*. Vom Ortsnamen leitet sich die Form *Gammerelbe* her, die dann im 19. Jahrh. zu *Gammeelbe* und *Gammelelbe* zu nd. *Gammel* = „Alter" umgedeutet wurde, wobei dieses Wort nicht nur ein Lehnwort aus dem Dänischen darstellt, sondern als ein altes auch im Niederdeutschen verbreitet ist. Wenn Finder (vgl. E. Finder, Vierlande, Bd 1, S. 303) als ältesten Beleg Helmold von Bosau um 1200 anführt, so liegt hier eine Verwechslung mit Arnold von Lübeck vor.

\+ **Gammerdeich** (Altengamme, O.-Amt Vier- u. Marschlande, Bez. Bergedorf) Deich – 1624 (LAS, Abt. 7, 925) dem Gammerteich, Danckw. 1652: den Gammerteich – „Deich – nd. *Diek* – von (Alten-)Gamme".

\+ **Gammerort** (b. Zollenspieker, Kirchwerder, O.-Amt Vier- u. Marschlande, Bez. Bergedorf) Örtlichkeit, Schanzen – 1437 (HKR II, 62_{29}) versus Gammerort, 1466 (UBStL XI, 80) uppe dem Gammerorde, 1568 (LAS, Abt. 7, 1100, Prot.) den zugedämmten Gammerorth, Elbkarte M. Lorck 1568: Gamer Ordt – „Ort, Vorsprung von Gamme".

Garstedter Damm (Niendorf, O.-Amt Lokstedt, Bez. Eimsbüttel) Ortstl. – 1856 (Schröder-Biernatzki, Top.[2] II, S. 211) Garstedter-Damm, Meßtischbl. 1880: Garstedter Damm – „Damm nach" oder „von Garstedt", heute ein Ortsteil von Norderstedt, Kreis Segeberg.

Gauert (Ochsenwerder, O.-Amt Vier- u. Marschlande, Bez. Bergedorf) Ortstl. – 1417–1418 (Regesten Harburg 518) Ghowerike, 1452 (HKR III, S. CII_{32}) twischen dem Gouwerke, 1452 (Regesten Harburg 856, Anm. 1) up dem Ghouwerke, 1482 (HKR III, 452_{5}) tom Gouwerke, 1490 (HKR IV, 211_{20}) versus Gouwer, um 1569 (Karte D. Drever, Leerhoff Nr. 20) thom Gouwerck, 1856 (Schröder-Biernatzki, Top.[2] II, S. 233) Gauert – Unser Ortsname geht auf mnd. *Gôwerk* oder *Gouwerk* zurück. Beim Bestimmungswort handelt es sich entweder um mnd. *gô*, und zwar wohl nicht in der sonst verbreiteten Bedeutung von „Gogerichtsbezirk", sondern in der ursprünglichen von „Land am Wasser, am Fluß“ entsprechend mittel- und oberdeutschen Landschaftsnamen auf *Gau*, *Gäu* (vgl. H. Dittmaier, Rheinische Flurnamen; Bonn 1963, S. 84 u. M. Wiswe, Die Flurnamen des Salzgittergebietes. Quellen und Forschungen zur Braunschweigischen Geschichte Bd 17; Braunschweig 1970, S. 144), oder aber auch um nd. *gau* = „jäh, schnell“ oder eher um eine Entsprechung zu *Gaue* = „klaffender Spalt“. Als Grundwort liegt *Werk* in der Bedeutung „Erdwerk, Befestigung“ vor. Ein Wort mnd. **gôwerk* in der Bedeutung „gemeinsamer Deichverband“, wie man vermutet hat (vgl. H. Beckershaus, Straßennamen, S. 117 u. H. Richert, Zwischen Bille und Elbe, S. 223), ist nicht überliefert. Wenn man unseren Ortsnamen in dieser Hinsicht deuten wollte, müßte man zu einer Rekonstruktion greifen, und zwar müßte man mnd. *gô* in der Bedeutung „Gerichtsversammlung, Gemeinschaft eines Goes“ auf einen Deichverband übertragen, eine Bedeutung, die aber sonst nicht bekannt ist, oder wir müßten nachweisen, daß in den Marschlanden ein Gogerichtsbezirk bestanden hätte oder daß man diese Landschaft als solch einen aufgefaßt hätte. Dabei müssen wir ferner feststellen, daß in Holstein und Hamburg ein selbständiges Wort *Go* im Gegensatz zu Niedersachsen nicht bekannt ist, sondern daß es hier nur als Bestimmungswort in der Bezeichnung *Goding* auftritt. Mnd. *Gouwerk* ist durch den Abfall des auslautenden *k* zu *Gouwer* geworden, womit das Toponym **Gouwerort* gebildet worden ist, das wiederum zu *Gauert* wurde.

Geelenbek (Wohldorf, O.-Amt Walddörfer, Bez. Wandsbek) FlN – 1703 (Hansen-Sottorf, Kollauer Chronik I, S. 347) Gehlenbeck, 1855 (Schröder-Biernatzki, Top.[2] I, S. 367) Gelenbek (Schröder-Biernatzki, Top.[2] II, S. 16: Gelbe Au), 1932 (W. Melhop, Die Alster, S. 15) Gelbe Au – Nd. **tom geelen Bęk* = „zum gelben Bach“, auch *Gelbe Au*.

Gefahrenberg (Eißendorf, O.-Amt u. Bez. Harburg) FN, mda. *Gefåhrenbarch* – „Berg, bei dem eine Gefahr besteht“ (?).

Gelbe Au (Lokstedt, O.-Amt Lokstedt, Bez. Eimsbüttel) FlN – Weiterer Name für *Geelenbek*, auch *Schillingsbek*.

Georgswerder (Wilhelmsburg, O.-Amt Wilhelmsburg, Bez. Harburg) IN u. Stdttl., mda. *In'n Warder* – 1635 (E. v. Grote-Ebstorf, Beiträge, S. 72) der Georgenswerder – Siehe Gorrieswerder.

+ **Gerkenhof** (h. Neuhof?, O.-Amt Wilhelmsburg, Bez. Harburg) – Um 1569 (Karte D. Drever, Leerhoff Nr. 20) Gerkenhof – „Hof des Gerke".

+ **Gieselwerder** (zw. Köhlbrand u. Dradenau) IN – Um 1569 (Karte D. Drever, Leerhoff Nr. 20) Giselwerder – Wohl „Werder, d. h. Insel, Halbinsel, des Gisilo", eine Rufnamenkurzform zu Vollnamen wie *Giselbert*, *Giselher*, die mit germ. **gīsla-* = „Sproß" zusammengesetzt sind. Um eine entsprechende Bildung handelt es sich bei *Gießelrade* bei Ahrensbök in Ostholstein (vgl. W. Laur, Ortsnamenlexikon, S. 271).

Glinder Au (Nebenfl. d. Bille, Kirchsteinbek, O.-Amt Billstedt, Bez. Hamburg-Mitte) FlN – 1251 (HUB I, 564) in rivulum, qui Glinderborn appellatur, 1294 (LAS, Urk.-Abt. 7, 198 bzw. SHRU II, 850) in rivum, qui Glinderborn appellatur, 1648 (LAS, Urk.-Abt. B, 332) am Glinder bach, 1855 (Schröder-Biernatzki, Top.[2] I, S. 411) Glinderau – „Au, d. h. Fluß, Bach, von Glinde" (b. Reinbek, Kr. Stormarn), ursprünglich mit dem Grundwort *Born* = „Brunnen, Quelle" gebildet, hier aber als Benennung für einen Wasserlauf (vgl. W. Laur, Ortsnamenlexikon, S. 272). Die Form *Glinderborg* mit einem *g* am Ende in SHRU II, 850 stellt eine Verlesung dar, die im „Historischen Ortsnamenlexikon" nicht besonders vermerkt ist. Die Buchstaben *m* und *n* weisen am Wortende im Original einen Haken an der Unterseite auf, so daß hier das *n* als ein *g* verlesen ist. Dieses unterscheidet sich in der Urkunde aber deutlich von einem *g*.

+ **Glindesmoor** – Siehe Moorburg.

Gnadenberg (Hummelsbüttel, O.-Amt Alstertal, Bez. Wandsbek) h. StrN *Am Gnadenberg* in Hummelsbüttel und *Gnadenbergweg* nördl. d. U-Bahnstation Fuhlsbüttel, früher Landstelle – 1855 (Schröder-Biernatzki, Top.[2] I, S. 397) Gnadenberg, 1938 (Stormarnbuch) Gnaddenberg – Wenn die Form *Gnaddenberg* einem kurzen *a* und einem doppelten *dd* die ursprüngliche sein sollte, wird es sich bei *Gnaden-* um eine Umdeutung handeln. Der Name könnte zu nd. *Gnaddel*, *Gnadder* = „kleines unansehnliches Ding" und *Gnatt* = „kleine Mücken" gehören (vgl. H. Beckershaus, Straßennamen, S. 21).

Göhlbach – (Eißendorf, O.-Amt u. Bez. Harburg) FlN, mda. *Göhlbęk* – Zu nd. *Göl* = „Rinne".

+ **Göschenloch** (b. Grevenhof, O.-Amt Veddel-Rothenburgsort, Bez. Hamburg-Mitte) GewN – Elbkarte M. Lorck 1568: Geskenholl, 1770–

1780 (E. Reinstorf, Eindeichung Wilhelmsburg, K 13) Geschen Loch, 1855 (Schröder-Biernatzki, Top.[2] I, S. 421) Göschenloch – „Gänse-, Gänschenloch“. Auf der Karte von Lorck finden wir *Holl* statt *Loch* in der gleichen Bedeutung als Grundwort.

+ **Göschenwerder** (b. Grevenhof, O.-Amt Veddel-Rothenburgsort, Bez. Hamburg-Mitte) IN – 1855 (Schröder-Biernatzki, Top.[2] I, S. 411) Göschenwärder – „Gänseinsel“, vgl. Göschenloch, zu *Werder* = „Insel, Halbinsel“.

Goetjensort – Siehe Gätjensort.

Goldbekkanal (Winterhude, O.-Amt Barmbek-Uhlenhorst, Bez. Hamburg-Nord) GewN – 1381 (HKR I, 455) ad Gholtbeken – Zu *golden* im Sinne von „gelbfarben“, entweder auf die Farbe des Wassers oder auf gelbfarbene Pflanzen am Ufer bezogen (vgl. W. Laur, Ortsnamenlexikon, S. 277).

+ **Gorrieswerder** (d. Inselbereich zw. Norder- u. Süderelbe bzw. zw. Hamburg u. Harburg, im wesentlichen das heutige Wilhelmsburg) IN – 1158 (UHL S. 59, Fälsch. 13. Jahrh.) Gorgerswerder, Arnold v. Lübeck um 1200: insulam ..., que Gorieswerther dicitur, 1220 (Regesten Harburg 21) in Gorieswerthere, 1236 (Sudendorf I, 19, Vertr.) duas insulas, ... Gorieswerder, 1238 (SHRU I, 576) in Gorieswerthe, 1250 (HUB I, 554, Verdener Urk.) in insula Gorieswerthere, 1256 (HUB I, 614) in Gorieswerdere, 1286 (HUB I, 823) in Gorrieswerdere, 1289 (HUB I, 850) in Gorieswerdhere, 1300 (LAS, Abt. 3, 328, Bl 11, Abschr. um 1700) in Gorieswerdere, 1301 (HUB II, 8) in insula, que Goregeswerdere dicitur, 1301 (Hamb. Schuldb. 916) in Grogiswerder, 1304 (HUB II, 64) insulam, que Gorgiswerder, 1316 (HUB II, 354) in dem Gurieswerder, um 1320 (SHRU IV, 392, neue Datierung nach J. Reetz, Verz., Abschr. 14. Jahrh.) in Gorieswerdere, 1321 (StA Stade, Dep. Stadt Buxtehude 6) in Goringeswerder, 1345 (HUB IV, 266) in deme Goerieswerdere, um 1350 (SHRU IV, 391) in Grogeswerder, 1371 (Sudendorf IV, 201) ab dem werdir, dem man nemet Ghorges werder, 1403 (LAS, Abt. 3, 1633, Abschr. 17. Jahrh.) in dem Gorrieß Werder, 1465 (Regesten Harburg 758) Gorgeswerder, 1465 (HKR II, 250_{37}) apud Gorgeswerder, 1484 (LAS, Urk.-Abt. 3, 75, Abschr. 17. Jahrh.) in den Gorrießwerder belegen, 1535 (LAS, Urk.-Abt. 3, 132) im Gorgies werder, 1590 (Karte A. Ortelius, Leerhoff Nr. 1) Gorges Werder, 1607 (LAS, Urk.-Abt. 3, 293) den Gorrieswerder, Danckw. 1652: Gorries- oder Gorgeswerder, 1672 (E. v.

Grote-Ebstorf, Beiträge, S. 94, Abschr. 17. Jahrh.) Gorrieswerder, um 1680 (Karte nach Schildknecht, E. Reinstorf, Eindeichung Wilhelmsburg, nach S. 118) Gorgjes Werder – „Werder, d. h. Insel, Halbinsel, des Gorries“, wobei diese Namenform eine Variante von *Gregorius* darstellen kann, am Niederrhein auch von *Georgius* (vgl. A. Bach, Deutsche Namenkunde I. Die deutschen Personennamen 2. Aufl. 1; Heidelberg 1952, S. 130 u. DGP I, Sp. 383). Der Name geht vielleicht auf niederländische Kolonisten auf den Marscheninseln des Stromspaltungsgebietes zwischen Hamburg und Harburg zurück. Ob eine sprachliche Beziehung zum jüngeren Inselnamen *Georgswerder* besteht, fragt sich, denn solch eine „Modernisierung“ wäre zunächst ungewöhnlich. Andererseits scheint der Name *Georgenswerder* in der Urkunde von 1635 im Sinne des alten Gorrieswerder gebraucht zu werden. Auch findet sich noch 1672 die Namenform *Gorrieswerder*, wie in der Sekundärliteratur, das heißt in geschichtlichen und heimatkundlichen Werken und Abhandlungen, oft nicht zwischen beiden Namen unterschieden wird. So spricht Reinstorf in bezug auf die Verhandlungen zwischen dem Grafen Ernst III. von Holstein-Schaumburg und Herzog Ernst von Braunschweig-Lüneburg vom April 1607 von *Georgswerder*, während die entsprechende Urkunde *Gorrieswerder* hat. Möglicherweise hat auch die jüngere Namenform *Georgswerder* von solchen älteren wie *Gorgeswerder* mit der Schreibung *g* für den Reibelaut *j* ihren Ausgang genommen. Das Bestimmungswort, der Rufname *Gorries*, als ein aus dem Lateinischen entlehnter, zeigt überdies deutlich, daß die Insel unter diesem Namen in der von E. v. Grote-Ebstorf als apokryph bezeichneten Urkunde Ludwigs des Frommen von 834 eigentlich nicht erscheinen kann. Nach Lappenberg im Anhang zu HUB I handelt es sich auch um Zusätze aus dem Lindenbruchschen Kopiar, die wohl auf Urkunden des 12. Jahrhunderts zurückgehen.

+ **Gosebrook** (östl. Teil d. alten Wandrahms südl. v. Zollkanal, Altstadt, O.-Amt u. Bez. Hamburg-Mitte) FN – 1543 (HKR VI, 91_3) des Goszebrokes – Hier wohl „Gänsebruch, Gänsebruchland“ zu nd. *Goos* = „Gans“ und *Brook* = „Bruch, Bruchland, Sumpfland“.

Gose Elbe (Elbarm mitten durch die Vierlande von Südosten nach Nordwesten) GewN – Elbkarte M. Lorck 1568: Goeß Elue, um 1569 (Karte D. Drever, Leerhoff Nr. 20) De Gose Elue, Mejer 1649/50: Goße Elbe, Gose Elue, Danckw. 1652: zwischen der ... und Gose Elbe, 1855 (Schröder-Biernatzki, Top.^{2} I, S. 356) Gose-Elbe – Wohl „trockene, seichte Elbe“ (vgl. W. Laur, Ortsnamen, S. 338). Neben nd. *göst*, *güst* = „trocken“ scheint es eine ablautende Nebenform ohne *t*, vgl. ahd. *keisinî* = „Unfruchtbarkeit“, mnd. *gôs = „unfruchtbar, trocken“ zu geben, die auch in Orts- und Flußnamen vorkommt – germ. *gaus- ablautend neben *gais- wie in ahd. *keisinî* und der Landschaftsbezeichnung *Geest* und *gus- wie in *göst*, *güst* (vgl. W. Laur, Ortsnamenlexikon, S. 267).

Graft (Francop, O.-Amt Süderelbe, Bez. Harburg) h. StrN *Zur Graft* – 1266 (HUB I, 704, Abschr. 14. Jahrh.) in loco qui vocatur Graft, 1277 (Regesten Harburg 44) in villa tor Graft, 1289 (HUB I, 846) in loco, qui Graft dicitur, 1346 (Regesten Harburg 185) in loco dicto Graft, 1360 (HKR I, 70_9) to der Graft, nach 1373 (Regesten Harburg 298, Abschr. 1625) tor Grafft, 1381 (HKR I, 317_1) tho der Graft, 1568 (W. Frahm, Francop und seine Graft im Alten Lande; Hamburg 1966, S. 10) Up der Grafft – Nd. *Graff*, *Graft* = „Graben“.

+ **Grandeswerder** (Ostteil v. Grasbrook, O.-Amt Veddel-Rothenburgsort, Bez. Hamburg-Mitte) IN – Elbkarte M. Lorck 1568: Grandeswarder, um 1569 (Karte D. Drever, Leerhoff Nr. 20) Grandeswerder – Der Genitivform wegen wohl eher „Werder, d. h. Insel, Halbinsel, des Grand(e)“ zu einem Beinamen als zur Bezeichnung *Grand*.

Grasbrook (O.-Amt Veddel-Rothenburgsort, Bez. Hamburg-Mitte) IN u. Stdttl. h. *Kleiner Grasbrook* – 1380 (Hamb. Test. 53, 34) uppe deme Broke, Elbkarte M. Lorck 1568: Brock, Mejer 1652: Graßbroec, 1680 (Karte nach Schildknecht, E. Reinstorf, Eindeichung Wilhelmsburg, nach S. 118) Grasbrock, 1855 (Schröder-Biernatzki, Top.[2] I, S. 427) Großer-Grasbrook, Kleiner-Grasbrook – „Mit Gras bewachsenes Bruchland“ zu nd. *Brook*.

Grevenau (Poppenbüttel, O.-Amt Alstertal, Bez. Wandsbek) FN, h. StrN – 1648 (Wellingsbüttl. Urk. II, S. 40) in der Grevenaw, 1680 (Wellingsbüttl. Urk. II, S. 53) in der Grefenaw – „Au des Greve“ oder „des Grafen“ zu mnd. *grêve*.

Grevenhof (Steinwerder, O.-Amt Veddel-Rothenburgsort, Bez. Hamburg-Mitte) h. *Grevenhofkai* am Kuhwerder, früher Gut – 1338 (HUB IV, 36) in curia nostra sita in insula nostra dicta Gorieswerdere, 1370 (HKR I, 112) ad curiam domini comitis, 1376 (HKR I, 233) in des Greven hof, 1458 (Zunftrollen S. 66) de Grevenhover, 1460 (LAS, Urk.-Abt. 3, 391) des Greuenhoff, 1462 (HKR II, 145_{22}) in Grevenhove, 1494 (LAS, Urk.-Abt. 3, 83, Abschr. 15./16. Jahrh.) den Greuenhoff, 1508 (Regesten Harburg 1085) in Grevenhove, 1544 (LAS, Urk.-Abt. 3, 160, Abschr.) thom

Greuenhaue, Elbkarte M. Lorck 1568: Schreuenhoff, um 1569 (Karte D. Drever, Leerhoff Nr. 20) Greuenhoff, 1603 (LAS, Abt. 3, 19) up der Greuenhoffe, 1636 (LAS, Urk.-Abt. 3, 336a) Greuenhoff, Mejer 1649: Greuenhoff, 1855 (Schröder-Biernatzki, Top.[2] I, S. 429) Grevenhof – „Des Grafen – mnd. *grêve* – Hof". In der Form auf der Karte von Lorck zeigt sich die gleiche Lautentwicklung, nämlich *s-Greven* zu *Schreven-* wie in *Schrevenborn, Schrevendorf* und *Schreventeich* bei und in Kiel (vgl. W. Laur, Ortsnamenlexikon, S. 584–585). Bei Grevenhof handelte es sich um einen Hof der Grafen aus der Pinneberger Linie der Schauenburger.

Griesenwerder (Waltershof, O.-Amt Finkenwerder, Bez. Hamburg-Mitte) h. *Griesenwerder Damm, Griesenwerder Höft*, IN – 1344 (HUB IV, 214) in Griswerder, 1368 (Regesten Harburg 256, Abschr. 15. Jahrh.) in Grisenwerder, 1396 (Hamburgs Weg zum Reich 42, Abschr. 17. Jahrh.) in deme Griswerdere, 1402 (Regesten Harburg 456) Grysewerden, 1416 (Staphorst I, 2, S. 841) in deme Grysenwerder, 1460 (LAS, Urk.-Abt. 3, 391) gheheten de Griswerder, 1462 (HKR II, 145_{21}) de Grisenwerder, 1462 (HKR III, S. CX_2) ad usum Grisenwerder, 1488 (LAS, Urk.-Abt. 3, 78) den Gryzenwerder, 1508 (Regesten Harburg 1085) Grisewerder, 1548 (LAS, Urk.-Abt. 3, 179) des Grisenwerders, 1603 (LAS, Abt. 3, 19) up der Grisenwerder, Mejer 1649: Grieswerder, Danckw. 1652: Grisenwerder, 1855 (Schröder-Biernatzki, Top.[2] I, S. 423) des ... Griesenwärders – „Werder, d. h. Insel, Halbinsel, des Gris, Gries, Griese". Wie bei den anderen Elbinseln dieses Gebietes handelt es sich auch beim Griesenwerder um einen Teil der ehemaligen großen Insel Gorrieswerder; deshalb betrachtet man allgemein den Namen *Griesenwerder* als eine Weiterentwicklung des älteren Inselnamens *Gorrieswerder*, wie auch Danckwerth „Grisenwerder sonsten auch Gorries oder Gorgeswerder genandt" schreibt (vgl. O. Tafelsky, Von den ehemals Holstein-Pinnebergischen Elbinseln: Die Heimat 70, 1963, S. 106). Es liegt aber nicht das gleiche Bestimmungswort vor, sondern einmal der ursprüngliche Beiname *Gri(e)s(e)* zu nd. *gries* = „grau" oder das Adjektiv selbst und zum anderen *Gorries* als eine Variante zu lat. *Georgius* oder *Gregorius* (vgl. S. 109). *Griesenwerder* ist seit 1344 als *Grisewerder* überliefert und *Gorrieswerder* mit entsprechenden Namenformen bis ins 17. Jahrhundert, wenn auch leider nicht in gleichen Texten nebeneinander. Wir werden daher davon auszugehen haben, daß es sich um zwei unterschiedliche Namen handelt, wenn auch der Name *Griesenwerder* früher ein größeres Gebiet benannte als heute (vgl. dazu auch die Beschreibung von 1494 in den Regesten Harburg 1008) und anscheinend auch *Gorrieswerder* gleichgesetzt wurde.

Grimm (Altstadt gleich östl. v. Nikolaifleet, O.-Amt u. Bez. Hamburg-Mitte) h. StrN, früher FN – 1248 (StAH, 231, I 1 Bd 1, Lib.act., S. 475_1) in Grimma, 1288 (Hamb. Schuldb. 13) de Grimme, 1406 (StAH, 710-1 I Bd 4) in … platea Grimme, 1421 (StAH, 710-1 I Bd 4) in Grimme, 1430 (StAH, 710-1 I Bd 4) in Grymme, 1463 (HKR II, 171_{34}) in Grimme – *Grimen*, *Grimm* begegnet uns als Flurname in Husberg bei Neumünster (vgl. F. Prien, Neumünstersches Flurnamenbuch, S. 119), und zwar als eine Benennung zu unserem Worte *Grimm* in übertragener Bedeutung für ein schlechtes Gelände, einen schlechten Boden. Hübbe dachte an die Herleitung von einem Personennamen, da ein Fischer *Grimmeke* um die Mitte des 14. Jahrhunderts in Hamburg erwähnt wird (vgl. H. W. C. Hübbe, Topographische Miscellen über das alte Hamburg: MVHG Bd 4, 1887 [1888], S. 115). Unser Flurname erscheint aber bereits im 13. Jahrhundert.

Grindel (Harvestehude, O.-Amt u. Bez. Eimsbüttel) h. StrN *Grindelberg*, *Grindelhof*, *Grindelweg*, früher FN – 1310 (HUB II, 208, später Abdr.) a loco dicto [Grin]del, 1350 (HKR I, S. XCIII) de Grindel, 1399 (SHRU VI, 1541) twischen deme Grindel, 1406 (LAS, Urk.-Abt. 3, 39, Abschr.) myt dem holte dat de Grindel hed, um 1569 (Karte D. Drever, Leerhoff Nr. 20) im Grindel, 1599 (Gaedechens, Topographie, S. 112) im Grindel, 1855 (Schröder-Biernatzki, Top.^{2} I, S. 431) Grindel – Nd. *Grindel* = „Querholz, Riegel" bezieht sich in Flurnamen wohl auf einen mit Stangen eingefaßten Platz (vgl. O. Mensing II, Sp. 482). Olsen und Beckershaus geben ohne eine nähere Erklärung die Bedeutung von „Wald" an und Alpers und Barenscheer die von „Mühle" (vgl. P. Alpers, F. Barenscheer, Celler Flurnamenbuch; Celle 1952, S. 115, H. Olsen, Historisches Verzeichnis, S. 9 u. H. Beckershaus, Straßennamen, S. 130). Die Urkunde von 1406 besagt, daß der Flurname *Grindel* sich auf ein Gehölz bezieht. Daraus kann man aber nicht die etymologische Bedeutung des Namens ableiten.

+ **Grindelbek** (z. Isebek, Harvestehude, O.-Amt u. Bez. Eimsbüttel) FlN – 1599 (Gaedechens, Topographie, S. 112) tho dem Grindelsbeke – „Bach – nd. *Bęk* – am Grindel".

Grootmoor (Bramfeld, O.-Amt Bramfeld, Bez. Wandsbek) SN – 1771 (LAS, Abt. 402 A 3, 84, Karte) Groß Mohr – „Großes Moor" zu nd. *groot* = „groß".

Grootsee (Niendorf, O.-Amt Lokstedt, Bez. Eimsbüttel) SN – 1856 (Schröder-Biernatzki, Top.^{2} II, S. 212) der Groß See – „Großer See".

Groß-Borstel (O.-Amt u. Bez. Hamburg-Nord) Stdttl., früher Dorf, mda. *Groot Bostel* – 1247 (SHRU I, 641) de Burstelde (?), 1325 (HUB II, 650, Abschr. 16. Jahrh.) villas nostras ... et Borstle, 1325 (HUB II, 653, Abschr. 16. Jahrh.) dat Kale Borstelt, 1347 (HUB II, 339, Abschr. 1582–1586) in Calebostel, 1350 (HUB IV, 431) de Borstle, 1454 (UBStL IX, 174, S. 179) to dem Borstelde, 1599 (Gaedechens, Topographie, S. 112) by den Bostel, Mejer 1650: Borstell, 1855 (Schröder-Biernatzki, Top.^{2} I, S. 243) Groß-Borstel – Siehe Borstel; auch *Kalenborstel* zu *kahl* im Sinne von „baumlos" genannt.

Große Elbe (Altengamme, O.-Amt Vier- und Marschlande, Bez. Bergedorf) FlN, mda. *Groote Elv* – 1605 (LAS, Abt. 111, 31) an der Großen Elbe, 1750 (LAS, Abt. 111, 53, Beschr.) mit der ... Großen Elbe – Durchsichtiger Name für den Hauptstrom der Elbe im Bereich der Vierlande.

+ **Großenwerder** (Wilhelmsburg, O.-Amt Wilhelmsburg, Bez. Harburg) IN – 1556 (LAS, Urk.-Abt. B, 161a) to Grotenwarder, 1855 (Schröder-Biernatzki, Top.^{2} I, S. 440) Großenwärder – Nd. **tom grooten Warder* = „zum großen Werder, zur großen Insel, Halbinsel".

+ **Großer Busch** (h. Overwerder, Warwisch, Ochsenwerder, O.-Amt Vier- u. Marschlande, Bez. Bergedorf) FN – 1682 (StAHan, Han. Des. 74 Harburg A Regim. I b Nr. 6, Bl. 47v) Großer Busch – Durchsichtiger Name.

Großer Schäferkamp (Eimsbüttel, O.-Amt u. Bez. Eimsbüttel) h. StrN *Schäferkampsallee*, früher Pachthof – 1856 (Schröder-Biernatzki, Top.^{2} II, S. 389) Großer-Schäferkamp, Meßtischbl. 1880: Schäferkamp – „Großer Kamp", d. h. „Feld der Schäfer".

Große Sanna (Reitbrook, O.-Amt Vier- u. Marschlande, Bez. Bergedorf) FN – Flurnamensamml. Wegemann um 1928: Grote, Lütte Paten Sanna – Ob ein etymologischer Zusammenhang mit dem Hofnamen *Sahna* bei Kraksdorf in Ostholstein besteht, fragt sich der unterschiedlichen Vokalquantität wegen. Er ist übrigens noch nicht eindeutig erklärt (vgl. W. Laur, Ortsnamenlexikon, S. 561). *Sanna* könnte auf **Sand-ā* zu *Aa* = „Fluß, Gewässer" zurückgehen. Die nähere Bestimmung *Paten* bei Wegemann gehört wohl zu nd. *Påt* = „Setzling, Ableger".

+ **Große Weide** (südl. v. Wilhelmsburg, O.-Amt Wilhelmsburg, Bez. Harburg) FN – Mejer 1649: Groteweide – Durchsichtiger Name.

Groß Flottbek (O.-Amt u. Bez. Altona) Stdttl., früher Dorf, mda. *Groot Flottbek* – 1305 (HUB II, 92) villarum Superioris et Inferioris Vlotbeke, 1343 (HUB IV, 190) Hinric Vlotbeke, 1345 (SHRU IV, 205, Lüb. Test.) in Vlothbeke, 1395 (SHRU VI, 1219) unser dorp … Overen … Vlotbeke, 1461 (Zunftrollen S. 69) to dem Vlotbeke, 1464 (Pinneb.-Hatzb. Reg., S. 7) Ouerenflotbeke, 1508 (VBHK 10, 56) in villa Flothbeke, Elbkarte M. Lorck 1568: Flodtbecke, 1590/91 (LAS, Abt. 3, 604, Reg.) Groten Vlottbecke, 1591/92 (LAS, Abt. 3, 608, Reg.) zu Großenn Flothbecke, 1600 (LAS, Abt. 3, 615, Reg.) Großenflotbeck, 1636 (LAS, Abt. 3, 120, Abschr.) zu … und Flottbeke, Mejer 1650: Grosenflothbeck, Danckw. 1652: Groten Flohtbeck, 1670/71 (LAS, Abt. 112, AR) Grossen Flotbeck, 1855 (Schröder-Biernatzki, Top.[2] I, S. 388) Groß-Flottbek – Übertragung des Bachnamens *Flottbek* (s. d.) auf den Ort und Differenzierung in *Groß* und *Klein* bzw. in *Ober* und *Unter*.

Großsander Wettern (Wilhelmsburg, O.-Amt Wilhelmsburg, Bez. Harburg) GewN – „Wettern, d. h. Abzugs-, Entwässerungsgraben von Großsand".

+ **Grove** (b. Katharinenfleet, Altstadt, O.-Amt u. Bez. Hamburg-Mitte) GewN – 1331 (HUB II, 841, Abschr. 14. Jahrh.) inter fossatum …, quod Gråve dicitur, 1332 (ZHG 6, 1875, S. 31, Necr.cap., Abschr. 17. Jahrh.) de Grove – Mnd. *grôve* = „Grube, Graben".

+ **Grove** (zw. Hohe Schaar u. Stillhorn, O.-Amt Wilhelmsburg, Bez. Harburg) GewN – Um 1569 (Karte D. Drever, Leerhoff Nr. 20) Up der Groue – Siehe oben.

+ **Grubenhagen** (Billwerder, O.-Amt Vier- u. Marschlande, Bez. Bergedorf) Örtlichkeit – 1397 (SHRU VI, 1306, Insert 1453) den Grubenhaghen – Wohl „Einhegung – *Hagen* – bei einer oder mehreren Gruben".

+ **Grubenhof** (Billwerder, O.-Amt Vier- u. Marschlande, Bez. Bergedorf) Hof – 1397 (s. o.) de Grubenhof – „Hof bei einer Grube".

Grüner-Damm-Wettern (Neuland, O.-Amt u. Bez. Harburg) GewN – „Wettern, d. h. Abzugs-, Entwässerungsgraben, beim Grünen Damm".

Grünerdeich (Kirchwerder, O.-Amt Vier- u. Marschlande, Bez. Bergedorf) Ortstl. – 1856 (Schröder-Biernatzki, Top.[2] II, S. 35) Grünendeich – Durchsichtiger Name.

Grüner Jäger (Wellingsbüttel, O.-Amt Alstertal, Bez. Wandsbek) h. Sportplatz, früher Wrtshs., mda. *Greun Jäger* – 1855 (Schröder-Biernatzki, Top.[2] I, S. 443) Grünerjäger – Verbreiteter Name für ein Waldgasthaus.

Gussau (z. Saselbek, Volksdorf, O.-Amt Walddörfer, Bez. Wandsbek) FlN – Flurnamensamml. Wegemann 1920–1922: Gussau – Wohl zu nd. *Guss* = „Guß" wie in *Gußsee* in Wasbek bei Neumünster.

Gut Moor (O.-Amt u. Bez. Harburg) Stdttl. – Meßtischbl. 1880: Gut Moor – Durchsichtiger Name.

H

Haake (Heimfeld, O.-Amt u. Bez. Harburg) FN – Mnd. *hāke*, nnd. *Håken*, unser *Haken*, als eine Benennung für ein hakenförmiges, ein gekrümmtes Stück Land oder Terrain.

+ **Hageböker Voord** (Barmbek, O.-Amt Barmbek-Uhlenhorst, Bez. Hamburg-Nord) FN – 1582 (LAS, Abt. 7, 1185) bei dem Hagebökes Vohrde – „Furt – nd. *Foord* – bei Hageböк", ein Flurname, der zu nd. *Håbök*, *Hagebök* = „Hainbuche, Weißbuche" gehört (vgl. O. Mensing II, Sp. 675).

+ **Hagelt** (Ochsenwerder, O.-Amt Vier- u. Marschlande, Bez. Bergedorf) FN – Elbkarte M. Lorck 1568: Hagelte, um 1569 (Karte D. Drever, Leerhoff Nr. 20) thom Hagelte – Weiterbildung mit einem *t*-Suffix, vgl. unser Wort *Dickicht*, zu *Hagel* in der Bedeutung „kleiner Stein, Kieselstein".

Hagendeel (Lokstedt, O.-Amt Lokstedt, Bez. Eimsbüttel) Ortstl. u. StrN – 1789 (LAS, Abt. 112, 285, Eb) Haagendeel – „Teil, Anteil – nd. *Deel* – an einem eingehegten Land" – *Hagen*.

Hahnenkamp (b. Altonaer Bahnhof, O.-Amt u. Bez. Altona) h. StrN – 1639 (LAS, Abt. 3, 77, Reg.) beim Hanekampfe – „Kamp, Feld, auf dem sich Hähne aufhalten".

Haken (gleich westl. v. Rothenburgsort, O.-Amt Veddel-Rothenburgsort, Bez. Hamburg-Mitte) GewN – Durchsichtiger Name, vgl. Haake.

+ **Haken** (Ochsenwerder, O.-Amt Vier- u. Marschlande, Bez. Bergedorf) Hsgr. – 1667 (E. Finder, Vierlande, Bd 1, S. 305) Haken, 1856 (Schröder-Biernatzki, Top.[2] II, S. 233) Haken – Siehe oben.

Haken (Francop, O.-Amt Süderelbe, Bez. Harburg) GewN – Siehe oben.

Hakengraben (Francop, O.-Amt Süderelbe, Bez. Harburg) GewN – „Graben am Haken".

+ **Halbhöfner Reihe** (Moorburg, O.-Amt Süderelbe, Bez. Harburg) Bezirk – 1856 (Schröder-Biernatzki, Top.[2] II, S. 158) Halbhöfner-Reihe – „Reihe, Häuserreihe der Halbhufner".

+ **Haldesdorf** (wohl eher zw. Sasel u. Volksdorf, O.-Amt Alstertal bzw. Walddörfer als b. Hellbrook, O.-Amt Bramfeld, Bez. Wandsbek) Dorf – 1296 (HUB I, 894) Haldesdorpe, 1346 (HUB IV, 276) Hinricus Haldesdorp, 1486 (LAS, Urk.-Abt. 121, 114) myne beyden wusten veltmarcke benamptliken Hallestorppe – „Dorf – mnd. *dorp*, nnd. *Dörp* – des Hal(i)d", eine Kurzform, die zu Vollnamen gehört, die mit germ. **halup-*, **halip-*, unserem Worte *Held*, wie *Halidpreth* oder *Halidrich* beginnen (vgl. H. Kaufmann, Ergänzungsband, S. 170). Des Genitiv-s wegen ist an einen Rufnamen und nicht an das Wort *Halde* = „Abhang" zu denken, denn bei diesem handelt es sich ja um ein Femininum – *die Halde* – Genitiv *der Halde*. Außerdem stellt diese Form mit einem *a* die hochdeutsche dar; die niederdeutsche lautet im Mittelniederdeutschen *helde* oder *helle* und im Neuniederdeutschen *Hell* mit einem *e*. Aus dem gleichen Grunde kann auch nicht *Hellbrook* auf ein älteres **Haldesbrook* zurückgehen, wie Seeler meint (vgl. S. Seeler, Bramfeld; Hamburg 1959, S. 113). Seelers Namendeutungen sind nicht immer zutreffend, so wenn er z. B., wie allgemein verbreitet, den alten Flurnamen, heute Straßennamen, *Eenstock* in Bramfeld, der vor 1800 als *Einstock* erscheint, auf **Eekenstock* = „Eichenstock" zurückführt. Der Ausfall eines zwischenvokalischen *-k-* ist aber im Niederdeutschen nicht bekannt. Es begegnet uns immer *E(e)ken*. – Die Deutung von *Haldesdorf* mit Bezug auf *Hellbrook*, bzw. der Namenanklang mag vielleicht auch zur Lokalisation des vergangenen Haldesdorf bei Hellbrook im Süden von Bramfeld geführt haben, die sich schon bei Schröder-Biernatzki findet (vgl. Schröder-Biernatzki, Top.[2] I, S. 251). Wenn auch nach Schindler hier mittelalterliche Siedlungsreste gefunden worden sind, so müssen wir doch beachten, wie Brüchmann und Walther gezeigt haben (vgl. W. Brüchmann, Engenhusen: HGHbl 14, 1953, S. 179–180 u. Chr. Walther, Osdorf, Ohlsdorf, Alsterdorf: MVHG Bd 7, 1900 [1901], S. 372–384 bzw. Korrespondenzbl. d. Vereins f. Niederdeutsche Sprachforsch. 81, 1974, S. 2–10), daß in der Urkunde von 1296 die Aufzählung der betreffenden Dörfer eine Lage von Haldesdorf zwischen Sasel und Volksdorf zeigt. Seeler meint allerdings, daß solch eine Reihenfolge in der Aufzählung nicht immer der tatsächlichen Lage zu entsprechen braucht. Hier wird aber offensichtlich die Lage in der Reihenfolge der Aufzählung beachtet. Dazu kommt noch, daß in der Urkunde von 1486 *Haldesdorf* zusammen mit *Engenhusen* erwähnt wird, das gleichfalls in der eben angedeuteten Gegend zu suchen ist. Somit wäre unser Dorf zwischen Sasel und Volksdorf zu lokalisieren. Die Namengebung für die *Haldesdorfer Straße* in Bramfeld wäre dann auf die ältere Lokalisation zurückzuführen (vgl. auch G. Bock, Ein Zehntverkauf im Jahre 1296, s. Engenhusen).

Halreienteich (Großer, Kleiner) (Volksdorf, O.-Amt Walddörfer, Bez. Wandsbek) SN – Flurnamensamml. Wegemann 1920–1933: Halreie(n)teich – „Teich – nd. *Diek* – von Halreie“, ein Flurname, der eine Zusammensetzung von *Haal-* zu as. *halh* = „Schwanz, Ende“, vgl. dän. *hale*, auch in der Bedeutung von „Haken“ (vgl. W. Laur, Ortsnamenlexikon, S. 297 – Haale), und *Reihe* – nd. *Reech* – als einer Benennung für eine Häuserreihe darstellt.

Hamburg Stadt u. Bundesland, mda. *Hamborch* – Vita Anskarii 9. Jahrh.: ad urbem Hammaburg, Vita Rimberti 9. Jahrh.: Hamaburgensis ecclesia, Hammaburg, 834 (SHRU I, 4, bzw. May I, S. 9, Kaiserurk. Aachen, Verfälsch.) Hammaburg, Annales Fuldenses 9. Jahrh.: Hammaburg, 858 (HUB I, 14, Papsturk., Abschr. 17. u. 18. Jahrh.) in castello Hamaburch, 888 (MGH DD Karol. III², 27) in [Ha]mmapurg, 937 (HUB I, 31, kgl. Urk.) locus ille Hammaburg, 988 (HUB I, 49, kgl. Urk.) locus ille Hammaburg, Widukind v. Corvey 10. Jahrh.: in Hammaburgensem urbem, 1014 (HUB I, 61, kgl. Urk.) locus ille Hammaburg, Thietmar v. Merseburg Anf. 11. Jahrh.: ad Hammaburg, Homanburg, Adam v. Bremen Ende 11. Jahrh.: Hammaburg, Hammaburc, 1091 (HUB I, 118) de Hammaburg, Annalista Saxo 12. Jahrh.: Hammanburch civitatem, Saxo Grammaticus 12. Jahrh.: ab Hamburgensibus, 1137 (MGH D L III, 114, verunechtet, Abschr. 17. Jahrh.) de Hamburg, um 1140 (HUB I, 162, Transs. 1204–1208) inter Hammenburg, um 1141 (SHRU I, 80, verfälscht) de Hamaburg, 1148 (UHL S. 21, Fälsch. um 1180, Abschr. 12. Jahrh.)

Hammaburgensis episcopus (Bordesholm. Kopiar 16. Jahrh. Hamburgensis), 1158 (UHL S. 61, Fälsch. 13. Jahrh.) de Hammenburg, 1158 (Dipl.dan. I, 2, 125, Kaiserurk.) in eodem loco … Hamaburch nuncupato, 1160 (HUB I, 220, Abschr. 14. Jahrh.) Hammenburg, 1163 (UHL S. 89) de Hammenburch, 1168 (SHRU I, 121, Transs. 1140) inter Hammenburg, Annales Magdeburgenses 1180–1188: totam Hammanburch provinciam, 1189 (SHRU I, 161, Fälsch. um 1265) in Hammenburg (LAS, Urk.-Abt. D, 1, Abschr. 16. Jahrh.: in Hammenborch), 1195 (SHRU I, 194) in Hammenburg, 1196 (SHRU I, 197) Hamburg, Helmold v. Bosau Ende 12. Jahrh.: Hammemburg, Versus de vita Vicelini Ende 12. Jahrh.: Hamburg, Hammaburg, Hamburch, Arnold v. Lübeck um 1200: in Hammenburch, Albert v. Stade 13. Jahrh.: Hamenburg, Hammamburg, Hamburg, Annales Hamburgenses 13. Jahrh.: in Hamburch, Hamborg, Hamborch, 1202 (SHRU I, 232) in Hammenburg, 1212 (SHRU I, 288) in Hammenburch, Annales Lundenses 13. Jahrh.: Hamburgh, um 1217 (SHRU I, 340, Abschr. 14. Jahrh.) in Hamborch, 1222 (SHRU I, 386) de Hamburch, 1225 (SHRU I, 438) in Hammenburg, 1228 (SHRU I, 462) super civitate Hamborch, in Hamborch (HUB I, 491 nach Bremer Kopialb. in Hamburch), 1232 (SHRU I, 498, kaiserl. Urk.) in Hamburch, 1238 (HUB I, 512) in Hammemburg, 1248 (HUB I, 547) in Hammemburg, 1249 (HUB I, 552) in Hamborch, 1259 (HUB I, 638) in Hammenburg, 1271 (HUB I, 748) Datum Hamemborg, 1296 (HUB I, 891) in Hamborg, 1302 (HUB II, 23) in Hammenborg, 1302 (HUB II, 30) Hamborgh, 1341 (SHRU IV, 25, Test.) in Hamborch, 1383 (SHRU VI, 493) to Hamborch, 1401 (Rep.dipl. 1, 4443) to Hamborch, 1441 (Rep.dipl. 1, 7164) to Hamborg, 1447 (DUB 29, Dithm. Klage) van … Hamborch, 1482 (Hans. UB X, 981, Kaiserurk.) in der stat Hamburg, 1568 (SHRU IX, 268, 3, Verz.) zue Hamburch, Mejer 1649: Hamburg – „Burg – as. *burg*, mnd. *borch*, nnd. *Borch* – in“ oder „bei einer Flußbiegung“ oder auch „in“ oder „bei einem Waldgebiet“, denn as. *hamm(a)*, mnd. u. nnd. *Hamm(e)* weist beide Bedeutungen auf und geht auf eine Wortwurzel bzw. einen Wortstamm zurück, der etwas Gekrümmtes bedeutet und zu dem auch unser Wort *Haken* gehört (vgl. W Laur, Ortsnamen, S. 311 u. 320 u. Ortsnamenlexikon, S. 305). H. Reincke dachte entsprechend einem Namen wie *Kaaksburg* zum Ortsnamen *Kaaks* bei Itzehoe oder *Stellerburg* zu *Stelle* in Dithmarschen an eine Bedeutung wie etwa „Burg bei (dem Dorfe) Hamm“ (vgl. H. Reincke, Die Schutzpatrone der Stadt Hamburg. In: Hamburger geschichtliche Beiträge. Hans Nirrnheim zum 70. Geburtstag; Hamburg 1935, S. 1–19). In der Vergangenheit sind übrigens für den Stadtnamen viele uns heute unsinnig erscheinende Deutungen gegeben worden.

+ **Hamburgerberg** (Sankt Pauli, O.-Amt u. Bez. Hamburg-Mitte) Vorort – 1535 (Gaedechens, Topographie, S. 109) Der Hamburgerberg (hier als Name eines dänischen Admiralsschiffes), 1856 (Schröder-Biernatzki, Top.[2] II, S. 277) Hamburgerberg – So benannt nach der Zugehörigkeit zu Hamburg.

Hamm (O.-Amt u. Bez. Hamburg-Mitte) Stdttl., früher Kirchdorf – 1212 (HUB I, 388, Abschr. 14. Jahrh.) de Hamme, 1238 (HUB I, 576) de Hamme, 1247 (HUB I, 538) de Hamme, um 1250 (StAH, 231, I 1 Bd 1, Lib.act.) in Hamma, 1256 (HUB I, 606) inter … et Hamme uillas, 1300 (HUB I, 922, Abschr. 14. Jahrh.) in villa Hamme, 1303 (HUB II, 44) in villa nostra Hamme, 1311 (Hamb. Schuldb. 1073) de Hamme, 1319 (HUB II, 439) in … silva dicta Hamme, 1334 (HUB II, 938) in Hamme, 1346 (HUB IV, 276) in Hamme, 1350 (HUB IV, 427) van Hamme, 1379 (SHRU VI, 266) to Hamme, 1420 (HKR II, 35_{29}) in Hamme, 1508 (VBHK 11, 6a) in villa Hamme, 1565 (SHRU IX, 489, Vidimus 1566) in Hamm, 1567 (LAS, Abt. 7, 1177) das Dorff Hamme, Elbkarte M. Lorck 1568: Ham, um 1569 (Karte D. Drever, Leerhoff Nr. 20) tho Hamme, Mejer 1649: Ham, 1855 (Schröder-Biernatzki, Top.[2] I, S. 476) Hamm – Zu *Hamm*, *Hamme*, vgl. oben Hamburg. Der Beleg von 1319 *in ... silva ... Hamme* zu lat. *silva* = „Wald“ könnte vielleicht andeuten, daß es sich bei *Hamm* ursprünglich um einen Waldnamen gehandelt hat, der dann auf das Dorf übertragen worden ist. Er könnte aber auch einfach „Wald von Hamm“ bedeuten.

Hammer Baum (Hamm, O.-Amt u. Bez. Hamburg-Mitte) h. StrN, früher Haus, mda. *Hammer'boom* – 15. Jahrh. (Zunftrollen S. 264, Anm.) to dem Hammer bome, 1463 (HKR II, 198_{20}) apud Hammerbome, 1502 (DMR S. 592) to … Hammerbome, 1855 (Schröder-Biernatzki, Top.[2] I, S. 478) Hammerbaum – „Baum, Schlagbaum bei Hamm“.

Hammerbrook (O.-Amt u. Bez. Hamburg-Mitte) Stdttl., früher Distrikt – 1238 (HUB I, 511, Abschr. 14. Jahrh.) in Palude, 1255 (HUB I, 595) a Palude, 1300 (HUB I, 922, Abschr. 14. Jahrh.) in palude Hamme, 1301 (HUB II, 5, Abschr. 14. Jahrh.) in Hammerbroke, 1312 (StAH, 231-1, 3 Bd 1, Lib.de hort.vend.) in Hammerbroke, 1319 (HUB II, 439) in Hammerbroke, 1332 (Hamb. Schuldb. 1140) in Hammerbroke, 1340 (HUB IV, 105) in deme Hammerenbroke vor der stat to Hamborgh, 1347 (HUB IV, 317) in loco dicto Hammerbroch, 1374 (Hamb. Test. 31) in Hammerbroke, 1383 (SHRU VI, 491, Abschr. 17. Jahrh.) unse landt, dat geheten iß Hammerbrock, 1383 (SHRU VI, 493) dat land ghenômet

Hammerbrők, 1393 (StAH, 231-1, 3 Bd 1, Lib.de hort.vend.) in Hammerbrůk, 1416 (StAH, 710-1 I Bd 4) in palude Hammerbroke, 1467 (HKR II, 345_{31}) ad usum Hammerbroek, 1508 (VBHK 1, 1a) in Hammerbroke, um 1569 (Karte D. Drever, Leerhoff Nr. 20) Hammerbrock, 1589 (LAS, Urk.-Abt. B, 229) in Hammerbroke, Mejer 1649: Hamerbroeck, 1855 (Schröder-Biernatzki, Top.[2] I, S. 478) Hammerbrook – „Brook, d. h. Bruch, Bruchland, Sumpf, von Hamm".

Hammerdeich (Hamm, O.-Amt u. Bez. Hamburg-Mitte) h. StrN, früher Deich u. Siedlung, mda. *Hammer'diek* – 1359 (SHRU IV, 820) super … Hammerdyck, 1388 (SHRU VI, 749) aggeris Hammerdick, 1393 (StAH, 231-1, 3 Bd 1, Lib.de hort.vend., S. 22_{3}) versus Hammerdyk, 1453 (HKR II, 89_{5}) super Hammerdyk, 1531 (HKR V, 450_{2}) pro … Hamerdick, 1855 (Schröder-Biernatzki, Top.[2] I, S. 478) Hammerdeich – „Deich – nd. *Diek* – von Hamm".

Hammermarsch (Hamm, O.-Amt u. Bez. Hamburg-Mitte) FN – 1564 (SHRU IX, 474, Vidimus 1566) in der Hammermarsch – „Marsch von Hamm".

Harburg (O.-Amt u. Bez. Harburg) Stdttl., früher Stadt, mda. *Harborch* – 1133–1137 (Sudendorf VIII, 247, 2) a Horeburg, 1133–1137 (Sudendorf VIII, 247, 2) a Horeburg, 1142 (HUB I, 167, Orig. Guelfic. T. II, p. 546) a Horeburg, 1195 (SHRU I, 189, Papsturk.) apud locum qui dicitur Horebruch, Helmold v. Bosau Ende 12. Jahrh.: Horeborg, Annales Waldemariani 12./13. Jahrh.: castrum Horeburgh, 1219 (HUB I, 432) castrum Horburg, 1236 (Sudendorf I, 19, Vertr.) … Horborch castra, 1266 (HUB I, 715) Horborch (als Bei- oder Familienname), 1252–1279 (HUB I, 775) Datum Horborg, 1289 (HUB I, 850) de Horborch, 1296 (Sudendorf I, 144) Datum Horburch, 1306 (Hamb. Schuldb. 1025) de Horborg, 1315 (HUB II, 350) de Horborch, 1338 (HUB IV, 22) de Horborch, 1342 (Sudendorf II, 24) in oren sloten Horborch …, 1349 (HUB IV, 403) Gherekino Horborch, 1354 (Sudendorf II, 476) tho Horborch, 1372 (Sudendorf IV, 251) tho Horborgh, 1388 (Sudendorf VI, 217) Horborch, 1392 (Sudendorf VII, 98) Horborgh, 1395 (SHRU VI, 1193) uppe Horborch, 1402 (Sudendorf IX, 151) to Horborg, 1467 (Regesten Harburg 771) in Harborch, 1492 (Regesten Harburg 1101, gleichzeit. Abschr.) binnen Hareborgh, 1500–1501 (Sudendorf VIII, 196, Verhandl.) to Horborgh, to Hareborg, 1508 (VBHK 100, 51a) in Harburch, 1555 (HKR VII, 44_{28}) in Harborch, 1568 (SHRU IX, 271, 6, Verz.) zu Harborch, Elbkarte M. Lorck 1568: Harborg, um 1569 (Karte D. Drever, Leerhoff

Nr. 20) Harborch, 1598 (Zunftrollen S. 257, Abschr. 17. Jahrh.) in den … steden … Harborch, um 1620 (Karte, Leerhoff Nr. 21) Harburgk, Mejer 1649: Haerborg, Danckw. 1652: die … Residentz Harburg – „Burg – as. *burg*, mnd., nnd. *Borch* – im Sumpf" zu as. *horu*, mnd. *hōr*, *hār* = „Schmutz, Kot", hier in der Bedeutung von „Sumpf" (vgl. H. Olsen, Historisches Verzeichnis, S. 9).

+ **Harkenkrug** (b. Volksdorf, O.-Amt Walddörfer, Bez. Wandsbek) FN – 1350 (HUB IV, 427) in Herkescroge, 1396 (SHRU VI, 1280) in dem Herkenkroghe, 1437 (HKR III, S. LXXX_{14}) den Herkenkroch, 1529 (HKR V, 385_{26}) Harckenkroges, 1597 (W. Füßlein, Geschichte der Hamburgischen Walddörfer; Hamburg 1937, S. 52) von dem Hardtken Krogen – „Ecke, Winkel – nd. *Krooch* – des Harico, Herke, Harke", eine Rufnamenkurzform, die zu mit *Hari-*, *Heri-* beginnenden Vollnamen zu unserem Worte *Heer* in der Bedeutung „Anführer" oder auch „Kämpfer" gehört (vgl. W. Laur, Ortsnamen, S. 376). Eine Deutung als ein sakraler Ortsname zur Gestalt der Frau Harke im Volksglauben oder zu ahd. *haruc* in der Bedeutung „Heiligtum" ist abzulehnen (vgl. W. Laur, Germanische Heiligtümer und Religion im Spiegel der Ortsnamen. Kieler Beiträge zur deutschen Sprachgeschichte Nr. 21; Neumünster 2001, S. 172).

+ **Hartjenhof** (gleich nordwestl. v. Wilhelmsburg, h. i. Bereich d. Freihafens) IN – Elbkarte M. Lorck 1568: Harttenhouer Landt – „Hof des Harting", eine Rufnamenbildung auf *-ing* zu Vollnamen, die mit *Hart-* zu unserem Eigenschaftswort *hart* beginnen.

° **Hartzloh** – Siehe ° Hasloh.

Harvestehude (O.-Amt u. Bez. Eimsbüttel) Stdttl., früher Vogtei, mda. *Havste'huud* – 1246 (HUB I, 536) in uilla tali, que Herwehusen dicitur (so nach Lappenberg auf Grund des 1842 verbrannten Originals. SHRU I, 661, hat nach dem Harvestehuder Kopiar *Herwerdeshuthe*. Entweder fand sich eine Verschreibung im Original oder bei Lappenberg), 1247 (HUB I, 540, Abschr. 14. Jahrh.) de Herwerdeshuthe, 1247 (HUB I, 541) in Herwerdeshuden, 1250 (HUB I, 554) de Herwerdeshuthe, 1275 (HUB I, 759) in Herwerdeshuden, 1286 (HUB I, 823) in Herwerdeshude, 1288 (Hamb. Schuldb. 106) in Herwardeshude, 1313 (HUB II, 283) ab … Herwerdeshudhe, 1340 (HUB IV, 101) in Herwerdeshude, 1350 (HUB IV, 437) in Herverdeshude, 1377 (SHRU VI, 94, Abschr. 16. Jahrh.) tho Haruerstehude, 1385 (SHRU VI, 596) claustri, … Heruerdeshude, 1409 (LAS, Urk.-Abt. 3, 40) to Herverdeshude, 1450 (LAS, Urk.-Abt. 3, 385) des Closters Heruerdeshude, 1466 (LAS, Urk.-Abt. 3, 392[xxx], Transs.) in Hervesthude, 1496 (LAS, Urk.-Abt. 143, 24) to Herwerdeshude, 1501 (LAS, Urk.-Abt. 3, 89) to Heruestehude, 1530 (HKR V, 404_{18}) in Harvestehude, 1560 (LAS, Abt. 3, 26) zu Herbstehude, Harbstehude, um 1569 (Karte D. Drever, Leerhoff Nr. 20) Haruestehude, Mejer 1650: Harvesthude, 1855 (Schröder-Biernatzki, Top.[2] I, S. 487) Harvstehude – „Hude, d. h. Ankerplatz, des Herward" (vgl. H. Olsen, Historisches Verzeichnis, S. 9), ein Rufname als eine Zusammensetzung von ahd., as. *hėri* = „Heer" und *ward*, *wart*, vgl. unser Wort *Wart* wie in *Hauswart*, in der Bedeutung „Hüter". Der Name bezog sich ursprünglich auf eine Örtlichkeit, einen Hof, auf dem östlichen Hang der Altonaer Talmulde auf der Hamburger Seite des Scheidebaches. Hier begründete Heilwig, die Gemahlin Adolfs IV., im Jahre 1246 ein Zisterzienserinnenkloster, das 1293 die ihm gehörenden Dörfer Heimhude und Odersfelde niederlegte und im Jahre 1295 seinen Sitz hierher verlegte. So gelangte der Name von der Elbe an die Alster. Das Kloster lag südöstlich vom U-Bahnhof Klosterstern im Bereich der heutigen Straße *Frauenthal*, die einen alten Namen des Klosters trägt (s. Frauenthal), und des Eichenparks an der Krugkoppelbrücke (vgl. Chr. Hanke, R. Hentschel, Harvestehude, Rothenbaum im Wandel; Hamburg 1993, S. 4).

+ **Harvestehuder Bach** (Scheidebach zw. Hamburg u. d. heutigen Altona) FlN – 1258 (HUB I, 631) a rivo Herwardeshudhe, 1301 (HUB II, 11) inter fluvium Herwerdeshude – „Bach – nd. *Bęk* – von Harvestehude", bezogen auf den alten Platz an der Grenze von Hamburg zum heutigen Altona.

+ **Haselwörden** (westl. v. Moorburg, O.-Amt Süderelbe, Bez. Harburg) Örtlichkeit – Mejer 1649: Haselwördē – „Zu den mit Haseln, Haselnußsträuchern bestandenen Wurten" – *-wörden* als Mehrzahlform zu mnd. *wort*, nnd. *Wöhr(d)* = „Wurt, Hausplatz", in den Marschen auch „erhöhter Wohnplatz".

+ **Hasenberg** (Dockenhuden, O.-Amt Nienstedten, Bez. Altona) Haus – 1789 (LAS, Abt. 112, 1653, Fb) Haasenberg, 1855 (Schröder-Biernatzki, Top.[2] I, S. 332) Hasenberg – „Berg – nd. *Barch*, an" oder „auf dem sich Hasen aufhalten".

+ **Hasenmoor** (b. d. Neuen Burg, Neustadt, O.-Amt u. Bez. Hamburg-Mitte) FN – 1287 (MVHG Bd 9, 1907 [1908], S. 395) Hasenmoͤr, 1361 (MVHG Bd 9, 1907 [1908], S. 395) van deme Hasenmøre, 1374 (MVHG

Bd 9, 1907 [1908], S. 395) Hazenmoer – „Moor, in dem sich Hasen aufhalten".

\+ **Hasfleet** (Billwerder, O.-Amt Vier- u. Marschlande, Bez. Bergedorf) Ortschaft – 1162 (HUB I, 224) Hasflet, 1350 (SHRU IV, 436) in Hosenulete, 1351 (SHRU IV, 496) in Hosenulete, 1394 (SHRU VI, 1139) in deme … vërdendele gheheten Hosenvlete, 1399 (SHRU VI, 1515) in deme neddersten verdendele geheten Hosenflete, 1855 (Schröder-Biernatzki, Top.[2] I, S. 492) Hasfleth – Die spätmittelalterlichen Formen wie *Hosenvlete* sprechen für eine Zusammensetzung von *Fleet* = „Wasserlauf, Abzugsgraben, Kanal" mit mnd. *hōse*, *hāse*, nnd. *Hås* = „Hose, Beinbekleidung" als eine Benennung im übertragenen Sinne, vielleicht nach der Form. Dazu paßt auch *Hasfleth* bei Schröder-Biernatzki wohl als nd. *Håsfleet* aus **Håsenfleet*, nicht aber *Hasflet* als älteste Form von 1162 mit einem *a*, da so früh die Dehnung und Senkung des *o* zu *ō* und *å* in offener Tonsilbe nicht zu erwarten wäre. Möglicherweise liegt auch die Tierbezeichnung mnd. *hāse*, nnd. *Hås* = „Hase" vor, wobei der Vokal *å* aus einem in offener Tonsilbe gedehnten *a* in den spätmittelalterlichen Belegen mit einem *o* geschrieben wurde, oder auch eine Umdeutung oder eine Verbesserung nach einer jüngeren Abschrift, da die Urkunde beschädigt ist.

° **Hasloh** – Im Zusammenhang mit dem vergangenen Schmachthagen erwähnt Seeler einen vergangenen Ort *Hasloh* gleich westlich von Steilshoop (vgl. S. Seeler, Bramfeld; Hamburg 1959, S. 116). Entgegen seinen Ausführungen ist aber ein entsprechender Flurname in der Urkunde von 1317 nicht aufgeführt. Es wird sich wohl nur um den Flurnamen *Hadzlohstücke* [*Hartzloh*] auf der Steilshooper Feldmark handeln (vgl. dazu auch H. Beckershaus, Straßennamen, S. 145).

\+ **Hasselbrook** (Hamm, O.-Amt u. Bez. Hamburg-Mitte) FN, heute StrN *Hasselbrookstraße*, früher Holzung – 1379 (SHRU VI, 266) dat Hertzebrůk, 1855 (Schröder-Biernatzki, Top.[2] I, S. 476) Am Hasselbrook – Ursprünglich „Bruch, Bruchland – nd. *Brook*, in dem sich Hirsche aufhalten" zu mnd. *hert(e)*, *hart*, nnd. *Hart* = „Hirsch", später zu *Hassel-* nach der Baumbezeichnung *Hassel* = „Haselnußstrauch" umgedeutet (vgl. Gaedechens, Topographie, S. 66).

Hasselwerder (Neuenfelde, O.-Amt Süderelbe, Bez. Harburg) Ortstl., früher Kirchdorf, mda. *Hassel'warder* – 1059 (HUB I, 80) Hesleuuarther, 1155 (Regesten Harburg 4) in Haslewerthere, 1294/95 (Regesten Harburg

58, Abschr. 19. Jahrh. nach Lehnsreg. um 1300) in … Haselwerdere, 1336 (Regesten Harburg 148, Abschr. 14. Jahrh.) in Haselwerdere, 1339 (Regesten Harburg 162) in Haslewerdere, 1387 (SHRU VI, 689) in Hasselwerder, 1462 (Regesten Harburg 726) Hasselwerder, 1508 (VBHK 68, 33a) in parrochia Haselwerder, 1523 (Regesten Harburg 1129a) tho Hasselwerder, Elbkarte M. Lorck 1568: Hasselwarder, um 1569 (Karte D. Drever, Leerhoff Nr. 20) Hasenwarder, Mejer 1650: Haselwordn – „Werder, d. h. Insel, Halbinsel, mit Haselnußsträuchern".

Hausbruch (O.-Amt Süderelbe, Bez. Harburg) Stdttl., mda. *Huusbrook* – 1552–1561 (StdA Buxt., St. V. XXII, 1) dat Hürs brock, dat Huirs Brock, 1577 (StAHan, Kart.-Abt. 31 g/6k) das Havsbrvch, um 1638 (StAHan, Celle Br. Arch. Des. 71 XVI Nr. 2) Vorwerck Haußbrock, 1772 (Kurhannoversche Landesaufnahme, Staatsbibl. „Preußischer Kulturbesitz", Nr. 25564, Karte) Hoierbrock – Ursprünglich „Bruch, Bruchland – nd. *Brook* – eines bzw. des Pächters" zu nd. *Hürsmann* zu *Hür* = Heuer, Miete, Pacht", dann zu nd. **Huusbrook* umgedeutet und ins Hochdeutsche als *Hausbrock* und *Hausbruch* übertragen. Diese Umdeutung steht wohl nicht mit der Errichtung des Vorwerks zu Anfang des 17. Jahrhunderts in Zusammenhang, da sie bereits zu Ende des 16. Jahrhunderts auftritt (vgl. A. C. Förste, Ursprung, S. 7–17).

Havighorster Graben (z. Glinder Au, Mümmelmannsberg, O.-Amt Billstedt, Bez. Hamburg-Mitte) GewN – „Graben nach Havighorst (Kr. Stormarn) zu".

Heckkaten (Bergedorf, O.-Amt u. Bez. Bergedorf) Ortstl. – 1685 (LAS, Abt. 111, 33) Heckkahten, 1855 (Schröder-Biernatzki, Top.[2] I, S. 216) Heckkathen – „Katen bei einem Heck".

Heidberg (Langenhorn, O.-Amt Fuhlsbüttel, Bez. Hamburg-Nord) Ortstl., mda. *Heidbarch* – Meßtischbl. 1880: Heidberg – „Mit Heide bewachsener Berg, Erhebung" oder „Berg in der Heide".

Heimfeld (O.-Amt u. Bez. Harburg) Stdttl. – „Feld des Heimo" (s. + Heimhof).

Heimfelder Holz (Heimfeld, O.-Amt u. Bez. Harburg) FN – „Holz, Waldung von Heimfeld".

+ **Heimhof** (Rothenbaum, O.-Amt u. Bez. Eimsbüttel) Hof – 1393 (SHRU VI, 1088, Abschr. 16. Jahrh.) eynen … stucke landes Heymyckhoff – „Hof des Heimico, Heimeke“, eine Verkleinerungsform zur Kurznamenform *Heimo*, die zu mit *Heim(i)-* beginnenden Vollnamen zu unserem Wort *Heim* im Sinne von „Heimat“ gehört (vgl. H. Kaufmann, Ergänzungsband, S. 166–167).

+ **Heimhude** (Rothenbaum, O.-Amt u. Bez. Eimsbüttel) früher Dorf, vgl. h. *Heimhuder Straße* – 1256 (HUB I, 606) in Heimchude, 1277 (HUB I, 772) in curia Hemekehude, 1285 (HUB I, 818, Abschr. 14. Jahrh.) van Heymechhude, 1289 (Hamb. Schuldb. 163) curiam Heimichude, 1293 (HUB I, 871) curia Heymechudhe, 1310 (HUB II, 208, spät. Abdr.) prope curiam Heymychudhe, 1311 (HUB II, 246) de Hemichuden, 1327–1332 (ZHG 6, 1875, S. 72, Necr.cap., Abschr. 17. Jahrh.) de Heymichude, 1346 (HUB IV, 186, Abschr. 14. Jahrh.) de Hemychude, 1682 (MVHG Bd 1, 1880 [1881], S. 74–79, als FN für den Hügel der Sternschanze) Hemminghude – „Hude, d. h. Anlegeplatz, des Heimico, Heimeke“ (s. o.).

+ **Heinfeld** (Langenhorn, O.-Amt Fuhlsbüttel, Bez. Hamburg-Nord) Hsr. u. StrN – 1856 (Schröder-Biernatzki, Top.^{2} II, S. 71) Heinfeld – Siehe oben.

Hellbrook (Bramfeld, O.-Amt Bramfeld, Bez. Wandsbek) Ortstl., früher Halbhufe (Wrtshs.) – 1750 (LAS, Abt. 111, 485, Beschr.) zwischen Hellbrock, 1773 (LAS, Abt. 111, 398) zu Hellbrock, 1855 (Schröder-Biernatzki, Top.^{2} I, S. 251) Hellbrook, Meßtischbl. 1880: Hellbrok – „Bruch, Bruchlandschaft – nd. *Brook* – an einem Abhang“ zu mnd. *helle*, nnd. *Hell* = „Abhang“ oder „an einem abgelegenen Ort“ zu as. *helia*, mnd. *helle* als eine Entsprechung zu unserem Worte *Hölle* in der ursprünglichen Bedeutung (vgl. W. Laur, Ortsnamenlexikon, S. 322). Mit dem vergangenen ON *Haldesdorf* hat *Hellbrook*, wie wir gesehen haben (s. + Haldesdorf), nichts zu tun.

Helmuth-Schack-See (Osdorf, O.-Amt Blankenese, Bez. Altona) SN – Benannt nach [Lücke im Manuskript. Internetangabe: Nach Grundbuch Besitzer im 19. Jahrhundert. Hrsg.]

Herrenbrack (Ochsenwerder, O.-Amt Vier- u. Marschlande, Bez. Bergedorf) GewN – „Brack, d. h. Einbruchstelle am Deich, des“ oder „der Herren“.

Herrengrabenfleet (Neustadt zw. Bleichenfleet u. Hafen gleich östl. d. Michaeliskirche, O.-Amt u. Bez. Hamburg-Mitte) GewN – Um 1740 (MVHG 11, 1912, S. 101) von dem Herrengraben – Benannt nach dem Herrengraben, der um 1500 ausgehoben wurde. Bürgermeister und die älteren Ratsherren hatten hier eine Fischnutzung (vgl. H. Beckershaus, Straßennamen, S. 157).

+ **Hersebruch** (Hamm, O.-Amt u. Bez. Hamburg-Mitte) Wald – 1338 (HUB IV, 22) silva dicta Hersebruch, 1341 (HUB IV, 113, Abschr. 14. Jahrh.) cum silva dicta Herzebrock – „Bruch, Bruchland – nd. *Brook*, in dem Hirse – mnd. *herse* – wächst“. Bei der Form *Hersebruch* von 1338 handelt es sich wohl kaum um eine hochdeutsche, sondern entweder um eine Schreibung *-bruk*, *-brůk* für *-brok*, oder um eine nachträgliche Rekonstruktion, da die Urkunde teilweise beschädigt ist.

+ **Herzogshof** (Wilhelmsburg, O.-Amt Wilhelmsburg, Bez. Harburg) – 1468 (HKR II, 366_{13}) versus Hertogeshove, 1478 (HKR III, 310_{32}) versus Hertogenhove, um 1569 (Karte D. Drever, Leerhoff Nr. 20) Hartigenhoff – Mnd. **tome hōve* = „zum Hofe des Herzogs (von Braunschweig-Lüneburg)“.

+ **Hester** (Lokstedt, O.-Amt Lokstedt, Bez. Eimsbüttel) Anbaustelle, Zollstelle – 1856 (Schröder-Biernatzki, Top.^{2} II, S. 95) Hester (vorm. Hesterzoll), Meßtischbl. 1880: Hester – Nd. *Heester*, *Heister*, *Hester* = „junger Baum“.

Heuckenlock (Stillhorn, O.-Amt Wilhelmsburg, Bez. Harburg) GewN – „Mantelloch“ zu nd. *Heuken*, *Heike*, *Hoike* = „kurzer kragenförmiger Mantel“, wohl auf die Form bezogen, oder „Böckchenloch“ zu nd. *Höken* = „Böckchen“.

Hexenberg (O.-Amt Blankenese, Bez. Altona) FN – 1855 (Schröder-Biernatzki, Top.^{2} I, S. 223) Hexenberg – Durchsichtiger Name.

+ **Hilgenkamp** (Langenhorn, O.-Amt Fuhlsbüttel, Bez. Hamburg-Nord) FN – 1347 (HUB IV, 339, Verz., Abschr. 1581–1586) de campo Hilgenkamp – Nd. **tom hilligen Kamp* = „zum heiligen Kamp, Feld“ – Bezog sich wohl auf Kirchenland.

Hinschenfelde (O.-Amt u. Bez. Wandsbek) Ortstl., früher Dorf, mda. *Hinschen'felln* – 1306 (HUB II, 122) de Huntsingvelde (i. Lib.cop.cap. 14.

Jahrh. Huntsiggevelde), 1327–1332 (ZHG 6, 1875, S. 47, Necr.cap., Abschr. 17. Jahrh.) ville Hincekenvelde, 1335 (HUB II, 1002) to Hinriscevelde, 1339 (HUB IV, 82) in villa Hinrecevelde, um 1340 (HUB IV, 108, Abschr. um 1354) in villa nostra Hinrizevelde, 1345–1350 (UBStL II, 2, 986) ere dorpe, alse … Henrisceuelde, 1350 (HUB IV, 431) in Hintzeghenvelde, 1365 (SHRU IV, 1129, Abschr. 17. Jahrh.) twischen … dem dorpe Hintzekenfelde, 1394 (SHRU VI, 1135) van Hintzekenvelde, 1579 (LAS, Abt. 7, 5100) zum Hinschenfelde, 1582 (LAS, Abt. 7, 1185) zum Hintzekenfelde, 1600 (LAS, Abt. 111, AR Trittau) Hinschenfelder, 1600 (LAS, Abt. 7, 1185) der Dorfschaften Hinschenfelde, Mejer 1649: Hinschenfelde, 1694 (LAS, Abt. 7, 5093) zu Hinsekenfeldt, 1855 (Schröder-Biernatzki, Top.[2] I, S. 521) Hinschenfelde – Wohl eher „zum Felde der Hunzinge", d. h. „der Leute des Hunzo", als „des Hinrik, des Hinz", wie allgemein angenommen wird (vgl. H. Olsen, Historisches Verzeichnis, S. 10 u. G.-W. Röpke, Zwischen Alster und Wandse, S. 101), denn bei einer Zusammensetzung mit dem Rufnamen *Hinrik* hätten wir ein Genitiv-s zu erwarten, das uns aber nicht begegnet. Die älteren und die neueren Formen sprechen für einen Genitiv des Plurals. Es liegt die gleiche Entwicklung wie bei *Hinschendorf* vor, dem Namen eines in Reinbek aufgegangenen Dorfes und Hofes – im 13. und zu Anfang des 14. Jahrhunderts *Huntzinghethorpe* – und seit der Mitte des 14. Jahrhunderts mit Formen, die ein *i* aufweisen, z. B. 1346 *Hinzingedorpe* oder 1492 *Hintzchendorpp*. Es handelt sich dabei um eine Bildung mit dem Suffix *-ing*, und zwar in der Mehrzahlform, zum PN *Hunzo*, der zu mit *Hun-* beginnenden Vollnamen zu unserem Worte *Hüne* = „Riese" oder auch an. *hunn* = „Tierjunges, junger Bär, junger Bursche" gehört. Als Bestimmungswort in beiden Ortsnamen liegt somit **Hunzinge*, **Hünzinge* in der Bedeutung „Leute des Hunzo" vor, wobei das in der Schreibung nicht bezeichnete *ü* in vortoniger Silbe zu *i* entrundet ist (vgl. W. Laur, Ortsnamenlexikon, S. 331).

+ **Hinterort** (Langenhorn, O.-Amt Fuhlsbüttel, Bez. Hamburg-Nord) Hsr. – 1856 (Schröder-Biernatzki, Top.[2] II, S. 71) Hinterort – „Hinter dem Ort, Vorsprung" oder auch „hinterer Ort, Vorsprung".

+ **Hitscherberg** (Kirchwerder, O.-Amt Vier- u. Marschlande, Bez. Bergedorf) Hsr. – 1325 (HUB II, 621) in villa Ythsenberghe, 1856 (Schröder-Biernatzki, Top.[2] II, S. 35) Hitscherberg – Wohl „zum Berge – mnd. *berch*, nnd. *Barch* – des Itzo, Izzo" oder auch „des Iziko", eine Kurznamenform verschiedenen Ursprunges, die mit *Hitzo* wechseln kann. Ein namenmäßiger Zusammenhang mit *Hitzacker* – 1248 (HUB I, 544)

Hiddesacker, wie ihn Finder vermutet (vgl. E. Finder, Vierlande 1. Bd, S. 316), besteht wohl kaum. Die jüngere und junge Form *Hitscher-* ist wohl aus *Hitschen-* entstanden.

Höder-Wettern (Wilhelmsburg, O.-Amt Wilhelmsburg, Bez. Harburg) GewN, mda. *Heuderwettern* – „Wettern, d. h. Abzugsgraben, bei" oder „von Höde", zu *Houd*, *Höd* = „Hut, Bewachung", d. h. „Land, auf dem man etwas (-Vieh-) hütet".

Höltigbaum (Rahlstedt, O.-Amt Rahlstedt, Bez. Wandsbek) FN – Meßtischbl. 1880: Höltigbaum – „Baum, Schlagbaum bei einer Holzung, einer Waldung" zu mnd. *höltinge*.

+ **Hölzernklinke** (Oevelgönne, Othmarschen, O.-Amt u. Bez. Altona) Kate – 1856 (Schröder-Biernatzki, Top.[2] II, S. 239) Hölzernklinke – Nd. **tor hölten Klink* = „zum hölzernen Schlagbaum" wie *Höltenklink* und *Höltenklinken*, heute *Klinken*, im Kreise Stormarn (vgl. W. Laur, Ortsnamenlexikon, S. 334 u. S. 393–394).

+ **Hörn** (Kirchwerder, O.-Amt Vier- u. Marschlande, Bez. Bergedorf) – 1856 (Schröder-Biernatzki, Top.[2] II, S. 35) Auf dem Hörn – Siehe Horn.

Hövel (Georgswerder, O.-Amt Wilhelmsburg, Bez. Harburg) FN, h. StrN *Hövelpromenade* u. *Hövelbrook*, mda. *Höbel* – Um 1569 (Karte D. Drever, Leerhoff Nr. 20) Im Hövel, um 1680 (Karte nach Schildknecht, E. Reinstorf, Eindeichung Wilhelmsburg, nach S. 118) Hæfel – Mnd. *hövel*, nnd. *Höwel* = „Hügel, Höcker", nur noch in Orts- und Flurnamen (vgl. O. Mensing II, Sp. 121).

Hövelwettern (Wilhelmsburg, O.-Amt Wilhelmsburg, Bez. Harburg) GewN – Meßtischbl. 1880: Im Hövel – ;„Wettern, d. h. Abzugsgraben, bei Hövel".

Hof – Germ. wohl **hoƀaz*, as., mnd. *hof*, nnd. *Hoff*, nhd. *Hof* wird allgemein zu Terrainbezeichnungen wie *Hövel* oder *Hübel* oder zu lit. *kupstas* = „Hügel" und dazu als Lehnwort *Kupsten* im Deutschen für die Vordünen auf der Kurischen Nehrung oder auch altiran. *kaofa* = „Berg, Kamelhöcker" gestellt. In den heutigen norwegischen Mundarten findet sich *hov* in der Bedeutung „Hügel, Anhöhe". Die ursprüngliche Bedeutung wäre somit „Einzelsiedlung auf einer Höhe". Da aber die Grundbedeutung unseres Wortes wohl „Hof, Besitz, Haus, Vorhof" ist, scheint die Bedeutung von „eingezäuntem Platz" mitgegeben zu sein; daher wollen manche unser Wort nicht von *Hufe*, germ. **hōƀō*, as. *hōva*, mnd. *hōve*, ahd. *huoba* trennen und stellen es zu gr. *κῆπος* (kêpos) = „Garten", idg. **kāpo-*, wenn auch lautliche Schwierigkeiten dem entgegenstehen. *Hof* bezeichnet in unserem Zusammenhang sowohl einen Bauernhof als auch einen Edelhof als den Sitz eines Adligen (vgl. W. Laur, Ortsnamenlexikon, S. 335–336).

+ **Hogewisch** (Curslack, O.-Amt Vier- u. Marschlande, Bez. Bergedorf) FN – 1304 (HUB II, 177, Neustrelitz. Kopialb.) peciam agri, que Hoghewisch dicitur – „Hohe, hochgelegene – mnd. *hôch* – Wiese" zu mnd. *wisch* = „Wiese".

Hoh (Spitze d. Reitbrooks zw. d. Doven u. d. Gosen Elbe, O.-Amt Vier- u. Marschlande, Bez. Bergedorf) IN – 1855 (Schröder-Biernatzki, Top.[2] I, S. 525) Hoh (die Hoh) – Möglicherweise liegt hier das alte Wort as. **hô* = „Wald" wie in *Isarnho* und *Itzehoe* vor (vgl. W. Laur, Ortsnamenlexikon, S. 359 u. S. 360) oder ein weiteres Wort **hô*, das „Niederung" bedeutet.

+ **Hohefeld** (südl. Teil d. ehemaligen Gänseweide, h. b. Steinwerder, O.-Amt Veddel-Rothenburgsort, Bez. Hamburg-Mitte) FN – 1855 (Schröder-Biernatzki, Top.[2] I, S. 401) Hohefeld – Durchsichtiger Name.

Hoheluft (O.-Amt u. Bez. Eimsbüttel – Hoheluft-West – u. Bez. Hamburg-Nord – Hoheluft-Ost) Stdttl., früher Ausbaustelle – 1855 (Schröder-Biernatzki, Top.[2] I, S. 525) Hoheluft, Meßtischbl. 1880: Hoheluft – „Luftige Höhe" oder „Lichtung" als eine Nebenform zu *Lucht* oder auch eine scherzhafte Benennung für den Galgen (vgl. W. Laur, Ortsnamenlexikon, S. 337).

+ **Hohenbuchen** (Poppenbüttel, O.-Amt Alstertal, Bez. Wandsbek) früher Landstelle – 1856 (Schröder-Biernatzki, Top.[2] II, S. 296) Hohenbuchen – Durchsichtiger Name.

Hohendeich (Ochsenwerder, O.-Amt Vier- u. Marschlande, Bez. Bergedorf) Ortstl., mda. *Hogendiek* – 1856 (Schröder-Biernatzki, Top.[2] II, S. 233) Hohendeich – „Zum hohen Deich".

Hohendeicher See (Ochsenwerder, O.-Amt Vier- u. Marschlande, Bez. Bergedorf) GewN, mda. *Hogendieker See* – „See von Hohendeich".

Hohenfelde (O.-Amt Barmbek-Uhlenhorst, Bez. Hamburg-Nord) Stdttl., früher Distrikt – 1855 (Schröder-Biernatzki, Top.[2] I, S. 528) Hohenfelde, Meßtischbl. 1880: Hohenfelde – „Zum hohen Felde".

Hohensasel (Sasel, O.-Amt Alstertal, Bez. Wandsbek) Ortstl., früher Meierhof – 1855 (Schröder-Biernatzki, Top.[2] I, S. 531) Hohensasel – „Das hoch gelegene Sasel".

Hohenwisch (Francop, O.-Amt Süderelbe, Bez. Harburg) Ortstl. – Meßtischbl. 1880: Hohenwisch – „Zur hohen Wiese" zu nd. *Wisch* = „Wiese".

Hohe Schaar (O.-Amt Wilhelmsburg, Bez.-Amt Harburg) IN, h. *Hohe-Schaar-Straße*, mda. *Hoch Schoor* – Elbkarte M. Lorck 1568: Hogeschaer, um 1569 (Karte D. Drever, Leerhoff Nr. 20) Dat Hoge Schar, Mejer 1649: Hohe Schaar, um 1680 (Karte nach Schildknecht, E. Reinstorf, Eindeichung Wilhelmsburg, nach S. 118) Hohe Schar – „Hohes, abschüssiges Gelände, hohes Steilufer" zu nd. *Schår*, *Schor* in dieser Bedeutung.

Hohle Rönne (z. Bille i. Hamm, Hamm-Nord, O.-Amt u. Bez. Hamburg-Mitte) GewN, h. StrN – 1683 (ZHG 10, 1899, S. 558) bei der Holen Rönne, 1709 (ZHG 10, 1899, S. 559) oben der Holen Rönne – Zu *Rönne* = „Rinne".

Hohnerkamp – (Bramfeld, O.-Amt Bramfeld, Bez. Wandsbek) Sdlg. – 1750 (LAS, Abt. 111, 485, Beschr.) der Hohner Kamp – Wohl eher „Kamp, d. h. Feld, von *Hohn" zu einem sonst nicht überlieferten Flurnamen als „wo sich Hühner aufhalten", da bei der Mehrzahl von *Hoon* = „Huhn" der Umlaut zu erwarten wäre – *Höhner. Bei einem vorauszusetzenden *Hohn-* könnte es sich um eine Entsprechung zum ON *Hohn* bei Rendsburg handeln, der zu einem Wort für „Sumpf, Moor" gehört mit Parallelen in Niedersachsen und Westfalen (vgl. W. Laur, Ortsnamenlexikon, S. 340). Der ursprüngliche Bramfelder Flurname *Hohnerkamp* darf nicht mit *der Hohe Kamp* verwechselt werden, der in der Beschreibung von 1750 kurz davor aufgeführt wird.

Hohwegkanal (Uhlenhorst, O.-Amt Barmbek-Uhlenhorst, Bez. Hamburg-Nord) GewN – „Kanal von Hohweg".

Holaake (Kirchwerder, O.-Amt Vier- u. Marschlande, Bez. Bergedorf) Ortstl., mda. *Hollack* – 1325 (HUB II, 623) to der Holake, 1329 (HUB II,

775) to der Holake, 1856 (Schröder-Biernatzki, Top.[2] II, S. 35) Hollack –. „Lake, d. h. stehendes Gewässer, mit hohen Ufern“ zu unserem Worte *hohl* in Gewässernamen, vgl. Hollenbek.

Hollandbrookfleet (Altstadt, O.-Amt u. Bez. Hamburg-Mitte) GewN – Flurnamensamml. Wegemann 1925: Holländischer Brook – „Fleet, d. h. Wasserlauf, Abzugsgraben, beim Hollandbrook“, d. h. „Bruch, Bruchland, in dem Holländer wohnten“.

Hollenbek (z. Kollau i. Stellingen, O.-Amt Stellingen, Bez. Eimsbüttel) FlN – 1705 (Hansen-Sottorf, Kollauer Chronik III, S. 16) Hollwegsforth, 1789 (H. W. C. Hübbe, Erläuterungen, S. 12) Hollenbek – Nd. **tom hollen Bęk* = „zum hohlen Bach“, d. h. „zu einem Bach zwischen hohen Ufern“, ein Bach- und Ortsname, der öfters vertreten ist (vgl. W. Laur, Ortsnamenlexikon, S. 341–342).

+ **Hollerelbe** (Gorrieswerder i. Süden v. heutigen Wilhelmsburg) FlN – 1318 (StAH, 710-1 I R 38b) by der Holver-Elve, 1370 (Regesten Harburg 262, Abschr. 15. Jahrh.) uppe der Holverelve, 1388 (Regesten Harburg 352, Abschr. Anf. 15. Jahrh. u. 17. Jahrh.) up der Holvere, 1417 (Hans. UB VI, 123) flumina … Holverelve, 1438 (Regesten Harburg 611) Hollerelve, 1470 (Regesten Harburg 793, Regest 1899 nach Familienarchiv) Hollerelve, 1508 (Hans. UB VI, 123, Prot.) Hellever Elve – „Holländer Elbe“, benannt nach den mittelalterlichen holländischen Marschsiedlern. Wir kennen aus dem Spätmittelalter nur die verkürzten Formen *Holver-* und *Holler-*, die wohl auf *hollersche* und *holversche* zurückgehen. Belege für das vergangene *Hollersdorf* bei Heiligenstedten und andere zeigen, daß neben *hollersch* auch die Form *holversch* mit einem *v* gebräuchlich war (vgl. D. Kausche, Neues über Holer- und Gammer-Elbe: ZHG 56, 1970, S. 113–115 u. W. Laur, Ortsnamenlexikon, S. 342).

Holt – Germ. **hulta(m)*, as., mnd. *holt*, nnd. *Holt*, nhd. *Holz*, idg. **qḷdo-* zur Wurzel **qel-* = „schlagen“, vgl. air. *caill* = „Wald“, bezeichnet sowohl den Stoff, das Material als auch ein Gehölz, einen Wald. Im Niederdeutschen hat es das Wort *Woold* in dieser Bedeutung so gut wie verdrängt (vgl. W. Laur, Ortsnamenlexikon, S. 345).

Holtbarggraben (Iserbrook, O.-Amt Blankenese, Bez. Altona) GewN – „Graben beim Holtbarg“ zu nd. *Holt* = „Holz, Gehölz, Wald“ und *Barch* = „Berg, Erhebung“.

Holtenklinke (Bergedorf, O.-Amt u. Bez. Bergedorf), früher Wrtshs., h. *Holtenklinker Straße*, mda. *Höltenklink* – Mejer 1650: Klinke, 1855 (Schröder-Biernatzki, Top.[2] I, S. 314) Holtenklinken – Siehe Hölzernklinke.

\+ **Holtenklinken** (Hohenfelde, O.-Amt Barmbek-Uhlenhorst, Bez. Hamburg-Nord) Haus – 1855 (Schröder-Biernatzki, Top.[2] I, S. 528) Holtenklinken – Siehe oben.

\+ **Holver-Elbe** – Siehe Hollerelbe.

Holzmühlenteich (Wandsbek, O.-Amt u. Bez. Wandsbek) SN – Durchsichtiger Name.

\+ **Hop** (b. Kirchwerder, O.-Amt Vier- u. Marschlande, Bez. Bergedorf) FN – 1257 (HUB I, 619) de Hope, 1378 (SHRU VI, 198) to dem Hope, 1436 (Regesten Harburg 602) deme Hope – Nd. *Hoop* = „Haufe" als Bezeichnung für eine kleine Erhöhung (vgl. W. Laur, Ortsnamenlexikon, S. 347).

\+ **Hopfengarten** (Hinschenfelde a. d. Scheide nach Farmsen, O.-Amt u. Bez. Wandsbek) FN – 1394 (SHRU VI, 1135) des Hoppengharden – Mnd. *hoppe(n)gārde* = „Hopfengarten", d. i. „Garten, eingehegtes Landstück, in dem Hopfen angebaut wird".

Horn – *Horn* mit der Nebenform *Hörn* bezieht sich in Orts- und Flurnamen auf einen Vorsprung (vgl. W. Laur, Ortsnamenlexikon, S. 347).

Horn (O.-Amt Billstedt, Bez. Hamburg-Mitte) Stdttl., früher Dorf – 1309 (HUB II, 175, Abschr. 14. Jahrh.) in … Horne, um 1320 (SHRU IV, 392, jüngere Datierung nach J. Reetz, Verz., Abschr. 14. Jahrh.) in Horn, 1319 (HUB II, 439) in Horne, 1332 (ZHG 6, 1875, S. 15, Necr.cap., Abschr. 17. Jahrh.) circa Horne, 1346 (HUB IV, 289) in Horno, 1347 (HUB IV, 317) in Horne, 1357 (Hamb. Test. 7) in Horne, 1379 (SHRU VI, 234) in villa Horne, 1383 (SHRU VI, 491, Abschr. 17. Jahrh.) mit dem dorpe, dat gheheten is Horne, 1399 (Hamb. Test. 121) to dem Horn, 1415 (StAH, 710-1 I Bd 4) in villa Horne, 1465 (HKR II, 261_{26}) in … et Horne, 1508 (VBHK 24, 13a) circa Hornn, um 1569 (Karte D. Drever, Leerhoff Nr. 20) thom Horne, Mejer 1649: Horn, 1855 (Schröder-Biernatzki, Top.[2] I, S. 541) Horn – Siehe oben.

+ **Horn** (Wald wohl zw. Fuhlsbüttel u. Langenhorn) FN – 1283 (HUB I, 805) Silva, que Horne … nuncupatur – Siehe oben.

+ **Hornefleet** (Francop?, O.-Amt Süderelbe, Bez. Harburg) GewN – 1294/95 (ZHVN 1857, S. 17, Abschr. um 1300) in Horethvlete, 1339 (Regesten Harburg 162) trans Horthvlete, 1482 (Regesten Harburg 902) to Horneflete, 1484 (Regesten Harburg 924) to Horneflete – Beim Bestimmungswort handelt es sich den ältesten Formen nach anscheinend um eine Bildung mit einem *t*-Suffix oder eine Erweiterung zu as. *horu* = „Schmutz, Kot" im Sinne von „Sumpf", vgl. Harburg, bei *Horneflete* des 15. Jahrhunderts wohl um eine Bildung zu einer Nebenform *Horgen-* zu mnd. *-horge*, *-harge* in der gleichen Bedeutung wie bei *Hornbek* im Kreis Herzogtum Lauenburg (vgl. A. Schmitz, Die Ortsnamen des Kreises Herzogtum Lauenburg und der Stadt Lübeck. Kieler Beiträge zur deutschen Sprachgeschichte Bd 14; Neumünster 1996, S. 151–152 u. W. Laur, Ortsnamenlexikon, S. 347–348).

+ **Hornkaten** (Altengamme, O.-Amt Vier- u. Marschlande, Bez. Bergedorf) Haus – 1855 (Schröder-Biernatzki, Top.^{2} I, S. 162) beim … Hornkathen, Flurnamensamml. Wegemann 1920–1933: Hornkathen – „Katen bei einem Horn, einem Vorsprung".

Horst – As. *hurst*, mnd., nnd., nhd. *Horst*, etymologisch verwandt mit *Hürde*, bezeichnet ein Gestrüpp, einen Buschwald, ein Gehölz, aber auch eine freie und trockene Stelle (vgl. W. Laur, Ortsnamenlexikon, S. 349).

Horst (Altengamme, O.-Amt Vier- u. Marschlande, Bez. Bergedorf) Ortstl. – Mejer 1650: Horst, 1855 (Schröder-Biernatzki, Top.^{2} I, S. 162) die Horst – Siehe oben.

Horstbek (z. Alster, Mellingstedt, O.-Amt Walddörfer, Bez. Wandsbek) FlN – „Bach – nd. *Bęk* – bei einem Horst oder Horst genannten Gelände"; siehe oben.

Hover See (Kirchwerder, O.-Amt Vier- u. Marschlande, Bez. Bergedorf) SN – „See von Hove, Howe"; siehe unten.

Howe (Kirchwerder, O.-Amt Vier- u. Marschlande, Bez. Bergedorf) Ortstl. – 1327–1332 (ZHG 6, 1875, S. 29, Necr.cap., Abschr. 17. Jahrh.) to der Have, um 1680 (Karte nach Schildknecht, E. Reinstorf, Eindeichung

Wilhelmsburg, nach S. 118) Hofe, 1856 (Schröder-Biernatzki, Top.[2] II, S. 35) Auf der Hove – Mnd. *hove* = „Hufe“ oder Dativform zu *Hof*.

Howerbrack (Kirchwerder, O.-Amt Vier- u. Marschlande, Bez. Bergedorf) h. StrN – 1856 (Schröder-Biernatzki, Top.[2] II, S. 35) Hovebraak – „Brack, d. h. Stelle, an der früher der Deich durchbrochen war, Riß, bei einer Hufe (siehe oben)“ oder „bei einem Hofe“.

Hude – As. **hūthia*, mnd. *hûde*, bezeichnet einen Anlege- oder Stapelplatz und gehört etymologisch nach bisheriger Ansicht zu *Hut* und *hüten* (vgl. W. Laur, Ortsnamenlexikon, S. 350), wobei es sich trotz dieses etymologischen Zusammenhanges nicht auf das Hüten von Vieh bezieht, wie man oft vermutet hat. Nach J. Udolph aber könnte *Hude* mit dem auch im Niederdeutschen verbreiteten Nasalausfall vor einem *d* bzw. *þ* wie in mnd. *-mûde* zu sonst *-münḍe*, vgl. *Allermöhe*, auf germ. **hunþ-* zu idg. **kn̥t-* wohl in der Bedeutung von „Winkel“ zurückgehen, vgl. urslaw. **kǫt*, russ. *kut* = „Ende eines weit ins Land reichenden Flußarmes, ukrain. *kut* = „enge winkelförmige Bucht“, poln. *kąt* = „tief ins Land einschneidende Wasserfläche“, also demnach in der Bedeutung „Bucht, Winkel“ (vgl. J. Udolph, Namenkundliche Studien zum Germanenproblem. Ergänzungsbände zum Reallexikon der Germanischen Altertumskunde Bd 9; Berlin, New York 1994, S. 461–462). Von der Bedeutung her wäre das wohl ein besser passender Ansatz als zu *Hut*. Es fragt sich allerdings, ob wir bei einem Nasalausfall vor *d* und *þ* im Niederdeutschen mit Ersatzdehnung nicht wie in anderen Fällen, etwa *-möhe*, *-mühe* aus *-mûde* neben *-münde*, auch Formen mit einem erhaltenen *n* zu erwarten hätten.

Hüsenmoor (Hummelsbüttel, O.-Amt Alstertal, Bez. Wandsbek) FN – 1801 (LAS, Abt. 25, 367 II, Eb Hummelsbüttel) achter Höselmohr, Flurnamensammlung Wegemann 1926: Achter Hüßelmoor – „Moor, das mit Gebüsch, Buschwerk bestanden ist“ zu nd. *Hössel*. Die heutige Form weist auf eine Umdeutung zu nd. *Hüsen* aus mnd. *hūsinge* = „Behausung“ hin, wie auch Wegemann den Flurnamen als *Hüüslings-Moor* = „Häußlermoor“, gedeutet hat.

Hummelsbüttel (O.-Amt Alstertal, Bez. Wandsbek) Stdttl., früher Dorf, mda. [*humḷsbǫdḷ*] – 1253 (HUB I, 578) de Hummersbutle, 1288 (Hamb. Schuldb. 13) de Hummersbutle, 1301 (HUB II, 16, Abschr. 14. Jahrh.) de Humerbutle, 1302 (HUB II, 17) de Hummesbutle, 1309 (HUB II, 176) de Humersbutle, 1319 (HUB II, 443) in villa Hummersbotle, 1332 (ZHG 6,

1875, S. 45, Necr.cap., Abschr. 17. Jahrh.) de Humersbotele, 1341 (SHRU IV, 12) de Hummersbutle, 1345–1350 (UBStL II, 2, 986) ere dorpe, alse … Hummersbůthle, um 1350 (HUB IV, 408) de Hummersbotel, 1388 (SHRU VI, 765) to Hummersbőttele, 1448 (UBStL VIII, 547) Hartwich Hummersbuttel, 1469 (LAS, Urk.-Abt. 3, 394) vnse dorpere … Humersbuttell, 1508 (VBHK 73, 37b) in villa Humersbuttel, 1528 (LAS, Urk.-Abt. 3, 113) vth … Hummesbuttel, 1591/92 (LAS, Abt. 3, 608, Reg.) Hummeßbuttell, 1603 (LAS, Abt. 3, 19) zwischen Hummels- und Faulsbuttell, 1614 (LAS, Abt. 3, 175) bei Humsbuttell, 1638 (LAS, Abt. 3, 737, Reg.) Hummeßbuttell, Mejer 1650: Humelsbüttell, Danckw. 1652: Hummelsbůttel, 1699/1700 (LAS, Abt. 112, AR) Hummelsbüttel, 1855 (Schröder-Biernatzki, Top.[2] I, S. 548) Hummelsbüttel – „Büttel, d. h. Siedlung des Hunmar, Hummer" (vgl. A. Clasen, Die Geschichte des Dorfes Hummelsbüttel. In: A. Clasen, W. Rehders, Hummelsbüttel und Poppenbüttel. Geschichte zweier Dörfer und ihrer Höfe; Hamburg 1938, S. 11 u. H. Olsen, Historisches Verzeichnis, S. 10), ein Rufname, der aus *Hun(i)-* zu an. *hunn* = „Tierjunges, junger Bär, junger Bursche", wohl in der Bedeutung „Knabe, Sohn", und ahd., as. *mār(i)* = „berühmt" zusammengesetzt ist (vgl. H. Kaufmann, Ergänzungsband, S. 207 u. 250). **Hummersbüttel* ist zu **Hummesbüttel* und seit etwa 1600 durch den Einschub eines *l* oder eine Umdeutung zu *Hummel* zu *Hummelsbüttel* geworden (vgl. K. Casemir, Ortsnamen auf -büttel, S. 156).

Hummelsbüttel (b. Mühlenberg, Nienstedten, O.-Amt Blankenese, Bez. Altona) FN – 1443 (Schröder-Biernatzki, Top.[2] II, S. 216) vp deme Humersbutle, 1786 (LAS, Abt. 402, 424, Karte) in Hummelsbüttel, 1788 (LAS, Abt. 112, 1656, Eb) auf Hummelsbüttelkamp, hinter Hummelsbüttel, 1856 (Schröder-Biernatzki, Top.[2] II, S. 216) Hummelsbüttel, Flurnamensamml. Wegemann 1928: Hummelsbüttel – Dieser Flurname in Nienstedten, der nach Schröder-Biernatzki bereits im 15. Jahrhundert überliefert ist, weist entweder auf einen vergangenen Ortsnamen hin, bei dem es sich um einen gleichen wie *Hummelsbüttel* im Norden von Hamburg handeln kann, oder um eine Nachbenennung nach diesem.

+ **Hundebek** (z. Alster i. Rothenbaum, O.-Amt u. Bez. Eimsbüttel) FlN – 1258 (HUB I, 631) ad rivulum Hemichudhe, 1599 (Gaedechens, Topographie, S. 112) de Hundebek, 1855 (Schröder-Biernatzki, Top.[2] I, S. 161) Hundebek – Ursprünglich „Bach, Flüßchen – lat. *rivulus* – von Heimhude", dann „Hundebach" zu nd. *Bęk*.

Husen – Ahd., as. *hûson*, *hûsun*, mhd., mnd. *hûsen* als eine ältere Dativ-Pluralis-Form zu ahd., as., mhd., mnd. *hûs*, nnd. *Huus*, nhd. *Haus*, also „zu den Häusern", stellt eine weit verbreitete Siedlungsbezeichnung dar. Bis wohl auf *Ottensen* ist *-husen* als Grundwort in Schleswig-Holstein und Hamburg immer betont, vgl. *Hitz'husen*, *Kelling'husen*, und somit nicht wie in Niedersachsen und Westfalen zu *-sen* reduziert und in den heutigen amtlichen Formen ins Neuhochdeutsche bis auf *Vier-* und *Fünfhausen* auch nicht als *-hausen* übertragen worden (vgl. W. Laur, Ortsnamenlexikon, S. 355).

I

In de Bost (Dockenhuden, O.-Amt Nienstedten, Bez. Altona) h. StrN, früher Haus – 1789 (LAS, Abt. 402 A 3, 364a, Karte) In der Borst, 1855 (Schröder-Biernatzki, Top.[2] I, S. 332) auf der Bost – Vielleicht zu nd. *Bost* = „Riß" zu unserem *bersten* (vgl. O. Mensing I, Sp. 451).

+ **In der Reit** (Elbarm i. heutigen Wilhelmsburg, Bez. Harburg) GewN – 1702 (E. Reinstorf, Eindeichung Wilhelmsburg, K 9) In der Reit – Vielleicht zu nd. *Reet*, *Reit* = „Schilfrohr".

-ingen – Das Suffix *-ing* und mit Ablaut *-ung* und auf Grund von Analogiebildungen zu *-ling*, *-nung* und *-ring* erweitert erscheint in Schleswig-Holstein und Hamburg in der Form *-ing* als Nominativform oder als as. *-ingi* aus **-ingja* als eine Erweiterung mit dem Kollektivsuffix *-ja* und als *-ingen* zu as. *-ingun* als eine Dativform der Mehrzahl. Auf Grund von späteren Angleichungen sind die ursprünglichen Formen nicht immer klar zu erkennen. Unser Suffix hat allgemein die Funktion, Personen- und Sachbezeichnungen nach charakteristischen Merkmalen zu bilden. In Ortsnamen dient es zur Bildung allgemeiner Ortsbenennungen wie etwa im appellativischen Bereich *Rodung* zu *roden*, von Herkunftsbezeichnungen oder von ursprünglichen Einwohnerbezeichnungen (vgl. W. Laur, Ortsnamen, S. 194–202 u. Ortsnamenlexikon, S. 305).

+ **Inwerder** (Tatenberg, O.-Amt Vier- u. Marschlande, Bez. Bergedorf) IN, später FN – 1334 (HUB II, 956) pratum nostrum dictum Inwerder, 1479 (HKR III, 347_8) in insulis … Inwerder – Vielleicht „innerhalb (der Bedeichung gelegener) Werder, d. h. Insel".

Isebek (z. Alster, Eppendorf, O.-Amt u. Bez. Hamburg-Nord) FlN – 1339 (HUB IV, 59, Abschr. 14. Jahrh.) de Ysenbeke, 1855 (Schröder-Biernatzki, Top.[2] I, S. 161) Isebek – Wohl kaum „Eisbach" zu nd. *Ies* = „Eis" oder „Eisenbach" (vgl. H. Beckershaus, Straßennamen, S. 178), sondern entsprechend alteuropäischen Gewässernamen wie *Isa* und *Ise* zur Wurzel idg. **eis-*, **ois-*, **is-* = „sich heftig und schnell bewegen", vgl. an. *eisa* = „einherstürmen" (s. H. Krahe, Unsere ältesten Flußnamen, S. 55–57).

Iserbrook (O.-Amt Blankenese, Bez. Altona) Stdttl., früher FN – 1788 (LAS, Abt. 112, 1657, Eb) Iserbrock, in Iserbrook, 1855 (Schröder-Biernatzki, Top.[2] I, S. 333) Isenbrook – Nd. *Ieser* zu *Iesen* = „Eisen" ist in Orts- und Flurnamen öfters vertreten, so auch im FN *Iserbarch* in Rissen, und bezieht sich auf eisenhaltigen Boden wie im Flurnamen *Iserbrock* bei Lamstedt westlich von Stade oder *Eisenbruch*, *Isenbrook* in der Uckermark in der Mark Brandenburg (vgl. A. Dock, Die Flurnamen in der Börde Lamstedt. Hrsg. v. D. Stellmacher. Name und Wort. Göttinger Arbeiten zur Niederdeutschen Philologie Bd 7; Rinteln 1980, S. 82 u. W. Lippert, Die Flurnamen der Uckermark. Bearb. v. J. Göschel. Beiträge zur deutschen Philologie Bd 8; Gießen 1970, S. 58).

+ **Iserhardesrönne** (b. Köhlbrand = Stensrönne) GewN – 1508 (Regesten Harburg 375) Iserhardesronne oder Stensronne – „Rinne – mnd. *renne*, *rönne* – des Iserhard", ein Rufname, der aus *Isar(n)-*, *Isir(n)-* zu unserem *Eisen* und *eisern* (s. o.) und *hard* zu unserem *hart* zusammengesetzt ist (vgl. H. Kaufmann, Ergänzungsband, S. 217).

J

+ **Jägerhöfen** (Wohldorf, O.-Amt Walddörfer, Bez. Wandsbek) FN – 1343 (SHRU IV, 114) de duobus mansis Jegerhöven – „Zu den Höfen der Jäger".

+ **Jakobshufe** (b. Rissen, O.-Amt Blankenese, Bez. Altona) FN – 1342 (HUB IV, 148, Abschr. 14. Jahrh.) super … hovam …, que dicitur Jacopes houa – „Hufe des Jakob".

Jenerseite-Wettern (Georgswerder, O.-Amt Wilhelmsburg, Bez. Harburg) GewN – „Wettern, d. h. Abzugs-, Entwässerungsgraben, auf jener, d. h. der jenseitigen Seite".

Jenfeld (O.-Amt u. Bez. Wandsbek) Stdttl., früher Dorf, mda. *Jen'felln* – 1304 (HUB II, 75) in villis ... et Gelevelde, Civilitates 1317: Johannes Gheleuelt, 1332 (ZHG 6, 1875, S. 55, Necr.cap., Abschr. 17. Jahrh.) in Yelevelde, 1339 (HUB IV, 77) in villa Yelenvelde, 15. Jahrh. (HUB IV, 77, Zusatz, Anm.) in Ienevelde, 1344 (SHRU IV, 155) in villa Geleuelde, 1345–1350 (UBStL II, 2, 986) ere dorpe, alse ... Jeleuelde, 1492 (LAS, Abt. 111, AR Trittau) to Jennfeld, tho Jehnfeld, 1508 (VBHK 18, 10a) in villa Jennevelde, 1527 (LAS, Urk.-Abt. 120, 69, Abschr.) Jenefelde, 1578 (LAS, Abt. 111, AR Reinbek) Jennefelde, Mejer 1649: Jennefelt, Danckw. 1652: Jennefeld, 1712 (LAS, Abt. 111, 182, Eb) Jennefeld, 1750 (LAS, Abt. 111, 53, Beschr.) an Jennfeldt, 1856 (Schröder-Biernatzki, Top.^{2} II, S. 2) Jenfeld – Nd. **dat gele Feld* = „das gelbe Feld" und **tom gelen Feld* = „zum gelben Feld", entweder auf gelbfarbigen Sandboden oder auf einen gelben Pflanzenbewuchs bezogen. Wie bei *Jahrsdorf* – 1148 *Geresthorp*, + *Jarmsdorf* – 1378 *in ... Iermerstorppe*, zum PN *Geremar*, *Jarsdorf* – 1538 *Jarckstorp* – zum PN Ge*rich*, *Gerk*, *Jasdorf* – 1433 *Jastorpe*, der gleiche Name wie *Jahrsdorf*, *Jellenbek* – 1359 *in Gellembeke*, *Jersbek* – 1310 *in ... Yrekes beke*, 1598 *zum Giricksbek* – oder *Jevenstedt* – um 1190 *Givenstede* – ist das anlautende *g* vor einem palatalen Vokal zu *j* palatalisiert und spirantisiert worden (vgl. W. Laur, Ortsnamen, S. 39 u. Ortsnamenlexikon, S. 362–365).

Jenfelder Bach (z. Schleemer Bach, O.-Amt Billstedt, Bez. Hamburg-Mitte) FlN, mda. *Jennfeller Bęk* – „Bach – nd. *Bęk* – von Jenfeld".

Jenfelder Moor (Jenfeld, O.-Amt u. Bez. Wandsbek) SN – „Moor von Jenfeld".

Joachimstal (westl. d. Veddel) IN – 1856 (Schröder Biernatzki, Top.^{2} II, S. 6) Joachimsthal – „Tal des Joachim" oder eine Nachbenennung nach einem entsprechenden Ortsnamen.

Jüthorn (O.-Amt u. Bez. Wandsbek) FN, h. StrN *Jüthornkamp*, *Jüthornstraße* – 1856 (Schröder-Biernatzki, Top.^{2} II, S. 563) Jüthorn, Meßtischbl. 1880: Jüthorn – Wohl zu nd. *Jitt* = „Ziege" mit Rundung des *i* zu *ü* und *Horn* = „Vorsprung", also „Ziegenvorsprung".

K

Kälbersteert (Neuengamme, O.-Amt Vier- u. Marschlande, Bez. Bergedorf) Ortstl. – Meßtischbl. 1880: Kälbersteert – Benennung in übertragener Bedeutung.

+ **Kälbertanz** (zw. Reiherstieg u. Norderelbe) GewN – 1770–1780 (E. Reinstorf, Eindeichung Wilhelmsburg, K 13) Kälber Tanz – Wohl eine Benennung in übertragener Bedeutung.

Kakenhan (Duvenstedt, O.-Amt Walddörfer, Bez. Wandsbek) FN – Vielleicht „Einhegung, eingehegtes Gehölz – *Han-* aus *Hagen* – mit Quellen" zu nd. *kåken* = „kochen", auf das Sprudeln des Wassers bezogen wie in *Kaakborn* in Blankenese (vgl. O. Mensing III, Sp. 17–18).

Kaltehofe (Rothenburgsort, O.-Amt Veddel-Rothenburgsort, Bez. Hamburg-Mitte) IN u. StrN, mda. *Koolenhoff* – 1301 (HUB II, 16, Abschr. 14. Jahrh.) de Koldinhove, 1304 (HUB II, 56) de Coldenhove, 1388 (SHRU VI, 749) cum terra communiter Coldehoue dicta, 1460 (LAS, Urk.-Abt. 3, 391) beth to de Kolden Houe, 1464 (HKR II, 234_{25}) apud Koldenhove, 1464 (LAS, Urk.-Abt. 3, 75, Abschr. 17. Jahrh.) Koldenhove, 1467 (LAS, Abt. 3, 1633, Abschr. 17. Jahrh.) mit dem Koldenhoffe, 1494 (LAS, Urk.-Abt. 3, 83, Abschr. 15./16. Jahrh.) beth to der Kolden Houe, 1535 (LAS, Urk.-Abt. 3, 132) mit der Koldenhouenn, 1537 (LAS, Urk.-Abt. 3, 131) mit der Koldenhoue, 1559 (LAS, Urk.-Abt. 3, 192) der Koldenhauen, 1560 (LAS, Abt. 3, 247) de Koldenn Houe, Elbkarte M. Lorck 1568: Koldenhoff, 1603 (LAS, Abt. 3, 19) zum Kaltenhoue, 1605 (LAS, Urk.-Abt. 3, 288) unser … Kaltenhofeß, 1699 (LAS, Urk.-Abt. B, 440) die Vorder- und Hinter-Kaltenhofen, 1856 (Schröder-Biernatzki, Top.^{2} II, S. 18) Kaltenhofe – Mnd. **tome kolden hove* = „zum kalten Hof", wobei das Eigenschaftswort *kalt* hier im Sinne von „verlassen" und „alt" gebraucht ist wie öfters in Zusammensetzungen mit Gebäude- und Siedlungsbezeichnungen in Orts- und Flurnamen. Die Bedeutungsentwicklung ist von „kalt" zu „erloschen", „verlassen" und „alt" gegangen (vgl. W. Laur, Ortsnamenlexikon, S. 172).

+ **Kammerland** (Moorwerder, O.-Amt Wilhelmsburg, Bez. Harburg) früher FN u. Hof – 1856 (Schröder-Biernatzki, Top.^{2} II, S. 162) Kammerland – Wie *Kammerland* bei Sommerland im Kreise Steinburg zu nd.

Kåmer, hd. *Kammer* als Bezeichnung für Land- und Flurstücke (vgl. W. Laur, Ortsnamenlexikon, S. 373).

Kamp – As., afries. *kamp*, mnd. und nnd. *Kamp* stellt eine Entlehnung von lat. *campus* = „Feld" dar und hat die allgemeine Bedeutung von „Stück Land, Acker, Weide", wobei im einzelnen Verschiedenes benannt werden kann, ein gemeinsames Feld, Rodungsland, Ländereikomplexe, an denen jeder Hufner bestimmte Anteile hatte, oder ein umzäuntes Landstück (vgl. W. Laur, Ortsnamenlexikon, S. 373).

Kamp (Bergedorf, O.-Amt u. Bez. Bergedorf) FN, h. StrN *Kampchaussee* – 1309 (HUB II, 176) in Campe – Siehe oben.

Karnbek (z. Bille, Lohbrügge, O.-Amt u. Bez. Bergedorf) FlN – 1303 bzw. 1307 (SHRU III, 152) in Kercenbeke, 1856 (Schröder-Biernatzki, Top.[2] II, S. 94) Karnbek – Die älteste Form spricht für eine Zusammensetzung mit mnd. *kerse*, *kertze*, nnd. *Kars*, *Kass* = „Kresse", also „Bach – nd. *Bęk* – mit Kresse (am Ufer)". Dann hätten wir aber als eine neuere Form eher **Kass(en)bek* zu erwarten. Möglicherweise liegt auch eine Umdeutung vor.

+ **Kattengatt** (Teil d. Norder-Elbe östl. v. Köhlbrand) GewN – 1447 (Regesten Harburg 217) Kattengatte, 1460 (LAS, Abt. 3, 391) dat Kattengat, 1494 (LAS, Urk.-Abt. 3, 83, Abschr. 15./16. Jahrh.) dat Kattengath, 1511 (LAS, Urk.-Abt. 3, 98) dat Kattengadt, 1546 (HKR V, 783_{11}) apud Kattengath, 1544 (LAS, Urk.-Abt. 3, 160, Abschr.) dat Kattengadt, Elbkarte M. Lorck 1568: Kattengat, um 1569 (Karte D. Drever, Leerhoff Nr. 20) Kattengat – So wie *Kattegat* für den Meeresteil zwischen Jütland, den dänischen Inseln und Schweden eine ursprünglich niederländische Benennung zu *Katt* = „Katze" und *Gatt* = „Loch, Öffnung, Tor, Durchgang, Durchfahrt, enge Einfahrt in Gewässer", auch „Wattstrom", und dann im übertragenen Sinne für gefährliche Gewässer gebraucht (vgl. O. Mensing II, Sp. 309 u. Kristian Hald, Vore Stednavne; København [2]1965, S. 243). In unserem Falle bezieht sich der Name wohl auf ein Gewässer als eine Durch- oder Einfahrt.

+ **Kattenhol** (Elbarm) GewN – 1497 (HKR IV, 366_{11}) in Kattenhol – „Katzenloch" zu nd. *Hol* = „Loch".

Kattrepel (Altstadt südl. v. Speersort, O.-Amt u. Bez. Hamburg-Mitte) StrN – 1288 (Hamb. Schuldb. 55) in Catrepele, 1390 (Hamb. Test. 91) des

Katrepels – Der im niederdeutschen Bereich öfters verbreitete Orts- und Flurname *Kattrepel* stellt eine Zusammensetzung von nd. *Katt* = „Katze“ und *Repel* = „schmaler Streifen“ dar. Dabei hat man sich über das Wort *Katt-* in Orts- und Flurnamen viele Gedanken gemacht. Man dachte an Benennungen für schmutzige Gräben und Wasserläufe, in die Katzenkadaver geworfen wurden, an Benennungen mit dem Wort für „Katze“ in übertragenem Sinn, und zwar in herabsetzendem, oder für schmale Gänge, die nur Raum für eine Katze lassen. Andererseits hat man auch ein ganz anderes Wort als die Tierbezeichnung erwogen, und zwar mnd. *quât* = „unrein, schlecht“, das zu **kât* geworden sein sollte. Nun ist aber der Laut *kw*, geschrieben mit einem *qu*, im Niederdeutschen immer erhalten geblieben, wie Ortsnamen wie *Quaal*, *Quarnbek* oder *Quarnstedt* in Holstein zeigen oder das bereits ungebräuchliche Adjektiv *quåd* = „schlecht“, nl. *kwaad*. Wir werden daher bei unseren Orts- und Flurnamen mit *Katt-* von der Tierbezeichnung auszugehen haben und *Kattrepel* als „schmaler Streifen, auf dem nur eine Katze gehen kann“ deuten müssen (vgl. W. Laur, Ortsnamenlexikon, S. 379).

+ **Kattsand** (Gorrieswerder) FN – 1388 (Regesten Harburg 352, Abschr. Anf. 15. Jahrh., 17. Jahrh.) beth to dem Katzande – „Katzensand“; zu *Katt* in Ortsnamen siehe Kattrepel.

Kattwyk, Große, Kleine (zw. Reiherstieg u. Köhlbrand, O.-Amt Wilhelmsburg, Bez. Harburg) IN – 1396 (Hamburgs Weg zum Reich 42, Abschr. 17. Jahrh.) de Kattwyck, 1484 (Regesten Harburg 931, Abschr. 2. Hälfte 16. Jahrh.) de Grote Kattwig, 1501 (Regesten Harburg 1043) in der Groten Kattwiick, Elbkarte M. Lorck 1568: Kattwick, um 1569 (Karte D. Drever, Leerhoff Nr. 20) de grote Kathwich, Lútke Kathwich, Mejer 1649: Kathwick, 1856 (Schröder-Biernatzki, Top.[2] II, S. 21) Klein-Kattwiek – Entweder „Katzenbucht“ zu mnd. *wîk* = „Bucht“ oder Namenübertragung aus den Niederlanden in der gleichen Bedeutung Der Inselname geht wohl auf einen ursprünglichen Bucht- oder Gewässernamen zurück.

+ **Kayenkrug** (Wellingsbüttel, O.-Amt Alstertal, Bez. Wandsbek FN – 1695 (Wellingsbüttl. Urk. II, S. 55, Abschr.) der … Kayenkrug – Wohl „Ecke, Winkel – nd. *Krooch*, hd. *Krug* – bei einer Kaje“ zu mnd. *kaje* = „Uferbefestigung“.

+ **Ketelsel** (Elbarm b. Stillhorn, O.-Amt Wilhelmsburg, Bez. Harburg) GewN – Um 1569 (Karte D. Drever, Leerhoff Nr. 20) im Ketelsele, 1621 (Aegidius a Couwenberchs Elbkarte) im Ketelsele – Obwohl es sich um einen Gewässernamen handelt, wohl „Niederung, Wiese“ – mnd. *sele*, oder auch „Schwelle zu nd. *Sell* – wie ein Kessel“ zu nd. *Ketel*.

Kiebitzbrack (Neuengamme, O.-Amt Vier- u. Marschlande, Bez. Bergedorf) GewN u. Ortstl., mda. *Kiewitt*, *op'n Kiewitt*, *Kiewittsbrack* – 1720 (E. Finder, Vierlande, Bd 1, S. 313) Großer, Kleiner Kiewitt, 18. Jahrh. (E. Finder, Vierlande, Bd 1, S. 313) Elbdammesbrack – Wohl zu *Kiebitz*, nd. *Kiewitt* und dazu *Brack* = „Stelle, an der der Deich durchbrochen ist“. Als junges Bestimmungswort taucht auch Elbdamm auf.

Kiebitzmoor (Volksdorf, O.-Amt Walddörfer, Bez. Wandsbek) FN – Meßtischbl. 1880: Kiwitz-Moor – Durchsichtiger Name.

Kiefhörn (Barmbek, O.-Amt Barmbek-Uhlenhorst, Bez. Hamburg-Nord) FN, h. StrN – 1365 (SHRU IV, 1129, Abschr. 17. Jahrh.) ein holt ... de Kyfhorn, 1582 (LAS, Abt. 7, 1185) de Kieffhorne genannt – „Horn, Hörn, Vorsprung, an dem“ oder „um den es Streit gab“ zu nd. *Kief* = „Streit“.

Kiekeberg (Blankenese, O.-Amt Blankenese, Bez. Altona) FN, mda. *Kiekbarch* – 1855 (Schröder-Biernatzki, Top.^{2} I, S. 223) der Kiekeberg – „Berg als Ausguck“ zu nd. *kieken* = „gucken, ausschauen“.

Kirchdeich (Moorburg, O.-Amt Süderelbe, Bez. Harburg) StrN, mda. *Karkdiek* – 1856 (Schröder-Biernatzki, Top.^{2} II, S. 158) Kirchdeich – „Deich – nd. *Diek* – bei der Kirche“.

Kirchdorf (Georgswerder, O.-Amt Wilhelmsburg, Bez. Harburg) Ortstl., mda. *Karkdörp* – Um 1580 (Stader Archiv 11, 1886, S. 46) dat Karckdorp – Durchsichtiger Name.

Kirchdorfer Wettern (Wilhelmsburg, O.-Amt Wilhelmsburg, Bez. Harburg) GewN – „Wettern, d. h. Abzugsgraben, von Kirchdorf“.

Kirchhof (h. Neuhof zw. Reiherstieg u. Köhlbrand, O.-Amt Wilhelmsburg, Bez. Harburg) h. Ortstl., mda. *Op'n Karkhoff* – 1416 (Staphorst I, 2, S. 841) up dem wösten Kerck-Have in deme Grysenwerder, um 1569 (Karte D. Drever, Leerhoff Nr. 20) De Kerckhof, um 1680 (Karte nach Schildknecht, E. Reinstorf, Eindeichung Wilhelmsburg, nach S. 118) Kirchhof – Benannt nach der alten untergegangenen Kirche von Gorrieswerder.

Kirchsteinbek (O.-Amt Billstedt, Bez. Hamburg-Mitte) Ortstl., früher Kirchdorf, mda. *Karksteenbęk* – 1212 (HUB I, 388, Abschr. 14. Jahrh.) prope Stenbeke, 1224 (SHRU I, 421) in … Stenbeke, 1238 (SHRU I, 576) in Stenbeke, 1255 (HUB I, 593, Abschr. 14. Jahrh.) in … Stenbeke, 1265 (HUB I, 684) ecclesie Stenbeke, 1275 (HUB I, 759) in Sthenbeke, 1293 (HUB I, 867, Abschr. 14. Jahrh.) in Kercstenbeke, 1304 (HUB II, 59) parrochiam Steenbeke, 1318 (HUB II, 425) in villis Kercstenbeke, um 1320 (SHRU IV, 392, neue Datierung nach J. Reetz, Verz., Abschr. 14. Jahrh.) in parrochia Stenbeke, 1332 (ZHG 6, 1875, S. 58, Necr.cap., Abschr. 17. Jahrh.) in villa Kercstenbeke, 1330 (HUB II, 820) in hiis villis … Kercstenbeke, 1346 (HUB IV, 276) in Stenbeke, 1360 (Hamb. Test. 8) in … ecclesia Stenbeke, 1350 (SHRU IV, 441) in villa Kerchstenbeke, 1387 (SHRU VI, 722, Lüb. Test., Abschr. 1572) in deme kerspele to Steenbeke, 1447 (LAS, Urk.-Abt. 1, 204) to Steenbeke, 1465 (HKR II, 252_{15}) versus Stenbeke, 1492 (LAS, Abt. 111, AR Trittau) tom Kerckstenbek, tho Stenbeke, 1508 (VBHK 17, 96) in Stenbeke, um 1569 (Karte D. Drever, Leerhoff Nr. 20) Stenbeke, 1572 (LAS, Abt. 111, AR Reinbek) tho Stembecke, 1594 (Hamb. Bursprak. 146, 85) zu … Steinbecke, 1596 (LAS, Abt. 111, 30) zum Steinebeke, 1613 (LAS, Urk.-Abt. B, 280) tho Steenbeck, Mejer 1649: Steinbeck, Danckw. 1652: Steinbeck/Kirchdorff, 1712 (LAS, Abt. 111, 182, Eb) das Kirchdorf Steinbeck, 1856 (Schröder-Biernatzki, Top.[2] II, S. 480) Steinbek, Kirch- – Nd. *Steenbek* = „Steinbach“. Der unterscheidende Zusatz mnd. *Kerk-*, nhd. *Kirch-* zu mnd. *kerke* = „Kirche“, auf das Kirchdorf bezogen, ist wie *Oster-* für *Oststeinbek*, bereits im Kreis Stormarn, alt (vgl. W. Laur, Ortsnamenlexikon, S. 509).

+ **Kirchweg** (Curslack, O.-Amt Vier- u. Marschlande, Bez. Bergedorf) FN u. StrN – 1304 (HUB II, 177, Abschr. 14. Jahrh.) apud viam, que Kerkweghe dicitur – Durchsichtiger Name.

Kirchwerder (O.-Amt Vier- u. Marschlande, Bez. Bergedorf) Stdttl., früher Landschaft, mda. *Kark'warder* – 1217 (SHRU I, 338) in insula Ker[c]werdir, 1217 (SHRU I, 340, Abschr. 14. Jahrh.) que dicitur Kercwerder, 1228 (HUB I, 489) in Kirchwerthere, 1263 (HUB I, 673) in Kercwerder, 1290 (Sudendorf I, 144) pro terra … Kercwerder, 1307 (HUB II, 140) in Kercwerdhere, 1310 (HUB II, 212) in Kercwerdere, 1313 (Hamb. Schuldb. 1091) in Kercwerder, 1314 (HUB II, 322, bayr. Urk.) de … Kyrchwerder, 1318 (HUB II, 429) in Kerchwerder, 1322 (HUB II, 560) in Kercwerdere, 1327–1332 (ZHG 6, 1875, S. 89, Necr.cap., Abschr. 17. Jahrh.) in Kerckwerder, 1344 (HUB IV, 211) ut dem Kercwerdere, 1349

(HUB IV, 401) in deme Kerchwerdere, 1382 (SHRU VI, 415) an den Kerckwerder, 1388 (SHRU VI, 763, Abschr.) in Karckwerder, 1409 (Sudendorf IX, 137_1) in dem Kerkwerdere, 1420 (UBStL VI, 265) den kerspelen … Kerkwerder, 1455 (UBStL IX, 257) in deme Kerkwerder, 1475 (Regesten Harburg 836) in Kerkwerder, um 1514 (Regesten Harburg 1104) Kerckwerder, Elbkarte M. Lorck 1568: Karckwarder, um 1569 (Karte D. Drever, Leerhoff Nr. 20) Im Karckwarder, 1608 (LAS, Abt. 111, 22) den Kerkwerder, 1608 (LAS, Abt. 111, 22) in Kirchwerder, Mejer 1649: Kerckwerder, Danckw. 1652: der Kirchwerder, 1750 (LAS, Abt. 111, 53, Beschr.) zu Kirchwärder, 1856 (Schröder-Biernatzki, Top.[2] II, S. 35) Kirchwärder – „Werder, d. h. Insel, Halbinsel, mit (einer) Kirche“ zu mnd. *kerke*, nnd. *Kark*.

Klein-Borstel (Ohlsdorf u. Fuhlsbüttel, O.-Amt Fuhlsbüttel, Bez. Hamburg-Nord) Ortstl., früher Dorf, mda. *Lütt Bostel* – 1304 (HUB II, 60) ville Borstelde dicte, 1347 (HUB IV, 339, Verz., Abschr. 1581–1586) in Borstel Lamberti, 1448 (UBStL VIII, 547) tom Borstelde, 1540 (MVHG Bd 12, 1914 [1915], S. 129, Verz.) Aver Borstell, 1628 (Wellingsbüttl. Urk. II, S. 21, Abschr.) mit Borstell, 1695 (Wellingsbüttl. Urk. II, S. 54, Abschr.) mit … dreyen Dörffern als Borstell, 1855 (Schröder-Biernatzki, Top.[2] I, S. 244) Klein-Borstel – Siehe Borstel; auch *Aver-*, d. h. *Ober-*, *Lamberts-*, *Brotlosen-*, *Dreck-* und *Magerborstel* genannt (vgl. D. Möller, Aus der Geschichte Klein-Borstels; Hamburg 1854).

+ **Klein-Bramfeld** (Bramfeld, O.-Amt Bramfeld, Bez. Wandsbek) Dorf – 1306 (HUB II, 109, Abschr. 14. Jahrh.) in villa …, que vocatur Parvum Bramvelde – Siehe Bramfeld.

+ **Kleiner Werder** (nördl. d. Veddel, O.-Amt Veddel-Rothenburgsort, Bez. Hamburg-Mitte) IN – 1856 (Schröder-Biernatzki, Top.[2] II, S. 37) Kleiner-Wärder – Durchsichtiger Name.

Klein Flottbek (Groß Flottbek, O.-Amt Blankenese, Bez. Altona) Ortstl., früher Dorf, mda. *Lutt Flottbek* – 1395 (SHRU VI, 1219) unser dorp … Nedderen Vlotbeke, 1464 (Pinneb.-Hatzb. Reg., S. 7) Nederenflotbeke, 1520 (LAS, Urk.-Abt. 3, 104, Abschr.) in vnsem dorppe Neddern Vlotbecke, 1530 (StAH, Cl II Nr. 16b Vol. 5 ex Nr. 16 F 7) to Neddern Flothbeke, 1590/91 (LAS, Abt. 3, 604, Reg.) Lutken Vlotbecke, 1638 (LAS, Abt. 3, 737, Reg.) Kleinen Flotbeck, Mejer 1650: Kleineflothbeck, Danckw. 1652: Kleinen Flohtbeck, 1670/71 (LAS, Abt. 112, AR) Kleinen

Flotbeck, 1855 (Schröder-Biernatzki, Top.^{2} I, S. 388) Klein-Flottbek – Siehe Flottbek und Groß Flottbek.

Klingberg (Altstadt b. U-Bahnhof Meßberg, O.-Amt u. Bez. Hamburg-Mitte) StrN, mda. *Kling(en)barch* – 1248–1274 (StAH, 231, I 1 Bd 1, Lib.act.) apud Clingenberg, 1266 (ZHG 1, 1841, S. 375) Clingenberg, 1344 (HUB IV, 219, Abschr. 14. Jahrh.) in vico, qui dicitur Klinghenberg – „Erhebung an einem Abhang" zu mnd. *klint*, wobei das *-ng-* bei uns zu Lande wohl kaum auf einer Gutturalisierung eines *-nt-* zu *-ng-*, *-nk-* beruht. Es käme auch das Wort *Klinge* in der Bedeutung „Einschnitt, Bach" in Frage (vgl. W. Laur, Ortsnamenlexikon, S. 393). Die lateinische Bezeichnung *vicus* im Kontext des mittelalterlichen Beleges weist auf ein Quartier, ein Stadtviertel hin.

+ **Klinkenwasser** (b. Höltenklinken, Bergedorf, O.-Amt u. Bez. Bergedorf) GewN – 1646 (Lührs, Naturgegebenheiten, S. 21) Klinkenwasser – „Wasser, Wasserlauf, bei (Hölten-)Klinken".

Klövensteen (Rissen, O.-Amt Blankenese, Bez. Altona) Ortstl. – Flurnamensamml. Wegemann 1790: Klövensteen – „Gespaltener Stein" zu nd. *klöben*, *klöwen* = „spalten" oder „Stein mit einer Spalte".

Klostergehrenland (b. Achterschlag, O.-Amt Vier- u. Marschlande, Bez. Bergedorf) FN – 1651 (LAS, Abt. 111, 31) zur Closter Gehren, 1704 (LAS, Abt. 111, 181, Beschr.) die Clostergehren, 1750 (LAS, Abt. 111, 53, Beschr.) die Closter Gehren, 1856 (Schröder-Biernatzki, Top.^{2} II, S. 40) Kloster-Gehrenland – „Keilförmiges Landstück" – nd. *Geer* = „Keil, keilförmige Spitze" –, „das dem Kloster (Reinbek) gehörte".

Klostertor (O.-Amt u. Bez. Hamburg-Mitte) Stdttl. – Neues Tor, benannt nach dem zweiten Gebäude des Sankt Johannis-Klosters.

+ **Klütjenfeld** (O.-Amt Veddel-Rothenburgsort, Bez. Hamburg-Mitte) IN, vgl. StrN *Klütjenfelder Hauptdeich* u. *Klütjenfelder Straße* – 1856 (Schröder-Biernatzki, Top.^{2} II, S. 41) Klütjenfeld – Zu nd. *Klütje* = „Kloß, Klumpen, Erdklumpen".

Köhlbrand (Elbarm zw. Norder- u. Süderelbe) GewN – 1368 (Regesten Harburg 256, Abschr. 15. Jahrh.) uthgenomet Kalbrand, 1508 (Regesten Harburg 1085) Kalebrand, Elbkarte M. Lorck 1568: Kälebrandt, um 1569 (Karte D. Drever, Leerhoff Nr. 20) De Kalbrandt, 1593 (LAS, Abt. 3, 23) vonn dem … Kalenbrandt, Mejer 1649: Köhlbr., 1855 (Schröder-Biernatzki, Top.[2] I, S. 356) Köhlbrand – Der Name, der als Bestimmungswort nd. *Köhl*, *Kåhl* = „Kohle" bzw. die Mehrzahlform *Köhl* = „Kohlen" enthält, wäre mit seinem Grundwort *Brand*, als ursprüngliche Bezeichnung für eine Köhlerei, eine Kohlenbrennerei, zu deuten. Als solcher müßte er aber ursprünglich einen Flurnamen zu Lande und nicht einen Gewässernamen darstellen. Das könnte aber mit der Tatsache erklärt werden, daß dieser Elbarm erst im 14. und 15. Jahrh. auf Grund von Sturmfluten entstanden ist, wie ja auch der Name *Reiherstieg*, ebenfalls für einen Elbarm, nicht auf einen ursprünglichen Gewässernamen hindeutet. Sind aber Köhlereien im Marschlande auf einer Marschinsel denkbar? Allgemein hat man die Holzkohlen, die in den Wäldern der Geest gebrannt wurden, in die Marschen transportiert. Eventuell wäre an die Verschiffung von Kohlen zu denken, wenn nicht eine uns nicht mehr zugängliche vergleichende Namengebung vorliegen sollte. Der Name bezieht sich freilich seiner etymologischen Bedeutung nach auf Brandstellen als Köhlereien. Mit dem Köhlbrand hängt sicherlich der Name des Köhlfleets zusammen.

Köhlfleet (Elbarm zw. d. Kleinen Dradenau u. Finkenwerder) GewN – Elbkarte M. Lorck 1568: Kuele, 1643 (Bürgerb. Glückstadt, S. 50) von Flete, 1777 (Kurhannoversche Landesaufnahme, S. 59) Das Köhl Fleet, 1855 (Schröder-Biernatzki, Top.[2] I, S. 356) Köhlfleth – Siehe Köhlbrand.

Kösterberg (Blankenese, O.-Amt Blankenese, Bez. Altona) h. StrN, früher FN, mda. *Kösterbarch* – 1855 (Schröder-Biernatzki, Top.[2] I, S. 223) Kösterberg – Nach dem FaN *Köster*. 1794 erwarb Hinrich Jürgen Köster das Gelände (vgl. H. Beckershaus, Straßennamen, S. 205).

Kohdiek (Bergstedt, O.-Amt Walddörfer, Bez. Wandsbek) SN – „Kuhteich" zu nd. *Koh* = „Kuh" und *Diek* = „Teich".

Kollau (rechts z. Alster i. Lokstedt u. Eppendorf, Bez. Eimsbüttel u. Hamburg-Nord) FlN – 1341 (HUB II, 142, Abschr. 14. Jahrh.) molendinum … Coldeloghe, um 1408 (HUB IV, S. 297, Überschrift i. Harvestehuder Kop.) in Koldenloghe, 1599 (Gaedechens, Topographie, S. 112) nha den Kollohe, 1785 (LAS, Abt. 402 A 3, 418, Karte) Up de Collo, 1788 (LAS, Abt. 112, 286, Eb) Kollau Camp, bey Kollau, 1788 (LAS, Abt. 25, 299, Bon.-Instr.) Up de Kolloh, 1855 (Schröder-Biernatzki, Top.[2] I, S. 161) Collau – Mnd. **Koldelōge* wohl in der Bedeutung „kälter" – mnd. *kold* = „kalt" – und „träge dahinfließender Niederungsbach" zu mnd. *lōge* in dieser Bedeutung (vgl. W. Laur, Ortsnamen, S. 288).

Kornweide (Wilhelmsburg, O.-Amt Wilhelmsburg, Bez. Harburg) h. StrN, früher FN, mda. *Kornweid* – Um 1569 (Karte D. Drever, Leerhoff Nr. 20) Kornweide, um 1620 (Karte Leerhoff Nr. 21) Harburger Kornweide – „Weide, Gelände, auf dem man Korn anpflanzte".

Kornweidenwettern (Wilhelmsburg, O.-Amt Wilhelmsburg, Bez. Harburg) GewN – „Wettern, d. h. Abzugsgraben, bei der Kornweide".

+ **Koteworde** (Poppenbüttel, O.-Amt Alstertal, Bez. Wandsbek) FN – 1336 (HUB II, 1032) duas areas, que … dicuntur Kotewordhe – Der gleiche Name wie *Cotwurth*, siehe dieses.

Krähenberg (Blankenese, O.-Amt Blankenese, Bez. Altona) FN, mda. *Kreienbarch* – 1855 (Schröder-Biernatzki, Top.[2] I, S. 223) Krähenberg – Durchsichtiger Name.

+ **Krapphof** (Allermöhe, O.-Amt Vier- u. Marschlande, Bez. Bergedorf) Hof – 1855 (Schröder-Biernatzki, Top.[2] I, S. 160) Krapphof, Meßtischbl. 1880: Krapphof – Zu *Krapp* als Bezeichnung für einen Farbstoff, weil sich hier eine Kattunfabrik befand (vgl. H. Beckershaus, Straßennamen, S. 209).

+ **Krauel** (b. Krauel, Kirchwerder, O.-Amt Vier- u. Marschlande, Bez. Bergedorf) GewN – 1301 (Hamb. Schuldb. 904) supra Crowel, 1621 (Aegidius a Couwenberchs Elbkarte) zum Krovel – Ein verbreiteter Name sowohl für Gewässer als auch für Landstücke, der zu as. *krauwil* = „Gabel", mnd. *krauwel*, *krouwel*, als Benennung für etwas Gekrümmtes gehört (vgl. W. Laur, Ortsnamen, S. 290 u. Ortsnamenlexikon, S. 406). Die Deutung von Beneke (vgl. O. Beneke, Der Krauel. Ein Beitrag zur Geschichte des … Amtes Bergedorf: ZHG 6, 1875, S. 1–20) berücksichtigt nicht die ursprüngliche Wortbedeutung und die Etymologie. Ältere und weitere Formen finden sich beim Ortsnamen.

Krauel (Kirchwerder, O.-Amt Vier- u. Marschlande, Bez. Bergedorf) Ortstl., früher beiderstädtischer und Hamburger, ehemals holsteinischer, Distrikt – Um 1216 (SHRU I, 329, Abschr. 1267) in loco, que Crowel dicitur, 1310 (HUB II, 212) de Crowele, 1314 (HUB II, 322, bayr. Urk.) cum insula, que dicitur Kreuwel, 1326 (HUB II, 684) de Crowele, 1388 (Hamb. Test. 79) up den Krowel, 1395 (Regesten Harburg 198, Abschr.) van dem Krowele, 1422 (UBStL VI, 434, Abschr. Ende 17. Jahrh.) de Krouwel, 1455 (UBStL IX, 257) vp deme Crouwelle, 1462 (UBStL X,

187) in dem Kruwele, 1468 (HKR II, 365_{36}) versus Crouwel, 1533 (LAS, Urk.-Abt. 210, 649) thom Krowel, 1551 (LAS, Urk.-Abt. 3, 292, Transs. 1601) Krowell Weide, Elbkarte M. Lorck 1568: Kreuel, um 1569 (Karte D. Drever, Leerhoff Nr. 20) De Krowel, 1573 (LAS, Abt. 7, 1212) vff dem Krowell, 1573 (LAS, Abt. 7, 1212) im Kraul, 1578 (LAS, Abt. 111, AR Reinbek) Op dem Krouwel, 1600 (LAS, Abt. 111, AR Reinbek) Krewel, 1605 (LAS, Abt. 111, 28) vfm Crowel, 1607 (LAS, Urk.-Abt. 210, 913, Vertr.) auf dem Krowell, Mejer 1649: Krowel, 1651 (LAS, Abt. 111, 31) aufm Craul, Danckw. 1652: Krawel, 1724 (LAS, Abt. 111, 50) nebst dem … Hollsteinischen Krauel, 1750 (LAS, Abt. 111, 53, Beschr.) die Landschaft Crauel, 1856 (Schröder-Biernatzki, Top.[2] II, S. 48) Beiderstädtischer-, Hamburger-Krauel – Übertragung des Gewässernamens – s. o. – auf die Landschaft, die Ortschaft.

Kreetsand (Wilhelmsburg – östl., O.-Amt Wilhelmsburg, Bez. Harburg) FN – Nach Mensing (vgl. O. Mensing III, Sp. 308) bezieht sich *Kreet* in Flurnamen auf die Haferschlehe (vgl. W. Laur, Ortsnamenlexikon, S. 408). Es fragt sich aber, ob von der Natur her die Bezeichnung für solch eine Pflanze hier in Frage kommt. Man könnte auch an *Kreet* = „Ritze, Spalte“ denken.

Krempenheger Graben (Wohldorf, O.-Amt Walddörfer, Bez. Wandsbek) GewN, vgl. StrN *Krempenhege* – Flurnamensamml. Wegemann um 1928: Krempenhäge – Benannt nach dem Flur- und Straßennamen *Krempenhege* zu *Krempe* in der Bedeutung von „Krümmung“ und *Hege* = „Einhegung“ (vgl. H. Beckershaus, Straßennamen, S. 211).

+ **Krenshof** (b. Waltershof?, O.-Amt Finkenwerder, Bez. Hamburg-Mitte) IN – 1460 (LAS, Urk.-Abt. 3, 391) Krensehoff, 1477 (HKR III, 267_{4}) von dem Krantzhave, 1478 (HKR III, 306_{29}) de Krantzeshave, 1494 (LAS, Urk.-Abt. 3, 83, Abschr. 15./16. Jahrh.) Krensenhoff – Wohl zu *Krans* = „Kranz“ wie im Falle von *Cranz*, siehe dieses. Bei *Krens-* handelt es sich um die Mehrzahlform *Kräns*.

+ **Kretelei** (Dradenau, O.-Amt Wilhelmsburg, Bez. Harburg) IN – 1855 (Schröder-Biernatzki, Top.[2] I, S. 335) Kretelei – Zu nd. *Kreteli* = „Gezänk, Streit“ (vgl. O. Mensing III, Sp. 318), wohl auf ein umstrittenes Gelände bezogen.

+ **Kreuz** (westl. v. Neumühlen, O.-Amt Blankenese, Bez. Altona) FN – Um 1569 (Karte D. Drever, Leerhoff Nr. 20) thom Crutze – Hd. *Kreuz*, nd. *Krüz* als Benennung für ein entsprechendes Zeichen.

+ **Kreuzfurt** (Eimsbüttel, O.-Amt u. Bez. Eimsbüttel) FN – 1339 (HUB IV, 59, Abschr. 14. Jahrh.) usque Crucevort – „Durchgang, Furt – mnd. *vōrt*, *vōrde* – bei einem Kreuz" oder „mit einem Kreuz". Beim Grundwort handelt es sich nach der Schreibweise in der betreffenden Urkunde im Harvestehuder Kopialbuch nicht um *wort(h)*, wie im Register bei Gaedechens zu lesen.

+ **Kreuzhof** (Griesenwerder, O.-Amt Wilhelmsburg, Bez. Harburg) Hof – 1606 (LAS, Abt. 3, 120, Abschr.) der Kreutzhofe – „Hof bei einem Kreuz" oder „kreuzförmiger Hof".

Kreuzstiegsberg (Blankenese, O.-Amt Blankenese, Bez. Altona) FN – 1790 (LAS, Abt. 402 A 3, 355, Karte) Krüzstiegberg, 1855 (Schröder-Biernatzki, Top.[2] I, S. 223) Kreuzstiegsberg – „Berg mit einer kreuzförmigen" oder „sich kreuzenden Stiege", das heißt „ansteigendem Weg".

Kronshorst (Neuengamme, O.-Amt Vier- u. Marschlande, Bez. Bergedorf) Ortstl., früher Hof – 1856 (Schröder-Biernatzki, Top.[2] II, S. 48) Krahnshorst – „Horst, d. h. Gestrüpp, Buschwald, Gehölz" oder auch „freie trockene Stelle, an der sich Kraniche aufhalten" zu mnd. *krôn*, *krân* = „Kranich".

+ **Kronsort** (b. Cranz, O.-Amt Süderelbe, Bez. Harburg) FN – Mejer 1649: Kronsorth – „Kranichvorsprung" zu nd. *Kroon* = „Kranich" und *Ort* = „Vorsprung".

Krug, Krooch – In nd. *Krooch*, das bei der Übertragung ins Hochdeutsche mit *Krug* wiedergegeben wird, sind zwei gleichlautende, der Herkunft nach aber verschiedene Bezeichnungen zusammengefallen, und zwar mnd. *krôch*, nnd. *Krooch* = „Ecke, Winkel, Biegung" und ein gleichlautendes Wort in der Bedeutung „Wirtshaus, Schenke". Dieses hat aber nichts mit dem hochdeutschen Wort *Krug* als Bezeichnung für ein Gefäß zu tun, das im Niederdeutschen unbekannt ist, möglicherweise aber mit nd. *Krooch* = „Ecke, Winkel". Beide Benennungen kann man nur unterscheiden, wenn man weiß, worauf sie sich beziehen oder bezogen haben, auf ein Gelände oder ein Wirtshaus (vgl. W. Laur, Ortsnamenlexikon, S. 411).

+ **Krumme Seeve** (h. Kornweide-Wettern i. Süden v. Wilhelmsburg, O.-Amt Wilhelmsburg, Bez. Harburg) GewN – 1538 (E. Reinstorf, Eindeichung Wilhelmsburg, S. 183) de krumme Seue, 1541 (E. Reinstorf, Eindeichung Wilhelmsburg, S. 190) die kromme Sewe, um 1569 (Karte D. Drever, Leerhoff Nr. 20) Sevenstrom, um 1620 (Leerhoff Nr. 21, Karte) Sew Ströme, um 1680 (Karte nach Schildknecht, E. Reinstorf, Eindeichung Wilhelmsburg, nach S. 118) Säven Strömen – Nach Reinstorf, Kausche und Udolph handelt es sich um einen älteren Namen der Kornweide-Wettern, eines heute schmalen Wasserarmes im Süden von Wilhelmsburg, der allem Anschein nach als ein Mündungsarm der Seeve angesehen wurde, obwohl dazwischen ein Teil der Süderelbe liegt, denn die Seeve mündet östlich von Harburg in die Elbe. Mit diesem Gewässernamen bringen Kausche und Udolph *Sävenströmen* in Zusammenhang, das auf der Karte nach Schildknecht allerdings ungefähr zwischen dem Reiherstieg und der Veddel liegt, während die Kornweide weiter südlich verzeichnet wird. Der Name *Sovenstrom* erscheint aber auch auf Drevers Karte von 1569. Beide Namen könnte man auch als *Söben* bzw. *Säven, Söven Strom* oder *Strömen* lesen, und zwar zum Zahlwort nd. *söben, söven, säven* = „sieben", wobei es sich allerdings fragt, wie hier für einen Wasserarm die Siebenzahl zu verstehen wäre, während Flurnamen mit diesem Zahlwort wie etwa *Sieben Stücken* durchaus vertreten sind. Wenn man aber vom Namen *Seeve* ausgeht, kann eine Form wie *Sovenstrom* nur als eine volksetymologische Umdeutung aufgefaßt werden. Solch eine Umdeutung begegnet uns aber auch beim FlN *Sieber* für einen rechten Nebenfluß der Oder am Harz – 1287 *inter ... et Sevenam*, mundartlich *Seven*. Diese Form ist nun seit dem 17. Jahrh. zu nd. *seven* = „sieben" und im Anklang an den FlN *Oder* zu *Sieber* umgedeutet worden (vgl. B.-U. Kettner, Flußnamen im Stromgebiet der oberen und mittleren Leine; Rinteln 1972, S. 278–279). Der Name der *Seeve* selbst – 1202 (UB Stade 25) *Sevinam*, 1203 (HUB I, 300) *usque Seuinam*, 1377 (Regesten Harburg 89) *bi der Sevene* (vgl. J. Udolph, Zuflüsse, S. 316–317) – stellt als alt **Savina, Sevina, Sevene* eine Bildung mit einem *n*-Suffix zur Wurzel idg. **sou̯o-* = „Feuchtes, Feuchtigkeit", vgl. den FlN *Save*, dar und gehört zur alteuropäischen Hydronymie (vgl. H. Krahe, Unsere ältesten Flußnamen, S. 50). Mit Ablaut erscheint die gleiche Wurzel als **seiu̯-* zu **sē(i)-*, **sai-*, **səi-*, die in unserem Worte *See* (s. d.) vorliegt.

+ **Krusenbusch** (zw. Dradenau u. Altenwerder) FN – Elbkarte M. Lorck 1568: Krusebusch, um 1569 (Karte D. Drever, Leerhoff Nr. 20) Krusebusche, Mejer 1649: Krusbusch – Wohl „Busch des Kruse", ein Beiname, der zu nd. *kruus*, hd. *kraus* gehört.

Kuckucksteich (Wilhelmsburg, O.-Amt Wilhelmsburg, Bez. Harburg) SN – Durchsichtiger Name.

Kuckuckswettern (Wilhelmsburg, O.-Amt Wilhelmsburg, Bez. Harburg) GewN – Siehe oben.

Kuckucksbrack (Neuengamme, O.-Amt Vier- u. Marschlande, Bez. Bergedorf) GewN – Siehe oben.

Kükenbrack (Wilhelmsburg, O.-Amt Wilhelmsburg, Bez. Harburg) GewN – „Brack, d. h. Stelle, an der der Deich durchbrochen ist, auf" oder „an dem sich Küken (Entenküken) tummeln".

Küsterbrack (Ochsenwerder, O.-Amt Vier- u. Marschlande, Bez. Bergedorf) GewN – Wohl „Brack beim Küsterland".

+ **Kuhlake** (b. d. Dradenau, O.-Amt Wilhelmsburg, Bez. Harburg) GewN – 1461 (Zunftrollen S. 68) de Kulake, 1464 (Regesten Harburg 753, Abschr. 1734) Kulake – Wohl „stehendes Gewässer – *Lake*, an dem Kühe weiden".

+ **Kuhle** (Elbarm b. Köhlbrand) GewN – Elbkarte M. Lorck 1568: Kuele, um 1569 (Karte D. Drever, Leerhoff Nr. 20) De Kule – „Kuhle, Vertiefung".

Kuhmühle (Uhlenhorst, O.-Amt Barmbek-Uhlenhorst, Bez. Hamburg-Nord) StrN, vgl. GewN *Kuhmühlenteich*, früher Wassermühle, mda. *Kohmöhl* – 1247 (HUB I, 539) ad molendinum domini Hartwici prefecti, 1468 (HKR II, 362_7) molendini vaccarum, 1534 (HKR V, 544_{33}) thor Komolen, 1744 (ZHG 29, 1928, S. 208, Handzeichn.) zur Kuhe Mühle, 1855 (Schröder-Biernatzki, Top.^{2} II, S. 63) Kuhmühle – Ursprünglich als „Mühle des Herrn Hartwig, des Overboden – lat. prefecti (von Stormarn)" erwähnt, dann mnd. *Kōmōle* = „Kuhmühle" (vgl. G. Bolland, Die Kuhmühle: HGHbl 5, 1930, S. 145–153).

Kuhwerder (Steinwerder, O.-Amt Veddel-Rothenburgsort, Bez. Hamburg-Mitte) IN, vgl. *Kuhwerderhöft*, mda. *Kohwarder* – 1855 (Schröder-Biernatzki, Top.^{2} II, S. 64) Kuhwärder – „Werder, d. h. Insel, Halbinsel, auf der Kühe weiden" oder auch in übertragener Bedeutung.

Kupferdamm (Farmsen, O.-Amt Farmsen-Berne, Bez. Wandsbek) StrN, vgl. auch *Kupferteich*, von der Berner Au durchflossen – 1855 (Schröder-Biernatzki, Top.^{2} I, S. 377) Kupferdamm – Benannt nach der Kupfermühle in Farmsen, die schon 1475 bis 1486 als *cuprimola* oder *cuprimole* erwähnt wird (vgl. HKR III, S. LXIX_1 u. Gaedechens, Topographie, S. 91).

Kupferteich (Tonndorf i. Verlauf der Berner Au, O.-Amt u. Bez. Wandsbek) SN, mda. *Kopperdiek* – „Teich bei einer Kupfermühle".

Kupferteich (Wohldorf, O.-Amt Walddörfer, Bez. Wandsbek) SN – Meßtischbl. 1880: Kupferhof – Siehe oben.

L

+ **Ladenbek** (= Karnbek. Lohbrügge, O.-Amt u. Bez. Bergedorf) FlN – 1360 (SHRU IV, 846) rivi dicti Lodenbeke, 1600 (LAS, Abt. 111, AR Reinbek) Bei dem Ladenbeke, Mejer 1649: Ladebrucke, Danckw. 1652: Ladenbeck, 1685 (LAS, Abt. 111, 33) Ladenbecke, 1704 (W. Fink, Das Amt Reinbek; Frankfurt a. M. 1969, S. 273) Ladenbek, 1712 (LAS, Abt. 111, 182, Eb) Lahdenbeck, 1856 (Schröder-Biernatzki, Top.^{2} II, S. 67) Ladenbek – Flur- und Gewässernamen mit diesem Bestimmungswort werden meist zu mnd. *lōde*, *lāde*, mnd. *Låt* = „junger Baum, Trieb, Sprößling" gestellt. Es fragt sich aber, ob nicht ein eigentlicher Gewässername wie bei *Lahde* nördlich von Minden – 1168 *Lothe* – oder *Latbek* an der Ems – 1000 *Lodon* – vorliegt. Namen dieser Art ist man geneigt, zu mnd. *lêde* = „Abzugsgraben" oder zu Flußnamen wie *Leda*, *Lede* zu stellen. Leichter erklärbar wäre aber eine Bildung mit einem Dentalsuffix zur Wurzel **lu-*, **lū-* = „Schmutz, Morast" wie in *Luhden* südöstlich von Bückeburg – 1253 Luden (vgl. W. Laur, Ortsnamen in Schaumburg, S. 35), hier aber von der gedehnten Tiefstufe **lū-* abgeleitet, während in unserem Falle germ. **Luda* als eine Bildung von der einfachen Tiefstufe mit einem kurzen *u* vorliegen würde, das im Altsächsischen zu **Loda* geworden wäre und dann durch Dehnung und Senkung zu mnd. **Lōdenbēke*, nnd. *Lådenbęk*.

Lake – As. *laka*, mnd. *lake*, unser Wort *Lache*, bezeichnet ein stehendes Gewässer, aber auch einen Wasserlauf. Außer im erwähnten *Lache* und dazu *Lake* als Bezeichnung für eine (salzige) Flüssigkeit ist unser Wortstamm in *lecken* in der Bedeutung „tröpfeln, durchsickern" und *Leck* enthalten, des unverschobenen *k* wegen Übernahmen aus dem Niederdeutschen (vgl. W. Laur, Ortsnamen, S. 287–288 u. Ortsnamenlexikon, S. 418).

Land – *Land* in Orts- und Flurnamen benennt ein Gebiet, eben ein Land, eine Insel, ein Landstück oder bewohntes oder bearbeitetes Land (vgl. W. Laur, Ortsnamenlexikon, S. 419).

Landscheide (Graben zw. Billwerder u. Moorfleet, O.-Amt Vier- u. Marschlande, Bez. Bergedorf) GewN, mda. *Landscheed* – 1855 (Schröder-Biernatzki, Top.[2] I, S. 216) Landscheide – Name für die Grenze zwischen Billwerder u. Moorfleet.

Landscheide (zw. Moorburg u. Hausbruch, O.-Amt Süderelbe, Bez. Harburg) GewN, mda. *Landscheed* – 1856 (Schröder-Biernatzki, Top.[2] II, S. 158) Landscheide – Siehe oben.

Landwehr (Hamm-Nord, O.-Amt u. Bez. Hamburg-Mitte) h. StrN u. Ortstl. – 1523 (HKR V, 224_{26}) to der Landwere, 1855 (Schröder-Biernatzki, Top.[2] I, S. 279) Landwehr – Name für eine Befestigungs- und Schutzanlage im Osten von Alt-Hamburg.

Langberg (Lohbrügge, O.-Amt u. Bez. Bergedorf) Ortstl., mda. *Langbarch* – „Langer Berg".

Lange Grove (Neuengamme, O.-Amt Vier- u. Marschlande, Bez. Bergedorf) Ortstl. – 1856 (Schröder-Biernatzki, Top.[2] II, S. 184) Lange-Grove – „Lange Grube, langer Graben" zu mnd. *grôve* = „Grube, Graben".

Langenbek (O.-Amt u. Bez. Harburg) Stdttl. – 1230 (Sudendorf I, 480) molendinum Langenbeke, 1332/33 (Regesten Harburg 133, Lehnsreg.14. Jahrh.) in Langhenbeke, 1366 (Regesten Harburg 244, Abschr. Mitte 17. Jahrh.) to Langenbeke, 1450/51 (Schatz- u. Zinsverz., S. 34, Reg.) Langenbeke, 1453 (Regesten Harburg 671) in Langebecke, 1497 (Schatz- u. Zinsverz., S. 98, Reg.) Langenbecke – Nd. **tom langen Bęk* = „zum langen Bach".

Langenborn (Niendorf, O.-Amt Lokstedt, Bez. Eimsbüttel) FlN – 1856 (Schröder-Biernatzki, Top.[2] II, S. 212) Langenborn – Zu *Born* = „Brunnen, Quelle", auch als Benennung für ein fließendes Gewässer.

Langenbrack (Neuengamme, O.-Amt Vier- u. Marschlande, Bez. Bergedorf) GewN – „Langgestreckte Einbruchstelle am Deich“.

Langenbrack (Ochsenwerder, O.-Amt Vier- u. Marschlande, Bez. Bergedorf) GewN – Siehe oben.

Langenfelde (Stellingen, O.-Amt Stellingen, Bez. Eimsbüttel) Ortstl., früher Zollhaus – 1831 (LAS, Abt. 112, 1662, Eb) zu Langenfelde, 1856 (Schröder-Biernatzki, Top.[2] II, S. 490) Langenfelde, Katasterflurb. 1872: Langenfelde – „Zum langen Felde“.

Langenhorn (O.-Amt Fuhlsbüttel, Bez. Hamburg-Nord) Stdttl., früher Dorf, mda. [*laŋ'horn*] – 1283 (HUB I, 805) in Langenhorne, 1332 (HUB II, 866) villam nostram Langhenhorne, 1347 (HUB IV, 339, Verz., Abschr. 1581–1586) in Langenhorn, 1388 (Hamb. Test. 84) to dem Langhen Horne, 1465 (HKR II, 272_{17}) in Langhenhorne, 1508 (VBHK 118, 16a) in Langenhornn, 1603 (LAS, Abt. 3, 19) die Langenhorner, Mejer 1650: Langehorn, 1856 (Schröder-Biernatzki, Top.[2] II, S. 71) Langenhorn – Wie *Langenhorn* bei Delve in Dithmarschen und *Langenhorn* nördlich von Husum in Nordfriesland nd. **tom langen Horn* = „zum langen Horn, zum langgestreckten Vorsprung“ (vgl. W. Laur, Ortsnamenlexikon, S. 421).

Langer Morgen (Hohe Schaar, O.-Amt Wilhelmsburg, Bez. Harburg) h. StrN – Um 1569 (Karte D. Drever, Leerhoff Nr. 20) De Lange Morgen, um 1620 (Karte, Leerhoff, Nr. 21) Langemorgen – *Morgen* hier als Bezeichnung für ein Landmaß und dann für ein entsprechendes Landstück, namentlich in den Marschen.

Langer Torfgraben (Neugraben, O.-Amt Süderelbe, Bez. Harburg) GewN – Durchsichtiger Name.

Langer Zug (Uhlenhorst, O.-Amt Barmbek-Uhlenhorst, Bez. Hamburg-Nord) GewN – Meßtischbl. 1880: Langer Zug, Flurnamensamml. Wegemann 1925: Langerzug – Nach einem Fischzug in der Alster (vgl. H. Beckershaus, Straßennamen, S. 23).

+ **Lauenberg** (Gorrieswerder) FN – 1332/33 (Regesten Harburg 133, Reg. 14. Jahrh.) van dem Lowenberge, 1368 (StAH, 710-1 I R 38b) den Louwenbergeren, 1388 (Regesten Harburg 352, Abschr. Anf. 15. Jahrh. u. 17. Jahrh.) by dem Louwenberghe, 1508 (Regesten Harburg 1085)

Louwenberg – Wohl wie in *Lauenburg* „Löwenberg“ zu mnd. *louwe*, *lauwe* = „Löwe“ (vgl. W. Laur, Ortsnamenlexikon, S. 424). Der Anlaß zu dieser Namengebung ist unbekannt. Die Namen beziehen sich meist nicht direkt auf das Tier, sondern auf den Löwen als Wappenzeichen.

Lauenbruch (Harburg, O.-Amt u. Bez. Harburg) Ortstl., vgl. StrN *Lauenbrucher Hauptdeich* – 1309 (HUB II, 187, Abschr. 14. Jahrh.) in Lowenbroke, 1322–37 (Regesten Harburg 115, Abschr. 1625) in Lowenbroke, 1332/33 (Regesten Harburg 133, Lehnsreg. 14. Jahrh.) in Lowenbrek, 1343 (E. v. Grote-Ebstorf, Beiträge, S. 10, Verz., Abschr. 1625, vgl. Regesten Harburg 172) in dem Lowenbroke, 1411 (Regesten Harburg 497) in dem Louwenbroke, 1417/1418 (Regesten Harburg 518) in dat Lowenbrok, 1489 (Regesten Harburg 978) in Louwenbroke, 1513 (Regesten Harburg 1103) deme Louwenbroke, 1539 (StAH, 430, 1) von der Lowenbröker Weide, Elbkarte M. Lorck 1568: Lewenbrock, um 1569 (Karte D. Drever, Leerhoff Nr. 20) Lauenbrock, Mejer 1649: Lawenbrock – „Löwenbruch, Löwenbruchland“, zum Bestimmungswort siehe Lauenberg (vgl. auch Gaedechens, Topographie, S. 120).

+ **Lauenwerder** (h. Neuland östl. v. Harburg, O.-Amt u. Bez. Harburg) IN – 1298 (Sudendorf I, 142, Abdr.1748) ad terram … Lewenwordher dictam (so korrigiert nach D. Kausche), 1309 (HUB II, 187, Abschr. 14. Jahrh.) in Lowenwerdere – „Löwenwerder, Löweninsel“, zum Bestimmungswort siehe oben.

+ **Lehfeld** (O.-Amt Vier- u. Marschlande, Bez. Bergedorf) FN – 1545 (HKR VI, 199_{35}) prope Lehevelde – Entweder zu *Lee* = „die dem Winde abgekehrte Seite“ als eine Lagebezeichnung oder zu mnd. **lê*, as. *hlêo* = „Hügel, Grabhügel“ (vgl. W. Laur, Ortsnamenlexikon, S. 426).

Lehmbrook (Farmsen, O.-Amt Farmsen-Berne, Bez. Wandsbek) h. StrN *Lehmbrookweg*, früher Ziegelei – 1546 (HKR VI, 220_{32}) to … Lembrok, 1855 (Schröder-Biernatzki, Top.^{2} I, S. 377) Lehmbrook – „Brook, d. h. Bruch, Bruchland, mit lehmiger Erde“.

+ **Lehmrie** (Hinschenfelde, O.-Amt u. Bez. Wandsbek) FN – 1394 (SHRU VI, 1135) oppe der Leemryen – Zu *Rie* = „Wasserlauf“.

Lehmweg (Eimsbüttel, O.-Amt u. Bez. Eimsbüttel) StrN – 1339 (HUB IV, 39, Abschr. 14. Jahrh.) trans viam … Lemwech – „Lehmiger Weg“.

Lemsahl (O.-Amt Walddörfer, Bez. Wandsbek) Stdttl., früher Dorf, mda. *Lem'såhl* – 1271 (HUB I, 746) in villa Lemsole, 1314 (HUB II, 302) to Lemsole, um 1320 (SHRU IV, 392, Verz., neue Datierung nach J. Reetz, Abschr. 14. Jahrh.) Lemsole, 1322 (HUB II, 534) de dorp Lemsole, 1346 (HUB IV, 276) van Lemsole, 1475 (LAS, Urk.-Abt. 210, 418) Lemsall, 1502 (VBHK 22, 12a) in Lentzale, 1513 (LAS, Abt. 210, 1781, fol. 1–153, Landbede) Lemsael, 1571 (LAS, Urk.-Abt. 7, 361) mit den … Dörffernn … Leemsale, Mejer 1649: Lamsael, Danckw. 1652: Lemsael, 1650 (LAS, Abt. 111, AR Tremsbüttel) Lembsahler, 1856 (Schröder-Biernatzki, Top.[2] II, S. 83) Lehmsal – „Lehmiger Tümpel, lehmiges Wasserloch" zu *Lehm* und nd. *Såhl*, *Soll* = Tümpel, Wasserloch" (vgl. H. Olsen, Historisches Verzeichnis, S. 12 u. W. Laur, Ortsnamen, S. 207).

+ **Lerhorn** (Billwerder, O.-Amt Vier- u. Marschlande, Bez. Bergedorf) FN f. Hufe – 1238 (SHRU I, 576) de Lerehorn, 1262 (HUB I, 623, Abschr. 14. Jahrh.) proprietatem dimidii mansi …, Lerhorn dicti – „Horn, Vorsprung bei einer Hürde, einem Pferch" zu as. **hlêri(a)*, mnd. **lêre* = „Hürde, Pferch".

Liedenkummer (Neuenfelde, O.-Amt Süderelbe, Bez. Harburg) Ortstl. – 1427 (Regesten Harburg 574) dictam … Lydenkummer, 1463 (StA Stade, Altkloster Buxtehude 314 1 S. 757 in deme Liidenkummer, Meßtischbl. 1880: Liedenkummer – Wohl nd. *Lieden (un) Kummer* = „Leiden und Kummer" als eine abwertende Benennung für ein schlechtes Gelände, ein schlechtes Stück Land.

Loch, Das (Ochsenwerder, O.-Amt Vier- u. Marschlande, Bez. Bergedorf) GewN, mda. *dat Lok* – Durchsichtiger Name.

Lohbek (Nebenfl. d. Alster, Bergstedt, O.-Amt Walddörfer, Bez. Wandsbek) FlN – „Bach – nd. *Bęk* – an einem lichten Gehölz, an einem Hain" zu *Loh*.

Lohbek (Lokstedt, O.-Amt Lokstedt, Bez. Eimsbüttel) FlN – Siehe oben.

Lohbrügge (O.-Amt u. Bez. Bergedorf) Stdttl., früher Dorf, mda. *Loh'brüch* – 1257 (HUB I, 619) de Lobrugge, 1327–1332 (ZHG 6, 1875, S. 59, Necr.cap., Abschr. 17. Jahrh.) de villa Lobrugge, 1346 (HUB IV, 276) de Lobrugge, 1348 (HUB IV, 345, Abschr. 14. Jahrh.) de villa nostra Lobrugge, 1379 (Hamb. Test. 49) myd Hassen Lobrůgghen, 1492 (LAS, Abt. 111, AR Trittau) tor Lobrugge, 1527 (LAS, Urk.-Abt. 120, 69,

Abschr.) Lobrugge, 1578 (LAS, Abt. 111, AR Reinbek) Lohebrügge, 1649 (LAS, Abt. 111, 35) des Dorffs Lohebrügge, Danckw. 1652: Lohbrügge, 1686 (LAS, Abt. 7, 1212) zur Lohbrügge, 1712 (LAS, Abt. 111, 182, Eb) Lohe Brügge, 1750 (LAS, Abt. 111, 53, Beschr.) mit Lohebrügge, 1856 (Schröder-Biernatzki, Top.^{2} II, S. 94) Lohbrügge – „Brücke – mnd. *brügge*, nnd. *Brüch* – bei einem lichten Gehölz, einem Hain“ zu *Loh*, oder eher „in einem sumpfigen Gelände“ zu *Lohe* in dieser Bedeutung (vgl. W. Laur, Ortsnamen, S. 288 u. 324).

Loh(e) – Germ. **lauhaz*, ahd., as., mnd. *lôh*, gehört etymologisch zu lat. *lucus* = „Hain“ und *lux* = „Licht“, ferner auch zu unserem Worte *Licht* und bezeichnet eine lichte Waldung, ein Gehölz, einen Hain. Eine Nebenform mit grammatischem Wechsel stellt wohl mnd. **lôge* dar. Ein weiteres Wort *Loh(e)*, das mit diesem etymologisch nicht zusammengehört, stellt sich zu unserem Worte *Lauge* und bezeichnet eine sumpfige Stelle. Es weist ebenfalls eine Nebenform mnd. **lôge* auf, also germ. **lauhō* und **laugō*. Da nun auch *Lohe* = „Hain“ als ein Femininum auftreten kann, sind beide Wörter in Orts- und Flurnamen oft schwer voneinander zu unterscheiden (vgl. W. Laur, Ortsnamenlexikon, S. 434).

Lohe (Tonndorf, O.-Amt u. Bez. Wandsbek) Ortstl., mda. *Loh* – Meßtischbl. 1880: Lohe – Siehe oben.

\+ **Lohmühle** (Sankt Georg, O.-Amt u. Bez. Hamburg-Mitte), früher Mühle, h. StrN *Lohmühlenstraße* – 1855 (Schröder-Biernatzki, Top.^{2} I, S. 404) die Lohmühle – Name für eine Mühle, die durch Sägen, Schälen und Zerkleinern Gerberlohe herstellt.

Lohmühlenteich (Eißendorf, O.-Amt u. Bez. Harburg) SN, mda. *Lohmöhlendiek* – „Teich – nd. *Diek* – bei einer Lohmühle“, siehe oben.

Lokstedt (O.-Amt Lokstedt, Bez. Eimsbüttel) Stdttl., früher Dorf – Um 1320 (SHRU IV, 392, Verz., neue Datierung nach J. Reetz, Abschr. 14. Jahrh.) villa Lokstede, in Locstede, 1346 (HUB IV, 286, Abschr. 14. Jahrh.) in Locstede, 1347 (HUB IV, 339, Verz., Abschr. 1581–1586) in villa Lockstede, 1388 (Hamb. Test. 84) Henneke Lokstede, 1469 (LAS, Urk.-Abt. 3, 394) vnse dorpere Lockstede, 1528 (LAS, Urk.-Abt. 3, 113) vth … Lockstede, 1560 (LAS, Abt. 3, 22) der beiden Dorffschaften Lockstede …, 1591/92 (LAS, Abt. 3, 608, Reg.) Lockstede, 1607 (LAS, Urk.-Abt. 3, 295) zu … Lockstede, 1638 (LAS, Abt. 3, 737, Reg.) Lockstedte, Mejer 1655: Loeckstede, 1856 (Schröder-Biernatzki, Top.^{2} II,

S. 95) Lokstedt – Wie *Lockstedt* und *Loxstedt* in Holstein und Niedersachsen und *Lauchstädt* bei Merseburg – 1085 *Locstede* – „Stätte, Wohnstätte, Siedlung – as. *stėdi*, mnd. *stēde*, nnd. *Stę(d)* – an einer Stelle, an der Lauch wächst“ zu mnd. *lôk*, nnd. *Look*. Der Lauch hatte früher in der Heilkunst, in der Magie und auch im Kult eine besondere Bedeutung (vgl. W. Laur, Ortsnamenlexikon, S. 432–433).

Loogeplatz (Eppendorf, O.-Amt u. Bez. Hamburg-Nord) Platz – 1855 (Schröder-Biernatzki, Top.² I, S. 367) bei der Loge – Zu mnd. **lôge* als einer im grammatischen Wechsel stehenden Nebenform zu *Lohe*, siehe oben. Bei der Erwähnung der Mühle *Westerloge*, die nach Schröder-Biernatzki Graf Adolf an das Kloster Harvestehude verkauft haben soll, liegt ein Verlesen vor.

Lotsekanal (Harburg, O.-Amt u. Bez. Harburg) GewN (ursprünglich ein Zufluß der Süderelbe) – 1457 (Regesten Harburg 228) Lotze brugge, 1488 (Regesten Harburg 335) aver de Lotze, um 1550 (ZHG 26, 1925, S. 192) de Lotze, um 1569 (Karte D. Drever, Leerhoff, Nr. 20) De Loze, 2. Hälfte 17. Jahrh. (E. Reinstorf, Eindeichung Wilhelmsburg, K 5) Loetze, Mejer 1649: Lotze – Ursprünglicher Gewässername *Lo(t)ze* als eines Zuflusses zur Süderelbe, der wohl auf **Luza* oder ähnlich zurückgeht, möglicherweise ein altes **Lutasa* als eine Bildung mit einem *t*- und einem *s*-Suffix zu Wurzel **lu-*, **leu-* = „feucht, feuchter Boden, Schmutz, Morast“ (vgl. W. Laur, Ortsnamenlexikon, S. 443).

Lottbek (Nebenfl. d. Alster, Volksdorf, Bergstedt, Ohlstedt, O.-Amt Walddörfer, Bez. Wandsbek) FlN – 1305 (StAH, 231, II 8 Bd 1a, Renteb. S. Petri, 15_5) de Lotbeke, 1320 (HUB II, 470, Abschr. 16. Jahrh.) tocius ville mee Lotbeke, 1396 (SHRU VI, 1280) to dem Lotbeke, 1437 (HKR III, S. XXXVIII_{13}) to deme Lotbeke, 1855 (Schröder-Biernatzki, Top.² I, S. 536) Wirthshaus Lottbek an einem Bache gleichen Namens – „Bach – nd. *Bęk* – bei einem Stück Land, das man durch das Los bekommt“ zu nd. *Lott*, *Loot* = „Los“ (vgl. W. Laur, Ortsnamenlexikon, S. 436), oder eher zu einem Gewässernamen as. **Luta*, **Lota*, vgl. Lotsekanal. Die älter überlieferten Formen beziehen sich auf den gleichlautenden Ortsnamen im Kreise Stormarn, der aber auf den Bachnamen zurückgeht.

Lottbeker Teich (Volksdorf, O.-Amt Walddörfer, Bez. Wandsbek) SN – „Teich – nd. *Diek* – am Lottbek“.

\+ **Lotziene** (z. T. im heutigen Schleusengraben aufgegangen, Billwerder, O.-Amt Vier- u. Marschlande, Bez. Bergedorf) FlN – 1180 (nach Lappenberg 1178) (HUB I, 244, Abschr. 14. Jahrh.) infra ... Luzinam, 1249 (HUB I, 552) super aquam Lotziene – Wohl eine Bildung mit einem *n*-Suffix in gleicher Bedeutung wie bei *Lotze*, *Lotsekanal*. W. Lührs wollte diesen Gewässernamen zu *Loose* = „Abzugsgraben" stellen, eine Deutung, die aber letztlich nicht möglich ist (vgl. W. Laur, Ortsnamen, S. 342).

\+ **Lübscherbaum** (Hohenfelde, O.-Amt Barmbek-Uhlenhorst, Bez. Hamburg-Nord) h. *Lübecker Straße*, früher Distrikt – 15. Jahrh. (Zunftrollen S. 264, Anm.) tho deme Lubeschen bome, 1463 (HKR II, 198_4) apud Lubeschem bome, 1565 (SHRU IX, 40, Vidimus 1566) dem Lubischen Boem, 1855 (Schröder-Biernatzki, Top.[2] I, S. 528) Lübschenbaum, 1856 (Schröder-Biernatzki, Top.[2] II, S. 113) Lübschenbaum – „Baum, Schlagbaum an der Straße nach Lübeck".

Lürade (Marmstorf, O.-Amt u. Bez. Harburg) vgl. h. *Lürader Weg* – 1338 (Regesten Harburg 151, Abschr. 17. Jahrh.) in Lüderade, 1497 (Schatz- u. Zinsverz., S. 97) Luderingrode, 1523/25 (Regesten Harburg 1127, Abschr. 17. Jahrh.) in Lüderrade – „Rodung – mnd. *rot*, *-rode*, *-rade*, nhd. *-rade*, nnd. *-rå* – der Leute des Lüder, Liuther, Liuthari", ein Rufname, der aus ahd., as. *liut* = „Volk", vgl. unser *Leute*, und *-hari*, *-hėri* in der Bedeutung „Heerführer" zu unserem Worte *Heer* zusammengesetzt ist. Die Zusammensetzung ohne ein Genitiv-s spricht für eine ursprüngliche Mehrzahlform – **Lüderinge* = „Leute des Lüder".

Lütjenburg (Kirchwerder, O.-Amt Vier- u. Marschlande, Bez. Bergedorf) Ortstl., mda. *Lüttenborch* – 1856 (Schröder-Biernatzki, Top.[2] II, S. 35) Lüttenburg – Wohl mehr scherzhafte Benennung oder Nachbenennung nach Lütjenburg im Kreise Plön.

\+ **Lütke Au** (Ausfluß v. Köhlbrand) GewN – Um 1569 (Karte D. Drever, Leerhoff Nr. 20) Lutke Ouw – „Kleine Au" zu nd. *lütt*, *lüttj*, *lüttk* = „klein".

\+ **Lütkenbrook** (Hamm, O.-Amt u. Bez. Hamburg-Mitte) FN – 1328 (HUB II, 713, Abschr. 14. Jahrh.) in loco dicto Luttekenbroke, 1334 (HUB II, 946) in campo dicto Luttekenbroke – Mnd. **tome lütteken brôke* – „zum kleinen Bruch, Bruchland".

Lütt-Kampgraben (Lurup, O.-Amt Blankenese, Bez. Altona) GewN, vgl. StrN *Lüttkamp* – 1789 (LAS, Abt. 25, 363 II, Eb) Lütten Kamp – „Graben beim Lüttkamp", d. h. „Kleinen Kamp, Feld".

Lunpfadkanal (Winterhude, O.-Amt u. Bez. Hamburg-Nord) GewN – Zu nd. *Luun* = „Laune" oder mnd. *lune*, *lûn* = „Mond, Mondphase, Vollmond" oder auch Pflanzenname mnd. *luneke?* Vgl. auch den FN *Lunhorn* in Arpsdorf bei Neumünster.

Lurup (O.-Amt Blankenese, Bez. Altona) Stdttl., früher Dorf – 1769 (LAS, Abt. 112, 386) hintern Lurup, 1788 (LAS, Abt. 112, 286, Eb) den Dörfern … Luhrup, 1789 (LAS, Abt. 25, 363 II, Eb) Luhrup, 1791 (LAS, Abt. 112, 1649, Eb) Bien Lurup, 1856 (Schröder-Biernatzki, Top.[2] II, S. 121) Lurup – Verbreiteter Orts- und Flurname als scherzhafte Befehlsform nd. *Luur op* = „lauer auf!" (vgl. W. Laur, Ortsnamenlexikon, S. 442).

Luruper Moorgraben (Lurup, O.-Amt Blankenese, Bez. Altona) GewN – Durchsichtiger Name.

\+ **Luruper Tannen** (Klein Flottbek, O.-Amt u. Bez. Altona) Holzung – 1855 (Schröder-Biernatzki, Top.[2] I, S. 388) Luruper-Tannen – Durchsichtiger Name.

M

Maakenwerder (westl. v. Köhlbrand, O.-Amt Finkenwerder, Bez. Hamburg-Mitte) IN – 1856 (Schröder-Biernatzki, Top.[2] II, S. 123) Maakenwärder – „Werder, d. h. Insel, Halbinsel des Make, Mako", ein Kurzname, der mit Inlautverschärfung zu mit ahd., as. *magan*, *mègin* = „Kraft, Macht" zusammengesetzten Vollnamen gehört (vgl. Meiendorf und H. Kaufmann, Ergänzungsband, S. 243).

° **Mamesbüttel** – Siehe Appelbüttel.

Marienhöhe (Blankenese, O.-Amt Blankenese, Bez. Altona) StrN u. Bad – Meßtischbl. 1880: Marienhöhe – Durchsichtiger Name.

+ **Marienquelle** (i. Osten v. Hamburg) FN – 1331 (HUB II, 849, Transs. 1333) apud fontem Sancte Marie – „Quelle, die der Jungfrau Maria geweiht ist".

Marienthal (O.-Amt u. Bez. Wandsbek) Stdttl., mda. *Mariendål* – 1739 (LAS, Abt. 15, 471) mit erwehnten Lust-Hof Marienthal, 1861 (LAS, Abt. 111, 246) dem ... Gute Marienthal, 1880 (Gaedechens, Topographie, S. 326) Marienthal – Im Jahre 1861 erhielt der Gutsbesitzer Carstenn vom dänischen König die Erlaubnis, das gekaufte Gut Wandsbek privaten Anteils *Marienthal* zu nennen, und zwar in Anlehnung an den 1684 von der Baronin Fridericia Maria von Kielmannsegg errichteten Witwensitz am Mühlenteich, der somit auch nach ihr benannt war. Aus dem Gute Marienthal von 1861 entwickelte sich der gleichnamige Stadtteil (vgl. W. Grabke, Wandsbek und Umgebung; Hamburg 1960, S. 70 u. 137).

Marmstorf (O.-Amt u. Bez. Harburg) Stdttl., früher Dorf, mda. *Marmsdörp* – 1219 (HUB I, 434, Abschr.) de Mareholdesthorp, 1332/33 (Regesten Harburg 133, Lehnsreg.14. Jahrh.) in Marmeldesdorpe, 1432 (Regesten Harburg 597) in Marmestorpe, 1450/1451 (Schatz- u. Zinsverz., S. 34, Reg.) Marmestorppe, 1452 (Regesten Harburg 666, Abschr. 16. Jahrh.) in Marmelstorpe, 1453 (Regesten Harburg 671) in Marmestorppe, 1471 (Regesten Harburg 811) Marmestorpe, 1478 (Regesten Harburg 866) in Marmedestorppe, 1497 (Schatz- u. Zinsverz., S. 97, Reg.) Marmestorppe – „Dorf – mnd. *dorp*, nnd. *Dörp* – des Marold, Marwald", ein Rufname, der aus ahd. *mari*, as. *mèri* = „berühmt" und *-wald*, *-walt* in der Bedeutung „Walter, Herrscher" zu unserem Worte *walten* zusammengesetzt ist. Das *m* in der Form *Marmeldesdorpe*, die zu der heutigen *Marmstorf* führt, ist sekundär.

Marsch – As. *mèrsk*, mnd. *mersch*, nnd. *Marsch* = „Marsch, sumpfiges Land", siehe dazu auch Farmsen und Othmarschen, germ. **mariska-*, stellt eine Bildung mit dem Suffix **-iska-*, unserem *-isch*, zu *mari* = „Meer, Binnengewässer" dar (vgl. W. Laur, Ortsnamenlexikon, S. 450).

+ **Marsch** (die Vierlande, Bez. Bergedorf) Landstrichname – 1288 (Hamb. Schuldb. 4) in Palude, 1309 (HUB II, 177, Abschr. 14. Jahrh.) in terra iuxta Albeam, que Mersch dicitur – Siehe oben.

+ **Marsch** (Lokstedt, O.-Amt Lokstedt, Bez. Eimsbüttel) FN – 1856 (Schröder-Biernatzki, Top.^{2} II, S. 95) in der Marsch – Siehe oben.

Meiendorf (Rahlstedt, O.-Amt Rahlstedt, Bez. Wandsbek) Ortstl., früher Dorf, mda. *Mandörp* – 1318 (HUB II, 434, Abschr. 16. Jahrh.) in villa Meiendorpe, 1331 (HUB II, 853) in villa Meyendorpe, 1343 (SHRU IV, 95, Verz., Abschr. 14. Jahrh.) in Meyendorp, 1346 (Hamb. Schuldb. 1150) Hinricus Meyendorpe, 1350 (HUB IV, 414) in villa Megendorpe, 1385 (SHRU VI, 610) in villa Meyndorpe, 1387 (SHRU VI, 715) to Meygendorpe, 1492 (LAS, Abt. 111, AR Trittau) to Meyendorpp, 1521 (VBHK 138, 137a) in villa Meyendorp, 1579 (LAS, Abt. 7, 5100) zum Meyendörffe, 1600 (LAS, Abt. 111, AR Trittau) Meyendörpe, Mejer 1650: Meyendorp, Danckw. 1652: Meyendörp, 1856 (Schröder-Biernatzki, Top.[2] II, S. 135) Meiendorf – „Dorf – mnd. *dorp*, nnd. *Dörp* – des Meino, Megino" wie im Falle des vergangenen *Meienbüttel* bei Hemmingstedt in Dithmarschen (vgl. W. Laur, Ortsnamenlexikon, S. 454) und nicht „des Mejo", wie Röpke meint (vgl. G.-W. Röpke, Zwischen Alster und Wandse, S. 208), ein Kurzname, der zu Vollnamen wie *Meinhard* gehört, und zwar zu ahd. *magin*, *mėgin* = „Kraft, Macht" (vgl. H. Kaufmann, Ergänzungsband, S. 241–244).

Meienthun (Volksdorf, O.-Amt Walddörfer, Bez. Wandsbek) FN – Flurnamensamml. Wegemann 1920–1933: Meientun – „Zaun – nd. *Tuun* – um die Gemeindeweide, Allmende" – nd. *Meent*.

Mellenberg (Volksdorf, O.-Amt Walddörfer, Bez. Wandsbek) FN, vgl. *Mellenberg-Weg*, mda. *Mellenbarch* – 1779 (Karte J. T. Reinke, vgl. Die Walddörfer 1, 1963, S. 15) Mellenberg, 1856 (Schröder-Biernatzki, Top.[2] II, S. 553) Mellenberg, Meßtischbl. 1880: Mellenberg – Hängt möglicherweise mit *Mellingbek* zusammen.

Mellingbek (Zufl. z. Alster zw. Mellingstedt u. Poppenbüttel) FlN – 1856 (Schröder-Biernatzki, Top.[2] II, S. 140) Mellingbek (Mellenbek), Meßtischbl. 1880: Mellingbek – „Bach – nd. *Bęk* – bei Mellingstedt".

Mellingburg (Mellenburg) (Mellingstedt u. Sasel, O.-Amt Walddörfer, Bez. Wandsbek) FN, vgl. StrN *Mellenburgredder*, früher Schleusenwärterhaus u. frühgeschichtliche Burg, mda. *Mellenborch* – 1783 (LAS, Abt. 402 A 3, 159, Karte) die Burg, 1856 (Schröder-Biernatzki, Top.[2] II, S. 139) Mellenburg „Burg – nd. *Borch* – von Mellingstedt".

Mellingstedt (O.-Amt Walddörfer, Bez. Wandsbek) Stdttl., früher Dorf, mda. [*męlįŋsdęd*] – 1271 (HUB I, 746) in villa Mellingstede, 1275 (HUB I, 759) in Melliggestede, 1276 (HUB I, 763) in Mellingstede, 1314 (HUB

II, 302, Vertr.) to … Mellingstede, um 1320 (SHRU IV, 392, Verz., neue Datierung nach J. Reetz, Abschr. 14. Jahrh.) Hellingstede (lies: *Mellingstede), 1322 (HUB II, 534, Vertr.) de dorp … unde Melligstede, 1349 (HUB IV, 403) in villa Mellingstede, 1475 (LAS, Urk.-Abt. 210, 418) Mellingkstede, 1513 (LAS, Abt. 210, 1781, fol. 1–153, Landbede) Mellyngestede, 1531 (LAS, Abt. 210, 1781, fol. 154–275, Landbede) Mellingkstede, 1571 (LAS, Urk.-Abt. 7, 361) mit den … Dörferrn … Mellingstedte, 1650 (LAS, Abt. 111, AR Tremsbüttel) Mellingsteter, Mejer 1650: Mellingstede, 1656 (LAS, Abt. 7, 1177) wegen der Mellingstedter, 1699 (LAS, Urk.-Abt. 7, 514) mit den … Dörfern … Mellingstedte, 1856 (Schröder-Biernatzki, Top.[2] II, S. 140) Mellingstedt – „Stätte, Wohnstätte, Wohnplatz – as. *stėdi*, mnd. *stēde*, nnd. *Stę(d)* – des Melling“, eine Bildung mit dem Suffix *-ing* zu einer Rufnamenkurzform *Madalo*, *Mahal(o)*, die zu Vollnamen gehört, die mit ahd., as. *mahal*, germ. **maþla-* in der Bedeutung „öffentliche Versammlung, Verhandlung“ zusammengesetzt sind. Es könnte aber auch die Mehrzahlform **Madalinge*, **Mahalinge* = „Leute des Madalo“ vorliegen, die allerdings nur zweimal bezeugt ist (vgl. H. Olsen, Historisches Verzeichnis, S. 13, G.-W. Röpke, Zwischen Alster und Wandse, S. 175, W. Laur, Ortsnamen, S. 205 u. H. Kaufmann, Ergänzungsband, S. 244). Eine Benennung direkt mit dem Worte *mahal* in der Bedeutung „Gerichtsplatz“ anzunehmen, geht auf Grund der Bildung mit dem Suffix *-ing* und entsprechend den vielen anderen auf diese Weise gebildeten Bestimmungswörtern, die von Personennamen abgeleitet sind, wohl fehl. Der Ortsname allein gibt somit keinen Hinweis dafür, daß sich hier das Goding von Stormarn befunden haben könnte (vgl. W. Laur, Goding und Gogericht in Holstein und Niedersachsen: Zschr. der Savigny-Stiftung f. Rechtsgesch. Germ. Abt. 111, 1994, S. 536–549).

Meßberg (Altstadt, O.-Amt u. Bez. Hamburg-Mitte) h. StrN, mda. *Meßburch* – 1459 (HKR II, 96_{14}) den Mesberch – Wohl „Mistberg“ zu nd. *Meß*, *Mest* = „Mist“(vgl. Gaedechens, Topographie, S. 83 u. K. Koppmann, Meßberg: MVHG Bd 1, 1877–1878 [1878], S. 31–32). Ob unser Name auch zu mnd. *musse*, *misse* = „Sumpf, Sumpfwald“ gestellt werden kann, wie Lüders meinte (vgl. E. P. Lüders, Die Deutung der Straßennamen Kattrepel: HGHbl 14, 1953, S. 198–199 u. F. Witt, Hamburgs Straßen, S. 229), fragt sich, und zwar nicht nur aus lautlichen Gründen, sondern auch aus bedeutungsmäßigen.

Mesterbrookgraben (z. Wittmoorgraben, Duvenstedt, O.-Amt Walddörfer, Bez. Wandsbek) GewN – Flurnamensamml. Wegemann 1920–

1933: Mesterbrookbarg – „Graben am Mesterbrook" zu nd. *Meester* = „Meister", vielleicht als ein Familienname, und *Brook* = „Bruch, Bruchland".

+ **Milchberg** (i. d. Gegend v. h. Kohlhöfen, nordwestl. Neustadt, O.-Amt u. Bez. Hamburg-Mitte) FN – 1371 (StAH, 231, I 3 Bd 1, Lib.de hort.vend., S. 13_4) iuxta Melkeberch, 1410 (StAH, 710-1 I Bd 4) prope Melkeberg – „Berg, an dem das Vieh zusammengetrieben wurde, um gemolken zu werden".

+ **Mildersen** (i. Nordteil d. heutigen Hafengebietes südl. v. Sankt Pauli zw. Kattengatt u. Grevenhof) Örtlichkeit – 1460 (LAS, Urk.-Abt. 3, 391) Milderssen, 1494 (LAS, Urk.-Abt. 3, 83, Abschr. 15./16. Jahrh.) Mylderßen – In zwei Urkunden der Grafen von Holstein-Schaumburg aus der 2. Hälfte des 15. Jahrhunderts wird im Nordteil des heutigen Hafengebietes südlich von Sankt Pauli zwischen dem Kattengatt und dem Grevenhof dieser Ortsname erwähnt, der uns sonst nicht begegnet. Er mutet wie ein ursprünglicher heim- oder husen-Name an, dessen unbetontes Grundwort zu *-(s)sen* reduziert ist (vgl. dazu das über Ottensen Gesagte). Das Bestimmungswort wiederum erinnert an den Namen des *Millerntores* (s. w. u), aber ein Heiligenname als erstes Zusammensetzungsglied in alten heim- oder husen-Namen ist sonst nicht bekannt, und auch als gewöhnlicher Rufname ist dieser Frauenname, der heute im Englischen als *Mildred* erscheint, in Hamburg und Schleswig-Holstein nicht überliefert. Möglicherweise handelt es sich auch um einen männlichen Rufnamen wie *Milhard*, nd. *Mielert*, oder *Milrat*, oder es liegt bei unserem Ortsnamen eine Entstellung oder falsche Lokalisierung vor.

Millerntor (zw. Neustadt u. Sankt Pauli, O.-Amt u. Bez. Hamburg-Mitte) h. Platz, früher Tor, ursprünglich am Rödingsmarkt – 1246 (HUB I, 535, Abschr. 14. Jahrh.) ad portam que Milderdor porta dicitur, 1247 (HUB I, 541) prope portam Mildradis, 1248–1274 (StAH, 231, I 1 Bd 1, Lib.act., S. 49_4) ante Milderendore, valvam Millerdor, portam Milderadis, 1261 (HUB I, S. 457, Anm. 1, Lib.resign.) Milderedore, 1264 (HUB I, 680) ad portam que Mildradis porta dicitur, 1267 (HUB I, S. 457, Anm., Lib.resign.) valva Millerdor, 1310 (StAH, 213, 13 Bd 1, Lib.de hort.vend.) porte Milderadis, 1344 (HUB IV, S. 186, Anm. 2, Lib.de hort.vend.) extra Milderdor, 1347 (HUB IV, 313, Abschr. 14. Jahrh.) ante valvam, que dicitur Milderdor, Mejer 1651: Milder Dohr – Der Name dieses Tores, das ursprünglich östlich des Rödingsmarktes am Ende des Burstahs lag (vgl. W. Becker, Die Geschichte des Rödingsmarktes in Hamburg. In: Festgabe ... A. Hagedorn; Hamburg, Leipzig 1906, S. 117–133), gehört als alt *Porta Milderadis* zu dem der Heiligen *Milderade*, *Mildreda*, *Milderadis*, heute *Mildred*, einer englischen Heiligen des 8. Jahrhunderts (vgl. Gaedechens, Topographie, S. 16), während Olsen von einer Form wie *Milderdor* ausgeht und ihn als „mittleres Tor" deutet (vgl. H. Olsen, Historisches Verzeichnis, S. 14). Auch Koppmann hatte Zweifel an der zuerst erwähnten Deutung angemeldet und darauf hingewiesen, daß bei einem Heiligennamen eine Form mit *Sancte* oder *Sunte* zu erwarten wäre und von Hamburg keinerlei Beziehungen zur Heiligen Milderad bestanden hätten (vgl. K. Koppmann, Millernthor: MVHG Bd 1, 1878–1879 [1880], S. 151–152). „Mittlere" heißt aber im Mittelniederdeutschen immer *mid(d)lere*, und bei allen Belegen des 13. Jahrhunderts Verschreibungen annehmen zu wollen, wäre höchst unwahrscheinlich, ebenso eine Umdeutung zum Heiligennamen.

Minsbek (Zufluß z. Alster, Poppenbüttel, O.-Amt Alstertal, Bez. Wandsbek) FlN – Entweder zu nd. *Minsk*, *Mins* = „Mensch" und *Bęk* = „Bach", (aber in welcher speziellen Bedeutung?), oder zu nd. *minst* = „mindest(er)" im Sinne von „kleinster". Möglicherweise liegt auch ein Bei- oder Familienname vor.

+ **Mittelster Werder** (a. Kuhwerder bzw. Steinwerder, O.-Amt Veddel-Rothenburgsort, Bez. Hamburg-Mitte) IN – 1856 (Schröder-Biernatzki, Top.[2] II, S. 143) Mittelster-Wärder – Durchsichtiger Name.

+ **Mönkfeld** (Gorrieswerder) FN – 1397 (SHRU VI, 1387, Abschr. 19. Jahrh.) uppe dat Moneke Velt, 1461 (LAS, Urk.-Abt. 3, 341) dat Monnickueld – „Feld der Mönche" zu nd. *Mönk*.

Mönkhof (Neuengamme, O.-Amt Vier- u. Marschlande, Bez. Bergedorf) Ortstl. – 1385 (UB Scharnebeck, 460) in der Monneke gude, 1608 (LAS, Abt. 111, 22) den Munchhoff, 1856 (Schröder-Biernatzki, Top.[2] II, S. 35) der sog. Mönkhof – „Hof der Mönche", weil er sich im Besitz des Klosters Scharnebeck befand.

Moorbek (z. Lottbek als eines Zuflusses z. Alster, Volksdorf, O.-Amt Walddörfer, Bez. Wandsbek) FlN – „Moorbach".

Moorburg (O.-Amt Süderelbe, Bez. Harburg) Stdttl., früher Distrikt, mda. *Moorborch* – 1309 (HUB II, 187, Abschr. 14. Jahrh.) in Glindesmor, 1333 (HUB II, 932, Abschr. 14. Jahrh.) in Glindesmor, 1338 (HUB IV, 34) in

Glindesmûre, 1338 (HUB IV, 50) in insula dicta Oppenmore, 1339 (HUB IV, 84) in Glyndesmore, 1350 (HUB IV, 427) de Glindesmore, 1373 (Regesten Harburg 298) oppe dem Glindesmure, 1378 (SHRU VI, 206) in Glindesmore, 1386 (Hamb. Test. 68) uppe dem Ghlindesmore, 1396 (Sudendorf VIII, 147) vp den Glindesmor, 1410 (Regesten Harburg 493) uppe deme Glindesmore, 1459 (Zunftrollen S. 67) tor Moerborch, 1459 (Regesten Harburg 692) up deme Glindesmore, 1462 (Regesten Harburg 725, Rechn.) in Morborch, in Glindesmüer, 1467 (HKR II, 345_{18}) ad Glindesmor, 1467 (Regesten Harburg 769) Morborch, 1468 (Regesten Harburg 779, Abschr. 17. Jahrh.) uppe deme Glindesmore, 1513 (Regesten Harburg 1102) Morborg, 1546 (HKR VI, 242_{16}) ad usum Glindesmor, Elbkarte M. Lorck 1568: Schlinnder Mohr, Morborg, um 1569 (Karte D. Drever, Leerhoff Nr. 20): Glinder Mohr, Morborch, 1590 (Karte A. Ortelius, Leerhoff Nr. 1) Glindesmor, 1856 (Schröder-Biernatzki, Top.[2] II, S. 158) Moorburg – „Burg – nd. *Borch* – im Moor“. Der ältere Name ist *Glindesmoor*, der gleiche wie *Glindesmoor* in der Gemeinde Hohenfelde im Amt Horst im Kreis Steinburg (vgl. W. Laur, Ortsnamenlexikon, S. 272). Er gehört zu einem hier sonst nicht bekannten Orts- oder Flurnamen **Glinde* zu mnd. *glint*, nnd. *Glind* = „Zaun aus Latten, Rundhölzern, Staket“, auch „Einfriedigung, Mühlenwehr“, wie er mehrere Male in Holstein vertreten ist. Der Ort heißt seit der Mitte des 15. Jahrhunderts nach der von den Hamburgern errichteten Burg *Moorburg*; doch wechseln beide Namen noch bis ins 16. Jahrhundert.

Moorfleet (h. Moorfleeter Kanal, Billbrook, O.-Amt Veddel-Rothenburgsort, Bez. Hamburg-Mitte) GewN – 1304 (HUB II, 53, Abschr. 14. Jahrh.) circa aquam Urenflet, (Abschr. 16. Jahrh.) circa aquam [Uren]vlete, 1308 (E. Finder, Billwärder, S. 19) aqua Urenflete, um 1330 (ZHG 6, 1875, S. 123) circa aquam Morenflet, 1338 (HUB IV, 43, Abschr. 14. Jahrh.) circa aquam Urenvlete, 1341 (HUB IV, 118, Abschr. 14. Jahrh.) iuxta … rivulum, qui Vrenulet dicitur, 1345 (HUB IV, 239) apud aquam Urenulet, 1397 (SHRU VI, 1306, Insert 1453) des waters to Murenflete, 1508 (VBHK 155) circa aquam Morenflete, 1624 (E. Finder, Billwärder, S. 20) Moorenvliete, Mejer 1649: Muhrenfleth – Die ältesten Formen finden sich beim Ortsnamen. Obwohl die heutige Form etymologisch eindeutig erscheint, zeigen die älteren wie *Muren-*, *Moren-* oder *Mooren-*, daß hier ein anderes Wort als *Moor* vorliegt. Die ältesten wie *Uren-*, die im Spätmittelalter und in der frühen Neuzeit mit *Muren-*, *Moren-* wechseln, weisen darauf hin, daß die jüngeren Namenformen aus **tome Urenflete* durch eine falsche Abtrennung des *m* von *tom(e)* und seinem Verwachsen mit dem Namen entstanden sind. *Urenflêt* ist wohl kaum mit mnd. *ûr* = „Ur, Auerochs“ wie im vergangenen *Urwohld* als altem Namen für die Segeberger Heide oder im Stadtnamen *Urach* in Württemberg zusammengesetzt, da, wie diese Namen zeigen, dann nicht die schwache Flexionsendung *-en* zu erwarten wäre, sondern wie im Falle von *Uhrendorf* in der Wilstermarsch – 1339 *Vrendorp* – mit dem Rufnamen *Uro*, der zur Tierbezeichnung gehört (vgl. W. Laur, Ortsnamenlexikon, S. 662). Zusammensetzungen mit Personennamen sind bei den Gewässer- und Ortsnamen auf *Fleet* durchaus verbreitet (vgl. W. Laur, Ortsnamenlexikon, S. 724), wie Ortsnamen wie *Sieversfleth* oder *Wewelsfleth* zeigen (vgl. auch H. Beckershaus, Straßennamen, S. 249–250).

Moorfleet (O.-Amt Vier- u. Marschlande, Bez. Bergedorf) Stdttl., früher Distrikt – 1162 (HUB I, 224) Vrenflet, 1248–1274 (StAH, 231, I 1 Bd 1, Lib.act.) de Vrenvlete, 1252 (HUB I, 573, Abschr. 14. Jahrh.) in Vrenulete, 1307 (HUB II, 145, Abschr. 14. Jahrh.) de Můrenvlete, 1320 (HUB II, 488) curiam ... Urenwlet dictam, 1331 (HUB II, 842, Abschr. 14. Jahrh.) ecclesiarum ... Urenflete, 1396 (Hamb. Test. 111) von Orvlete, 1400 (Hamb. Test. 123) to Můrenvlete, 1508 (VBHK 133, 69b) in Morenflete, Elbkarte M. Lorck 1568: Morenflet, Mejer 1649: Mohrenfleth, Danckw. 1652: Mohrenfleht, 1856 (Schröder-Biernatzki, Top.^{2} II, S. 159) Moorfleth – Übertragung des Gewässernamens auf den Ort. Hinsichtlich der älteren Belege darf dieses *Urenflet* nicht mit dem gleichnamigen vergangenen Ort bei Cranz verwechselt werden.

+ **Moorkaten** (Moorburg, O.-Amt Süderelbe, Bez. Harburg) Sdlg. – 1856 (Schröder-Biernatzki, Top.^{2} II, S. 158) Moorkathen – „Katen im Moor“.

Moorwerder (O.-Amt Wilhelmsburg, Bez. Harburg) Ortstl., früher Vogtei, mda. *Moorwarder* – 1395 (SHRU VI, 1186) den Murwerder, 1447 (Hamburgs Weg zum Reich 53) de ... Morwerder, 1476 (HKR III, 215_{15}) de Morewerder, 1565 (LAS, Abt. 3, 322) das ... Morwerder, Elbkarte M. Lorck 1568: Morwarder, um 1569 (Karte D. Drever, Leerhoff Nr. 20) Moorwerder, um 1620 (Karte Leerhoff Nr. 21) Morwerder, Mejer 1642: Moerwerder, 1856 (Schröder-Biernatzki, Top.^{2} II, S. 162) Moorwärder – „Mooriger Werder, d. h. moorige Insel, Halbinsel“.

Moorwerder Wettern (Wilhelmsburg, O.-Amt Wilhelmsburg, Bez. Harburg) GewN – „Wettern, d. h. Abzugsgraben von Moorwerder“.

Moorwettern (Neuenfelde, Francop, O.-Amt Süderelbe, Bez. Harburg) GewN – „Wettern, d. h. Abzugsgraben am, im“ oder „vom Moor“.

Müggenburg (Veddel, O.-Amt Veddel-Rothenburgsort, Bez. Hamburg-Mitte) h. StrN, mda. *Müggenborch* – 1468 (HKR II, 366_{77}) versus Muggenborg, 1511 (LAS, Urk.-Abt. 3, 98) Muggenborch, 1544 (LAS, Urk.-Abt. 3, 160, Abschr.) Muggenborch, 1614 (LAS, Abt. 3, 239) die Muggenburg, um 1680 (Karte nach Schildknecht, E. Reinstorf, Eindeichung Wilhelmsburg, nach S. 118) Mückenburg, 1856 (Schröder-Biernatzki, Top.[2] II, S. 163) Müggenburg – „Mückenburg" zu nd. *Müch* = „Mücke" in herabsetzender oder spöttischer Bedeutung.

Mühlenau (z. Kollau, Eidelstedt, O.-Amt Stellingen, Bez. Eimsbüttel) FlN – „Mühlenfluß".

Mühlenbach (Sinstorf, O.-Amt u. Bez. Harburg) FlN, mda. *Möhlenbęk* – „Mühlenbach".

Mühlenbek (z. Bredenbek, z. Alster, Bergstedt, O.-Amt Walddörfer, Bez. Wandsbek) FlN, mda. *Möhlenbęk* = „Mühlenbach".

+ **Mühlenbek** (Hinschenfelde, O.-Amt u. Bez. Wandsbek) Meierhof – 1856 (Schröder-Biernatzki, Top.[2] II, S. 165) Mühlenbek – Benannt nach einem Mühlenbach.

Mühlenberg (O.-Amt Blankenese, Bez. Altona) Ortstl., früher Ortschaft, mda. *Möhlenbarch* – 1674 (LAS, Abt. 112, AR) an dem Mühlenberge, 1790 (LAS, Abt. 112, 1651, Eb) Mählenbarg, 1803 (LAS, Abt. 112, 1128) zu Mühlenberge, 1807 (LAS, Abt. 112, 1128) zu Mühlenbergen, 1856 (Schröder-Biernatzki, Top.[2] II, S. 166) Mühlenberg – Durchsichtiger Name. Hier befand sich eine Mühle.

Mühlenberger Loch (i. d. Elbe westl. v. Finkenwerder) GewN – „Loch bei Mühlenberg".

+ **Mühlenbrücke** (Altstadt, O.-Amt u. Bez. Hamburg-Mitte) Brücke – Um 1310 (HUB II, 226, Test.) in Molenbruchge, 1312 (HUB II, 256, Abschr. 14. Jahrh.) de Ponte Molendini, 1342 (HUB IV, 163, Abschr. 14. Jahrh.) iuxta Pontem Molendini, 1343 (HUB IV, 170) in Molenbrughe, 1345 (HUB IV, 244) iuxta Pontem Molendinorum – Benannt nach einer Mühle.

+ **Mühlenfleet** (z. Köhlbrand) GewN – 16. Jahrh. (HGHbl 8, 1970, S. 106) dat Molenfleit, um 1569 (Karte D. Drever, Leerhoff Nr. 20)

Mollenflet, 1856 (Schröder-Biernatzki, Top.[2] II, S. 123) zwischen … dem Mühlenfleth – „Fleet, Wasserlauf bei einer Mühle".

Mühlenteich (Bergstedt, O.-Amt Walddörfer, Bez. Wandsbek) SN, mda. *Möhlendiek* – 1783 (LAS, Abt. 402 A 3, 124, Karte) Mühlen Teich – Durchsichtiger Name.

Mühlenteich (Kirchsteinbek, O.-Amt Billstedt, Bez. Hamburg-Mitte) SN, mda. *Möhlendiek* – Durchsichtiger Name.

Mühlenteich (Wohldorf, O.-Amt Walddörfer, Bez. Wandsbek) SN, mda. *Möhlendiek* – Durchsichtiger Name.

Mühlenwerder (Waltershof, O.-Amt Finkenwerder, Bez. Hamburg-Mitte) IN, vgl. StrN *Mühlenwerder Damm*, mda. *Möhlenwarder* – 1856 (Schröder-Biernatzki, Top.[2] II, S. 168) Mühlenwärder – „Werder, d. h. Insel, Halbinsel, mit einer Mühle".

Mühlenwettern (Wilhelmsburg, O.-Amt Wilhelmsburg, Bez. Harburg) GewN – „Wettern, d. h. Abzugsgraben, mit einer Mühle".

Müllergraben (Lurup, O.-Amt Blankenese, Bez. Altona) GewN – Durchsichtiger Name.

Mümmelmannsberg (O.-Amt Billstedt, Bez. Hamburg-Mitte) Stdttl. – Wohl zu *Mümmelmann* als scherzhafte Benennung des Hasen, hier nach einem Werk von Hermann Löns (vgl. H. Beckershaus, Straßennamen, S. 253).

+ **Müssen** (Eppendorf, O.-Amt u. Bez. Hamburg-Nord) FN – 1343 (HUB IV, 171, Abschr. 14. Jahrh.) ad locum … Musne – Mnd. *müsse*, *misse* = „Moos, Moor, Sumpf, Sumpfwald", vgl. *Müssen* bei Büchen im Kreis Herzogtum Lauenburg, as. **mussea* als eine Ableitung von einer zu *Moos* im Ablautverhältnis stehenden Nebenform (vgl. W. Laur, Ortsnamen, S. 271 u. Ortsnamenlexikon, S. 469).

Müssen (Hummelsbüttel, O.-Amt Alstertal, Bez. Wandsbek) h. StrN, früher Ausbaustelle – 1801 (LAS, Abt. 25, 367 II, Eb Hummelsbüttel) bey den Müssen, 1855 (Schröder-Biernatzki, Top.[2] I, S. 548) Missen (Dänisch-Müssen) – Siehe oben.

Mundsburg (Hohenfelde, O.-Amt Barmbek-Uhlenhorst, Bez. Hamburg-Mitte) h. StrN *Mundsburger Damm* u. GewN *Mundsburger Kanal*, früher Hof – 1744 (ZHG 29, 1928, S. 208, Handzeichn.) Mundts Land und Garten, 1855 (Schröder-Biernatzki, Top.[2] I, S. 528) Mundsburg – Grundstück und Garten, die nach dem Besitzer, dem Weinhändler Johann Hinrich Mundt, nach 1721 *Mundshof* und *Mundsburg* benannt wurden (vgl. Gaedechens, Topographie, S. 174 u. G. Bolland, Zur Geschichte der Uhlenhorst und des angrenzenden Teiles von Hohenfelde bis zum Mundsburger Kanal: ZHG 29, 1928, S. 167–218).

+ **Mundeshorn** (b. Grevenhof, O.-Amt Veddel-Rothenburgsort, Bez. Hamburg-Mitte) FN – 1461 (Zunftrollen S. 69) jegen de Mundeshorn – „Horn, Vorsprung des Mund“, ein Kurzname, der zu ahd. *munt* = „Schützer, Beschützer“ gehört, vgl. unser Wort *Vormund.*

Muusdiek (Bergstedt, O.-Amt Walddörfer, Bez. Wandsbek) SN – Flurnamensamml. Wegemann 1926: Mäuseteich – „Mäuseteich, Mausteich“ zu nd. *Muus* und *Diek.*

N

+ **Nedderndorf** (Boberg, Lohbrügge, O.-Amt u. Bez. Bergedorf) Ortstl., vgl. h. StrN *Nedderndorfer Weg* in Horn – 1527 (LAS, Urk.-Abt. 120, 69, Abschr.) Neddernn Bockbarge offte Nedderndorpe, 1578 (LAS, Abt. 111, AR Reinbek) Nedderndorpe, 1664 (LAS, Abt. 7, 6373) uff Nedderndorff, 1750 (LAS, Abt. 111, 53, Beschr.) auf Nedderndorff, 1855 (Schröder-Biernatzki, Top.[2] I, S. 228) Nedderndorf – Mnd. **tome nedderen dorpe* = „zum niederen Dorf“, 1527 auch *Neddernn Bockbarge* = „Niedern Boberg“ genannt.

Neesen (Kirchwerder, O.-Amt Vier- u. Marschlande, Bez. Bergedorf) GewN – Flurnamensamml. Wegemann 1926–1933: Neesen – Wohl ein ursprünglicher Geländename, vgl. Blankenese und Neß.

Neß (Altstadt zw. Börsen- u. Große Reichenstraße, O.-Amt u. Bez. Hamburg-Mitte) h. StrN – 1292 (Hamb. Schuldb. 452) supra Nesse, 1367 (Hamb. Test. 19) op deme Nesse, 1462 (HKR II, 137) super Nesse – Vielleicht wie im Falle des vergangenen *Nesse* in Dithmarschen und

Nesserducht und *Im Nest* in der Wilstermarsch in der Bedeutung „tief liegendes Land, angeschlicktes Land", eine Bezeichnung oder Benennung niederländischer Herkunft, die ebenfalls wie mnd. *nesse*, nnd. *-nis* = „Landvorsprung" eine Weiterbildung zu unserem Worte *Nase* darstellt, siehe auch *Blankenese*.

Neß (Westteil v. Finkenwerder, O.-Amt Finkenwerder, Bez. Hamburg-Mitte) früher Koog u. Hof – 1248–1274 (StAH, 231, I 1 Bd 1, Lib.act.) de Nesse, 1252–1279 (HUB I, 775) in loco, qui Nesse dicitur, 1319 (HUB II, 441, Abschr. 14. Jahrh.) supra Nesse, 1343 (Regesten Harburg 172, Verz., Abschr. 1625) in Nesse (nach Kausche in Wesse), 1855 (Schröder-Biernatzki, Top.[2] I, S. 382) der Neß – Siehe oben.

Neßsand (Elbinsel, Rissen, O.-Amt Blankenese, Bez. Altona) IN – Elbkarte M. Lorck 1568: Neser Sanndt, um 1569 (Karte D. Drever, Leerhoff Nr. 20) dat Neser Sandt, Meßtischbl. 1880: Nessfall – „Sand von Neß".

Nettelnburg (Allermöhe, O.-Amt Vier- u. Marschlande, Bez. Bergedorf) Ortstl., früher Hof, mda. *Nettelnborch* – 1208 (HUB I, 372) de Netelenburg, 1336 (HUB II, 1027) que dicta sunt Netelenborgh, 1527 (LAS, Urk.-Abt. 120, 69, Abschr.) thor Nettelennborch, 1605 (LAS, Abt. 111, 31) auf der Nettelenburch, 1640 (LAS, Abt. 111, 30) vff der Nettelenburg, Mejer 1649: Nettelborg, 1692 (LAS, Abt. 7, 1209) von dem Nettelnburger Lande, 1694 (LAS, Abt. 7, 1209) auff dem Meyerhof Nettelnburg, 1724 (LAS, Abt. 111, 50) des Guthes Nettelburg, 1856 (Schröder-Biernatzki, Top.[2] II, S. 178) Nettelburg – Dieser Burg- und Ortsname in der Bedeutung „Nessel(n)burg" zu nd. *Nettel* = „Nessel" wird öfters mit dem holsteinischen Wappen, dem Nesselblatt, in Zusammenhang gebracht, wobei darauf hingewiesen wird, daß es sich um eine holsteinische Grenzfeste gegen Sachsen-Lauenburg handelte, die längere Zeit im Besitz der Holsteiner Grafen war (vgl. die Anmerkung zur Urkunde Nr. 372 in HUB I u. H. Olsen, Historisches Verzeichnis, S. 14). Das Wappen der Schauenburger stellte aber bis 1238 einen springenden Löwen dar, und der weiße Schild bzw. Schildrand auf rotem Grunde tritt erst nach der Schlacht von Bornhöved im Jahre 1227 auf. Als Nesselblatt hat man aber das Wappen erst seit dem Anfang des 15. Jahrhunderts gedeutet (vgl. W. Lammers, Das Hochmittelalter bis zur Schlacht von Bornhöved. Geschichte Schleswig-Holsteins Bd 4, Teil 1; Neumünster 1989, S. 231 u. W. Stephan, Die historischen Wappen Schleswig-Holsteins; Neumünster 1953, S. 10–21). Da nun der Ortsname *Nettelnburg* als Bei- oder Herkunftsname bereits im Jahre 1208 erscheint und die Burg demnach älter sein muß, kann er kaum etwas mit der Bezeichnung *Nesselblatt* für das holsteinische Wappen zu tun haben. Orts- und Flurnamen mit der Pflanzenbezeichnung *Nettel, Nessel* begegnen uns öfters wie *Nettelau* oder *Nettelsee* im Kreise Plön (vgl. W. Laur, Ortsnamenlexikon, S. 473, O. Mensing III, Sp. 789–790 u. G. Kowalewski, Der Hülsbusch in der Heraldik. Mit besonderer Berücksichtigung der Hamburger Wappen: ZHG 10, 1899, S. 337–384). Mit dem Wappen der Schauenburger könnte dagegen eventuell der Flurname *Nesselberg* für den Berg, auf dem die Schaumburg über dem Wesertal liegt, zu tun haben – 1756 *der Nesselberg*, 1831 *Nettelberg* (vgl. U. Maack, Die Flurnamen des Schaumburgischen Wesertals. Schaumburger Studien 32; Rinteln 1974, S. 205), umsomehr, da, wie Dingelstädt behauptet hat und Kowalewski diese Behauptung übernimmt, auf dem oder am Berge keine Nesseln gewachsen haben könnten, was aber noch auf die Richtigkeit hin zu überprüfen wäre.

Neudorf (Ochsenwerder, O.-Amt Vier- u. Marschlande, Bez. Bergedorf) Ortstl., früher Hsr. – 1856 (Schröder-Biernatzki, Top.^{2} II, S. 233) Neudorf – „Neues Dorf".

Neue Burg (Neustadt a. d. Sankt Nikolaikirche, O.-Amt u. Bez. Hamburg-Mitte) h. StrN, früher Burg d. Billunger u. ersten Schauenburger – 1248–1274 (StAH, 231, I 1 Bd 1, Lib.act., S. 75_5) de Nieborg, in Nouo Castro, 1288 (Hamb. Schuldb. 16) in Novo castro, 1346 (HUB IV, 276) in Novo Castro, 1350 (HUB IV, 427) super Nigenborch, 1360 (Hamb. Test. 9) upper Nigenborgh, 1461 (HKR II, 111_{30}) in Novo castro, 1532 (HKR V, 456_{26}) supra Niggenborch, Danckw. 1652: die Newe Burg – Name der im 11. Jahrhundert von den Billungern angelegten neuen Burg.

+ **Neuendeich** (Moorburg, O.-Amt Süderelbe, Bez. Harburg) früher Bezirk – 1856 (Schröder-Biernatzki, Top.^{2} II, S. 158) Neuendeich, Flurnamensamml. Wegemann 1920–1933: Neuendeich – Durchsichtiger Name.

Neuenfelde (O.-Amt Süderelbe, Bez. Harburg) Stdttl. – Um 1569 (Karte D. Drever, Leerhoff Nr. 20) Dat Niefeldt – Durchsichtiger Name.

Neuengamme (O.-Amt Vier- u. Marschlande, Bez. Bergedorf) Stdttl., früher Landschaft, mda. *Neen'gamm* – 1212 (HUB I, 387) in noua insula uersus uillam que dicitur Gamma, 1228 (HUB I, 489) in Noua Gamma, 1236 (HUB I, 506, Abschr. 14. Jahrh., Abdr. 18. Jahrh.) in Nova Gamma,

1284 (HUB I, 811) in Noua Gamma, 1288 (HUB I, 841) in Nova Gamma, 1301 (HUB II, 7) in Nova Gamma, 1306 (HUB II, 103) in Nova Gamma, 1327 (HUB II, 688, Vertr.) scol we … gheven … de Nighen Gamme, 1334 (HUB II, 945) in Nova Gammen, in Nova Gamme, 1344 (HUB IV, 211) uter Nigen Gamme, 1382 (SHRU VI, 434) in Noua Gamma, 1386 (SHRU VI, 675) in der Nygen Gamme, 1387 (UBStL IV, 484) in Noua Gamme, um 1400 (LAS, Urk.-Abt. 120, 58, Abschr.) in der … Niengamme, 1422 (UBStL VI, 434, Abdr. Ende 17. Jahrh.) in der Nyengamme, 1438 (UBStL VII, 783) an der Nygen Gamme, 1465 (HKR II, 254_{35}) Nigen et Oldengamme, 1474 (HKR III, 166_{11}) in Nigengamme, 1523 (SHRU XII, 5050, Prot.) ex … Nigengamme, 1564 (SHRU IX, 476, Vidimus 1566) in der Niengamme, um 1569 (Karte D. Drever, Leerhoff Nr. 20) De Newe Gamme, 1594 (SHRU IX, 453 [88], Test.) ub der Newenga(mme), Mejer 1649: Nien Gamb, Nye Gamm, Danckw. 1652: die Newe Gamm, 17. Jahrh. (HUB II, 730, Rückaufschr.) in der Neuen Gamme, 1856 (Schröder-Biernatzki, Top.[2] II, S. 184) Neuengamm – Siehe Altengamme. Die heutige mundartliche niederdeutsche Form *Neen-* wie auch in *Neendörp* zu *Niendorf* beruht auf der Hiatusdiphthongierung im Südholsteinischen. Hierbei ist ein langer Vokal im Hiatus, das heißt am Silbenende vor einem anlautenden Vokal der nächsten Silbe, diphthongiert, in unserem Falle das lange *ī* zu einem *ai* und dieses dann wiederum zu einem langen *ē* monophthongiert worden (vgl. S. 25 u. W. Laur, Ortsnamenlexikon, S. 27–28).

Neuer Graben (b. Neugraben, mündet zw. Moorburg u. Francop i. d. Elbe) GewN – 1540 (StAHan, Celle Br. Arch. Hann. 74 Tostedt I, 4 Nr. 9), in den Nyengraven, 1577 (StAHan, Kart.-Abt. 31 g/6k, Karte) der Newen Graben, um 1580 (H. J. F. Müller, Heimatbl. Buxtehude 4, 1972, S. 182) in den Newen Graben – Benennung für einen neu angelegten Graben.

Neugraben (O.-Amt Süderelbe, Bez. Harburg) Stdttl., mda. *Nie'gråben* – 1544 (s. o.) Niengraffe, 1554 (StAHan, Celle Br. Arch. 22 VII, Nr. 117) auf dem Newengraben, Elbkarte M. Lorck 1568: Nie Grave, um 1569 (Karte D. Drever, Leerhoff Nr. 20) Nie graven, 1577 (s. o., Karte) das Dorf die Niegrabe, Mejer 1649: Negengraben – Übertragung des Gewässernamens *Neuer Graben* auf den Ort.

Neugrabener Heide (Hausbruch, O.-Amt Süderelbe, Bez. Harburg) FN – „Heide von Neugraben“.

Neuhof (zw. Reiherstieg u. Köhlbrand, O.-Amt Wilhelmsburg, Bez. Harburg) Ortstl. – 1508 (Regesten Harburg 1085) tomme Kerckhove, Elbkarte M. Lorck 1568: Karckhoff, Mejer 1650: Kirchoff, 1855 (Schröder-Biernatzki, Top.[2] I, S. 423) Neuhof, 1912 (Th. Benecke, Alt-Wilhelmsburg, Wilhelmsburg 1912, S. 14) up'n Kerkhoff – Ursprünglich *Kirchhof* genannt, weil hier die Kirche von Gorrieswerder stand, dann seit 1672 *Neuhof.*

Neuland (O.-Amt u. Bez. Harburg) Stdttl., mda. *Nieland* – 1380 (Hamb. Test. 83) in deme Nygen Lande, 1417 (Regesten Harburg 527, Abschr.) Nygelande, 15. Jahrh. (Sudendorf VI, 146, Verz., Abschr.) in dem Nyenlande, 1450/51 (Schatz- u. Zinsverz., S. 13, Reg.) in deme Nygenlande, 1497 (Sudendorf VIII, 196, Anm., Datierung nach D. Kausche) in Nygenlande, 1500–1501 (Sudendorf VIII, 196, Verhandl.) im Nygen lande, Elbkarte M. Lorck 1568: Nielanndt, um 1569 (Karte D. Drever, Leerhoff Nr. 20) Dat Nie Landt, um 1620 (Karte Leerhoff Nr. 21) Newlandt – Name für neu eingedeichtes Marschland.

Neuländer Moorwettern (Neuland, O.-Amt u. Bez. Harburg) GewN – „Moorwettern, d. h. Abzugsgraben im Moor, von Neuland".

Neuländer Wettern (Neuland, O.-Amt u. Bez. Harburg) GewN – „Wettern, d. h. Abzugsgraben, von Neuland".

Neumühlen (O.-Amt Ottensen, Bez. Altona) Ortstl., früher Dorf, mda. *Nie'möhlen* – 1464 (LAS, Abt. 3, 319) twisken der Nyenmolen, 1471 (HKR III, 18_{31}) versus Nienmolen, Elbkarte M. Lorck 1568: Nie Moell, um 1569 (Karte D. Drever, Leerhoff Nr. 20) Niemöle, Mejer 1649: Newmöhl, 1650: Newmühlen, Danckw. 1652: Niemöhlen, 1683 (LAS, Abt. 112, AR) zur Neuen Mühlen, 1751 (LAS, Abt. 112, 595) zu Neumühlen, 1856 (Schröder-Biernatzki, Top.[2] II, S. 193) Neumühlen – „Zur neuen Mühle(n)", bezogen auf eine bereits 1301 als *molendinum* erwähnte Mühle.

Neustadt (Innenstadt rechts v. Alster-Fleet, O.-Amt u. Bez. Hamburg-Mitte) Stdttl. – 1212 (HUB I, 389, Abschr. 14. Jahrh.) in Noua ciuitate, 1294 (Hamb. Schuldb. 1198) in Nova civitate, 1466 (HKR II, 294_{33}) versus Nigenstad – Name für die 1188 von Adolf III. und Wirad von Boizenburg begründete Neustadt westlich der unteren Alster.

Neu-Stillhorn (O.-Amt Wilhelmsburg, Bez. Harburg) Ortstl. – Mejer 1649: Nyestillhorn – Siehe Stillhorn.

Neuwerk (Insel vor Cuxhaven) IN, mda. *Nie'wark* – 1310 (HUB II, 222, Abschr. 14. Jahrh.) supra Novum O, 1319 (HUB II, 415) in … insula Nova Och, 1321 (HUB II, 518) circa portus Albie, 1461 (HKR III, 129_{23}) de turri Novi operis, 1556 (HKR VII, 85_{13}) in Nigenwerke, 1856 (Schröder-Biernatzki, Top.^{2} II, S. 206) Neuwerk – Ursprünglich mnd. *Nîe Ô*, d. h. „neue Insel" genannt, dann nach dem mittelalterlichen Wehrturm *Neuwerk* zu *Werk* im Sinne von „Befestigung".

Neuwiedenthal (Hausbruch, O.-Amt Süderelbe, Bez. Harburg) Ortstl. – 1775 (Kurhannoversche Landesaufnahme, Staatsbibl. „Preußischer Kulturbesitz", Nr. 25564, Karte) Neuen-Wiedenthal – Benannt nach *Altwiedenthal* (s. d.).

Niedergeorgswerder Wettern (Wilhelmsburg, O.-Amt Wilhelmsburg, Bez. Harburg) GewN – „Wettern, d. h. Abzugsgraben, von Niedergeorgswerder".

Niedernfeld (Rothenburgsort, O.-Amt Veddel-Rothenburgsort, Bez. Hamburg-Mitte) h. *Niedernfelder Ufer*, früher Pachthof – 1460 (LAS, Urk.-Abt. 3, 391) dat Nedderuelt, 1494 (LAS, Urk.-Abt. 3, 83, Abschr. 15./16. Jahrh.) dath Nedderuelt, 1856 (Schröder-Biernatzki, Top.^{2} II, S. 208) Niedernfeld – „Zum niederen Feld".

Niendorf (O.-Amt Lokstedt, Bez. Eimsbüttel) Stdttl., früher Kirchdorf, mda. *Neendörp* – Um 1320 (SHRU IV, 392, Verz., neue Datierung nach J. Reetz, Abschr. 14. Jahrh.) in villa Niendorpe, 1343 (HUB IV, 187) de villa Nyendorpe, 1347 (HUB IV, 339, Verz., Abschr. 1581–1586) in Nova Villa, 1383 (SHRU VI, 466, Abschr. um 1400) villas nostras … et Niendorpe, 1469 (LAS, Urk.-Abt. 3, 69) vnsse dorpere … Nigendorp, 1508 (VBHK 17, 9b) in villa Nyendorpe, 1528 (LAS, Urk.-Abt. 3, 113) vth … Niendorpe, 1564 (LAS, Urk.-Abt. 3, 210) zu Nyendorff, 1591/92 (LAS, Abt. 3, 608, Reg.) Niendorff, 1604 (LAS, Abt. 3, 92) von Niendorff, 1638 (LAS, Abt. 3, 737, Reg.) Niendorff, Mejer 1650: Niendorp, Danckw. 1652: Niendörp, 1670/71 (LAS, Abt. 112, AR) Niendorf, 1856 (Schröder-Biernatzki, Top.^{2} II, S. 211) Niendorf – Nd. **tom nien Dörp* = „zum neuen Dorf", ein in Holstein häufig vertretener Ortsname (vgl. W. Laur, Ortsnamenlexikon, S. 482–483). Zur heutigen mundartlichen Form *Neen-* siehe Neuengamme.

+ **Niendorf** (Kirchwerder, O.-Amt Vier- u. Marschlande, Bez. Bergedorf) früher Kluft (Ortstl.) – 1325 (HUB II, 621) in villa Nygendorpe, 1353 (Regesten Harburg 202) to dem Nyendorpe, 1422 (UBStL VI, 434, Abdr. Ende 17. Jahrh.) de Nyendorpper kluft – Siehe oben.

Niendorfer Gehege (Niendorf, O.-Amt Lokstedt, Bez. Eimsbüttel) FN – Meßtischbl. 1880: Gehege Niendorf – „Gehege von Niendorf".

Nienstedten (O.-Amt Blankenese, Bez. Altona) Stdttl., früher Kirchdorf, mda. *Nien'stedten* – 1297 (HUB I, 897) duas parrochias … Nigenstede, 1304 (HUB II, 64) parrochias … Nygenstede, 1317 (HUB II, 394, Test.) de Nigenstede, um 1320 (SHRU IV, 392, Verz., neue Datierung nach J. Reetz, Abschr. 14. Jahrh.) de parochia Nigenstede, 1347 (SHRU IV, 263, Verz., Abschr. 14. Jahrh.) Nienstede, 1391 (SHRU VI, 972) to Nyensteden, 1427 (LAS, Urk.-Abt. 3, 362) yeghen Nyenstede, 1464 (Pinneb.-Hatzb. Reg., S. 7) to Nygensteden, 1464 (LAS, Abt. 3, 319) twysßen dem … vnde Nyenstede, 1467 (HKR II, 328_{16}) Nygenstede, 1502 (LAS, Urk.-Abt. 3, 403) Nienstede, 1508 (VBHK 17, 9b) in Nygenstede, in Nygensteden, 1530 (StAH, Cl II Nr. 16b Vol. 5 ex Nr. 16 F 7) to Nygensteden, 1565 (LAS, Urk.-Abt. 3, 214) im Caspell tho Nienstedenn, um 1569 (Karte D. Drever, Leerhoff Nr. 20) Nienstede, 1590/91 (LAS, Abt. 3, 604, Reg.) Nienstede, Niensteden, 1605 (LAS, Abt. 3, 290) zu Newenstetten, 1606 (LAS, Urk.-Abt. 3, 290) zu Nienstedte, 1638 (LAS, Abt. 3, 737, Reg.) Niensteden, Mejer 1649: Niensteden, Danckw. 1652: Niensteden, Nienstede, 1670/71 (LAS, Abt. 112, AR) Niensteden, 1856 (Schröder-Biernatzki, Top.^{2} II, S. 216) Nienstedten – Mnd. **to dere nîen stēde(n)* = „zur neuen Stätte, Wohnstätte, Siedlung". Die flektierte Form *-steden, -stedten* seit dem Ausgang des 14. Jahrhunderts zeigt, daß unser Ortsname nicht einfach denen auf *-stedt* wie *Duvenstedt* oder *Eidelstedt* gleichzusetzen ist, sondern eine auch sonst in Orts- und Flurnamen verbreitete Benennung für eine neue bzw. jüngere Siedlung wie z. B. *Nienstädt* zwischen Bückeburg und Stadthagen im südwestlichen Niedersachsen – 1130–1177 *Nienstide* (vgl. W. Laur, Ortsnamen in Schaumburg, S. 60) darstellt. Ramm vermutet in Nienstedten einen Ausbau vom alten Hummelsbüttel (vgl. H. Ramm, Altona, Wandsbek und die südholsteinischen Randgebiete, S. 262).

+ **Nikolauswerder** (a. Nikolaifleet u. d. Ruine der Nikolaikirche, Altstadt, O.-Amt u. Bez. Hamburg-Mitte) IN – 1454 (Hamb. Bursprak. 37, 3) twisschen Sunte Nicolawes werder – „Werder, d. h. Insel, Halbinsel, bei Sankt Nikolai".

Nincop (Neuenfelde, O.-Amt Süderelbe, Bez. Harburg) Ortstl. – 1257 (Regesten Harburg 35) in Nyencope, nach 1305 (Regesten Harburg 82) in Nyenkope, 1327–1332 (ZHG 6, 1875, S. 116, Necr.cap., Abschr. 17. Jahrh.) parochie Niencop, 1331 (Regesten Harburg, Nachtrag 130a) Nigenkope, 1347 (Regesten Harburg 188) in Nynecope, 1360 (Regesten Harburg 223, Erbeb.) in Nygencope, 1396 (Regesten Harburg 413) in Nigencope, 1462 (Regesten Harburg 730) in Nyencopp, 1470 (Regesten Harburg 796) in Nigenkope, 1516 (Regesten Harburg 1111, Lagerb. 1753) in Nyenkop – Mnd. **tome nî(g)en kôpe* = „zum neuen Koop“, wobei *Koop*, als ein Ortsnamengrundwort niederländischer Herkunft, zu *koopen* = „kaufen“ gehört und auf einen Rechtsterminus bei der Besiedlung auf Grund einer Abmachung mit einem Lokator zurückgeht. Es ist in den Niederlanden in einem begrenzten Gebiet an der Rheinmündung in der Provinz Südholland und im südwestlichen Teil der Provinz Utrecht verbreitet. Es könnte aber auch, wie mnd. *kōte*, *kāte*, nnd. *Kåt* = „Kate“ zu dem in *Hütte* enthaltenen Wortstamm und, wie *Koog* zu unserem *hoch* gehört, mit unverschobenem Anlaut zu nd. *Hoop* = „Haufe“ als Bezeichnung für eine Erhebung zu stellen sein (vgl. W. Laur, Ortsnamenlexikon, S. 403). Wie in *Nindorf* ist das lange *ī* im Gegensatz zu *Nien-* im Erstglied einer Zusammensetzung gekürzt worden (vgl. W. Laur, Ortsnamenlexikon, S. 484).

Nincoper Moor (Neugraben, O.-Amt Süderelbe, Bez. Harburg) FN – „Moor von Nincop“.

+ **Nobiskrug** (a. d. Grenze zw. Hamburg-Sankt Pauli u. Altona, O.-Amt u. Bez. Altona), vgl. h. *Nobistor* – 1528 (HKR V, 335_8) ad structuram domus Nobishusz, 1553 (HKR VI, 507_{16}) pro reparatione Nobiskrog, um 1569 (Karte D. Drever, Leerhoff Nr. 20) Nobiskroch – Ein verbreiteter Name für ein abgelegenes Wirtshaus, ein Wirtshaus an der Grenze wie in unserem Fall, in der Bedeutung „Teufelsschenke“, entweder zu italien. *nobisso*, *abisso* = „Abgrund, Hölle“, zu lat. *abyssus*, oder zu *nobis* in der Gaunersprache für lat. *non* = „nein“ als Verneinung“ (vgl. O. Mensing III, Sp. 805 u. W. Laur, Ortsnamenlexikon, S. 484). Nach dem Nobiskrug ist das *Nobistor* zwischen Sankt Pauli und Altona benannt. Beckershaus sieht zunächst das Nobistor als primär namengebend an und leitet den Namen von der Torinschrift *Nobis bene, nemini male* = „für uns das Gute, für niemanden das Böse“ her, weist dann aber darauf hin, daß das Tor nach dem Nobishaus seinen Namen trage (vgl. H. Beckershaus, Straßennamen, S. 264 u. H. Olsen, Historisches Verzeichnis, S. 15). Diese Deutung wird angesichts des Zusammenhanges der Nobis-Namen wohl vorzuziehen sein. Möglicherweise ist die Inschrift auf Grund des Wirtshaus- und Tornamens entstanden.

Nordelbingen (alter Name für das heutige Holstein u. das nordelbische Hamburg) LN – Vita Anskarii 9. Jahrh.: Nordalbingorum, 864 (HUB I, 16, Papsturk.) Nordalbingorum, Adam v. Bremen Ende 11. Jahrh.: Nordalbingiam, Arnold v. Lübeck um 1200: in … Nordalbingia – Alter Name für die drei frühmittelalterlichen nordsächsischen Gaue Holstein, Stormarn und Dithmarschen nördlich der Elbe. Wie im Falle von *Holstein* und *Stormarn* handelt es sich ursprünglich um einen Personengruppennamen – as. **Northalbingas*, **Northėlbingas* = „die nördlich der Elbe Wohnenden", eine Benennung, wie wir sie in Nordwestdeutschland und in England öfters finden, d. h. eine Bildung mit dem Suffix *-ing*. A. Jenkis hat darauf hingewiesen, daß sie wohl mit der Festsetzung der Nordgrenze des Fränkischen Reiches zunächst an der Elbe nach der Niederwerfung der Nordsachsen im Jahre 804 zusammenhängt. Sie kann aber auch schon früher als Name für den Nordteil der sog. Nordleudi, d. h. der „Nordleute", entstanden sein, jenes Verbandes der Nordsachsen gegenüber Westfalen, Engern und Ostfalen, der Nordelbingen und Hadeln-Wigmodien zwischen der unteren Elbe und der unteren Weser umfaßte (vgl. W. Laur, Ortsnamenlexikon, S. 486).

Norderelbe (nördl. Elbarm zw. Innenstadt, Sankt Pauli u. Altona auf der einen u. Veddel, Grasbrook u. Steinwerder auf der anderen Seite) GewN, mda. *Nurdilw* (Finkenwerder) – Um 1569 (Karte D. Drever, Leerhoff Nr. 20) De Norder Elue, um 1620 (Karte Leerhoff Nr. 21) Norder-Elbe, Mejer 1649: Norder Elue, Danckw. 1652: Norder Elbe – „Nördliche Elbe".

Norderloch (Steinwerder, O.-Amt Veddel-Rothenburgsort, Bez. Hamburg-Mitte) GewN – Durchsichtiger Name.

+ **Nordholz** (b. Grindel, Harvestehude, O.-Amt u. Bez. Eimsbüttel) FN – 1399 (SHRU VI, 1541) dat Northolt – „Nördliches, nördlich gelegenes Gehölz" oder „nördlicher Wald" zu nd. *Holt*, hd. *Holz*.

Nordmark-Teich (i. Verlauf der Berner Au, Tonndorf, O.-Amt u. Bez. Wandsbek) SN – Durchsichtiger Name, geht auf die Benennung *Nordmark* für Schleswig-Holstein zurück.

Notenbarg (Blankenese, O.-Amt Blankenese, Bez. Altona) h. StrN, früher FN – 1790 (LAS, Abt. 402 A 3, 355, Karte) Nottenberg – „Berg, Erhebung

– nd. *Barch* – mit einem Merkzeichen, einem Pfahl“ zu unserem Wort *Note*, nd. *Noot*, in dieser ursprünglichen Bedeutung.

Nymphengraben (Wilstorf, O.-Amt u. Bez. Harburg) GewN – Wohl eine poetische Benennung zu „*Nymphe*“.

O

Obenburger Schleusengraben (Moorburg, O.-Amt Süderelbe, Bez. Harburg) GewN – Benannt nach Obenburg als Teil von Moorburg.

Ochsenwerder (O.-Amt Vier- u. Marschlande, Bez. Bergedorf) IN u. Stdttl., früher Vogtei u. Kirchspiel, mda. *Ossen'warder* – 1253 (HUB I, 580) in Ossenwerde, 1253 (HUB I, 581) in Oswerthere, 1254 (HUB I, 585) in insula Albie, que dicitur Ossenwerthere, 1255 (HUB I, 592) in Ossenwerdere, 1292 (Hamb. Schuldb. 470) de Ossenwerdere, 1304 (HUB II, 59) insulam dictam Ossenwerder, 1316 (HUB II, 354) dat ghanzce Ossewerder, um 1320 (SHRU IV, 392, Verz., neue Datierung nach J. Reetz, Abschr. 14. Jahrh.) Ossenwerder, 1327–1332 (ZHG 6, 1875, S. 70, Necr.cap., Abschr. 17. Jahrh.) de Ossenwerdere, 1328 (HUB II, 715) prope insulam nostram Ossenwerder, 1333 (ZHG 52, 1966, S. 18) terre Ossenwerder, 1334 (HUB II, 966) dat Ossenwerder, 1349 (HUB IV, 382) in Ossenwerder, 1350 (HUB IV, 439) in dem Ossenwerdere, 1383 (SHRU VI, 489) in deme Ossenwerdere, 1410 (HKR II, 17_5) in … et Ossenwerder, 1452 (ZHG 7, 1883, S. 284, Statuten- u. Rechnungsb.) de Ossenwerdersche, 1475 (HKR III, 185_{19}) de Ossenwerder, 1565 (LAS, Abt. 3, 322) das Ochsenwerder, Elbkarte M. Lorck 1568: Ossenwarder, um 1569 (Karte D. Drever, Leerhoff Nr. 20) Im Ossenwarder, 1595 (LAS, Abt. 7, 1183) der Ochsenwerder, Mejer 1649: Ochsenwerder, Danckw. 1652: der Ochsenwerder – „Werder, d. h. Insel, Halbinsel, auf der Ochsen weiden, gehalten werden“ zu nd. *Oss*, hd. *Ochse*, oder auch in übertragener Bedeutung.

Ochsenzoll (Langenhorn, O.-Amt Fuhlsbüttel, Bez. Hamburg-Nord) Ortstl. u. U-Bahnhof, früher Wrtshs. u. Zollstelle, mda. *Ossentoll* – 1856 (Schröder-Biernatzki, Top.[2] II, S. 233) Ochsenzoll, Meßtischbl. 1880: Ochsenzoll – Zollstelle an der Straße, später Chaussee, nach Kiel, auf der auch Ochsen getrieben wurden.

+ **Odersfelde** (Harvestehude, O.-Amt Eimsbüttel, Bez. Hamburg-Nord) Dorf, vgl. *Odersfelder Straße* – 1277 (HUB I, 772) predictum Odersvelde, 1290 (Hamb. Schuldb. 300) de Odersvelde, 1293 (HUB I, 671) ville Odersuelde – „Zum Felde des Oder, Othere, Authari", ein Rufname, der aus ahd. **ôt*, as. *ôd* = „Besitz, Wohlstand", an. *auðr*, und *-hari*, *-hėri* zu unserem Worte *Heer* in der Bedeutung „Heerführer, Anführer" zusammengesetzt ist (vgl. E. Förstemann, H. Jellinghaus, Altdeutsches Namenbuch I^2, Sp. 195 u. H. Kaufmann, Ergänzungsband, S. 43–46).

Öjendorf (Billstedt, O.-Amt Billstedt, Bez. Hamburg-Mitte) Ortstl., früher Dorf, mda. *Öjendörp* – 1265 (HUB I, 684) villas … Odingethorpe, 1300 (HUB I, 982, Abschr. 14. Jahrh.) in Odingedorpe, 1304 (HUB II, 75) in villis Odinghedorpe, um 1320 (SHRU IV, 392, Verz., neue Datierung nach J. Reetz, Abschr. 14. Jahrh.) in Odingedorpe, Odickendorp, 1327–1332 (ZHG 6, 1875, S. 99, Necr.cap., Abschr. 17. Jahrh.) in Odingedorpe, 1343 (SHRU IV, 95, Verz., Abschr. 14. Jahrh.) Odinghedorp (PN), 1345 (SHRU IV, 197) in Odingedorpe, 1349 (HUB IV, 403) in Odingdorpe, 1360 (Hamb. Test. 8) in Odinghedorpe, 1492 (LAS, Abt. 111, AR Trittau) to Oyendorppe, tho Odingkdorpp, 1527 (LAS, Urk.-Abt. 120, 69, Abschr.) Oyendorpe, 1578 (LAS, Abt. 111, AR Trittau) Oynedorpe, 1640 (LAS, Abt. 111, 148) zu Öyendorff, Mejer 1649: Oejendorp, Danckw. 1652: Oyendorp, 1678 (LAS, Abt. 7, 5105) zu Öyendorff, 1712 (LAS, Abt. 111, 182, Eb) Oejendorf, 1856 (Schröder-Biernatzki, Top.^{2} II, S. 243) Ojendorf – „Dorf – mnd. *dorp*, nnd. *Dörp* – der Odinge", d. h. „der Leute des Odo", eine Bildung mit dem Suffix *-ing* in der Mehrzahl zum Rufnamen *Odo*, einer Kurzform zu mit as. *ôd* beginnenden Vollnamen, vgl. *Odersfelde*. Durch den Ausfall des zwischenvokalischen *d* nach einem langen Vokal und der Reduzierung der Suffixform *-inge* zu *-en* erscheint seit etwa 1400 *Oyen-* und *Öjen-*.

Öjendorfer See (Öjendorf, O.-Amt Billstedt, Bez. Hamburg-Mitte) SN – 1649 (LAS, Abt. 7, 5074) im Öyendorfer Teich – Durchsichtiger Name.

Oevelgönne (Othmarschen, O.-Amt u. Bez. Altona) Ortstl., früher Dorf, mda. *Övel'gönn* – 1721 (LAS, Abt. 112, 595) zu Övelgönne, 1773 (LAS, Abt. 112, 388) zu Övelgönne, 1788 (LAS, Abt. 112, 1656, Eb) auf Övelgünn, 1791 (LAS, Abt. 25, 365 II, Eb Othmarschen) Övelgönn – Der im niederdeutschen Gebiet in Schleswig-Holstein, Hamburg, Bremen und Niedersachsen verbreitete Orts- und Flurname *Övelgönne* mit Varianten und Ausstrahlungen ins dänische Nordschleswig und auch bis nach Kurland in Lettland hat die verschiedensten Deutungen erfahren. Wir haben wohl von einer abstrakten Bezeichnung in der Bedeutung „Mißgunst, üble Gunst“ zu nd. *öwel* = „übel“ und *günne* = „Gunst“ zu *günnen*, *gönnen* auszugehen, wie *Övelgönne* im Mittelniederdeutschen und Mittelniederländischen auch die Hölle bezeichnet. Unser Orts- und Flurname in der beschriebenen Bedeutung stellt sich somit zu weiteren wie *Hattesburg* in Schleswig oder *Hatzburg* bei Wedel in der Bedeutung „Haßburg“ oder zum dänischen Namen *Avindsborg* = „Burg der Mißgunst“ für die Schleswiger Hattesburg. Man hat den Orts- und Flurnamen *Övelgönne* auf Örtlichkeiten bezogen, bei denen es sich um den Gegenstand von Rechtsstreitigkeiten gehandelt hat, oder als eine abfällige Benennung für ungünstig gelegene Stellen oder Örtlichkeiten an der Peripherie aufgefaßt, wie auch unser *Övelgönne* als Flurname an der Grenze von Ottensen auftaucht (vgl. P. Hoppe, Neumühlen, Övelgönne, Altona 1815, S. 2). Er galt aber auch für Burgen, Herrenhöfe oder Vorwerke, die von der umwohnenden Bevölkerung mißgünstig angesehen wurden. Es können aber auch Umdeutungen von Lagebezeichnungen wie *öwergünt* = „jenseits“ vorliegen. Man wird die einzelnen Deutungsmöglichkeiten für jeden Namen gesondert prüfen müssen (vgl. W. Laur, Ortsnamenlexikon, S. 497, mit weiteren Literaturangaben). In unserem Falle wird man wohl vom Flurnamen *Övelgönne* westlich von Altona an der Peripherie der betreffenden Gemarkungen auszugehen haben, der nach Hoppe und Ehrenberg seit dem 17. Jahrhundert belegt und im 18. Jahrhundert auf die Örtlichkeit *Fischerbode* bezogen worden ist (s. w. o.).

Ohe (Neuengamme, O.-Amt Vier- u. Marschlande, Bez. Bergedorf) Ortstl., früher Höfe, mda. *Oh* – 1302 (HUB II, 21) in O, 1307 (HUB II, 146) in loco O vulgariter nominato, 15. Jahrh. (LAS, Urk.-Abt. 210, 229) in der O, Mejer 1649: Ohe, Danckw. 1652: Ohe, 1856 (Schröder-Biernatzki, Top.[2] II, S. 241) Ohe – *Ahe*, *Ohe* als eine frühneuhochdeutsche Schreibung zu nd. *Å*, *O* stellt eine verselbständigte Nebenform zu *Au* in der ursprünglichen Bedeutung von „Insel“ dar, vgl. mnd. *ôch*, nnd. *-oog* in Inselnamen, an. *ey*, dän. *ø*, und bezeichnet eine Erhebung in einer tiefer liegenden Landschaft oder ein Gehölz (vgl. Au u. W. Laur, Ortsnamenlexikon, S. 132 u. 498).

Oher Rie (Wellingsbüttel, O.-Amt Alstertal, Bez. Wandsbek) FlN – 1648 (Wellingsbüttl. Urk. II, S. 41) durch die Oer Rye – *Riede*, *Rie* bezeichnet einen Wasserlauf und gehört zur Wurzel idg. **rī-* = „fließen“, vgl. die Flußnamen *Rhein*, *Rhien* oder auch den ON *Rheide* (Groß- u. Klein-) südlich von Schleswig (s. W. Laur, Ortsnamenlexikon, S. 542–543). Zur Schreibweise Oh- siehe oben.

Ohldörp (Niendorf, O.-Amt Lokstedt, Bez. Eimsbüttel) FN – 1788 (LAS, Abt. 112, 286, Eb) Ohldörp, 1856 (Schröder-Biernatzki, Top.^{2} II, S. 212) Ohldörp – „Altes Dorf“ zu nd. *oold* und *Dörp* als Benennung für eine alte Dorfstelle.

Ohlenburg (Boberg, Lohbrügge, O.-Amt u. Bez. Bergedorf) h. StrN, früher Hof, mda. *Oolenborch* – 1212 (HUB I, 388, Abschr. 14. Jahrh.) tho ther Aldenburch, 1224 (SHRU I, 421) in Oldenburg, 1238 (HUB I, 511, Abschr. 14. Jahrh.) in Aldenburg, 1257 (HUB I, 619) de Oldenborch, 1271 (HUB I, 747) in Oldenborch, um 1320 (SHRU IV, 312, Verz., neue Datierung nach J. Reetz, Abschr. 14. Jahrh.) in Oldenborch, 1346 (HUB IV, 276) de Oldenborgh, 1349 (HUB IV, 382) upper Oldenb[orch], 1360 (Hamb. Test. 8) tor Oldenborgh, 15. Jahrh. (Zunftrollen S. 75) wente to der Oldenburg kulen, 1589 (LAS, Abt. 7, 5105, Verz.) in der Oldenburgk, in der Oldenborch, 1600 (LAS, Abt. 111, AR Reinbek) in der Oldenborch, Mejer 1649: Ohlenborg, Danckw. 1652: Oldenborg, 1704 (LAS, Abt. 111, 181, Beschr.) in der Oldenburg, 1855 (Schröder-Biernatzki, Top.^{2} I, S. 228) Oldenburg – Mnd. **tor alden, olden borch* = „zur alten Burg“ als eine verbreitete Benennung für eine alte oder verlassene Burganlage (vgl. W. Laur, Ortsnamenlexikon, S. 500). Hier wird wohl ehemals eine Burg gelegen haben. Die Deutung von Richert (vgl. H. Richert, Zwischen Bille und Elbe, S. 230) nach einem Familiennamen *Ohl*, *Ohle* berücksichtigt nicht das Alter des Ortsnamens, der bereits zu Anfang des 13. Jahrhunderts als *Oldenburg* überliefert ist.

Ohlkuhlmoor (Hummelsbüttel, O.-Amt Alstertal, Bez. Wandsbek) FN – 1801 (LAS, Abt. 25, 367 II, Eb Hummelsbüttel) an sein Ohlkuhlenmoor – „Moor bei der oolen, der alten Kuhle“.

Ohlsdorf (O.-Amt Barmbek-Uhlenhorst, Bez. Hamburg-Nord) Stdttl., früher Dorf, mda. *Ohlsdörp* – 1303 (HUB II, 44) ville Odelvestorpe, 1347 (HUB IV, 317) ville dicte Odeluestorpe, Mejer 1649: Olsdorp, 1856 (Schröder-Biernatzki, Top.^{2} II, S. 242) Ohlsdorf – „Dorf – mnd. *dorp*, nnd. *Dörp* – des Odulf, Audulf“ (vgl. H. Olsen, Historisches Verzeichnis, S. 15), ein Rufname, der aus ahd. *ôt*, as. *ôd* = „Besitz, Wohlstand“ und der Tierbezeichnung ahd., as. *wulf* = „Wolf“ zusammengesetzt ist. In der älteren Literatur, so bei Schröder-Biernatzki, Lappenberg, Gaedechens und auch Dohm, sind die ältesten Formen von Osdorf – *Oslevestorp* – falsch auf Ohlsdorf bezogen worden (vgl. auch C. Walther, Osdorf, Ohlsdorf, Alsterdorf: MVHG Bd 7, 1900 [1901], S. 372–384 bzw. Korrespondenzbl. d. Ver. f. Niederdeutsche Sprachforsch. 81, 1974, S. 2 10).

Ohlstedt (O.-Amt Walddörfer, Bez. Wandsbek) Stdttl., früher Dorf, mda. [*ōlsdẹ̄d*] – 1345 (HUB IV, 271, Inhaltsangabe 19. Jahrh. nach dem Orig. oder einer Abschr.) Oltsted, 1346 (HUB IV, 276) Heynonis Olsteden, 1350 (HUB IV, 431) Hasso Olstede, 1352 (HUB IV, 271, Anm. 1, Lib.contr.) in villa Oltstede, 1391 (SHRU VI, 973) to Oltstede, 1442 (StAH, 710-1 I Bd 4) villae Olstede, 1463 (HKR II, 194_5) pro villa sua Olstede, 1508 (VBHK 41, 22a) ex villa Olstede, Mejer 1650: Oldstede, Danckw. 1652: Ollstede, 1856 (Schröder-Biernatzki, Top.^{2} II, S. 242) Ohlstedt – Wohl „alte Stätte, Wohnstätte, alter Wohnplatz" zu as. *ald*, mnd. *old*, nnd. *ool(d)* und as. *stėdi*, mnd. *stēde*, nnd. *Stẹ̄(d)*. Eventuell könnte auch der auf dieses Adjektiv zurückgehende Rufname *Aldo*, *Oldo* vorliegen. Die älteste Bezeugung beruht auf einer Inhaltsangabe einer verlorengegangenen Urkunde, die ein Original oder eine Abschrift darstellte. Die Angabe bei Röpke (vgl. G.-W. Röpke, Zwischen Alster und Wandse, S. 186), die älteste Erwähnung stamme aus dem Jahre 1291, beruht wohl auf einem Irrtum. Ein gleiches Mißverständnis ist Beckershaus unterlaufen (vgl. H. Beckershaus, Straßennamen, S. 270), wenn er meint, daß Ohlstedt zuerst in einer Urkunde von 1292 erwähnt werde. Diese Urkunde, bei der es sich um den Ausbau der Kirche zu Bergstedt handelt – HUB I, 873 u. vgl. Bergstedt, S. 65, stammt aber aus dem Jahre 1293. Ohlstedt wird hier nicht genannt.

Ohmoor (Niendorf, O.-Amt Lokstedt, Bez. Eimsbüttel) FN, h. StrN – 1785 (LAS, Abt. 402 A 3, 421a, Karte) Oh Moor, 1788 (LAS, Abt. 112, 286, Eb) Ohmoor, 1856 (Schröder-Biernatzki, Top.^{2} II, S. 96) Ohmoor, Meßtischbl. 1880: Ohmoor – Zusammensetzung von einem Flurnamen *Ohe* – siehe Ohe – und *Moor*.

Ohmoorgraben (Niendorf, O.-Amt Lokstedt, Bez. Eimsbüttel) GewN – „Graben von Ohmoor".

\+ **Olde Kempe** (Hamm, O.-Amt u. Bez. Hamburg-Mitte) FN – 1565 (SHRU IX, 489, Vidimus 1566) de Olde Kempe – „Die alten Kämpe", Mehrzahlform von *Kamp*, s. d.

\+ **Oldenburg** (Tonndorf, O.-Amt u. Bez. Wandsbek) FN – 1856 (Schröder-Biernatzki, Top.^{2} II, S. 531) Oldenburg, Flurnamensamml. Wegemann 1928–1933: Oldenburg – Siehe Ohlenburg.

Oldenfelde (O.-Amt Rahlstedt, Bez. Wandsbek) Ortstl., früher Dorf, mda. *Oolen'felln* – 1263 (W. Grabke, Wandsbek u. Umgebung; Hamburg 1960,

S. 239) Volkoldus de Oldenvelde (?), 1296 (HUB I, 894) Oldenvelde, 1309 (HUB II, 186, Abschr. 14. Jahrh.) in molendinis nostris Oldenvelde, 1322 (HUB II, 528) villas nostras Oldevelt, 1333 (HUB II, 914) in Oldenvelde, 1525 (VBHK 343, 217a) ex molendino Oldenvelde, 1579 (LAS, Abt. 7, 5100) zu Oldenfelde, Mejer 1649: Oldenfelde, 1658 (LAS, Abt. 111, 479) von Oldenfelde, 1856 (Schröder-Biernatzki, Top.^{2} II, S. 254) Oldenfelde – „Zum alten Felde“ zu nd. *oold.* Das Zitat von Grabke in bezug auf *Volkoldus de Oldenvelde* von 1263 ist leider nicht näher zu identifizieren.

+ **Oldenschlag** (Billwerder, O.-Amt Vier- u. Marschlande, Bez. Bergedorf) FN – 1339 (HUB IV, 76, Abschr. 14. Jahrh.) locum … Oldenslach – Mnd. **tome olden slage* = „zum alten Schlag“, siehe Billwerder Ausschlag.

Oortkaten (Ochsenwerder, O.-Amt Vier- u. Marschlande, Bez. Bergedorf) Ortstl. – 1856 (Schröder-Biernatzki, Top.^{2} II, S. 233) Orthkathe – „Kate an einem Ort, einem Vorsprung“ (siehe Ort).

+ **Ophof** (Niendorf, O.-Amt Lokstedt, Bez. Eimsbüttel) FN – 1788 (LAS, Abt. 112, 286, Eb) Obhoff, 1856 (Schröder-Biernatzki, Top.^{2} II, S. 212) Ophof – Entweder aus **op den Hoff* = „auf dem Hof“ entstanden oder in der Bedeutung „(zu dem) auf (der Höhe gelegenen) Hof“.

Ort – As. *ord*, mnd. *ort*, ahd. *ort*, unser Wort *Ort*, hat in Orts- und Flurnamen die Bedeutung von „Spitze, Vorsprung“ (vgl. W. Laur, Ortsnamenlexikon, S. 504).

Osdorf (O.-Amt Blankenese, Bez. Altona) Stdttl., früher Dorf, mda. *Osdörp* [ǫsdǫ̈ɹb] – 1268 (HUB I, 729) in villa Osleuestorp, 1275 (HUB I, 759) in Oseleuestorph, 1312 (HUB II, 254) in Oslevesdorp, 1325 (HUB II, 636, Hamb. Test.) in Oslevestorpe, 1395 (SHRU VI, 1219) unser dorp … Ostorpe, 1464 (Pinneb.-Hatzb. Reg., S. 6) Ostorpe, 1508 (VBHK 38, 20a) in villa Ostorp, 1520 (LAS, Urk.-Abt. 3, 104, Abschr.) in vnsem dorpe Ostorpe, 1530 (StAH, Cl II Nr. 16b Vol. 5 ex N 16 F 7) to Ostorpe, 1565 (LAS, Urk.-Abt. 3, 214) tho Ostorffe, 1565 (LAS, Urk.-Abt. 3, 214) tho Ostorppe, 1590/91 (LAS, Abt. 3, 604, Reg.) Ostorff, 1606 (LAS, Abt. 3, 120, Abschr.) in Vnsern Dorffern … vnd Ostorff, Mejer 1650: Osdorp, Danckw. 1652: Oßdorp, 1670/71 (LAS, Abt. 112, AR) Ostorff, 1856 (Schröder-Biernatzki, Top.^{2} II, S. 260) Osdorf – „Dorf – mnd. *dorp*, nnd. *Dörp* – des Oslef“, ein Rufname, der aus as. *ōs zu ahd. **ans* in der Bedeutung „Ase, Gottheit“ und as. *-lēf* zu ahd. *-leib* in der Bedeutung „Nachkomme, Sproß“ (vgl. H. Kaufmann, Ergänzungsband, S. 36 u. 224) zusammengesetzt ist. Der erste Bestandteil *Osleves-* ist seit dem Ausgang des 14. Jahrhunderts zu *Os-* reduziert worden.

Osdorfer Born (Osdorf, O.-Amt Blankenese, Bez. Altona) Sdlg. u. FlN (z. Düpenau) – 1788 (LAS, Abt. 112, 1657, Eb) Bym Born, Achterborn, Flurnamensamml. Wegemann 1928–1933: Osdorfer Born – „Born, Brunnen“, hier auf einen Wasserlauf bezogen, „von Osdorf“.

Ostender Teich (im Verlauf d. Berner Au, Tonndorf, O.-Amt u. Bez. Wandsbek) SN – „Teich – nd. *Diek* – am“ oder „vom Ostende“.

Osterbek (linker Nebenfl. d. Alster, Farmsen, Bramfeld, Barmbek) FlN – Danckw. 1652: eine Aw, 1855 (Schröder-Biernatzki, Top.[2] I, S. 161) Osterbek, Meßtischbl. 1880: Osterbek – „Östlicher – *oster* – Bach“ zu nd. *Bęk.*

Othmarschen (O.-Amt u. Bez. Altona) Stdttl., früher Dorf, mda. [*ōtm šən, otm šən* Hbg] – 1317 (HUB II, 392, Abschr. 14. Jahrh.) in villa Othmerschen, 1350 (HUB IV, 431) in Othmerschen, 1378 (SHRU VI, 180, Abschr. 14./15. Jahrh.) in … Othmerschen, 1403 (LAS, Urk.-Abt. 3, 37) uthe den dorpen … Othmerschen, 1476 (HKR III, 222_1 in Othmersen, 1514 (LAS, Urk.-Abt. 3, 102, Abschr.) in vnsen dorppen … Othmerschenn, 1525 (VBHK 358, 227b) tho Othmarsen, 1528 (LAS, Urk.-Abt. 3, 114) der dorper … Othmerschen, 1591/92 (LAS, Abt. 3, 608, Reg.) Othmarschen, 1606 (LAS, Abt. 3, 120, Abschr.) in Vnsern Dorffern … Othmarschen, 1640/41 (LAS, Abt. 112, AR) Othmarschenn, Mejer 1649: Ottmarsch, 1650: Ottmarschen, Danckw. 1652: Otmarschen, 1856 (Schröder-Biernatzki, Top.[2] II, S. 266) Othmarschen – Wie bereits bei *Farmsen* erwähnt, wird auch *Othmarschen* bis heute trotz entsprechender ausführlicher und eingehender Widerlegungen (vgl. dazu den Artikel Farmsen mit ausführlichen Literaturangaben) meist als **Otmarsheim* oder **Otmarshusen* gedeutet. Dabei wird zuweilen auch auf einen Einsiedler *Otmar* verwiesen, für den es nicht den geringsten Hinweis gibt. Wie bei *Farmsen* zeigen jedoch die alten Formen deutlich, daß wie auch bei *Dithmarschen* und *Hademarschen* als Grundwort mnd. *-merschen*, nnd., nhd. *-marschen* als flektierte Mehrzahlform zu mnd. *mersch*, nnd., nhd. *Marsch*, in der Bedeutung von „Sumpf, Sumpfland“ vorliegt. Beim Bestimmungswort könnte es sich um eine Nebenform zu unserem Worte *öde*, as. *ôdi*, handeln, vgl. an. *auðr*, norweg. *aud*, got. *auþs*, also „zum öden,

d. h. unbewohnten, unbebauten Sumpfland“ (vgl. W. Laur, Ortsnamen, S. 316).

Ottensen (O.-Amt u. Bez. Altona) Stdttl., früher Kirchdorf u. Stadt – 1310 (HUB II, 208, späte Abschr. nach Original, das seit 1842 fehlt) Tottenhusen, 1313 (HUB II, 278, Abschr. 14. Jahrh.) iuxta villam nostram Tottenhusen, 1328 (StAH, 231, II 8, 1a, Renteb. S. Petri, S. 76_{q}) de Tottense, 1329 (SHRU III, 674, Abschr. 14. Jahrh.) in Tottense, 1343 (HUB IV, 190) to Ottenze, 1371 (SHRU IV, 1423, Abschr. 14. Jahrh.) villas nostras Tottense, 1378 (SHRU VI, 180, Abschr. 14./15. Jahrh.) in … Tottense, 1403 (LAS, Urk.-Abt. 3, 37) uthe den dorpen Ottensen …, 1465 (HKR II, 251_{29}) versus Ottensen, 1488 (LAS, Urk.-Abt. 3, 398) tho Ottensen, 1514 (LAS, Urk.-Abt. 3, 162, Abschr.) in vnsen dorppen … Ottensen, 1528 (LAS, Urk.-Abt. 3, 114) der dorper Ottensen, 1562 (LAS, Urk.-Abt. 3, 199, Abschr.) zu Ottensen, Elbkarte M. Lorck 1568: Ottensen, um 1569 (Karte D. Drever, Leerhoff Nr. 20) Ottensen, 1593 (LAS, Abt. 3, 23) drey Dorfschaften Ottensen, 1607 (LAS, Urk.-Abt. 3, 295) uf unser … vogtey Ottensen, Mejer 1649: Ottenssen, Danckw. 1652: Ottensen, 1856 (Schröder-Biernatzki, Top.^{2} II, S. 267) Ottensen – Der Ortsname *Ottensen* wird auf Grund der ältesten Belege meist als „Husen, d. h. zu den Häusern, zur Siedlung, des Otto“ gedeutet, wobei man das anlautende *t* dieser Formen auf die Präposition mnd. *to* = „zu“ zurückführt, und zwar als eine Verschmelzung von Präposition und Name, wie sie öfters auftritt, z. B. 1163 *Tadeslo*,1199 *Todeslo*, Ende 12. Jahrh. *Todeslo*, *Tadesla*, um 1200 *Todeslo*, 1260 *Todeslo* für Oldesloe (vgl. W. Laur, Ortsnamenlexikon, S. 501), also **to Ottenhûsen* zu *Ottensen* (vgl. H. Olsen, Historisches Verzeichnis, S. 16 u. W. Laur, Ortsnamen, S. 240). Nun kann aber mnd. *Tottenhusen* ohne weiteres auch als eine Zusammensetzung mit der Rufnamenkurzform *Totto* und somit „zu den Häusern, zur Siedlung des Totto“ erklärt werden – *Totto* eine Nebenform mit expressiver Inlautverschärfung und Konsonantenverdoppelung von *Todo*, die als eine Kurzform zu mit *Theud(a)-*, *Thied-* oder *Diet-* beginnenden Vollnamen gehört (vgl. H. Kaufmann, Untersuchungen, S. 64 u. vgl. auch Tonndorf). *Ottensen* wäre dann aus *Tottensen* durch eine falsche Abtrennung des anlautenden *t*, das man als Präposition *to* aufgefaßt hätte, entstanden, obwohl solch eine Entwicklung im Gegensatz zum Abfall des anlautenden *m* als Auslaut der Präposition *tom* = „zum“, vgl. *Anker* im Kreis Herzogtum Lauenburg aus älterem *Manker* oder *Edeberg* am Ostrand von Plön aus älter *Medeberg*, selten ist und aus Schleswig-Holstein und Hamburg sonst nicht bezeugt.

Da es sich bei *Ottensen* um das einzige Beispiel für die Reduzierung von unbetontem *-husen* in Holstein und Hamburg handeln würde, die uns sonst aber in vielen Namen in Niedersachsen und Westfalen entgegentritt (vgl. W. Laur, Die husen-Namen in Schleswig-Holstein und die Abschwächung zu -sen: KVNS 75, 1968, S. 8–11), und da uns im 14. Jahrh. mehrfach Namenformen wie *Tottense* ohne das auslautende *n* begegnen, habe ich an anderer Stelle gefragt, ob überhaupt ein ursprünglicher husen-Name vorliegt und die Form *Tottenhusen* zu Anfang des 14. Jahrhunderts, und zwar einmal aus einem Abdruck des 18. Jahrhunderts des verbrannten Originals und zum anderen aus dem Harvestehuder Kopiar, nicht spätere Umdeutungen darstellten, umsomehr da wir einen Abfall des auslautenden *-m* und *-n* wie in 1281 *Ordessem*, 1538 *Ordeße* – heute *Ohrsee* bei Gokels bei Hademarschen (vgl. W. Laur, Ortsnamenlexikon, S. 499) – wohl mehr bei ursprünglichen heim-Namen kennen, als bei denen auf *-husen* (vgl. W. Laur, Ortsnamen im Kreise Pinneberg, S. 55–57). Wir hätten dann wohl von einer Bildung mit einem *s*-Suffix auszugehen oder von einer Zusammensetzung mit dem Grundwort *See*, wofür es aber keine weiteren Hinweise gibt; auch wäre eine Umdeutung dieses Grundwortes zu *-husen* äußerst unwahrscheinlich. Wie wäre dann aber der Wortstamm *Otten-* oder *Totten-* zu deuten?

Vor allem fragt es sich, ob ein Zweifel am zweiten Bestandteil als Grundwort *-husen* auf Grund der Überlieferung der beiden ältesten Belege und der späteren wie *Tottense* und *Ottense* nicht allzu kritisch wäre. Ein Abfall des auslautenden *-n* ist bei einer Reihe von ehemaligen husen-Namen auch in Niedersachsen zu beobachten. Bei denen im Landkreis Hannover, die heute auf *-se* enden, erfolgte er zum Teil in der frühen Neuzeit, zum Teil aber auch im 14. Jahrhundert oder noch früher (vgl. U. Ohainski, J. Udolph, Die Ortsnamen des Landkreises Hannover und der Stadt Hannover. Niedersächsisches Ortsnamenbuch Teil I. Veröffentlichungen des Instituts für historische Landesforschung der Universität Göttingen Bd 37; Bielefeld 1998, S. 15, 127, 131, 161, 173 oder 368, um nur einige Beispiele zu nennen). Für solch eine Entwicklung in unserem Falle könnte auch eine umgekehrte Entwicklung sprechen, daß z. B. *Ridders* bei Hohenlockstedt nordöstlich von Itzehoe – 1341 *in ... Redderse* – im Jahre 1447 als *to Riddersen* erscheint (vgl. W. Laur, Ortsnamenlexikon, S. 544). Wir hätten dann doch bei der Deutung „zu den Häusern des Totto“ oder „des Otto“ zu bleiben und in unserem Ortsnamen eines der seltenen Beispiele für eine Reduzierung von unbetontem *-husen* zu *-sen* auch noch nördlich der Elbe zu sehen. Dann könnte aber auch *Thiensen* nordöstlich von Elmshorn – 1349 *Tynsen* – eventuell einen ursprünglichen husen-Namen darstellen (vgl. W. Laur, Ortsnamenlexikon, S. 644). Diese

Entwicklung liegt in unserem Falle verhältnismäßig früh, aber sie erfolgte in Niedersachsen auch nicht überall gleichzeitig, sondern zeitlich unterschiedlich, natürlich nur, soweit wir sie auf Grund der überlieferten Belege beobachten können (vgl. W. Laur, Ortsnamen in Schaumburg, S. 55–65).

Otterhaken (Wilhelmsburg, O.-Amt Wilhelmsburg, Bez. Harburg) h. StrN – Elbkarte M. Lorck 1568: Otterhacke – „Haken, d. h. hakenförmiges Landstück, wo Ottern sich aufhalten".

Ottersbek (z. Isebek, vgl. StrN *Ottersbekallee*, Hoheluft-West, O.-Amt u. Bez. Eimsbüttel) FlN – 1339 (HUB IV, 59, Abschr. 14. Jahrh.) usque Ottersbeke, 1607 (LAS, Urk.-Abt. 3, 295) auf die Ottersbecke, 1855 (Schröder-Biernatzki, Top.[2] I, S. 161) Ottersbek – „Bach – nd. *Bęk*, in dem sich Ottern, Fischottern aufhalten" oder auch „des Otter", ein Rufname, der eine Nebenform zu *Oder*, *Authari* – siehe Odersfelde – darstellt.

Overhaken (Ochsenwerder, O.-Amt Vier- u. Marschlande, Bez. Bergedorf) Ortstl. – „Oberer Haken" oder „Über den Haken hinüber", zu *Haken*, vgl. Otterhaken.

Overwerder (Ochsenwerder u. Kirchwerder, O.-Amt Vier- u. Marschlande, Bez. Bergedorf) IN u. Ortstl. – „Werder, Insel, Halbinsel, die Over gegenüberliegt". Der Ortsname *Over* südöstlich von Harburg im Landkreis Harburg in Niedersachsen – im Schatzregister von 1450/51, S. 12 *Over*, *vam Over* – gehört zu mnd. *ôver*, *ôver*, nnd. *Öwer*, *Oiwer*, *Ower*, unserem Worte *Ufer*.

P

+ **Pagensand** (nördl. v. Finkenwerder) IN – Um 1569 (Karte D. Drever, Leerhoff Nr. 20) Pagensandt, 1856 (Schröder-Biernatzki, Top.[2] II, S. 272) Pagensand – Wie *Pagensand* bei Seestermühe „Pferdesand" zu nd. *Påch*, *Påge* = „altes, schlechtes Pferd, Mähre, Schindmähre" (vgl. W. Laur, Ortsnamenlexikon, S. 512).

Pannsgraben (z. Bornbach, O.-Amt Fuhlsbüttel, Bez. Hamburg-Nord) GewN – Wohl zu nd. *Pans* = „Panse" in scherzhafter oder abfälliger Bedeutung.

+ **Papeheyne** (b. Rahlstedt) FN – 1350 (HUB IV, 431) to … Papeheyne – Mnd. **tome hegene*, *heine* = „zur Einhegung eines Priesters“ zu mnd. *pāpe*.

Papenbrack (Wilhelmsburg, O.-Amt Wilhelmsburg, Bez. Harburg) GewN – „Brack, d. h. Stelle, an der früher der Deich durchbrochen ist, eines Priesters, eines Pfarrers“ zu mnd. *pāpe* als eine Benennung für Kirchenland oder auch „des Pape“ als Familienname.

+ **Papenhude** (Hohenfelde, O.-Amt Barmbek-Uhlenhorst, Bez. Hamburg-Nord) h. *Papenhuder Straße* – 1256 (HUB I, 606) in Papenhudhe, 1855 (Schröder-Biernatzki, Top.[2] I, S. 529) Papenhude – „Hude, d. h. Anlegeplatz, eines Priesters“, s. o.

+ **Papenwerder** (Uhlenhorst b. + Papenhude, O.-Amt Barmbek-Uhlenhorst, Bez. Hamburg-Nord) FN – 1541 (ZHG 29, 1928, S. 167–218) Papenwerder – „Werder, Insel, Halbinsel eines Priesters“ als eine Benennung für Kirchenland oder auch „von Papenhude“.

+ **Papenwisch** (Lokstedt, O.-Amt Lokstedt, Bez. Eimsbüttel) FN – 1347 (HUB IV, 339, Verz., Abschr. 1581–1586) pratum Papenwisch – „Pfaffenwiese, Wiese eines Priesters“ zu nd. *Wisch* = „Wiese“ als Benennung für Kirchenland.

Parallelgraben (Neugraben, Amt Süderelbe, Bez. Harburg) GewN – Durchsichtiger Name.

Park (Waltershof, O.-Amt Finkenwerder, Bez. Hamburg-Mitte) IN, vgl. *Parkhafen* a. Westende v. Waltershof – 1397 (SHRU VI, 1387, Abschr. 19. Jahrh.) van dem Parreke, 1460 (LAS, Urk.-Abt. 3, 391) de Parke, 1469 (Zunftrollen S. 73) uppe den Perkesord, 1471 (HKR III, 10_2) im Perrik, 1473 (HKR III, 92_8) de Perrike, 1494 (LAS, Urk.-Abt. 3, 83, Abschr. 15./16. Jahrh.) de Parke, 1856 (Schröder-Biernatzki, Top.[2] II, S. 562) Park – Mnd. *park*, *perk* stellt eine Entsprechung zu nhd. *Pferch* in der Bedeutung „eingehegter Platz“ dar. Es ist auch in Flurnamen enthalten, so in *Berg Morgen* – 1668 *die Perke Morgen* – oder *Bergwiese* – 1663 *bey der Perkwisch* – in Salzgitter im südöstlichen Niedersachsen (vgl. M. Wiswe, Die Flurnamen des Salzgittergebietes. Quellen und Forschungen zur Braunschweigischen Geschichte Bd 17; Braunschweig 1970, S. 64–65).

Parkberg (Duvenstedt, O.-Amt Walddörfer, Bez. Wandsbek) FN – Meßtischbl. 1880: Parkberg – Wohl „Berg in" oder „an einem Park" oder auch zu *Park* wie im Inselnamen *Park* siehe oben.

Pepermöhlenbek (O.-Amt u. Bez. Altona) GewN, h. StrN nördl. v. Fischmarkt – 1361 (H. Ehlers, Altonaer Stadtkalender 14, 1926, S. 31) Pepermolenbek, 1464 (LAS, Abt. 3, 1319) twysken ... vnde Pepermolenbeke, 1467 (HKR II, 341_{12}) in Pepermolenbeke, 1494 (LAS, Urk.-Abt. 3, 82, Abschr.) by der Pepermolen beke, 1546 (LAS, Urk.-Abt. 3, 169) an dem Pepermůllen beke, 1605 (LAS, Urk.-Abt. 3, 416) an Pepermohlenbach, 1607 (LAS, Urk.-Abt. 3, 295) der Pfeffermühlenbecke, 1855 (Schröder-Biernatzki, Top.[2] I, S. 174) Pfeffermühlenbek (Pepermöhlenbek) – Benannt nach einer kleinen Mühle, die den Namen *Pepermöle* – 1375 (Zunftrollen S. 6) *to der Pepermolen* – trug, und zwar nach F. Voigt und H. Ehlers mehr im scherzhaften und spöttischen Sinne der geringen Größe wegen im Vergleich mit einer Pfeffermühle (vgl. F. Voigt, Pepermöle: MVHG Bd 1, 1878–1879 [1880], S. 53–54 u. H. Ehlers, Aus Altonas Vergangenheit. Altonaer Bücherei Nr. 5; Altona 1926, S. 11). Gaedechens vermutete hier allerdings eine Pulvermühle. Es handelt sich um den Bach, der im 14. Jahrh. auch *rivus Herwerdeshude* genannt wird (s. Harvestehude).

Peute (Veddel, O.-Amt Veddel-Rothenburgsort, Bez. Hamburg-Mitte) IN u. Ortstl. – 1420 (HKR III, S. CX_{32}) an de Poyten hove, 1460 (HKR III, S. XI_3) mit dem Peute, 1460 (LAS, Urk.-Abt. 3, 391) mit deme Poyte, 1494 (LAS, Urk.-Abt. 3, 84, Abschr. 15./16. Jahrh.) myt dem Poyte, 1551 (LAS, Urk.-Abt. 3, 292, Transs. 1606) des Poyten gudes, Elbkarte M. Lorck 1568: Peutte, um 1569 (Karte D. Drever, Leerhoff Nr. 20) up der Pöute, 1602 (LAS, Abt. 3, 247a) Poite, Pöute, Mejer 1649: Peute, um 1680 (Karte nach Schildknecht, E. Reinstorf, Eindeichung Wilhelmsburg, nach S. 118) Pevte, 1856 (Schröder-Biernatzki, Top.[2] II, S. 283) Peute – Wohl zu einem Wasserwort, vielleicht verwandt mit nd. *Pütt*, nhd. *Pfütze*.

Pfefferkrug (Mellingstedt, O.-Amt Walddörfer, Bez. Wandsbek) Ortstl., früher Wrtshs., mda. *Peperkrooch* – 1856 (Schröder-Biernatzki, Top.[2] II, S. 140) Pfefferkrug, Meßtischbl. 1880: Pfefferkrug – Wohl scherzhafter Name für ein Wirtshaus.

Pöseldorf (Teil v. Harvestehude, O.-Amt Harvestehude, Bez. Eimsbüttel) vgl. StrN *Poseldorfer Weg* – 1856 (Schröder-Biernatzki, Top.[2] II, S. 294) Pöseldorf – Ein Name, der zu Anfang des 19. Jahrhunderts entstanden ist, nach Gaedechens 1825 zum ersten Male bezeugt (vgl. C. F. Gaedechens, Pöseldorf: MVHG Bd 1, 1880 [1881], S. 74–79) und sich ursprünglich als eine spöttische Benennung auf Gartenland bezog, auf dem die Gärtner *pöselten*, d. h. emsig vor sich hinarbeiteten, wobei nd. *pöseln* eine Nebenform zu *püsseln*, *pusseln* darstellt (vgl. O. Mensing III, Sp. 1102). Ein Dorf dieses Namens hat es, wie Olsen hervorhebt, nie gegeben (vgl. H. Olsen, Historisches Verzeichnis, S. 16).

Pollhof (Bergedorf, O.-Amt u. Bez. Bergedorf) Ortstl. u. StrN – Meßtischbl. 1880: Pollhof – „Hof bei einem Grashaufen" zu nd. *Poll*.

Polterberg (Blankenese westl. v. Süllberg u. Schinkelpark, O.-Amt Blankenese, Bez. Altona) FN, mda. *Polterbarch* – 1790 (LAS, Abt. 112, 1651, Eb) Opn Polterberg, 1855 (Schröder-Biernatzki, Top.[2] I, S. 223) der … Polterberg – „Berg, auf" oder „bei dem es poltert".

Poppenbüttel (O.-Amt Alstertal, Bez. Wandsbek) Stdttl., früher Dorf, mda. [*pobn̥bü̯dl*] – 1336 (HUB II, 1032) in villa Poppelenbotle, 1349 (HUB IV, 382) in Poplenbůtele, 1379 (Hamb. Test. 49) in Poppelenbotelen (PN) hus, 1389 (SHRU VI, 807) to Popplenbutle, 1463 (HKR II, 188_{18}) de … Poppelembuttelle, 1477 (HKR III, 267_{29}) apud Poppenbuttell, 1563 (LAS, Urk.-Abt. B, 181, Transs. 1574) zwischen … und Poppenbuttell, 1593 (LAS, Abt. 3, 23) zu Pappenbuttell, 1603 (LAS, Abt. 3, 19) zu Poppenbuttell, 1637 (LAS, Abt. 7, 1177) deren Dörfer … und Poppenbüttel, Danckw. 1652: Poppenbüttel, 1856 (Schröder-Biernatzki, Top.[2] II, S. 296) Poppenbüttel – „Büttel, d. h. Siedlung, des Poppilo" (vgl. G. Apel, Die Geschichte des Dorfes Poppenbüttel. In: A. Clasen, W. Rehders, Hummelsbüttel und Poppenbüttel; Hamburg 1938, S. 64 u. H. Olsen, Historisches Verzeichnis, S. 16), eine Verkleinerungsform auf *-ilo* zum Rufnamen *Poppo*, der als eine Bildung von einem sog. Lallstamm angesehen wird (vgl. H. Kaufmann, Altdeutsche Rufnamen, S. 113 u. Ergänzungsband, S. 279 u. K. Casemir, Ortsnamen auf -büttel, S. 182).

+ **Prentien** (Elbarm westl. v. Altenwerder) GewN – 1470 (Regesten Harburg 793, spätere Abschr.) des Proyszin, 1541 (ZHG 46, 1960, S. 89, Anm. 169) Proysin, Elbkarte M. Lorck 1568: Prentien, um 1569 (Karte D. Drever, Leerhoff Nr. 20) Prentyn, 1621 (ZHG 46, 1960, S. 89, Anm. 19) Prentyn, 1640 (daselbst) Preysin, um 1680 (Karte nach Schildknecht, E. Reinstorf, Eindeichung Wilhelmsburg, nach S. 118) Lange Porsen, 1860 (F. N. Bodemann, Denkwürdigkeiten der Elbinsel Finkenwerder; Hamburg 1860, S. 4) das Fleth Prentien (auf das Jahr 1568 bezogen) – Ein der unterschiedlichen Formen wegen nur schwer zu deutender Gewässername, der zudem der volltönenden und betonten Zweitsilbe wegen einen nicht deutschen Eindruck erweckt. Ein slawisches Toponym in dieser Gegend wäre allerdings ungewöhnlich.

Prökelmoorteich (Ohlsdorf, O.-Amt Barmbek-Uhlenhorst, Bez. Hamburg-Nord) SN, mda. *Prökelmoor'diek* – Meßtischbl. 1880: Prökel Moor – Benannt nach dem FN *Prökelmoor* in Bramfeld, der wohl zu *Prökel* = „Stumpf von Gesträuch" gehört (vgl. O. Mensing III, Sp. 123). Beckershaus leitet den Flurnamen von *prökeln* = „stechen" in der Bedeutung von „Torf stechen" her (vgl. H. Beckershaus, Straßennamen, S. 287). Nach Mensing hat aber dieses Verb mehr die Bedeutung von „herumstochern".

Q

Quellenberg (Blankenese, O.-Amt Blankenese, Bez. Altona) FN – 1855 (Schröder-Biernatzki, Top.[2] I, S. 223) Quellenberg – „Berg mit Quellen".

R

Raakmoor (Langenhorn, O.-Amt Fuhlsbüttel, Bez. Hamburg-Nord) FN – Meßtischbl. 1880: Raakmoor – Wohl „Moor, in" oder „an dem die Kornrade wächst" zu nd. *Raak* = „Kornrade" (vgl. O. Mensing IV, Sp. 24).

Raboisen (Altstadt zw. Glockengießerwall u. Gertrudenstraße, O.-Amt u. Bez. Hamburg-Mitte) h. StrN – 1374 (HKR I, 191_{9}) ad turres et ad murum super Raboyzen, 1377 (HKR I, 247_{22}) ad turrim et murum Raboysen, ad novam turrim uppe der Raboysen, 1477 (HKR III, 266_{10}) ad depictionem cuiusdam turris retro Raboisen, 1480 (HKR III, 383_{20}) ad turrim super Rabboiszen, 1489 (HKR III, 423_{17}) ad tectum turris super Rabboisen, 1482 (HKR IV, 1_{14}) pro tectura turris Rabboiszen, 1538 (HKR V, 671_{24}) de hortis in Raboysa 1540 (HKR V, 778_{12}) pro refectione sepis in Raboysza, 1551 (HKR VI, 451_{4}) pro ferrmentis ad Raboisam, 1551 (MVHG Bd 2. 1882 [1883], S. 42) dat Rondeel an de Alster achter de Rabeuse – Dieser

Hamburger Straßenname geht auf einen Flurnamen zurück, und zwar auf den Namen einer Örtlichkeit an der Stadtmauer, der eine Parallele im Namen einer Burg und eines ehemaligen Hofes bei Elmshorn hat, nach dem sich wiederum ein Adelsgeschlecht benannte, das auch in Hamburg Besitz hatte. Unser Hamburger Name bestand aber allem Anschein nach unabhängig vom Namen dieses Geschlechtes und geht nicht auf ihn zurück, wie oft vermutet wird (vgl. F. Witt, Hamburgs Straßen, S. 225). *Raboysmolen* und *roboysmole* begegnet uns ferner als eine appellativische Mühlenbezeichnung in Riga im 14. und 15. Jahrhundert. Für diese beiden Bezeichnungen und die beiden holsteinischen und Hamburger Toponyme hat man bisher noch keine befriedigende Deutung gefunden. Man hat einmal an eine slawische Herkunft gedacht, und zwar zu *robb = „Sklave, Knecht", vgl. russ. *robota* = „Arbeit", ein Wort, von dem unser *Roboter* herstammt und das eine slawische Entsprechung zu unserem Wort *Arbeit* darstellt. Ferner hat man an ein Wasserwort spätlateinischer oder französischer Herkunft gedacht oder an mnd. *rabuse*, nnd. *Rabusch* = „Getümmel, Unruhe". Alle diese Deutungen befriedigen aber im Grunde nicht. Sie passen im Lautlichen, im Etymologischen, der Wortbildung oder der Bedeutung nach nicht oder sind ihrer sprachlichen Herkunft nach unwahrscheinlich (vgl. W. Laur, Ortsnamen im Kreise Pinneberg, S. 90–96 u. Ortsnamenlexikon, S. 531).

Rahlau (Nebenfl. d. Wandse, Tonndorf, O.-Amt u. Bez. Wandsbek) FlN – „Au von Rahlstedt".

Rahlstedt (O.-Amt Rahlstedt, Bez. Wandsbek) Stdttl., früher Kirchdorf (Alt Rahlstedt), mda. *Rohstęd* – 1212 (SHRU I, 288) de Rothuluestad, 1248 (HUB I, 549, Abschr. 14. Jahrh.) de Radoluestede, 1252 (HUB I, 572) ecclesie in Radoluestede, 1288 (HUB I, 828) in antiquo Radolfstede, in nouo Radolfstede, 1296 (HUB I, 894) Olden Radoluesstede, Nyen Radoluessteden, 1304 (HUB II, 59) parrochiam Radolfstede, 1309 (HUB II, 180, Abschr. 14. Jahrh.) in molendinis nostris … Radolvestede, 1314 (HUB II, 319) apud Radelvestede, um 1320 (SHRU IV, 392, Verz., neue Datierung nach J. Reetz, Abschr. 14. Jahrh.) de parochia Radoluestede, Luttekenradoluestede, 1322 (HUB II, 534) to Radelevestede, 1322 (HUB II, 535) to Radelfstede, 1333 (HUB II, 908) parrochias … Radelevestede, 1342 (SHRU IV, 56) in parrochia Radelstede, 1349 (HUB IV, 382) in Radolvestede, 1350 (HUB IV, 431) to Nygenradolvestede, 1378 (Hamb. Test. 47) in Radolvestede, 1385 (SHRU VI, 610) parrochie Radelefstede, 1417 (LAS, Urk.-Abt. 210, 237, Kaiserurk.) ein dorf genant Nygenradelefstede, 1445 (UBStL VIII, 320) ut minem dorpe … Lutteken

Radelstorppe in dem ... kerspele Berchteheile (offensichtlich handelt es sich, wie ein Vergleich mit der Urkunde vom 16.10.1475 zeigt, um Klein Rahlstedt, obwohl dieses nicht zum Kirchspiel Bargteheide gehört. Es liegt auch, wie ein Vergleich mit dem Original zeigt, kein Fehler im Abdruck des Lübecker Urkundenbuches vor), 1475 (LAS, Urk.-Abt. 210, 418) Radolfstede, 1480 (HKR III, 390_{31}) versus Radelefstede, 1510 (LAS, Urk.-Abt. 210, 527) Nigen Radeleuestede, 1513 (LAS, Abt. 210, 1781, fol. 1–152, Bede) Ralouestede, 1525 (VBHK 433, 288a) in parrochia Radelstede, 1571 (LAS, Urk.-Abt. 7, 361) mit den ... Dörffernn ... Neuwen Radolfstedte, 1578 (LAS, Abt. 111, AR Reinbek) bi Ralefstede, 1594 (Hamb. Bursprak. 146, 55) zu Radelstede, 1600 (LAS, Abt. 111, AR Trittau) Raleffstede, Mejer 1649: Nien Ralffstede, 1650 (LAS, Abt. 111, AR Tremsbüttel) Newen Rolffsteder, Danckw. 1652: Raleffstede, 1651 (LAS, Abt. 111, 109) nach Alten Raleffstette, 1682 (LAS, Abt. 7, 1212, Prot.) zu Raloffstedte, 1694 (LAS, Abt. 7, 5093) zu Rahlstädt, 1856 (Schröder-Biernatzki, Top.^{2} II, S. 315, 316) Alt-Rahlstedt, Neu-Rahlstedt – „Stätte, Wohnstätte, Wohnplatz – as. *stèdi*, mnd. *stēde*, nnd. *Stę(d)* – des Radolf, Radulf“ (vgl. H. Olsen, Historisches Verzeichnis, S. 17 u. G.-W. Röpke, Zwischen Alster und Wandse, S. 203), ein Rufname, der zu unserem Worte *Rat* und der Tierbezeichnung *Wolf* gehört (vgl. H. Kaufmann, Ergänzungsband, S. 281). Schon früh wird neben *Alt-Rahlstedt Neu-Rahlstedt* bezeugt.

Rainville (Ottensen, O.-Amt Ottensen, Bez. Altona) vgl. StrN *Rainvilleterrasse*, u. Schule *Rainville* – 1856 (Schröder-Biernatzki, Top.^{2} II, S. 268) Rainville – Früher *Köller-Bannershof* nach dem ehemaligen Besitzer, dem dänischen General Köller-Banner, genannt (vgl. Schröder-Biernatzki, Top.^{2} II, S. 268 u. Gaedechens, Topographie, S. 187).

Randersweide (Nettelnburg, O.-Amt u. Bez. Bergedorf) h. StrN – 1422 (UBStL VI, 434, Abdr. Ende 17. Jahrh.) de Randesweyde, 1435 (UBStL VII, 661) de Randesweyde, 1465 (UBStL X, 611) in der Randesweide, 1471 (HKR III, 18_{26}) versus ... Randesweyde, 1575 (LAS, Abt. 7, 1212) der Randesweide, 1617 (LAS, Abt. 7, 1212) die Randersweide, 1704 (LAS, Abt. 111, 189, Beschr.) die Kleine Randersweide, 1856 (Schröder-Biernatzki, Top.^{2} II, S. 178) Randersweide – „Weide des Rander, Randheri“, ein Rufname – ahd. *Rantheri*, der aus unserem Worte *Rand* und *-hèri* zu unserem *Heer* in der Bedeutung „Heerführer, Anführer“ zusammengesetzt ist.

Rathauswettern (Wilhelmsburg, O.-Amt Wilhelmsburg, Bez. Harburg) GewN – „Wettern, d. h. Abzugsgraben, am Rathaus“.

Reckmannsbrack (Altenwerder, O.-Amt Süderelbe, Bez. Harburg) GewN – „Brack, d. h. Stelle, an der der Deich durchbrochen ist, des Reckmann“ (FaN).

Reiherstieg (Elbarm zw. Wilhelmsburg u. Neuhof) GewN, mda. *Reierstiech* – 1460 (LAS, Urk.-Abt. 3, 391) in den Reygherstich, 1468 (HKR II, 365_{31}, 366_{8}) versus Reigerstich, versus Reyerstige, 1494 (LAS, Urk.-Abt. 3, 83, Abschr. 15./16. Jahrh.) yn den Reyerstich, Elbkarte M. Lorck 1568: Reierstieg, um 1569 (Karte D. Drever, Leerhoff Nr. 20) De Reier Stich, Mejer 1649: Reygerstieg, Reygerstiegsland, 1672 (E. v. Grote-Ebstorf, Beiträge, S. 104) vorbenannter Reiherstieg, um 1680 (Karte nach Schildknecht, E. Reinstorf, Eindeichung Wilhelmsburg, nach S. 118) Reiger Steig, 1856 (Schröder-Biernatzki, Top.[2] II, S. 635) Reiherstieg – „Stieg der Reiher“ als eine Benennung ursprünglich wohl für ein Gelände, auf dem sich Reiher aufhielten (vgl. E. Reinstorf, Geschichte Wilhelmsburg, Neuaufl. 2003, S. 31). Das Grundwort *Stieg* = „Steig, Pfad“ weist wohl darauf hin, daß sich der Name anfänglich auf das Gelände am Ufer bezogen hat, oder auch auf einen Landstrich, an dessen Stelle durch Wassereinbrüche später der Elbarm entstand, denn es handelt sich auch um den Namen eines Landgutes.

Reiherstieger Wettern (Wilhelmsburg, O.-Amt Wilhelmsburg, Bez. Harburg) GewN – „Wettern, d. h. Abzugsgraben, am Reiherstieg“.

+ **Reinerswerder** (alter Name von Ochsenwerder) IN – 1158 (UHL S. 59, Fälsch. 13. Jahrh.) Reinerswerder – Werder, d. h. Insel, Halbinsel, des Reiner, Raginer, Raginhari“, ein Rufname, der aus *Ragin-*, *Rėgin-*, vgl. got. *ragin* = „weiser Rat“, und *-hėri* zu unserem Worte *Heer* in der Bedeutung „Heerführer, Anführer“ zusammengesetzt ist.

Reitbrook (O.-Amt Vier- u. Marschlande, Bez. Bergedorf) Stdttl., früher Landstrich u. Vogtei – 1162 (HUB I, 224) Ragit, 1252 (HUB I, 570) in Raieth, 1263 (HUB I, 672) in insula, que vocatur Rait, 1327–1332 (ZHG 6, 1875, S. 100, Necr.cap., Abschr. 17. Jahrh.) in Ragebroke, 1331 (HUB II, 842, Abschr. 14. Jahrh.) in palude Raghet quod dicitur Retbruch, 1350 (HUB IV, 444) in Rethbroch, 1351 (SHRU IV, 496) in Reytbrůke, 1378 (SHRU VI, 168) in dem vusten Reybroke, 1394 (SHRU VI, 1137, Abschr. Anf. 15. Jahrh.) in tota medietate Reybruk Novi, quondam dicti Wuste

Reybruk, 1396 (SHRU VI, 1235) in deme Olden Retbröke, 1412 (StAH, 710-1 I Bd 4) in Nova Reybroke, 1527 (LAS, Urk.-Abt. 120, 69, Abschr.) vth dem Oldenn vnnd Nienn Reethbrocke, Elbkarte M. Lorck 1568: Reidbrockh, 1594 (LAS, Abt. 7, 5105) des Reethbrockes, 1595 (LAS, Abt. 7, 1183) den Rhetbrock, 1597 (LAS, Abt. 111, 30) im Reittbruche, 1637 (LAS, Urk.-Abt. B, 312) im Reidtbruch, 1649 (LAS, Abt. 7, 5074) im Reitbruche, Mejer 1649: Reidtbroeck, Danckw. 1652: Reitbroeck, 1724 (LAS, Abt. 50) die … Landschaft Reitbrock, 1856 (Schröder-Biernatzki, Top.[2] II, S. 334) Reitbrook – Im Hinblick auf die älteste Form *Ragit* von 1162 könnte man zunächst fragen, ob sie buchstabengetreu zu lesen ist oder ob die Buchstabenfolge *-agi-* für *-ai-* steht, also **Rait*. Die erste Vermutung wird man ablehnen müssen, da wir bei solch einer Lautfolge in der zweiten Hälfte des 12. Jahrhunderts nicht ein *a*, sondern ein *e* als Produkt des i-Umlautes zu erwarten hätten. **Rait* wäre wohl zur verbreiteten Gewässerbezeichnung *Raid*, *Rait* = „Rinnsal" zu stellen (vgl. auch W. Laur, Die Ortsnamen im Kreise Pinneberg, S. 77 u. 81). *Reet* = „Schilf" kommt entgegen einer allgemein verbreiteten Ansicht (vgl. H. Olsen, Historisches Verzeichnis, S. 17) nicht in Frage, da es über mnd. *rêt* auf as. *hriod* und germ. **hreuða-* zurückgeht und die Diphthongierung von einem langen *ē* zu *ei* im Niederdeutschen bedeutend jünger ist. Beim später angefügten Grundwort handelt es sich um *Brook* = „Bruch, Bruchland".

Rethe (Elbarm zw. Neuhof u. Großer u. Kleiner Kattwyk, O.-Amt Wilhelmsburg, Bez. Harburg) GewN – Nach 1555 (E. Kelter, Eine Elbkarte …; Hamburg 1959, S. 15) in der Rethe, in der Reit, 1736 (ZHG 46, 1960, S. 66) Reet-Elbe – Dieser Gewässername gehört entweder zu *Reet* = „Schilf" oder eher wie der Ortsname *Groß-* und *Klein-Rheide* und der Flußname *Rheiderau* südwestlich von Schleswig zu der im Niederdeutschen verbreiteten Bezeichnung *Raid*, *Rait* = „Rinnsal" als eine Bildung mit einem Dentalsuffix zu einer ablautenden Nebenform zur Wurzel idg. **rei-* = „fließen", die in den Flußnamen *Rhein* und *Rhien* und in der Gewässerbezeichnung *Riede* enthalten ist (vgl. W. Laur, Ortsnamenlexikon, S. 542–543).

Rethebek (Neugraben, O.-Amt Süderelbe, Bez. Harburg) FlN – Wohl ein gleicher oder ähnlicher Gewässername wie *Rethe*.

Rethwerder (Vorland v. Kaltehofe, O.-Amt Veddel-Rothenburgsort, Bez. Hamburg-Mitte) FN – Elbkarte M. Lorck 1568: Rethwarder, 1607 (LAS, Abt. 7, 1212) vor dem Rethwerder, 1856 (Schröder-Biernatzki, Top.[2] II, S. 18) Rethwärder – „Werder, d. h. Insel, Halbinsel, mit Reet, Schilf".

Rethwettern (Wilhelmsburg, O.-Amt Wilhelmsburg, Bez. Harburg) GewN – „Wettern, d. h. Abzugsgraben mit Reet“.

+ **Rethwisch** (Moorburg, O.-Amt Süderelbe, Bez. Harburg) FN – 1309 (HUB II, 187, Abschr. 14. Jahrh.) in … Redwisch, 1322–1337 (Regesten Harburg 115, Abschr. 1625) in Reddeswich, 1335 (HUB II, 971) in Redwisch, 1345 (HUB IV, 230) in loco Rethwisch, um 1373 (Regesten Harburg 297) in der Rethwisch, 1593 (LAS, Abt. 3, 23) Reithwisch – Wie *Rethwisch* mehrere Male in Holstein „Wiese – nd. *Wisch* – mit Reet“ (vgl. W. Laur, Ortsnamenlexikon, S. 540–541).

Riehe (Niendorf, O.-Amt Niendorf, Bez. Eimsbüttel) FN, mda. *Rieh* – 1347 (HUB IV, 339, Verz., Abschr. 1581–1586) duo prata … Rye – Mnd. *rîe* = „Gewässer“.

Riekenbrack (Neuengamme, O.-Amt Vier- u. Marschlande, Bez. Bergedorf) GewN – Nd. **tom rieken Brack* = „zum reichen Brack, d. h. Stelle, an der der Deich durchbrochen ist“.

+ **Riekenhof** (Peute, O.-Amt Veddel-Rothenburgsort, Bez. Hamburg-Mitte) Hof – 1420 (HKR III, S. CX_{32}) de Rykenhoff – Mnd. **tome rîken hōve* = „zum reichen Hof“.

Riepenburg (Kirchwerder, O.-Amt Vier- u. Marschlande, Bez. Bergedorf) Ortstl., früher Domanialgut, mda. *Riepenborch* – 1344 (Sudendorf VII, 60) tho der Ribenborg, 1358 (UBStL III, 299) to der Rybenborch, 1373 (Sudendorf VII, 351, Vertr.) de Rybemborch, 1406 (Sudendorf X, 137) to der Rybenborch, 1420 (LAS, Urk.-Abt. 210, 251) van der slosse wegen … Ripenborch, 1422 (UBStL VI, 434, Abschr. Ende 17. Jahrh.) de slote … vnde Ribenborgh, 1426 (UBStL VI, 769) der slote … vnde Rybenborch, 1436 (HKR II, 60_{25}) castrum Ribenborgh, 1443–1445 (Zunftrollen S. 66) to Rypenborch, 1455 (UBStL IX, 257) to Ripenborch, 1462 (UBStL X, 187) to Ripenborch, 1500 (StdA Lün., Briefe Hamburg 4) tho Ripemborch, 1512 (ZHG 13, 1908, S. 371) tho Rypenborch, 1514 (Hanserecesse 3. Abt., Bd 6, S. 528) Ripenborch, 1542 (LAS, Urk.-Abt. 210, 688) des Hauses … vnd Ripenborch, Elbkarte M. Lorck 1568: Ripenborg, um 1569 (Karte D. Drever, Leerhoff Nr. 20) Ripenborch, Mejer 1649: Riepenborg, 1856 (Schröder-Biernatzki, Top.^{2} II, S. 35) Riepenburg – Die Riepenburg, die im 13. Jahrhundert errichtet ist, trägt ihren Namen, wie auch Finder hervorhebt (vgl. E. Finder, Vierlande, Bd 1, S. 318), nach dem des Erbauers. Im Jahre 1296 (Sudendorf I, 144) überließ

Hermann Ribe der Jüngere Herzog Otto von Braunschweig-Lüneburg Güter, wobei auch, ohne einen Namen zu nennen, das Schloß in Kirchwerder erwähnt wird. Es handelt sich somit beim Ortsnamen mnd. *Rîbenborch* um eine Zusammensetzung von *borch* = „Burg" mit der Kurznamenform *Rîbe*, die zu einem Vollnamen wie *Rikbald* oder *Rikbert* gehört. Er hat somit nichts mit anderen Ortsnamen wie *Riep* in der Kremper- und Wilstermarsch und in Eiderstedt, *Ribe* im südwestlichen Jütland in Dänemark, *Riepen* im Kreise Schaumburg oder *Riepenberg* und *Riepenburg* bei Hameln in Niedersachsen zu tun.

Riepenburger Brack (Kirchwerder, O.-Amt Vier- u. Marschlande, Bez. Bergedorf) GewN, mda. *Riepenborger Brack* – „Brack, d. h. Stelle, an der der Deich durchbrochen ist, bei Riepenburg".

Rissen (O.-Amt Blankenese, Bez. Altona) Stdttl., früher Dorf – 1255 (HUB I, 593, Abschr. 14. Jahrh.) in … Risne, 1256 (HUB I, 603, Vidimus) in Risne, 1271 (HUB I, 747) in villa Risne, um 1320 (SHRU IV, 392, Verz., neue Datierung nach J. Reetz, Abschr. 14. Jahrh.) de villa Risne, 1348 (SHRU IV, 322, Abschr. 14. Jahrh.) villam nostram … Rysene, 1378 (SHRU VI, 180, Abschr. 14./15. Jahrh.) to Risne, 1395 (SHRU VI, 1219) unser dorp … und Rysne, 1464 (Pinneb.-Hatzb. Reg., S. 6) Ritzen, 1590/91 (LAS, Abt. 3, 604, Reg.) Rissen, 1591/92 (LAS, Abt. 3, 608, Reg.) zu Rißenn, 1638 (LAS, Abt. 3, 737, Reg.) Rißen, Mejer 1650: Rysten, Danckw. 1652: Růsten, 1670/71 (LAS, Abt. 112, AR) Rissen, 1856 (Schröder-Biernatzki, Top.[2] II, S. 355) Rissen – Bildung mit einem *n*-Suffix zu nd. *Ries* = „Busch, Strauchwerk", dazu unser Wort hd. *Reis* (vgl. W. Laur, Ortsnamen, S. 191 u. 271). Die Vermutung von Olsen, daß der Ortsname „Riesenheim" bedeute, ist abwegig (vgl. H. Olsen, Historisches Verzeichnis, S. 17).

Robertshall (Hausbruch, O.-Amt Süderelbe, Bez. Harburg) ehemaliges Bergwerk – *Hall* stellt eine gängige Benennung für ein Salzbergwerk dar, vgl. Ortsnamen wie *Halle* oder *Reichenhall.*

+ **Rodekamp** (i. ehemaligen Dorf Harvestehude zw. Hamburg und Altona) FN – 1310 (HUB II, 208, spät. Abdr.) circa agrum, qui dicitur Rodekamp – Mnd. **de rôde kamp* = „der rote Kamp, das rote Feld".

Rodenbek (Bergstedt, O.-Amt Walddörfer, Bez. Wandsbek) früher Mühle, vgl. StrN *Rodenbekredder* zw. Bergstedt u. Ohlstedt, auch FlN – 1345 (HUB IV, 244) in Rodenbeke, 1395 (J. Grote, Urkundl. Beitr., S. 14) to Rodenbeke, 1499 (daselbst, S. 15) to Rodembeke, 1482 (HKR IV, 7_{10}) versus Rodenbeke, 1508 (VBHK 22, 12a) villis … et Rodenbeke, 1548 (HKR VI, 386) thom Rodenbeke, 1699 (LAS, Abt. 111, AR Trittau) thom Rodenbeke, Mejer 1649: Rodenbeck, Danckw. 1652: Rodebeckmöhl, 1658 (LAS, Abt. 111, 479) zu Rodenbecke – Nd. **tom rooden Bęk* = „zum roten Bach“, eine Benennung nach der Farbe des Wassers.

Rodenbeker Teich (Bergstedt, O.-Amt Walddörfer, Bez. Wandsbek) SN, mda. *Rodenbęker Diek* – Meßtischbl. 1880: Rothenbek – „Teich – nd. *Diek* – von Rodenbek“.

Rödingsmarkt (Altstadt, O.-Amt u. Bez. Hamburg-Mitte) h. StrN, ursprünglich FN – 1248–1274 (StAH, 231, I 1 Bd 1) in Rodingeresmarke, in Rodingesmarke, 1264 (StAH, 231, I 1 Bd 1, Lib.act., S. 75_{15}) in fine Rodersmarke, 1275 (HUB I, 759) in Rudinkesmarke, 1288 (Hamb. Schuldb. 57) in Rodinghesmarke, um 1300 (StAH, 231, I 8, Erbeb. S. Nikolai) inter Rodingesmarke, 1309 (HUB II, 172, Abschr. 14. Jahrh.) in Rodinghesmarke, um 1310 (HUB II, 225, Test.) in Rodingchesmarke, 1350 (HUB IV, 469) in Rudingesmarke, 1375 (Hamb. Test. 32) in platea, que dicitur Rodinghesmarkede, 1376 (Hamb. Test. 37) in der Rodinghesmarke, 1433 (StAH, 710-1 I Bd 4) in der Rodinger marke, 1464 (HKR II, 212_{23}) inter Rodingesmarke, 1469 (ZHG 7, 1883, S. 279, Verz.) in dem Rodinghesmarkede, 1508 (VBHK 65, 33a) in der Rodingesmarcke, 1557 (HKR VII, 103_{20}) in Rodingesmarcke, 1562 (StAH, Cl VII, F^h Nr. 115, Vol. 1^b) des Rodingesmarkedes – „Mark, d. h. Feldmark, Gemarkung, des Rödinger“, ein Rufname als eine Nebenform zu *Rödiger*, unserem *Rüdiger*, als eine Zusammensetzung von ahd. *hruod*, as. *hrōd* = „Ruhm“ und *gêr* = „Speer“, wohl im Anklang an eine ing-Ableitung zu *hrōd* wie *Röding*. Nach C. Walther und W. Becker geht dieser ursprüngliche Flurname auf den des ersten Ansiedlers Rodigerus Albus zurück (vgl. auch H. Beckershaus, Straßennamen, S. 303) Um eine Entsprechung handelt es sich beim Flurnamen *area Rodingeri* von 1230, die dem Willehadikapitel in Bremen gehörte (vgl. W. Becker, Zur Geschichte des Rödingsmarktes in Hamburg. In: Festgabe … A. Hagedorn; Hamburg, Leipzig 1906, S. 117–133). Mnd. *mark* als Grundwort ist zu Ende des 14. und im 15. Jahrhundert zu *market* = „Markt“ umgedeutet worden.

Rönneburg (O.-Amt u. Bez. Harburg) Stdttl., mda. *Rönneborch* – 1233 (Regesten Harburg 24, Abschr. 14. Jahrh.) in Runneborge, 1242 (Regesten Harburg 27, Abschr. 14. Jahrh.) in Runneborgh, 1417–1418 (Regesten Harburg 518) in Ronneborgh, 1450/51 (Schatz- u. Zinsverz., S. 34, Reg.)

Renneborch, 1489 (Lün. UB Abt. 15, 315) in Renneborch, 1523/1525 (Regesten Harburg 1127, Abschr. 17. Jahrh.) in Ronneborge – „Burg – nd. *Borch* – an einer Rinne, einem Wasserlauf" zu nd. *Rönn(e)*.

+ **Rönnheide** (Barmbek, O.-Amt Barmbek-Uhlenhorst, Bez. Hamburg-Nord) früher Ortstl. - 1747 (LAS, Abt. 111, 398) bey der Ronnen Heide, 1855 (Schröder-Biernatzki, Top.[2] I, S. 194) Rönnhaide – „Heide bei" oder „mit einem Wasserlauf" zu nd. *Rönn(e)*. Nach G. Bolland könnte der Ortsname auch zu nd. *Rennboom, Rönnboom* = „Heck, Grenzpfahl, Schlagbaum" gehören (vgl. G. Bolland, Zur Geschichte der Uhlenhorst und der angrenzenden Teile von Hohenfelde bis zum Mundsburger Kanal: ZHG 29, 1928, S. 167–218).

Röthbek (z. Ammersbek als Nebenfl. d. Alster, Wohldorf, O.-Amt Walddörfer, Bez. Wandsbek) FlN – „Bach – nd. *Bęk*, an" oder „in dem Flachs zum Verrotten gebracht wird" zu nd. *Röt* (vgl. O. Mensing IV, Sp. 173).

+ **Rövekamp** (Altstadt um Rosen- u. Lilienstraße, O.-Amt u. Bez. Hamburg-Mitte) FN – 1248–1274 (StAH, 231, I 1 Bd 1, Lib.act, S. 89_5) prope Rovecampe, 1264 (Gaedechens, Topographie, S. 47, Anm. 13) in Rouecampe, 1294 (Hamb. Schuldb. 1210) in Rovecampe – „Rübenkamp, Rübenfeld" zu nd. *Röf, Röve* = „Rübe".

+ **Roksberg** (auf d. Scheide zw. Farmsen, Berne u. Bramfeld, O.-Amt Farmsen-Berne, Bez. Wandsbek) vgl. FN *Rokesberg* u. StrN *Rokeshöhe* i. Farmsen, Dorf – 1256 (HUB I, 605, Abschr. 1825) de Rokelberge, 1275 (HUB I, 759) de Rokesberge, 1283 (HUB I, 809) de Rokesberghe, 1288 (Hamb. Schuldb. 45) de R°xberghe, 1289 (HUB I, 850) de Rokesberghe, 1306 (HUB II, 119, Vertr., Abschr. 14. Jahrh.) Rokesberch (PN), 1350 (HUB IV, 414) in villa Rokesberghe, 1396 (SHRU VI, 1280) to Rokesberge, 1410 (StAH, 710-1 I Bd 4) in Rokesberge, 1437 (HKR III, S. LXXX_{14}) to Rokesberghe, Mitte 16. Jahrh. (Wellingsbüttl. Urk. I, S. 10, Übersetz. d. Urk. v. 1296) Rockesbarge – wohl „Krähen-, Rabenberg" zu nd. *Rook* = „Krähe, Rabe", as. *hrōk* = „Krähe". Als Flurname begegnet uns dieser Name – *Rooksbarch*, wie Brüchmann und Rosenbohm gezeigt haben (vgl. W. Brüchmann, Rookesberge und Rügelsberge in Stormarn: Jb d. Alsterver. 30, 1951, S. 3–13 u. R. Rosenbohm, Die Stormarner „Rooksberge", ein rechtshistorischer Beitrag: HGHbl 19, 1961, S. 11–18), in Berne, Itzstedt, Jenfeld, Lottbek und Wohldorf mit noch weiteren Parallelen im Hinblick auf das Bestimmungswort in Holstein und auch in Niedersachsen. Das *l* in der ältesten Form beruht wohl auf einer falschen

Lesung oder einer Verschreibung. Hinsichtlich der Deutung käme auch nd. *Rook* = „Haufe“ in Frage. Es wird aber doch wohl eher an die Vogelbezeichnung zu denken sein, wie auch Alpers und Barenscheer einen Flurnamen wie *Rauksbarg* in Jeversen an der Aller in dieser Weise deuten (vgl. P. Alpers, F. Barenscheer, Celler Flurnamenbuch. Institut für Landesplanung und für niedersächsische Landeskunde, Göttingen-Hannover Reihe A II, Bl 20; Celle 1952, S. 61 u. 126). Brüchmann und Rosenbohm wollen in den Stormarner Rooksbergen alte Gerichts- und auch Kultplätze sehen. Solch eine Bestimmung müßte allerdings mit rein historischen oder auch volkskundlichen Methoden erfolgen, denn der Name weist vom rein Sprachlichen her nicht auf solch eine Funktion hin, besonders, wenn man die weitere Verbreitung von *Ro(o)k-* als Bestimmungswort in Zusammensetzungen mit anderen Grundwörtern berücksichtigt. Mnd. *wrōge*, *wrôch* = „Anklage“, unser Wort *Rüge*, als ein Gerichtsterminus kommt als ein Femininum des *-s* in *Rooksberg* wegen nicht in Frage, höchstens mnd. *wrôk*, *wrûk* = „Streit“ als ein Masculinum. Die Parallelen in den Flurnamen sprechen aber für die Vogelbezeichnung.

+ **Rolandsberg** (Ottensen, O.-Amt u. Bez. Altona) früher Mühle – 1789 (LAS, Abt. 25, 365 II, Eb Ottensen) by Rolandsbarg, 1856 (Schröder-Biernatzki, Top.^{2} II, S. 268) Rolandsberg, Katasterflurb. 1875: Rolandsbarg – Benannt nach der Rolandsmühle, die im Jahre 1610 von Rutger Rulant erbaut worden ist und nach ihm ihren Namen trägt.

Rondeelteich (Winterhude, O.-Amt u. Bez. Hamburg-Nord) SN – „Teich am Rondell“.

Rosengarten (Neuenfelde, O.-Amt Süderelbe, Bez. Harburg) Ortstl. – 1456 (Regesten Harburg 682) in deme Rosengorden, 1462 (Regesten Harburg 726) Rozengharden, um 1569 (Karte D. Drever, Leerhoff Nr. 20) Rosengarde – Diese Benennung ist in Orts- und Flurnamen mehrfach vertreten und kann sich auf einen Rosen-, d. h. Blumengarten, beziehen, vielfach aber auf Tanz- und Turnierplätze oder auch auf alte Kultplätze und Grabstätten (vgl. W. Laur, Ortsnamenlexikon, S. 550).

Rosenhof (O.-Amt St. Pauli, Bez. Hamburg-Mitte) früher Hsr., vgl. StrN *Rosenhofstraße* westl. v. Bahnhof Sternschanze – 1576 [Literaturangabe fehlt im Manuskript. Hrsg.], 1599 (Gaedechens, Topographie, S. 112) achter dem Rosenhave, 1605 (LAS, Urk.-Abt. 3, 416) der Rosenhoff genandt, 1856 (Schröder-Biernatzki, Top.^{2} II, S. 366) Rosenhof – Zur Pflanzenbezeichnung *Rose* in Orts- und Flurnamen vgl. Rosengarten.

+ **Roß** (O.-Amt Wilhelmsburg, Bez. Harburg) IN, vgl. GewN *Roßkanal* u. StrN *Roßdamm* in Neuhof – 1508 (Regesten Harburg 1085) tomme Rosse, 1533 (HKR V, 511_{29}) thom Rosse, Elbkarte M. Lorck 1568: dat Roß, um 1569 (Karte D. Drever, Leerhoff Nr. 20) Rohs, Mejer 1649: Ros, 1856 (Schröder-Biernatzki, Top.[2] II, S. 367) Roß – Vielleicht zu nd. *Rosch, Rusch* = „Binse" oder zu einer Nebenform mit grammatischem Wechsel zu *Rohr* oder auch als ein metaphorischer Vergleich zur Tierbezeichnung *Roß*.

+ **Rotenhaus** (Wilhelmsburg, O.-Amt Wilhelmsburg, Bez. Harburg, vgl. StrN *Rotenhäuser Damm* u. *Rotenhäuser Straße*) IN – 1343 (Regesten Harburg 172, Verz., Abschr. 1625) von dem Groten Huse, Elbkarte M. Lorck 1658: Rodenhuess, um 1569 (Karte D. Drever, Leerhoff Nr. 20) thom Roden Huse, 1635 (E. v. Grote-Ebstorf, Beiträge, S. 72) das Rothe Hauß, 1672 (daselbst, S. 99, Abschr. 17. Jahrh.) Rotehauß, um 1680 (Karte nach Schildknecht, E. Reinstorf, Eindeichung Wilhelmsburg, nach S. 118) Rode Havs – Für diesen vergangenen Ortsnamen kennen wir zwei Deutungen, und zwar einmal als nd. **tom rooden huus* = „zum roten Haus", auf ein Gebäude mit einem roten Ziegeldach bezogen (vgl. E. Reinstorf, Geschichte Wilhelmsburg, Neuaufl. 2003, S. 25), und zum anderen nach der Besitzerfamilie *Rode* (vgl. Gaedechens, Topographie, S. 119). Wenn aber nach v. Grote-Ebstorf, Reinstorf und Kausche die Burg mit dem *Groten Hus* von 1343 identisch ist, geht die erstbezeugte Namenform auf den Besitzer *Grote* zurück. Fünf Parallelen in Schleswig-Holstein sprechen jedoch wohl für die erste Deutung nach der Farbe des Daches (vgl. W. Laur, Ortsnamenlexikon, S. 553–554).

Rothenbaum (O.-Amt u. Bez. Eimsbüttel) Stdttl., früher Vorstadt u. Hsr., vgl. StrN *Rothenbaumchaussee* – 1856 (Schröder-Biernatzki, Top.[2] II, S. 369) Rothenbaum, Meßtischbl. 1880: Rothenbaum – Benannt nach einem rotgestrichenen Schlagbaum (vgl. H. Olsen, Historisches Verzeichnis, S. 18).

+ **Rothenburg** (Rothenburgsort, O.-Amt Veddel-Rothenburgsort, Bez. Hamburg-Mitte) – 1692 (LAS, Abt. 7, 1212, Prot.) auff der Rothenburg – Benannt nach der Hamburger Ratsfamilie Rodenborg im 16. u. 17. Jahrh. (vgl. H. Olsen, Historisches Verzeichnis, S. 18).

Rothenburgsort (O.-Amt Veddel-Rothenburgsort, Bez. Hamburg-Mitte) Stdttl., früher Sdlg., mda. *Rodenborchs'ort* – 1660 [Literaturangabe fehlt im Manuskript. Hrsg.], 1855 (Schröder-Biernatzki, Top.[2] I, S. 217)

Rothenburgsort, Meßtischbl. 1880: Rothenburgsort – „Ort, d. h. Vorsprung, von Rothenburg".

Rüdigerau (Rissen, O.-Amt Blankenese, Bez. Altona) FlN – „Au, Fluß, des Rüdiger", nach Beckershaus nach Rüdiger von Bechlarn aus dem Nibelungenlied benannt (vgl. H. Beckershaus, Straßennamen, S. 308).

+ **Rüschfleet** (O.-Amt Finkenwerder, Bez. Hamburg-Mitte) GewN, vgl. h. *Rüschkanal* i. nördl. Finkenwerder – 1289 (HUB I, 850) in … Ruschvlete – „Fleet, d. h. Wasserlauf, Kanal, mit Binsen" zu nd. *Rusch* = „Binse, Schilf". Kausche erwähnt Angehörige einer Familie *Rusche* im 13. und 14. Jahrhundert, die in Gorrieswerder Besitz hatten (vgl. D. Kausche, Gerechtsame, S. 71). Der Name gehört zur erwähnten Pflanzenbezeichnung. Es fragt sich aber, ob der Gewässername mit diesem Beinamen als Bestimmungswort gebildet ist.

Rütersbarg (Lokstedt, O.-Amt Lokstedt, Bez. Eimsbüttel) h. StrN, mda. *Rütersbarch* – 1785 (LAS, Abt. 402 A 3, 418, Karte) Rüttersbarg, 1789 (LAS, Abt. 112, 285, Eb) upn Rütersbarg, 1856 (Schröder-Biernatzki, Top.[2] II, S. 95) am Reutersberge (Rütersberg) – Nd. *Rüter*, hd. *Reuter* = „Reiter", ursprünglich in der Bedeutung von „Freibeuter, Wegelagerer" zu lat. *rupt(u)arius*, ist in Flurnamen verbreitet (vgl. O. Mensing IV, Sp. 238), allerdings meist in der Stammform, so daß man hier vielleicht einen Personennamen, einen Familiennamen, vermuten könnte. Dagegen würde aber die Übertragung der niederdeutschen Form ins Hochdeutsche sprechen. Hansen und Sottorf meinen, daß dieser Name ursprünglich auf die Bezeichnung für eine große Reiterscheune zurückginge (vgl. Hansen-Sottorf, Kollauer Chronik II, S. 546).

Rugenbek (z. Horstbek als Nebenfl. d. Alster, Mellingstedt, O.-Amt Walddörfer, Bez. Wandsbek) FlN – Nd. **tom ruugen Bęk* = „zum rauhen Bach", *ruuch*, *rauh* wohl auf die Ufer bezogen.

Rugenbergen (Waltershof, O.-Amt Finkenwerder, Bez. Hamburg-Mitte) IN, mda. *Rugenbargen*, vgl. StrN *Rugenberger Damm* – 1368 (Regesten Harburg 256, Abschr. 15. Jahrh.) uthgenomet … Rugebergh, 1508 (Regesten Harburg 1085) Ruweberg, 1593 (LAS, Abt. 3, 23) vonn dem Rugenberge, 1605 (LAS, Urk.-Abt. 3, 286) zwischen … vnnd Ruheberg, Mejer 1649: Ruhēbergen – „Zu dem, zu den rauhen Bergen" zu nd. *ruuch* =„rauh".

Rundbrack (Neuengamme, O.-Amt Vier- u. Marschlande, Bez. Bergedorf) GewN – „Rundes Brack“, d. h. Stelle, an der der Deich durchbrochen ist.

S

+ **Säven Ström** Siehe Krumme Seeve.

+ **Sandau** (Wilhelmsburg b. Kattwyk, O.-Amt Wilhelmsburg, Bez. Harburg) GewN – 1202 (HUB I, 335) in Sandowe, 1263 (HUB I, 669) in aqua Sandowe, 1307 (HUB II, 143) in loco dicto Sandov, 1309 (HUB II, 178, Abschr. 14. Jahrh.) cum Sandowe, um 1569 (Karte D. Drever, Leerhoff Nr. 20) de Sandow, um 1620 (E. Reinstorf, Eindeichung Wilhelmsburg, K 4) Sandouw, Mejer 1649: Sandow, 1855 (Schröder-Biernatzki, Top.[2] I, S. 423) Sandau – „Sandige Au, sandiges Gewässer“.

Sandberg (Blankenese, O.-Amt Blankenese, Bez. Altona) FN – 1557 (LAS, Abt. 3, 319) einem witten Sandberge, 1855 (Schröder-Biernatzki, Top.[2] I, S. 223) Sandberg – Durchsichtiger Name.

Sandbrack (Kirchwerder, O.-Amt Vier- u. Marschlande, Bez. Bergedorf) GewN – Flurnamensamml. Wegemann 1920–1933: Sandbrack – „Brack, d. h. Stelle, an der der Deich durchbrochen ist, am“ oder „im Sande“.

Sande (Bergedorf, O.-Amt u. Bez. Bergedorf) Ortstl., früher Dorf, vgl. StrN *Sander Damm*, *Sander Straße* – Mejer 1649: Sande, Danckw. 1652: Sande, 1685 (LAS, Abt. 111, 33) Sand, 1685 (LAS, Abt. 111, 33) auff dem Sande, 1712 (LAS, Abt. 111, 182, Eb) Sande, 1750 (LAS, Abt. 111, 53, Beschr.) Sande, 1856 (Schröder-Biernatzki, Top.[2] II, S. 382) Sande – Flektierte Form von *Sand*.

Sande (Kirchwerder, O.-Amt Vier- u. Marschlande, Bez. Bergedorf) Ortstl. – 1856 (Schröder-Biernatzki, Top.[2] II, S. 35) Auf dem Sande, Flurnamensamml. Wegemann 1920–1933: Sande – Siehe oben.

Sandfleet (Billwerder, O.-Amt Vier- u. Marschlande, Bez. Bergedorf) GewN – 1295 (Hamb. Schuldb. 1215) in Sandflethe in Billenwerdere, 1352 (HUB IV, 271, Anm. 1, Lib.contr.) iuxta Santvlethe, 1611 (Der

Kampf d. Hauses Braunschweig-Lüneburg mit Hamburg um die Elbe; Hannover, Leipzig 1905, S. 154) beim Sandtfliete – „Sandiges Fleet“, d. h. „Wasserlauf, Kanal mit sandigem Boden“ oder „an einer sandigen Stelle“.

Sandkrug (Eilbek, O.-Amt u. Bez. Wandsbek) früher Wrtshs., h. StrN – 1856 (Schröder-Biernatzki, Top.[2] II, S. 382) Sandkrug – „Krug, d. h. Wirtshaus am Sande, an einer sandigen Stelle“.

+ **Sandwerder** (a. Reiherstieg, O.-Amt Wilhelmsburg, Bez. Harburg) IN – 1856 (Schröder-Biernatzki, Top.[2] II, S. 383) Sandwärder – „Sandiger Werder, sandige Insel“.

Sandwisch (Moorfleet, O.-Amt Vier- u. Marschlande, Bez. Bergedorf) h. StrN, früher Hsr. – 1856 (Schröder-Biernatzki, Top.[2] II, S. 159) Sandwisch – „Sandige Wiese“ zu nd. *Wisch*.

Sankt Georg (O.-Amt u. Bez. Hamburg-Mitte) Stdttl., früher Vorstadt – 1312 (HUB II, 312, Abschr. 14. Jahrh.) capella Sancti Georgii, 1350 (HUB IV, 469) ecclesie Sancti Georgii, 1371 (Hamb. Test. 27) ecclesie Sancti Georgii, 1397 (Hamb. Test. 134) to der kerken Zunte Juriens, 1572 (HKR V, 101_{17}) in capella Sancti Georgii, Mejer 1649: S. Jürg, Mejer 1650: S. Jürgn, 1855 (Schröder-Biernatzki, Top.[2] I, S. 404) St. Georg – Benannt nach der dem Heiligen Georg geweihten Kirche.

Sankt Pauli (O.-Amt u. Bez. Hamburg-Mitte) Stdttl., früher Vorstadt – 1856 (Schröder-Biernatzki, Top.[2] II, S. 277) St. Pauli – Die Vorstadt hieß ursprünglich Hamburgerberg (s. d.), wurde aber dann nach der im Jahre 1682 erbauten Kirche Sankt Pauli genannt.

Sasel (O.-Amt Alstertal, Bez. Wandsbek) Stdttl., früher Dorf, mda. *Såsel* – Um 1250 (ZHG 1, 1841, S. 358, Lib.act.) de Sasle, 1293 (Hamb. Schuldb. 526) de Sasle, 1296 (HUB I, 894) Sasle, 1303 (HUB II, 47) in villa Sasle, um 1320 (SHRU IV, 392, Verz., neue Datierung nach J. Reetz, Abschr. 14. Jahrh.) in villis Sasle, 1345 (HUB IV, 247) totas villas … et Sasle, 1350 (HUB IV, 442, Abschr. 14. Jahrh.) villarum … et Sasle, 1353 (Hamb. Test. 4) in villis … et Sasle, 1508 (VBHK 8, 46) in Satzel, 1521 (VBHK 223, 125b) de villa … et Sasel, 1525 (VBHK 353, 223b) in Sazel, 1579 (LAS, Abt. 7, 5100) zu Sasell, 1600 (LAS, Abt. 111, AR Trittau) Saßell, 1628 (Wellingsbüttl. Urk. II, S. 21, Abschr.) mit Saeßell, Mejer 1649: Sahsell, Danckw. 1652: Sachsel, 1695 (Wellingsbüttl. Urk. II, S. 53, Abschr.) Saßel, 1695 (LAS, Abt. 7, 5074) wegen … Sasell, 1856

(Schröder-Biernatzki, Top.[2] II, S. 386) Sasel – Wie *Sasel* bei Rantzau im Kreise Plön „steiniger Hain, steinige Lichtung" zu as. *sahs*, hier nicht in der Bedeutung von „Messer", sondern in der älteren von „Stein" vgl. lat. *saxum* = „Stein", und *Loh* = „Hain, lichter Wald, Lichtung", das wie öfters als Ortsnamengrundwort zu *-el* abgeschwächt ist (vgl. W. Laur, Ortsnamenlexikon, S. 565–566). Die Zusammensetzung mit dem Stammesnamen *Sachsen* ist nicht wahrscheinlich, da *Sasel* ja im mittelalterlichen sächsischen Gebiet liegt; auch eine Benennung nach Kämpfen zwischen Sachsen und Wenden, wie Beckershaus meint (vgl. H. Beckershaus, Straßennamen, S. 314), ist unwahrscheinlich, denn dann wäre im Namen kaum auf den der Sachsen Bezug genommen worden. Vor allem sind uns in Hamburg und Schleswig-Holstein Namen dieser Art nach Kämpfen und den einzelnen kämpfenden Parteien nicht bekannt, und auch Deutungen als Kultplatz in Beziehung zu *Harkenkrug* (s. d.) sind nicht näher zu begründen. Es handelt sich um einen Ortsnamen deutscher Herkunft und nicht slawischer, wie man ebenfalls vermutet hat.

Saselbek (linker Nebenfl. d. Alster zw. Sasel u. Bergstedt) FlN, mda. *Såselbęk* – Meßtischbl. 1880: Saselbek – „Bach – nd. *Bęk* – bei Sasel".

Saselbek (Sasel, O.-Amt Alstertal, Bez. Wandsbek) Ortstl. – 1855 (Schröder-Biernatzki, Top.[2] I, S. 161) Saselbek – Benannt nach dem Saselbek.

Saselberg (Sasel, O.-Amt Alstertal, Bez. Wandsbek) Ortstl., früher Landstelle, mda. *Såselbarch* – 1856 (Schröder-Biernatzki, Top.[2] II, S. 386) Saselberg, Meßtischbl. 1880: Saselberg – „Berg, Erhebung – nd. *Barch* – von Sasel".

Saselheide (Sasel, O.-Amt Alstertal, Bez. Wandsbek) Ortstl., früher Hsr. – 1856 (Schröder-Biernatzki, Top.[2] II, S. 387) Saselerhaide, Flurnamensamml. Wegemann 1920–1933: Saselheide – „Heide von Sasel".

+ **Sauenstrom** (zw. Veddel u. Peute, O.-Amt Veddel-Rothenburgsort, Bez. Hamburg-Mitte) GewN – Elbkarte M. Lorck 1568: Sauenstrom – Siehe unten.

+ **Sauenstrom** (Hohe Schaar, O.-Amt Wilhelmsburg, Bez. Harburg) GewN – Elbkarte M. Lorck 1568: Sauenstrom up der Grove – Vgl. dazu Ewer Schween.

\+ **Schafbrücke** (Hummelsbüttel, O.-Amt Alstertal, Bez. Wandsbek) – 1614 (LAS, Abt. 3, 175) nahend der Schaferbrucke – Ursprünglich „Schäferbrücke“, d. h. „Brücke des Schäfers“ oder „der Schäfer“.

\+ **Schanzen** (Billwerder, O.-Amt Vier- u. Marschlande, Bez. Bergedorf) Hsr., früher Wachthäuser – 1855 (Schröder-Biernatzki, Top.[2] I, S. 216) Schanzen – Durchsichtiger Name.

Schanzenberg (Hausbruch, O.-Amt Süderelbe, Bez. Harburg) FN, mda. *Schanzenbarch* – „Berg, Erhebung bei“ oder „mit einer Schanze“, nach Beckershaus einer Anlage, die den Eindruck von Schanzen erweckte (vgl. H. Beckershaus, Straßennamen, S. 316).

\+ **Schedelgraben** (Bergedorf, O.-Amt u. Bez. Bergedorf) GewN – Elbkarte M. Lorck 1568: Schedelgraue, 1621 (Aegidius a Couwenberchs Elbkarte) Scheidelgrave – Mnd. *schêdegrāve*, *schêdelgrāve* = „Grenzgraben“ zu mnd. *schêde* = „Grenze“.

\+ **Schedelrönne** (Elbarm östl. v. d. Veddel, O.-Amt Veddel-Rothenburgsort, Bez. Hamburg-Mitte) GewN – Um 1569 (Karte D. Drever, Leerhoff Nr. 20) Schedelrönne – „Rönne, d. h. Rinne an der Grenze“ zu mnd. *schêde*, *schêdel* s. o.

\+ **Schedelstadt** (a. d. Dradenau, O.-Amt Wilhelmsburg, Bez. Harburg) FN – Um 1569 (Karte D. Drever, Leerhoff Nr. 20) Schedelstadt – „Stätte, Platz“ oder auch „Stade im Sinne von Gestade, Ufer an einer Grenze, einem Grenzgewässer“.

Scheidebach (Neugraben, O.-Amt Süderelbe, Bez. Harburg) FlN – „Bach – nd. *Bęk*, der eine Scheide, eine Grenzscheide bildet“.

Scheidegraben (Neugraben, O.-Amt Süderelbe, Bez. Harburg) GewN – 1773 (E. Reinstorf, Eindeichung Wilhelmsburg, K 10) Scheidegraben – Siehe oben.

Scheinberg (Neugraben, O.-Amt Süderelbe, Bez. Harburg) FN – „Berg, der von der Sonne beschienen ist“ (vgl. W. Laur, Ortsnamenlexikon, S. 573), oder auch „heller Berg“.

\+ **Schenkelstrom** (Elbarm b. Stillhorn, O.-Amt Wilhelmsburg, Bez. Harburg) GewN – 16. Jahrh. (HGHbl 8, 1970, S. 107) in den Schencklin, twischen … vnd Schenkin, um 1569 (Karte D. Drever, Leerhoff Nr. 20) Schenckenstrom – Wohl zu *Schenkel* in übertragenem Sinne wie im Falle von *Schinkel* bei Kiel und in der Krempermarsch (vgl. W. Laur, Ortsnamenlexikon, S. 573).

+ **Schiermoor** (O.-Amt Vier- u. Marschlande?, Bez. Bergedorf) FN – 1589 (LAS, Abt. 7, 5105, Verz.) ihm Schirmohr – Wohl „Moor an der Grenze“ zu nd. *Schier* = „Scheide, Grenze“.

Schießplatzgraben (Bahrenfeld, O.-Amt u. Bez. Altona) GewN – Durchsichtiger Name.

Schiffbek (O.-Amt Billstedt, Bez. Hamburg-Mitte) Ortstl., früher Dorf, mda. *Schipbęk* – 1212 (HUB I, 388, Abschr. 14. Jahrh.) in Schibeke, 1238 (HUB I, 511, Abschr. 14. Jahrh.) in Scibeke, 1256 (HUB I, 610) in Scipbeke, 1265 (HUB I, 685) villas Scipbeke, 1275 (HUB I, 759) in Scibbeke, 1276 (HUB I, 766) sitis Scibbeke, 1300 (HUB I, 928, Abschr. 14. Jahrh.) transitum Scibbeke, 1317 (HUB II, 393, Abschr. 14. Jahrh.) in villa Scibbeke, um 1320 (SHRU IV, 392, Verz., neue Datierung nach J. Reetz, Abschr. 14. Jahrh.) in Scibbeke, 1346 (HUB IV, 276) in Scibbeke, 1350 (HUB IV, 437) Schipbeke (PN), 1360 (Hamb. Test. 8) in Schipbeke, 1387 (SHRU VI, 723) myn dorp Schibbeke, 1388 (SHRU VI, 758) villam suam dictam Scibbeke, 1508 (VBHK 1, 1a) in Schipbeke, 1527 (LAS, Urk.-Abt. 120, 69, Abschr.) dat dorp Schippbecke, 1551 (HKR VI, 444_6) in Schipbeke, 1578 (LAS, Abt. 111, AR Reinbek) Schibbeke, 1596 (LAS, Abt. 7, 1188) zu Schibecke, 1604 (LAS, Abt. 7, 1191, 19) neben der … Schiffbegke, 1619 (LAS, Abt. 7, 1191) zwischen … Schiffbecke, 1644 (LAS, Abt. 7, 1198) dem Dorfe Schipbeke, 1644 (LAS, Abt. 7, 1198) von unsrem Reinbekischen Dorfe Schifbek, Mejer 1649: Schipbeck, 1696 (LAS, Abt. 7, 5074) zu Schiffbeck, 1712 (LAS, Abt. 111, 182, Eb) Schibbeck, 1750 (LAS, Abt. 111, 53, Beschr.) an Schiffbeck, 1856 (Schröder-Biernatzki, Top.^{2} II, S. 399) Schiffbek – Unser Name wird meist als mnd. *Schipbēke* im Sinne von „schiffbarer Bach“ zu nd. *Schip* und *Bęk*, d. h. „mit Booten befahrbarer Bach“ gedeutet und auf die Bille bezogen (vgl. H. Olsen, Historisches Verzeichnis, S. 18). Die älteren Formen wie *Scibbeke* neben *Schipbeke* sprechen dafür, daß es sich nicht um ein umgedeutetes *Sci-beke* handelt, worauf die beiden ältesten Belege hindeuten könnten, sondern daß hier eine Assimilation des *p* an das folgende *b* vorliegt.

Schillingsbek (z. Kollau u. Tarpenbek, O.-Amt Lokstedt, Bez. Eimsbüttel) FlN, vgl. StrN *Schillingsbektal* u. *Schillingsbekweg* – 1785 (LAS, Abt. 402 A 3, 418, Karte) Schillingsbeck, 1789 (LAS, Abt. 112, 285, Eb) Schillingsbeecks Wisch, Schillingesbeeck, 1856 (Schröder-Biernatzki, Top.[2] II, S. 96, korrigiert S. 643) ein in der Wiese Schillingsbek entspringender Bach – Beim Bestimmungswort handelt es sich um *Schilling* als Bezeichnung für eine kleine Münze, hier in übertragener Bedeutung für etwas von geringem Wert gebraucht. Das Grundwort ist nd. *Bęk* = „Bach". Ein Wort *Schil* in der Bedeutung von „Moor" ist nicht bekannt oder überliefert, wohl aber *Schild* in Flurnamen, das in der Zusammensetzung zu *Schil-* werden kann (vgl. H. Beckershaus, Straßennamen, S. 318). Die Genitivform *Schillings-* spricht aber gegen diese Deutungen.

Schippelsau (z. Kollau u. Tarpenbek, Niendorf, O.-Amt Lokstedt, Bez. Eimsbüttel) FlN – 1785 (LAS, Abt. 402 A 3, 421a, Karte) Schippels, Schippels Mohr, Schippels Kamp – Gehört als Gewässername zu Flurnamen wie *Schippelsmoor* oder *Schippelskamp*, vielleicht zu einem Worte **Schippel* zu *Schipp*, *Schüpp* = „Schippe, Schaufel", besonders zum Reinigen von Wasserläufen.

Schippelsmoorgraben (Niendorf, O.-Amt Lokstedt, Bez. Eimsbüttel) GewN – 1788 (LAS, Abt. 112, 286, Eb) Schippels Mohr – Siehe oben.

Schippsee (Harburg, O.-Amt u. Bez. Harburg) FN, h. StrN *Großer* u. *Kleiner Schippsee* – 1406 (Regesten Harburg 477) bi dem Schepeseß, 1418 (Regesten Harburg 518) in dem Schepeses – Beim Grundwort handelt es sich allem Anschein nach um eine sonst nicht überlieferte Bezeichnung mnd. **sesk*, **sesch*, as. **sėtisk* zu *sėttian* = „setzen", etwa in der Bedeutung „Niederlassung", als eine Nebenform zu *sēte* wie in *Bokelseß* bei Hörnerkirchen im Kreis Pinneberg (vgl. W. Laur, Die Ortsnamen im Kreise Pinneberg, S. 68–70 u. Ortsnamenlexikon, S. 167). Das Bestimmungswort ist nicht eindeutig. Es könnte mnd. *schep* als eine Nebenform zu *schip* = „Schiff" vorliegen oder die entsprechende Mehrzahlform, eventuell auch *schēpe* = „Schöffe" (zu den bisherigen Deutungen vgl. H. Beckershaus, Straßennamen, S. 132).

Schlankweggraben (z. Wedeler Au, Sülldorf, O.-Amt Blankenese, Bez. Altona) GewN – 1790 (LAS, Abt. 112, 1063, Eb) Schlankwisch, Schlank Kamp, in der Schlank – Der Flurname *Schlank-* gehört zu nd. *slank* = „sich schlängelnd" (vgl. O. Mensing IV, Sp. 525).

Schleeme (O.-Amt Billstedt, Bez. Hamburg-Mitte) h. StrN *Schleemer Brück*, *Schleemer Ring*, *Schleemer Weg*, früher Ortschaften – 1578 (LAS, Abt. 111, AR Reinbek) an der Schleme, Mejer 1649: Schloem, Danckw. 1652: Schleme, 1712 (LAS, Abt. 111, 182, Eb) mit Schleeme, 1726 (W. Fink, Das Amt Reinbek; Frankfurt a. M. 1969, Karte 24, Photokopie) Schlem, 1750 (LAS, Abt. 111, 53, Beschr.) über die Schleme, 1856 (Schröder-Biernatzki, Top.[2] II, S. 402) Schleems, Ober-, Nieder- – Bei *Schleeme* handelt es sich ursprünglich um einen Gewässernamen für den Schleemer Bach, nach den am Unterlauf vor der Mündung in die Bille die Ortschaften *Ober*- und *Niederschleeme* östlich von Schiffbek benannt sind. Da der Ortsname sonst als *Schleeme* mit einem auslautenden *-e* auftritt, fragt es sich, ob die Form *Schleems* mit einem *-s* bei Schröder-Biernatzki nicht auf einem Fehler beruht. Der Name stellt vielleicht eine Bildung mit einem *m*-Suffix zu einem Wortstamm dar, der uns im Fördenamen *Schlei*, nd. *Schlie*, as. *Slia* begegnet und zu unseren Wörtern *Schlamm* und *Schleim* gehört. Die Form *Schleeme* mit einem langen *ē* stellt sich zum Stadtnamen *Schleswig* aus alt *Sliaswich* (vgl. W. Laur, Ortsnamenlexikon, S. 575).

Schleemer Bach (Nebenfl. d. Bille, O.-Amt Billstedt, Bez. Hamburg-Mitte) FlN – Siehe oben.

Schleemer Teich (Billstedt, O.-Amt Billstedt, Bez. Hamburg-Mitte) SN – „Teich – nd. *Diek* – von Schleeme“.

Schleusenfleet (z. Süderelbe zw. Moorburg u. Francop b. Hohenwisch, O.-Amt Süderelbe, Bez. Harburg) GewN – 1397 (SHRU VI, 1387, Abschr. 19. Jahrh.) uppe dat Sluse Vlet, 16. Jahrh. (HGHbl 8, 1970, S. 106) in dat Schlüsenfleit – „Fleet, d. h. Wasserlauf, Kanal, mit einer Schleuse“.

Schleusengraben (Bergedorf, O.-Amt u. Bez. Bergedorf) GewN, mda. *Slüsengroben* – 1661 (LAS, Abt. 111, 30) bey dem Schleusengraben – „Graben bei“ oder „mit einer Schleuse“.

Schlinz, Die (Altengamme, O.-Amt Vier- u. Marschlande, Bez. Bergedorf) GewN, mda. *Slinz* – 1655 (Finder, Vierlande I, 306) Slenz, 1667 (Finder, Vierlande I, 306) Schlentze – Mnd. *slins* als Nebenform zu *slunt* = „Schlund“.

Schluisgrove (Wilhelmsburg, O.-Amt Wilhelmsburg, Bez. Harburg) GewN u. StrN, vgl. *Schluisgrover Hafen* a. Reiherstieg – 1395 (Regesten Harburg 398, Abschr.) to der Schlüssgrowe, 1457 (ZHG 43, 1956, S. 163) Schlusgrove, 1466 (Regesten Harburg 764) uppe der Slußgroven, 1522 (Regesten Harburg 1125) Slusszgrove, 1522 (StAHan, Celle Br. Arch. Des. 60 H 1) Schlusgrove, Slusgrove, 1525 (E. Reinstorf, Eindeichung Wilhelmsburg, S. 182, Abdr.) wente an de Schlüsgrauen, 1538 (E. v. Grote-Ebstorf, Beiträge, S. 42, 43) de Schlüsselgrov, der Schlussgrove, 1541 (E. Reinstorf, Geschichte Wilhelmsburg, S. 189) by der Schlusegruben, Elbkarte M. Lorck 1568: Slutt Hoff, um 1569 (Karte D. Drever, Leerhoff Nr. 20) Schlusegrove, um 1620 (Karte Leerhoff Nr. 21) Schlüßgrube, 1667 (Harburger Jb 7, 1957, S. 28) von der Schlußgrove, um 1680 (Karte nach Schildknecht, E. Reinstorf, Eindeichung Wilhelmsburg, nach S. 118) Schlvs Grove – „Grube" – mnd. *grôve* – oder auch „Graben bei einer Schleuse", wobei, wie die Überlieferung bereits seit dem Ende des 14. Jahrhunderts zeigt, weder die 1538 gebaute Schleuse noch die 1630 angelegte sogenannte Alte Schleuse namengebend gewesen sein kann. Die Benennung mit mnd. *grôve* bezieht sich nach Kausche auf eine Wasserfläche, wobei ein Zusammenhang mit dem Gewässernamen *Grove* bestehen könnte (vgl. D. Kausche, Gerechtsame, S. 45–103, bes. S. 64).

Schlump (O.-Amt u. Bez. Eimsbüttel) FN, h. Name einer Hochbahnstation nördl. v. d. Sternschanze – 1752 [Literaturangabe fehlt im Manuskript. Hrsg.] up dem Schlump, 1856 (Schröder-Biernatzki, Top.^{2} II, S. 404) Schlump – Nd. *Slump* = „Glücksfall, Zufall" kommt wohl kaum in Frage, ebenso auch nicht *Slump* = „Flegel". Der Name ist noch ungeklärt. In Tonndorf begegnet uns der Flurname *Im Schlump.*

+ **Schmachthagen** (Steilshoop, O.-Amt Bramfeld, Bez. Wandsbek) vgl. StrN *Schmachthäger Straße* u. h. FN, Dorf – 1296 (HUB I, 895) Smachthaghen, 1347 (HUB IV, 317) ville dicte Smachthaghen – „Hungerhagen, Hungereinhegung" zu mnd. *smacht* = „Hunger" und *Hagen* = „Dornhecke, Einhegung, eingehegter Ort" wie *Schmachthagen* bei Bad Oldesloe im Kreise Stormarn als ein Spottname (vgl. W. Laur, Ortsnamenlexikon, S. 577). Entgegen der Angabe im Ortsnamenlexikon bezieht sich aber der Beleg von 1296 nicht auf dieses Schmachthagen, sondern auf das vergangene bei Steilshoop.

+ **Schmalefleet** (z. Köhlfleet) GewN – Mejer 1649: Smale fleth – „Das schmale Fleet, der schmale Wasserlauf, Kanal".

Schnelsen (O.-Amt Lokstedt, Bez. Eimsbüttel) Stdttl., früher Dorf, mda. [*snęlzn̥*] – 1347 (HUB IV, 339, Verz., Abschr. 1581–1586) in Senelse, 1354 (Hamb. Test. 5) de Snelsen, 1388 (SHRU VI, 798) inter villam Snelze, 1397 (SHRU VI, 1356, Abschr. 1639) tho Sneltzen, 1464 (Pinneb.-Hatzb. Reg., S. 5) Snelsen, 1496 (HKR IV, 321_{12}) in villa Snelsynk, 1591/92 (LAS, Abt. 3, 608, Reg.) Schnelsen, 1638 (LAS, Abt. 3, 737, Reg.) Schnelsen, Mejer 1650: Schnelsen, Danckw. 1652: Schnelsen, 1670/71 (LAS, Abt. 112, AR) Schnelsen, 1856 (Schröder-Biernatzki, Top.[2] II, S. 411) Schnelsen – Angesichts der überwiegenden Zahl von Belegen, die eine Form auf *-en* zeigen, und des ältesten auf *-e* und nur einen, nämlich dem von 1496, mit dem Ausgang auf *-ing*, fragt es sich, ob überhaupt eine Bildung mit dem Suffix *-ing* vorliegt, wie man früher angenommen hat (vgl. H. Olsen, Historisches Verzeichnis, S. 18). *Bünzen* in der Gemeinde Aukrug östlich von Neumünster ist z. B. von etwa 1140 bis 1649 mit allen Belegen als ein ing-Name überliefert und *Winsen* im Amt Kisdorf zwischen Hamburg und Bad Segeberg ebenfalls (vgl. W. Laur, Ortsnamenlexikon, S. 189 u. 702). Es wird wohl eine Bildung mit einem *s*-Suffix (vgl. W. Laur, Ortsnamenlexikon, S. 192) zu unserem Worte *schnell* – nd. *snell* – vorliegen, vielleicht als ein ursprünglicher Gewässername, etwa für die Kollau oder einen Abschnitt.

Schönfelder Wettern (Wilhelmsburg, O.-Amt Wilhelmsburg, Bez. Harburg) GewN, vgl. *Schönenfelder Straße* – „Wettern, d. h. Abzugsgraben von Schönenfeld".

Schopenstehl (Altstadt östl. v. Alten Fischmarkt, O.-Amt u. Bez. Hamburg-Mitte) StrN – 1341 (Gaedechens, Topographie, S. 26, Anm. 18) in Scopenstele, 1346 (HUB IV, 276) in Scopenstele, 1376 (Hamb. Test. 36) in Schopenstele, 1379 (Hamb. Test. 48) in dem Schupenstele, 1466 (HKR II, 287_3) in Schopenstele – Wohl „Stiel der Schöpfkelle" zu nd. *Schopen* = „Schöpfkelle der Bierbrauer" (vgl. O. Mensing IV, Sp. 688), hier als ein Toponym in übertragener Bedeutung gebraucht. O. Höch brachte unseren Straßennamen mit mnd. *schuppenstôl* als einer Bezeichnung für den Schnellgalgen, einer Wippe, in Verbindung (vgl. O. Höch, Schopenstehl: HGHbl 7, 1932, S. 25–31). Formen wie *schupstoel* oder *scuppenstoel* (vgl. H. Schiller, A. Lübben, Mittelniederdeutsches Wörterbuch Bd 4; Bremen 1878, S. 152) zeigen aber, daß hier zwei unterschiedliche Wörter vorliegen. Ebenso ist eine Bezeichnung für den Schöffenstuhl wohl kaum heranzuziehen (vgl. F. Witt, Hamburgs Straßen, S. 223 u. H. Beckershaus, Straßennamen, S. 324).

+ **Schürbek** (Eilbek, O.-Amt u. Bez. Wandsbek) FlN, vgl. *Schürbeker Bogen*, *Schürbeker Straße* – 1258 (HUB I, 631) ad rivulum, qui Scorbeke nuncupatur, 1855 (Schröder-Biernatzki, Top.[2] I, S. 161) Schürbek – Wohl zu nd. *Schör* = „Riß, Scharte, Spalte“ und *Bęk* = „Bach“.

+ **Schulenbek** (Hamm, O.-Amt u. Bez. Hamburg-Mitte) FlN, vgl. StrN *Schulenbeksweg* – 1617 (ZHG 10, 1899, S. 321) im Schuelbeck, 1677 (ZHG 10, 1899, S. 321) im Schulenbeck – Nd. **to dem schuulenden Bęk* = „zum sich verbergenden Bach, zum Bach, der versteckt fließt“ zu nd. *schuulen* = „sich verstecken, sich verbergen“ (vgl. W. Laur, Ortsnamenlexikon, S. 587).

Schulenbrooksbek (z. Schleusengraben, O.-Amt u. Bez. Bergedorf) FlN – 1491 (Bergedorfer Stadtb., 14) by dem Schulenbroke, ab 1810 (Lührs, Naturgegebenheiten, S. 40) Schulenbrooksbek – „Bach – nd. *Bęk* – im“ oder „aus dem Bruch, Bruchland – nd. *Brook*, das verborgen, versteckt liegt“.

Schulteichgraben (Marmstorf, O.-Amt u. Bez. Harburg) GewN – „Graben am“ oder „aus dem Schulteich“.

Schumacherwerder (Veddel, O.-Amt Veddel-Rothenburgsort, Bez. Hamburg-Mitte) IN u. StrN – 1856 (Schröder-Biernatzki, Top.[2] II, S. 427) Schumacherwerder – Der Name dieser Insel enthält entweder die Handwerkerbezeichnung oder einen entsprechenden Familiennamen.

Schwalkenberg (Blankenese, O.-Amt Blankenese, Bez. Altona) FN – 1557 (LAS, Abt. 3, 319) der Schwalkenberg, 1855 (Schröder-Biernatzki, Top.[2] I, S. 222) auf dem … Schwalkenberge – „Schwalbenberg“ zu nd. *Swalk* = „Schwalbe“.

+ **Schwansbusch** (Ochsenwerder, O.-Amt Vier- u. Marschlande, Bez. Bergedorf) IN – 1451 (Grotefend, UB Heimbruch I, 143) van dem Swansbuske, um 1590 (Karte D. Drever, Leerhoff Nr. 20) Swanebusch – „Busch, in“ oder „an dem sich Schwäne aufhalten“.

Schwarzenberg (Harburg, O.-Amt u. Bez. Harburg) Ortstl., mda. *de Swatten Bargen* – „Zum schwarzen, dunklen Berg“.

+ **Schwarzenhorst** (Bramfeld, O.-Amt Bramfeld, Bez. Wandsbek) FN, vgl. StrN *Swartenhorst* – 1855 (Schröder-Biernatzki, Top.[2] I, S. 251) in der Nähe der ... Schwarzen-Horst, Flurnamensamml. Wegemann 1920–1933: Schwartenhorst – „Zum schwarzen, dunklen Gestrüpp, Gebüsch" zu *Horst* in dieser Bedeutung.

Schweenssand (Neuland, O.-Amt u. Bez. Harburg) IN – „Hirtensand, Schweinehirtensand" zu nd. *Schween* = „Schweinehirt" (vgl. O. Mensing IV, Sp. 988).

Schweinesand (Neßsand, O.-Amt Blankenese, Bez. Altona) IN – Meßtischbl. 1880: Kleiner Schweinesand, Schweinesand – Durchsichtiger Name.

+ **Schweineweide** (Wilhelmsburg, O.-Amt Wilhelmsburg, Bez. Harburg) FN – Um 1569 (Karte D. Drever, Leerhoff Nr. 20) Harburger Schweineweide, um 1620 (Karte, Leerhoff Nr. 21) Schweine Weyde, Mejer 1649: Swynweide, um 1680 (Karte nach Schildknecht, E. Reinstorf, Eindeichung Wilhelmsburg, nach S. 118) Schwinsweide – Durchsichtiger Name.

See – Die Etymologie des Wortes *See* – got. *saiws*, ahd., as. *sêo*, mnd. *sê*, nhd., nnd. *See*, germ. **saiwaz*, **saiwiz* – gilt in manchem als noch nicht geklärt. Wahrscheinlich liegt aber die erweiterte Wurzel idg. **sei-u̯-* zu **sē(i)-*, **sai-*, **səi-* = „fließen, Feuchtigkeit" zugrunde, vgl. lett. *sīvs* „Mistjauche" oder „Öl, das sich beim Stoßen des Hanfes ergibt", gr. *ὕει* (hýei)= „regnet" oder ai. *saváh* = „Keltern des Somatrankes" oder den litauischen Seenamen *Séivu ẽžeras*, heute bereits in Polen. Als Normalstufe mit o-Abtönung stellt sich dazu idg. **sou̯os* = „Feuchtes, Feuchtigkeit", das uns in Flußnamen der alteuropäischen Hydronymie wie *Save*, *Seve* oder *Savone* oder in ahd. *sou* = „Saft" begegnet. So handelt es sich beim Worte *See* wie bei lat. *lacus* oder lett. *ezers*, poln. *jezioro*, russ. *ozero* um ein typisches Wasserwort (vgl. W. Laur, Ortsnamenlexikon, S. 595).

+ **See** (Wilhelmsburg, O.-Amt Wilhelmsburg, Bez. Harburg) FN – 1325 (HUB II, 623) to deme Se, 1329 (HUB II, 775) to deme Se – Das Wort *See* wird auch für eine seenartige Erweiterung eines Wasserlaufes gebraucht.

Seebek (aus d. Bramfelder See i. d. Osterbek, Steilshoop, Bramfeld u. Barmbek, O.-Amt Bramfeld, Bez. Wandsbek bzw. O.-Amt Barmbek-Uhlenhorst, Bez. Hamburg-Nord) – „Bach – nd. *Bęk* – der aus dem (Bramfelder) See kommt".

+ **Seebrack** (b. Hasselwerder u. Nincop, O.-Amt Süderelbe, Bez. Harburg) GewN – 1257 (Regesten Harburg 35) Arnoldo Laco, 1388 (Regesten Harburg 348) tho deme Zee (Hof), 1405 (Regesten Harburg 759) boven deme Zedamme, 1469 (Regesten Harburg 786) deme Zeebrake, 1494 (Regesten Harburg 1009) by deme Zeebraken – Zunächst ein einstämmiger Gewässer- und Flurname *See* (s. o.), dann um die Grundwörter *Damm* und *Brack* = „Stelle, an der früher der Deich durchbrochen ist" erweitert.

+ **Seedelgraben** (Elbarm b. Wilhelmsburg, O.-Amt Wilhelmsburg, Bez. Harburg) GewN – Um 1569 (Karte D. Drever, Leerhoff Nr. 20) Siedelgraue, 1766 (Th. Benecke, Alt Wilhelmsburg; Wilhelmsburg 1912, S. 4) Seedelgraben – Wohl in der Bedeutung „Seitengraben" wie *Siedeldiek, Siddeldiek* = „Seitendeich".

Seefeld (Kirchwerder, O.-Amt Vier- u. Marschlande, Bez. Bergedorf) Ortstl., früher Bauernschaft – 1856 (Schröder-Biernatzki, Top.[2] II, S. 35) Seefeld, Flurnamensamml. Wegemann 1926–1933: Seefeld – „Feld am See".

Seefelder See (Kirchwerder, O.-Amt Vier- u. Marschlande, Bez. Bergedorf) SN – „See von Seefeld".

Seehof (Neuenfelde, O.-Amt Süderelbe, Bez. Harburg) Ortstl. – Meßtischbl. 1880: Seehof – „Hof am See", siehe Seebrack.

Seevekanal (Harburg, O.-Amt u. Bez. Harburg) GewN – 1754 (E. Baasch, Der Kampf des Hauses Braunschweig-Lüneburg mit Hamburg; Leipzig 1905, S. 194) auf den ... Seven Canal – „Kanal zur Seeve".

+ **Sibrandeswerder** (Finkenwerder, O.-Amt Finkenwerder, Bez. Hamburg-Mitte) IN – 1220 (Regesten Harburg 21) in Sibrandeswerthere, Mitte 13. Jahrh. (Regesten Harburg 28) in Sibrandiswerdere – „Werder, d. h. Insel, Halbinsel, des Sigbrand, Sibrand", ein Rufname, der zu unseren Wörtern *Sieg* und *Brand* als eine umschreibende Bezeichnung für das Schwert gehört.

+ **Sielgatt** (Gorrieswerder) GewN – 1460 (LAS, Urk.-Abt. 3, 391) dat Zilegat, 1494 (LAS, Urk.-Abt. 3, 83, Abschr. 15./16. Jahrh.) dat Sylegath – „Gatt, d. h. Öffnung, Mündung eines größeren Wattstromes mit" oder „bei einem Siel" – *Siel* in der Bedeutung „Schleuse, Abzugsgraben", als eine Bildung mit einem *l*-Suffix zum Wortstamm, der in unserem *Sieb* und *Siek* enthalten ist (vgl. W. Laur, Ortsnamenlexikon, S. 601).

Sinstorf (O.-Amt u. Bez. Harburg) Stdttl., früher Dorf, mda. *Sinsdörp* – 1332/33 (Regesten Harburg 133, Lehnsreg. 14. Jahrh.) in Synestorpe, 1338 (Regesten Harburg 157, Abschr. 17. Jahrh.) to Sinstorpe, 1340 (Regesten Harburg 164) in Synstorpe, 1361 (Regesten Harburg 228, Päpstl. Reg.) in Sinstorpe, 1393 (Sudendorf VII, S. 171) to Syns (?), 1416 (Regesten Harburg 512, Abschr. Mitte 17. Jahrh.) in Sinstorpe, um 1445 (Niedersächs. Jb 9, 1932, S. 144, Verz.) ville Zinstorpe, 1450/51 (Schatz- u. Zinsverz., S. 34) Synstorppe, 1452 (Regesten Harburg 666, Abschr. 16. Jahrh.) bi Sinstorpe, 1497 (Schatz- u. Zinsverz., S. 47) Synstorppe, 1523/25 (Regesten Harburg 1127, Abschr. 17. Jahrh., Anm. 4) in Sinstorpe, um 1569 (Karte D. Drever, Leerhoff Nr. 20) Senßtorp, Mejer 1649: Sensdörp – „Dorf – mnd. *dorp*, nnd. *Dörp* – des Sini", eine Kurznamenform, die zu Vollnamen wie *Sinibald* oder *Sinibert* gehört und teils zu ahd. **sene*, **sini*, vgl. *Seneschall*, in der Bedeutung „alt", teils zur Vorsilbe *sin-* in der Bedeutung „beständig, dauernd, gewaltig", vgl. *singrün* oder *Sindflut* aus *sinvluot*, gestellt wird (vgl. H. Kaufmann, Ergänzungsband, S. 315).

+ **Sökefrund** (nordöstl. v. Wilhelmsburg, O.-Amt Wilhelmsburg, Bez. Harburg) GewN, h. Fiskalische Wettern – Elbkarte M. Lorck 1568: Sekefrundt, um 1569 (Karte D. Drever, Leerhoff Nr. 20) de Soke frundt, 1611 (E. Baasch, Der Kampf des Hauses Braunschweig-Lüneburg mit Hamburg, S. 154) durch den Sockefrumdt, um 1620 (Karte Leerhoff Nr. 21) Sekefreundt, Mejer 1649: Sockefrundt – Ein Gewässername oder ein Gewässerabschnittsname anscheinend als ein Scherzname, und zwar als Befehlssatz nd. **Sök den Fründ* = „suche den Freund". Sinn, Bedeutung und Ursprung dieses Satznamens sind jedoch unbekannt.

Spadenland (O.-Amt Vier- u. Marschlande, Bez. Bergedorf) Stdttl., früher Vogtei – 1452 (HKR III, S. $CIII_{32}$) twisschen … und deme Spadenlande, 1568 (Zunftrollen S. 29, Abschr. 18. Jahrh.) in den … Spadenlande, Elbkarte M. Lorck 1568: Spadenlandt, um 1569 (Karte D. Drever, Leerhoff Nr. 20) Spadelandt, um 1620 (Karte, Leerhoff Nr. 21) Spadelandt, Mejer 1649: Spadenland, um 1680 (Karte nach Schildknecht, E. Reinstorf, Eindeichung Wilhelmsburg, nach S. 118) Spadenland, 1856 (Schröder-Biernatzki, Top.[2] II, S. 470) Spadenland – „Spatenland" zu nd. *Spaden* = „Spaten" als Bezeichnung „für den schmalen Landstreifen, der hinter dem Deich unbebaut liegenbleibt, weil aus ihm die Erde für Deichreparaturen genommen wird" oder auch allgemein für ein unbedeichtes Marschland (vgl. O. Mensing IV, Sp. 719).

+ **Specken** (Altengamme, O.-Amt Vier- u. Marschlande, Bez. Bergedorf) Kate – Flurnamensamml. Wegemann, Auszug v. 1598: Specking, 1855 (Schröder-Biernatzki, Top.[2] I, S. 162) Specken – Zu nd. *Speck* = „Speiche" als Bezeichnung für einen Weg, eine Brücke aus Buschholz, einen Knüppeldamm (vgl. O. Mensing IV, Sp. 731).

Speersort (Altstadt, O.-Amt u. Bez. Hamburg-Mitte) StrN – 1393 (Hamb. Test. 108) op dem Speersorde, 1470 (HKR II, 432_{26}) supra Spersorde – Wohl in der Bedeutung von „vorspringendem Gelände" zu *Speer* = „Stange, Spieß" und *Ort* = „Spitze, Vorsprung", wobei Grund- und Bestimmungswort eine sehr ähnliche Bedeutung aufweisen. Da der Name sich schon 1393 findet, kann er nicht von *Ditmar Speer* herrühren, der hier im Jahre 1468 ein Haus kaufte, wie Witt meinte (vgl. F. Witt, Hamburgs Straßen und ihre Geschichte, S. 225 u. H. Beckershaus, Straßennamen, S. 337).

+ **Spieker** (zw. Spadenland u. Ochsenwerder, O.-Amt Vier- u. Marschlande, Bez. Bergedorf) IN – Um 1569 (Karte D. Drever, Leerhoff Nr. 20) Spiker, Mejer 1649: Spieker – Nd. *Spieker* = „Speicher".

Sprützenberg (Blankenese, O.-Amt Blankenese, Bez. Altona) FN, mda. *Sprützenbarch* – 1790 (LAS, Abt. 402 A 3, 355, Karte) Sprützenberg, 1790 (LAS, Abt. 112, 1651, Eb) Opn Sprützenberg, 1855 (Schröder-Biernatzki, Top.[2] I, S. 223) der Sprützenberg – Wohl eher zu nd. *Sprütz* = „Faulbaum" (vgl. O. Mensing IV, Sp. 789) als „Spritzenberg". In Groß Flottbek findet sich 1785 (LAS, Abt. 25, 303, Vermess.-Reg.) der Flurname *Sprützen*.

Stadtdeich (Klostertor, O.-Amt u. Bez. Hamburg-Mitte) h. StrN südöstl. v. Hauptbahnhof, mda. *Stadtdiek* – 1856 (Schröder-Biernatzki, Top.[2] II, S. 473) Stadtdeich – Durchsichtiger Name.

Steckelhörn (Altstadt südwestl. v. St. Katharinen, O.-Amt u. Bez. Hamburg-Mitte) FN, h. StrN – 1350 (HUB IV, 428) up der Stekelhorne, 1400 (Hamb. Test. 123) op der Stekelhorne, 1492 (HKR IV, 236_{26}) supra Stekelhorne, 1525 (VBHK 407) up der Stekelhorne – „Horn, Hörn, d. h. Vorsprung, auf dem Disteln wachsen" zu nd. *Steckel* = „Distel".

Stedt – Germ. **staðiz*, as. *stèdi*, *stidi*, aber auch *stat*, mnd. *stēde*, *stide* und *stat*, nnd. *Stę̄(d)*, entsprechend nhd. *Stadt*, *Statt* und *Stätte*, eine Bildung mit dem Suffix idg. *-*ti* zur Wurzel **sthā*- =„stehen" als Bezeichnung für eine „Wohnstätte, eine Niederlassung, eine Ansiedlung". Nach öfters vertretener Ansicht kann auch eine Naturbezeichnung, etwa in der Bedeutung von „Weideplatz", oder auch eine Wüstungsbezeichnung vorliegen (vgl. W. Laur, Ortsnamenlexikon, S. 614).

Steendiekkanal (Finkenwerder, O.-Amt Finkenwerder, Bez. Hamburg-Mitte) GewN – „Steindeichkanal" zu nd. *Steendiek*.

Steilshoop (O.-Amt Bramfeld, Bez. Wandsbek) Stdttl., früher Dorf – 1347 (HUB IV, 317) ville dicte Steyleshop, 1347 (HUB IV, 339, Vertr., Abschr. 1581–1586) de Stileshop, 1508 (VBHK 10, 56) in villa Steygelhope, 1579 (LAS, Abt. 7, 5100) zu Steyelshope, Mejer 1650: Steilshope, Danckw. 1652: Steilshope, 1695 (Wellingsbüttl. Urk. II, S. 54, Abschr.) mit … dreyen Dörffern … also Steilshop, 1856 (Schröder-Biernatzki, Top.[2] II, S. 479) Steilshoop – „Erhebung – nd. *Hoop* = „Haufe" – bei" oder „mit einem Stegel", d. h. „Zauntritt bei einer Weide oder Koppel" (vgl. H. Olsen, Historisches Verzeichnis, S. 19), wobei **Stegiles*- zu *Steil(e)s*- geworden ist. Röpke (Zwischen Alster und Wandse, S. 151) rechnet mit einem Personennamen. Solch einer ist aber nicht überliefert, und auch *Heilshoop* bei Reinfeld im Kreise Stormarn weist als eine Zusammensetzung mit einem Appellativ ein Genitiv-s auf. Die Ortsnamen mit dem Grundwort *Hoop* sind sowohl mit Appellativen als auch mit Personennamen zusammengesetzt (vgl. W. Laur, Ortsnamenlexikon, S. 320 u. 727).

Steinbeker Teich (Kirchsteinbek, O.-Amt Billstedt, Bez. Hamburg-Mitte) SN, mda. *Steenbeker Diek* – „Teich – nd. *Diek* – in (Kirch-)Steinbek".

+ **Steinfurt** (Eimsbüttel, O.-Amt u. Bez. Eimsbüttel) FN – 1339 (HUB IV, 59, Abschr. 14. Jahrh.) ad Stenvort, 1607 (LAS, Urk.-Abt. 3, 295) den Steinfurt, 1704 (LAS, Abt. 111, 181, Beschr.) zu Steinfurth – „Steinige Furt" oder „Furt, Übergang bei einem Stein".

Steinfurt (Kirchsteinbek, O.-Amt Billstedt, Bez. Hamburg-Mitte) FN – Mejer 1649: Steinfordt, Danckw. 1652: auffm Steinfurt – Siehe oben.

Steinfurter Diek (Steinfurt, O.-Amt Billstedt, Bez. Hamburg-Mitte) SN – „Teich – nd. *Diek* – von Steinfurt".

+ **Steinrönne** (Elbarm b. Köhlbrand) GewN – 1508 (StAH, 710, R 68) Stensronne, 1605 (J. Klefeker, Samml. d. Hamb. Gesetze und Verfassungen X, S. 144) Stein-Ronne, Steinronne – „Rinne – nd. *Rönn(e)* – bei" oder „mit Steinen".

Steinwerder (O.-Amt Veddel-Rothenburgsort, Bez. Hamburg-Mitte) IN u. Stdttl., mda. *Steenwarder* – Um 1620 (Leerhoff Nr. 21) Steinwerder, 1856 (Schröder-Biernatzki, Top.[2] II, S. 487) Steinwärder – „Steinige Insel, Halbinsel" – *Werder*.

Stellau (z. Wandse, O.-Amt Rahlstedt, Bez. Wandsbek) FlN – Danckw. 1652: die Stellow, 1743 (J. H. Dielhelm, Allgemeines Hydrographisches Lexikon, S. 66) Stellau – Da es sich beim Ortsnamen *Stellau* im Kreis Stormarn – 1303–1307 *Stenloghe* – als einer Zusammensetzung mit mnd. *lôge, lôhe* = „lichtes Gehölz, Hain" als Grundwort und *stên* = „Stein" als Bestimmungswort (vgl. W. Laur, Ortsnamenlexikon, S. 620) primär um einen Ortsnamen handelt und nicht um einen Gewässernamen, wird der Name des Baches, der am Westrande von Stellau entspringt, nach dem Dorf benannt sein, und zwar erst nach der Umdeutung von *-lôge* zu *-low* und *-lau* um 1500. Er wird demnach vorher einen anderen Namen getragen haben. Danckwerth und Dielhelm lassen die Stellau in die Bille münden, so daß zu vermuten ist, daß die Glinderau – 1251 *Glindesborn* (vgl. W. Laur, Ortsnamenlexikon, S. 272), die direkt an Stellau vorbeifließt, ebenfalls *Stellau* hieß (vgl. J. Udolph, Zuflüsse, S. 331, Anm. 1 u. 2), wenn nicht bei den beiden älteren Verfassern ein falscher Bezug vorliegt.

Stellingen (O.-Amt Stellingen, Bez. Eimsbüttel) Stdttl., früher Dorf, mda. *Stelling* – Um 1320 (SHRU IV, 392, Verz., neue Datierung nach J. Reetz, Abschr. 14. Jahrh.) in Stellinge, 1347 (HUB IV, 339, Verz., Abschr. 1581–1586) in villa Stellinge, 1352 (HUB IV, 271, 271, Anm. 1, Lib.contr.) villarum ... Sthellinghe, 1357 (Hamb. Test. 7) in Sthelinghe, 1441 (LAS, Urk.-Abt. 3, 52) vth vnsen twen dorpen Stellinge, 1447 (LAS, Urk.-Abt. 3, 53) Stelling, 1564 (LAS, Urk.-Abt. 3, 210) zu Stellingen, 1591/92 (LAS, Abt. 3, 608, Reg.) Stellingenn, 1638 (LAS, Abt. 3, 425) im Dorf Stelling, 1640/41 (LAS, Abt. 112, AR) Stellingenn, Mejer 1650: Stelling, 1856 (Schröder-Biernatzki, Top.[2] II, S. 490) Stelling (Stellingen) – Bildung mit dem Suffix *-inge* wohl zu unserem Wort *Stelle* in der Bedeutung „Erhöhung" oder „Ufer" (vgl. W. Laur, Ortsnamenlexikon, S. 620), da ein entsprechender Personenname nicht überliefert ist. Der Ausgang *-inge* ist seit dem 15. Jahrhundert sowohl zu *-ing* als Nominativform des Singulars vereinfacht als auch an die Pluralform *-ingen* angeglichen worden.

Stellmoor (Meiendorf, O.-Amt Rahlstedt, Bez. Wandsbek) FN – 1856 (Schröder-Biernatzki, Top.[2] II, S. 490) Stellmoor (hier f. einen Pachthof), Meßtischbl. 1880: Stellmoor – Zu nd. *Stell* = „Stelle, Ausbaustelle“.

Stellmoorer Quellfluß (z. Wandse, Meiendorf, O.-Amt Rahlstedt, Bez. Wandsbek) FlN – Durchsichtiger Name.

Sternschanze (O.-Amt u. Bez. Eimsbüttel) Ortstl. u. StrN, früher Hsr. – 1855 (Schröder-Biernatzki, Top.[2] I, S. 352) an der Sternschanze – Name für eine sternförmige Schanze.

+ **Stert** (b. Finkenwerder) lN – 1417–1427 (Zunftrollen S. 65) de Stert – Nd. *Stert* = „Sterz, Schwanz, Schweif“, hier in übertragenem Sinne für ein Landstück gebraucht.

Stillhorn (Wilhelmsburg, O.-Amt Wilhelmsburg, Bez. Harburg) Ortstl. – 1269/92 (ZHG 6, 1875, S. 61, Anm. 2, Abschr. 17. Jahrh.) sub Horne, sub Horne aut Stilhorne, 1322/37 (Regesten Harburg 115, Abschr. 1625) in Stillenhorne, 1333 (ZHG 52, 1966, S. 18) in Stellhorn, 1333 (HUB II, 897, Abschr. 17. Jahrh.) im Stilhorne, 1343 (E. v. Grote-Ebstorf, Beiträge, S. 10, Verz., Abschr. 1625, vgl. Regesten Harburg 172) in Stillenhorne, 1350 (HUB IV, 427) in Stillehorne, 1361 (Sudendorf III, 141) an deme Stylle horne, 1368 (ZHG 52, 1966, S. 19) terre nostre Stillehorne, 1374 (Regesten Harburg 199) in Antiquo et in Novo Stillehorne, 1377 (SHRU VI, 121) in Nova Stilhorn, 1404 (Regesten Harburg 470, gleichzeit. Abschr.) in Stillehorn, 1411 (Regesten Harburg 496) in terra Stillehorn, 1417 (Regesten Harburg 527, Abschr.) Stillehorne, 1438 (StAH, 710-1 I Bd 4) in Stilhorne, 1475 (Regesten Harburg 836) in deme Stilhorne, 1483 (HKR IV, 37_1) in Stilhorne, 1491 (LAS, Abt. 3, 427, 13, Abschr.) im Stilhorn, 1508 (VBHK 65, 33a) in parrochia Stilhorne, Elbkarte M. Lorck 1568: Stilhorn, um 1569 (Karte D. Drever, Leerhoff Nr. 20) De Stille Horne, 1607 (LAS, Abt. 3, 120) im Stilhorn, um 1620 (Karte Leerhoff Nr. 21) Stilhornn, Mejer 1649: Stilhorn, Nyestillhorn, 1672 (E. v. Grote-Ebstorf, Beiträge, S. 94, Abschr. 17. Jahrh.) des Stillhorns – Wohl „Vorsprung – *Horn* – mit einer Erhöhung im Verlaufe des Ufers“ zu *Stelle*, nd. *Stell*, vgl. Stellingen, mit der Hebung des *e* zu *i* in l-Verbindungen.

+ **Stillhorner Elbe** (= Süderelbe) FlN – 1855 (Schröder-Biernatzki, Top.[2] I, S. 423) Stilhorner-Elbe – „Elbe, die an Stillhorn vorbeifließt“.

Stillhorner Wettern (Wilhelmsburg, O.-Amt Wilhelmsburg, Bez. Harburg) GewN – „Wettern, d. h. Abzugsgraben, von Stillhorn".

+ **Stoth** (Fuhlsbüttel, O.-Amt Fuhlsbüttel, Bez. Hamburg-Nord) FN – 1347 (HUB IV, 339, Verz., Abschr. 1581–1586) unum pratum … Stoth – Wohl mnd. *stôt* = „Platz, an dem sich eine Herde aufhält".

Stove (h. b. Winsen, Kr. Harburg, Niedersachsen, ursprünglich nördl. d. Elbe als Hof im Ksp. Bergedorf) – 1162 (MUB I, 75) Scove (lies wohl: *Stove, Nr. 76 de Stowe), 1450/51 (Schatzreg., S. 11) Stove – Mnd. *stōve* = „Stauung". Da das auf das Südufer der Elbe verlegte *Stove* bis heute so heißt, wird es sich bei *Scove* mit einem <c> im Original von 1162 um eine Verlesung oder Verschreibung handeln. Eine weitere Urkunde gleichen Inhaltes aus dem gleichen Jahre, die Westphalen in den Monumenta inedita II, p. 1040, nach einer unbekannten Quelle abgedruckt hat, weist *Stowe* auf.

+ **Stoverwerder** (b. Stove) IN – Elbkarte M. Lorck 1568: Stauer Warder – „Werder, d. h. Insel, Halbinsel, bei Stove", nach der Karte von Lorck in Borghorst in den Vierlanden.

Streckgraben (Neugraben, O.-Amt Süderelbe, Bez. Harburg) GewN – Zu nd. *Strek* = „Strich" als Bezeichnung für ein langes und schmales Stück.

+ **Streitsand** (b. Grasbrook, O.-Amt u. Bez. Hamburg-Mitte) FN – 1856 (Schröder-Biernatzki, Top.^{2} II, S. 501) Streitsand – „Sand, Sandinsel, Sandbank, um die es einen Streit gegeben hat".

+ **Strietbrede** (Blankenese, O.-Amt Blankenese, Bez. Altona) Hsr. – 1789 (LAS, Abt. 112, 1651, Eb) Stribredt, Striedbredt, 1790 (LAS, Abt. 402 A 3, 355, Karte) Strietbreed, 1855 (Schröder-Biernatzki, Top.^{2} I, S. 221) Strietbrede – „Breite, breites Landstück, mnd. *brēde*, *breide*, um das es einen Streit – nd. *Striet* – gegeben hat", vgl. Streitsand.

+ **Stromlake** (= Sülzbrack, Elbarm i. Kirchwerder, O.-Amt Vier- u. Marschlande, Bez. Bergedorf) GewN – 1228 (HUB I, 489) stagnum …, quod Stromlake dicitur, 1288 (HUB I, 489) stagnum …, quod Stromlake dicitur, 1326 (UB Scharnebeck, S. 148) stagnum … Stromlake – „Lake, d. h. stehendes Gewässer, im Verlauf" oder „als Nebengewässer eines Stromes, d. h. eines Grabens mit fließendem Wasser".

Struckholt (Klein Borstel, O.-Amt Fuhlsbüttel, Bez. Hamburg-Nord) h. StrN, früher Hsr. – 1855 (Schröder-Biernatzki, Top.[2] I, S. 244) Strukholt, Meßtischbl. 1880: Strukholt – „Holz, Gehölz, Wald“ – nd. *Holt* – „mit Strauchwerk“ zu nd. *Struuk* = „Strauch“.

Süderdeicher Brack (Altenwerder, O.-Amt Süderelbe, Bez. Harburg) GewN – „Brack, d. h. Durchbruchstelle, am Süderdeich“.

Süderelbe (Elbarm zw. d. Vierlanden, Wilhelmsburg, Altenwerder, Finkenwerder u. Harburg u. d. niedersächsischen Kreis Harburg) GewN – 1417 (Hans. UB VI, 123) flumina … et Suderelve, 1438 (Regesten Harburg 611) Suderelve, 1549 (HKR VI, 367_{15}) der Suder-Elve, um 1569 (Karte D. Drever, Leerhoff Nr. 20) de Súder Elue, um 1620 (Karte Leerhoff Nr. 21) Süderelbe, Mejer 1649: Süder Elue, Danckw. 1652: Süder Elbe, 1855 (Schröder-Biernatzki, Top.[2] I, S. 423) Süder-Elbe – „Südlicher Elbarm im Verlaufe der Stromverzweigung“, stellte im Mittelalter den ältesten Schiffahrtsweg dar.

Süllberg (Blankenese, O.-Amt Blankenese, Bez. Altona) FN, mda. *Süllbarch* – Adam v. Bremen Ende 11. Jahrh.: quem … Sollonberg vocant, 1059 (HUB I, 80) in Sollemberh, 1258 (HUB I, 632, Abschr. 14. Jahrh.) castrum Sulleberg, 1262 (HUB I, 662) in Sulleberg, 1461 (HKR II, 117_{31}) versus Sulberghe, Danckw. 1652: der Sülberg, 1682 (LAS, Abt. 112, AR) in den Sülbergen, 1789 (LAS, Abt. 112, 1651, Eb) am Söllberg, 1790 (LAS, Abt. 112, 1651, Eb) am Sollberg, an Söllbarg, opn Süllbarg, 1790 (LAS, Abt. 402 A 3, 455, Karte) Sollberg, 1855 (Schröder-Biernatzki, Top.[2] I, S. 222) der Süllberg – Zu nd. *Süll*, *Sülle* = „Schwelle“ (vgl. W. Laur, Ortsnamen, S. 337). Bei *Sollon-*, *Sollem-* der ältesten Belege handelt es sich um die schwache Genitivform as. *-un*, *-on*, mnd. *-en* (vgl. W. Laur, Ortsnamen, S. 14). Das Wort für „Schwelle“ wird hier als eine Benennung für eine Erhebung aufzufassen sein, wohl als Name für den ganzen Höhenzug; daher fragt es sich, ob es sich beim Grundwort *Berg* nicht um einen sekundären erklärenden Zusatz handelt, da ja das Bestimmungs- und Grundwort fast die gleiche Bedeutung haben, oder ob es sich um den Namen des Berges im **Sülle*, as. **Sulla*, **Solla*, genannten Höhenzug handelt. An der Grenze zwischen Bilsen und Hemdingen im Kr. Pinneberg begegnet uns der Flurname *Süllbergen*.

Sülldorf (O.-Amt Blankenese, Bez. Altona) Stdttl., früher Dorf, mda. *Sülldörp* – 1256 (HUB I, 614) in Suldorpe, um 1320 (SHRU IV, 392, Verz., neue Datierung nach J. Reetz, Abschr. 14. Jahrh.) de villa Suldorpe,

1327–1332 (ZHG 6, 1875, S. 47, Necr.cap., Abschr. 17. Jahrh.) in Suldorp, 1343 (HUB IV, 190) to Zuldorpe, 1395 (SHRU VI, 1219) unser dorp … Suldorpe, 1464 (Pinneb.-Hatzb. Reg., S. 6) Suldorpe, 1508 (VBHK 47, 25a) in Suldorpe, 1520 (LAS, Urk.-Abt. 3, 104, Abschr.) in vnsem dorppe Suldorppe, 1590/91 (LAS, Abt. 3, 604, Reg.) Suldorff, 1600 (LAS, Abt. 3, 615, Reg.) Soldorff, 1638 (LAS, Abt. 3, 737, Reg.) Soltorff, Mejer 1650: Süldorp, 1670/71 (LAS, Abt. 112, AR) Sulldorff, 1856 (Schröder-Biernatzki, Top.^{2} II, S. 509) Sülldorf – „Dorf – mnd. *dorp*, nnd. *Dörp* – am Süllberg“, entweder als eine Klammerform – **Süll(berg)dorf* oder auch als „am *Süll(e) genannten Höhenzug“.

Sülzbrack (1907 zugeschütteter Elbarm i. Kirchwerder, O.-Amt Vier- u. Marschlande, Bez. Bergedorf) GewN, vgl. h. StrN *Auf dem Sülzbrack*, *Sülzbrackring* – 1606 (E. Finder, Die Elbinsel Finkenwerder I, S. 2) Sultbrack, 1646 (HGHbl 4, 1929, S. 75) Salzbrack, 1723 (E. Finder, Die Elbinsel Finkenwerder I, S. 2) Sültbrack, 1856 (Schröder-Biernatzki, Top.^{2} II, S. 35) Bei dem Sulzbraak – „Brack, d. h. Stelle, an der früher der Deich durchbrochen ist, mit Salzwasser“ zu nd. *Sült*, hd. *Sülze* in der ursprünglichen Bedeutung von „Salzwasser“.

Susebek (Nebenfl. d. Alster, Hummelsbüttel, O.-Amt Alstertal, Bez. Wandsbek) FlN – Um 1780 (A. Clasen, W. Rehders, Hummelsbüttel u. Poppenbüttel; Hamburg 1938, S. 18, Karte) Susebek – „Sausebach“ zu nd. *susen* = „sausen“.

T

Tafelberg (Blankenese, O.-Amt Blankenese, Bez. Altona) FN, h. StrN – 1790 (LAS, Abt. 402 A 3, 355, Karte) Tafelberg, 1855 (Schröder-Biernatzki, Top.^{2} I, S. 223) Tafelberg, Meßtischbl. 1880: Tafelberg – „Tafelförmiger Berg, Berg mit einem tafelförmigen Gipfel“.

Tangstedter Graben (z. Diekbek u. Alster, Duvenstedt, O.-Amt Walddörfer, Bez. Wandsbek) FlN – „Graben nach Tangstedt zu“.

Tannenbaum (Lemsahl, Duvenstedt, O.-Amt Walddörfer, Bez. Wandsbek) Ortstl., früher Wrtshs., mda. *Dannboom* – 1856 (Schröder-Biernatzki, Top.^{2} II, S. 83) Tannenbaum (Tannenkrug) – Durchsichtiger Name.

Tarpenbek (entspringt i. Gebiet v. Norderstedt u. mündet i. Eppendorf i. d. Alster) FlN, mda. *in de Tarpen* (nach Wegemann f. eine Wiese am Fluß) – 1245 (HUB I, 531) in Terueke, 1263 (HUB I, 670) in Terueke, 1266 (HUB I, 711) in Terveke, 1325 (HUB II, 650, Abschr. 16. Jahrh.) apud rivulum Terweke, 1397 (SHRU VI, 1355) over de groten Terueken, 1410 (LAS, Urk.-Abt. 3, 378, Abschr. um 1500) der Groten Teru[e]cken, 1755 (LAS, Abt. 112, fol. 6) an der Tarwe, 1767 (LAS, Abt. 112, 5, 6, Grenzakte) an der Tarcke, 1855 (Schröder-Biernatzki, Top.[2] I, S. 161) Tarpenbek – Den Flußnamen *Tarpenbek* – 1245 *Terueke* – und den Ortsnamen *Tarbek* bei Bornhöved im Kreis Segeberg – 1264–1289 *Therbeke*, 1305 *Terbeke* – hatte ich zu germ. **terwa* = „Baum" gestellt (vgl. W. Laur, Ortsnamen im Kreise Pinneberg, S. 181 u. Ortsnamenlexikon, S. 639). Passender wäre es aber wohl, an unser Wort *Teer* zu denken, nd. *Ter*, *Teer* aus germ. **terw(i)a-* als einer Bildung zum gleichen Wortstamm. Dabei könnte man an eine Benennung im übertragenen Sinne denken, und zwar auf das Wasser bezogen, wie man auch litauische Fluß- und Seenamen wie *Dervelis* und *Dervinis* und den lettischen Flußnamen *Dervels* und apreuß. *Derwayn* zu lit. *dervà* = „Teer" gestellt hat. Diese oder einige dieser baltischen Namen könnten aber auch zu einem Wort gehören, das „schwatzhaft" bedeutet und als ein Lehnwort aus dem Niederdeutschen stammt (vgl. A. Vanagas, Lietuvių hidronimų etimologinis žodynas; Vilnius 1981, S. 84–85). Mnd. *Terveke* als eine Bildung mit einem *k*-Suffix ist zu *Terwe* und *Tarwe* geworden und ferner zu *Tarpe* und durch eine erklärende Erweiterung mit dem sekundären Grundwort *Bęk* zu *Tarpenbek*.

Tatenberg (O.-Amt Vier- u. Marschlande, Bez. Bergedorf) Stdttl., früher Vogtei, mda. *Tatenbarch* – 1315 (HUB II, 350) in Tadekenberghe, 1334 (HUB II, 956) prope … Tatenberghe, 1338 (HUB IV, 36, Photokopie) in loco dicto Tatenberghe, 1465 (Regesten Harburg 758) in Kotekenberge (lies: *Tatekenberge), 1500 (HKR IV, 435_{20}) prope Tatenberch, Elbkarte M. Lorck 1568: Taterborch, Mejer 1649: Tatenberg, um 1680 (Karte nach Schildknecht, E. Reinstorf, Eindeichung Wilhelmsburg, nach S. 118) Tatenberg, 1856 (Schröder-Biernatzki, Top.[2] II, S. 517) Tatenberg – „Berg, Erhebung des Tadeke, Tato", eine Rufnamenkurzform, die nach Kaufmann zu einem sog. Lallstamm gehört, der „Vater" bedeutet, vgl. *Tate* oder got. *atta* (vgl. H. Kaufmann, Ergänzungsband, S. 340).

Teich – Siehe Deich.

Teichwiesen (Volksdorf, O.-Amt Walddörfer, Bez. Wandsbek) FN – „Wiesen am Teich".

+ **Tempel** (Kirchwerder, O.-Amt Vier- u. Marschlande, Bez. Bergedorf) FN – 1310 (HUB II, 212) in loco dicto Temple, 1315 (HUB II, 623) to dem Temple, 1329 (HUB II, 775) to deme Temple – Nd. *Tempel* = „regelrecht aufgesetzter Haufe". Das Wort hat nichts mit *Tempel* = „Heiligtum" zu tun, sondern gehört vielleicht zu mnd. *timpe* = „Spitze" (vgl. O. Mensing V, Sp. 44).

Teufelsbrück (Othmarschen, O.-Amt u. Bez. Altona) Ortstl. u. Anlegebrücke, früher Hsr., mda. *Düwels'brüch* – 1684 (LAS, Abt. 112, 1243, p. 81, Prot.) nach der Teuffelßbrügke, 1707 (LAS, Abt. 112, 424) an der Teufels-Brücke, 1778 (LAS, Abt. 112, 503, Abschr.) an der Teufels-Brücke, 1791 (LAS, Abt. 25, 305 II, Eb Othmarschen) zu Teufelsbrücke, 1855 (Schröder-Biernatzki, Top.[2] I, S. 389) Teufelsbrücke – Lappenberg vermutete, daß der Orts- und Flurname *Teufelsbrück* vielleicht mit einem Flottbeker Flurnamen zusammenhängen könnte, der 1301 als *vallum una Duvelsbomgardhe* (HUB II, 11) erwähnt wird, wobei es sich bei *Duvel* um den Namen des Eigentümers handeln könnte (vgl. V. [i.e. Johann Friedrich Voigt], Der Familienname Duvel, Düwel, Teufel: MVHG Bd 12, 1914 [1915], S. 139–141 u. H. Olsen, Historisches Verzeichnis, S. 20). Der eben zitierte Beitrag in den „Mitteilungen" bringt den Bei- und Familiennamen mit dem Rufnamen *Theobald* in Zusammenhang. Es liegt wohl aber eher das Wort nd. *Düwel* = „Teufel", als Beiname gebraucht, vor (vgl. H. Bahlow, Deutsches Namenlexikon; Frankfurt a. M. 1972, S. 107), und im Falle von *Teufelsbrück* kann es sich durchaus um die Bezeichnung *Teufel* in herabsetzender Bedeutung handeln. Den Namen *Teufelsbrück* hat man aber auch auf den schlechten Zustand des Weges und der Brücke zurückführen wollen. Nach R. Ehrenberg (vgl. Aus der Vorzeit von Blankenese; Hamburg 1897, S. 59) ist diese Benennung zuerst im Gerichtsprotokoll von 1684 erwähnt. Olsen nennt einen Beleg mit der niederdeutschen Namenform *Düvelsbrügge* von 1654, die sich aber nicht hat finden lassen.

Tiefstack (O.-Amt Veddel-Rothenburgsort, Bez. Hamburg-Mitte) Ortstl., mda. *Deepstack* – 1814 (W. Melhop, Top. I, S. 557) Depe Staack, Meßtischbl. 1880: Tiefstack – Wohl „tiefes" zu nd. *deep*, d. h. „tief liegendes, tief reichendes Gehege aus Brettern" zu nd. *Stack*.

Timmermoor (Bergstedt, O.-Amt Walddörfer, Bez. Wandsbek) FN – Flurnamensamml. Wegemann 1920–1933: Timmermoor – „Moor, in dem" oder „an dem Bauholz – nd. *Timmer* – geschlagen wird". Dieses Wort stellt die niederdeutsche Entsprechung zu hd. *Zimmer* dar. Ein gleichlautendes Wort in der Bedeutung von „spitz" oder „Spitze" (vgl. H. Beckershaus, Straßennamen, S. 357) ist nicht bekannt.

Tinsdahl (Rissen, O.-Amt Blankenese, Bez. Altona) Ortstl., mda. *Tinsdohl* [*tinsdǭl*] – 1255 (HUB I, 593, Abschr. 14. Jahrh.) in ... Tinsdale, 1276 (HUB I, 768) in Tinsdale, um 1320 (SHRU IV, 392, Verz., neue Datierung nach J. Reetz, Abschr. 14. Jahrh.) Tinsdal, 1322 (HUB II, 557, Abschr. 16. Jahrh.) in Tinsdale, 1325 (HUB II, 633) ville nostre Tinsdale, 1325 (HUB II, 653, Abschr. 16. Jahrh.) to Tynsdale, 1342 (HUB IV, 148, Abschr. 14. Jahrh.) ad villam Tynsdal, 1351 (Hamb. Test. 1) villam dictam Thinsdal, Elbkarte M. Lorck 1568: Tinsdahl, 1590/91 (LAS, Abt. 3, 604, Reg.) Tinßdal, 1600 (LAS, Abt. 3, 615, Reg.) Tinsdael, Mejer 1650: Tinsdall, Danckw. 1652: Tinßdahl, 1670/71 (LAS, Abt. 112, AR) Tiensdahl, 1856 (Schröder-Biernatzki, Top.[2] II, S. 355) Tinsdahl – Wohl kaum „Zinstal" zu mnd. *tins* = „Zins", sondern nd. **tins* aus **to endes dat Dål* = „am Ende des Tales", vgl. Flurnamen wie *Tinsdeel* oder *Tinsstücken* in Holstein (vgl. O. Mensing V, Sp. 45–46 u. F. Prien, Neumünstersches Flurnamenbuch, S. 246), oder auch ein Beleg wie 1565 *tindes der Wandesbecker wischen* (vgl. S. 236).

+ **Toderlede** (Ochsenwerder, O.-Amt Vier- u. Marschlande, Bez. Bergedorf) GewN – 1334 (HUB II, 956) prope ... Toderlede – Wohl mnd. **to der(e) lēde* zu einer aus dem Niederländischen stammenden Bezeichnung mnd. *lēde* = „Wasserlauf, Wattstrom" (vgl. W. Laur, Ortsnamen, S. 349).

Tonndorf (O.-Amt u. Bez. Wandsbek) Stdttl., früher Dorf, mda. *Tonndörp*, *Tunndörp* – 1314 (HUB II, 319) in villa nostra Todendorpe, 1327–1332 (ZHG 6, 1875, S. 80, Necr.cap., Abschr. 17. Jahrh.) de villa Todendorpe parochie Vulensik, 1346 (HUB IV, 276) in Todendorpe, 1400 (SHRU VI, 1657, Abschr.) ville nostre Todentorpe, 1492 (LAS, Abt. 111, AR Trittau) tom Todendorpp, 1508 (VBHK 73, 37b) in villa Tundorpe, 1527 (LAS, Urk.-Abt. 120, 69, Abschr.) Todendorp, 1578 (LAS, Abt. 111, AR Reinbek) Todendorpe, 1581 (LAS, Abt. 7, 5137) vff Toddendorff, Mejer 1649: Todtendorp, Danckw. 1652: Toddendorp, 1694 (LAS, Abt. 7, 5093) zu ... und Tondorf, 1856 (Schröder-Biernatzki, Top.[2] II, S. 531) Tonndorf – „Dorf – mnd. *dorp*, nnd. *Dörp* – des Todo", ein Kurzname, der mit expressiver Anlautverschärfung zu *Dodo* und somit zu mit *Theud-*, *Thiud-*, *Thied-* und *Diet-* beginnenden Vollnamen gehört (vgl. H. Kaufmann, Untersuchungen zu altdeutschen Rufnamen, S. 134–135 u. Ergänzungsband, S. 96). *Tonndorf* bei Rahlstedt, heute in Groß-Hamburg, darf im Hinblick auf die älteren Formen nicht mit *Todendorf* bei Bad Oldesloe im Kreis Stormarn verwechselt werden (vgl. W. Laur, Ortsnamenlexikon, S. 648). Im Gegensatz zu diesem, das auch in der Mundart *Todendörp* heißt, ist im Falle von *Tonndorf Toden-* bereits verhältnismäßig früh zu *Tonn-* kontrahiert worden.

Tonndorfer See (Tonndorf, O.-Amt u. Bez. Wandsbek) SN, mda. *Tonndörper See* – 1856 (Schröder-Biernatzki, Top.[2] II, S. 531) Tonndorfer-See – „See von Tonndorf".

Tonradsmoor (Volksdorf, O.-Amt Walddörfer, Bez. Wandsbek) FN – Flurnamensamml. Wegemann 1920–1933: Tonratmoor – „Moor von Tonrade", ein im 18. Jahrh. überlieferter Flurname, der wohl aus nd. *Toon* = „Tonerde" und *Rade*, nd. *Rå* in der Bedeutung „Rodung" zusammengesetzt ist.

Treudelberg (Mellingstedt, O.-Amt Walddörfer, Bez. Wandsbek) Ortstl. u. StrN, früher Hufe, mda. *Treidelbarch*, *Trünelbarch* – 1856 (Schröder-Biernatzki, Top.[2] II, S. 140) Treidelberg, Meßtischbl. 1880: Trendelberg – „Berg, Erhebung, an der entlang früher die Lastschiffe getreidelt wurden". Die Form *Treudel* mit einem *eu* stellt eine Nebenform dar, wie es auch im Mittelniederdeutschen *treilen*, *troilen* heißt (vgl. H. Beckershaus, Straßennamen, S. 359).

Trillup (Mellingstedt, O.-Amt Walddörfer, Bez. Wandsbek) h. StrN u. Ortstl., früher Vollhufe – 1856 (Schröder-Biernatzki, Top.[2] II, S. 83) Trillup, Meßtischbl. 1880: Trillup – Wohl Scherzname in der Befehlsform *drill up* = „dreh auf" zu *drillen* = „drehen" oder auch „quälen" und *up* = „auf".

Trostbrücke (Altstadt, O.-Amt u. Bez. Hamburg-Mitte) Brücken- u. StrN, mda. *Troostbrüch* – 1248–1274 (StAH, 231, I 1 Bd 1, Lib.act., S. 87_1) supra ponte campsori, in ponte Throst, 1264 (ZHG 1, 1841, S. 379, Lib.act.) super Ponte Trostes, 1288 (Hamb. Schuldb. 186) trans pontem Trost, 1331 (HUB II, 844) iuxta pontem, qui vulgariter dicitur Trostes brucke, 1335 (HUB II, S. 652, Anm. 1) iuxta Trostisbrugghe, 1458 (Zunftrollen S. 66) bij der Trostebrugge – H. Olsen vermutet eine Benennung nach dem Namen, wohl Beinamen, eines früheren Grundbesitzers *Trost* (vgl. H. Olsen, Historisches Verzeichnis, S. 20). Die frühen Belege mit einer starken Genitivform des Bestimmungswortes würden dafür sprechen.

Gaedechens erwähnt nach einer Chronik ein Marienbild und ein Kruzifix, das dem zum Tode Verurteilten Trost spenden sollte (vgl. Gaedechens, Topographie, S. 84), allem Anschein nach aber eine frühe volksetymologische Umdeutung, da der Name der Brücke nachweislich älter ist. Die lateinische Benennung *pons campsoris* oder *campsorum* bedeutet „Wechslerbrücke“ (vgl. H. Beckershaus, Straßennamen, S. 360).

Twehlenbek (z. Mellingbek, Lemsahl-Mellingstedt, O.-Amt Walddörfer, Bez. Wandsbek) FlN – 1855 (Schröder-Biernatzki, Top.^{2} I, S. 161) Twehlenbek, Flurnamensamml. Wegemann 1920–1933: Twelenbeck – „Gabelförmig sich teilender Bach“ zu nd. *Twel* = „Zwiesel, gabelförmiger, zweischössiger Zweig“ (vgl. O. Mensing V, Sp. 216) und *Bęk* = „Bach“.

U

Uhlenbuschbrack (Wilhelmsburg, O.-Amt Wilhelmsburg, Bez. Harburg) GewN – „Brack, d. h. Stelle, an der früher der Deich durchbrochen ist, bei einem Eulenbusch“ zu nd. *Uul* = „Eule“.

Uhlenhorst (O.-Amt Barmbek-Uhlenhorst, Bez. Hamburg-Nord) Stdttl., früher Hof – 1713 (ZHG 29, 1928, S. 173, Verordn.) die Uhlenhorst, 1744 (J. Klefeker, Samml. d. Hamb. Gesetze u. Verfassungen V, S. 98) auf der Uhlenhorst, 1856 (Schröder-Biernatzki, Top.^{2} II, S. 547) Uhlenhorst – Der Orts- und Flurname *Uhlenhorst* in der Bedeutung „Eulenhorst“ zu nd. *Uul* = „Eule“ und *Horst* = „Gestrüpp, Gebüsch“ (in dem sich Eulen aufhalten) ist mehrfach belegt (vgl. W. Laur, Ortsnamenlexikon, S. 662). Dabei ist aber die Herleitung von einem Personennamen-Beinamen, wie Olsen vorschlägt (vgl. H. Olsen, Historisches Verzeichnis, S. 20), wegen der allgemeinen Verbreitung dieses Namens nicht wahrscheinlich. Unser Name bezog sich ursprünglich auf einen Hof im Nordosten an der Osterbek. Zusammen mit Mundshof sprach man von den Immenhöfen (vgl. A. Braun, Hamburg-Uhlenhorst, Entwicklung und Sozialstruktur eines citynahen Wohnquartiers; Hamburg 1972, S. 8).

Uhlenhorster Kanal (Uhlenhorst, O.-Amt Barmbek-Uhlenhorst, Bez. Hamburg-Nord) GewN – „Kanal in Uhlenhorst“.

Unterburger Schleusengraben (Moorburg, O.-Amt Süderelbe, Bez. Harburg) GewN – „Schleusengraben von Unterburg“ – *Unterburg* als Name eines Ortsteils von Moorburg.

Unterburger Wetterung (Oberste, Unterste) (Moorburg, O.-Amt Süderelbe, Bez. Harburg) – „Wettern, Wetterung, d. h. Abzugsgraben, von Unterburg“.

+ **Up dem Horn** (Moorburg, O.-Amt Süderelbe, Bez. Harburg) FN – Elbkarte M. Lorck 1568: Up dem Horn – „Auf dem Horn, dem Vorsprung“.

+ **Up den Lichten** (Moorburg, O.-Amt Süderelbe, Bez. Harburg) FN – Elbkarte M. Lorck 1568: Up den Lichten – *Lichten* gehört zum Wortstamm, der in unserem *lichten* im Sinne von „heben, hoch heben“, *leicht*, *Lucht* und *Luft* vorliegt und etwas „Erhöhtes“ bezeichnet, wie im vergangenen *Lichten* bei Hohenhorst im Kreise Pinneberg und *Up de Lichten* in Neuendeich (vgl. W. Laur, Ortsnamenlexikon, S. 430).

+ **Urenfleet** (= Moorfleet) – Siehe Moorfleet.

+ **Urenfleet** (Cranz, O.-Amt Süderelbe, Bez. Harburg) Dorf – 1294/95 (Regesten Harburg 58, Abschr. 19. Jahrh. nach einem Lehnsreg. um 1300) in Urenvlethe, um 1350 (Regesten Harburg, Nachtrag 192a) in Urenvlete, 1361 (HKR I, 74 ff.) Urenvlethe, 1374 (Regesten Harburg 302) in Urenvlethe, 1397 (Regesten Harburg 422) in … Urenvlete, 1411 (HKR II, 20_{17}) in Urenvlet, 1423 (Regesten Harburg 560) in … Urenvlete – Der gleiche Name wie mnd. *Urenvlêt*, heute *Moorfleet*, in Billwerder, vgl. S. 168, mit dem es nicht verwechselt werden darf (vgl. C. Walther, Urenvlet: MVHG Bd 11, 1911 [1912], S. 18–22).

+ **Utmörau** (Ochsenwerder, O.-Amt Vier- u. Marschlande, Bez. Bergedorf) FlN – 1334 (HUB II, 956) prope … Utmørowe – Wohl „Au – mnd. *ouwe*, *ôwe*, d. h. Flußlauf, der von Schlamm gereinigt ist“ (vgl. O. Mensing V, Sp. 278).

V

+ **Varenkamp** (Hamm, O.-Amt u. Bez. Hamburg-Mitte) FN – 1565 (SHRU IX, 489, Vidimus 1566) Varenkamp – „Kamp, Feld bei einer Acker- oder Grenzfurche“ zu mnd. *vōr(e), vār(e)* = „Furche, Ackerfurche, Grenzstreifen“ oder auch „bei einer Zufahrt, Durchfahrt“ zu mnd. *vōr(e), vār(e)* in dieser Bedeutung oder auch „mit Farn(kraut)“ zu *Far(n)* (vgl. W. Laur, Ortsnamenlexikon, S. 243).

Veddel (O.-Amt Veddel-Rothenburgsort, Bez. Hamburg-Mitte) Stdttl., früher Insel u. Gut – 1308 (HUB II, 169) inter locum, que Vedele dicitur, 1345 (HUB IV, 206) uppe der Vedelen, 1374 (Regesten Harburg 301) upper Veddelen, 1431 (LAS, Urk.-Abt. 3, 383) up der Vedelen, 1438 (StAH, 710-1 I Bd 4) in Veddele, 1458 (Zunftrollen S. 67) in den Veddelhaken, 1460 (LAS, Urk.-Abt. 3, 391) de Veddelle, 1461 (HKR II, 128_3) illa Veddele, 1485 (HKR III, S. CX_{17}) de Insula Veddele, 1494 (LAS, Urk.-Abt. 3, 83, Abschr. 15./16. Jahrh.) de Veddele, 1545 (LAS, Urk.-Abt. 3, 168) genant die Vettell, Elbkarte M. Lorck 1568: Vedell, 1568 (LAS, Abt. 3, 242) myth der Veddelen, 1569 (Karte D. Drever, Leerhoff Nr. 20) up der Veddel, 1579 (LAS, Urk.-Abt. 3, 247b) die Vedell geheißen, 1603 (LAS, Abt. 3, 19) up der Veddel, 1636 (LAS, Urk.-Abt. 3, 336a) die Feddell, Mejer 1649: Feddel, um 1680 (Karte nach Schildknecht, E. Reinstorf, Eindeichung Wilhelmsburg, nach S. 118) Fiddel, 1856 (Schröder-Biernatzki, Top.^{2} II, S. 551) Veddel, die Große-, die Kleine- – Der Name der Elbinsel und des Gutes *Veddel* kann nicht mit *Wedel* in der Bedeutung „Furt“ zusammengebracht werden, wie O. Tafelsky vorgeschlagen hat (vgl. O. Tafelsky, Von den ehemals Holstein-Pinnebergischen Elbinseln II. Die Elbgüter Veddel und Grevenhof: Die Heimat 70, 1963, S. 202–208), da das *v* hier im Anlaut, wie auch die Aussprache zeigt, im Gegensatz zu einem *w* wie eben in *Wedel* oder *Wandsbek* den f-Laut bezeichnet, wie in den meisten Wörtern und Namen. Dohm hatte auf mnd. *vēdele, veddele* = „Fiedel“ hingewiesen (vgl. P. Dohm, Holsteinische Ortsnamen, S. 120). Dieses Wort – ahd. *fidula*, mhd. *videl(e)*, nhd. *Fiedel* – geht als Lehnwort auf mlat. *vitula* = „Saiteninstrument“ zurück, und zwar als eine Verkleinerungsform zu italien. *viola*, französ. *vielle*. Dohm dachte an eine an solch ein Instrument erinnernde Form der Deiche, eine Ansicht, die aber Tafelsky ablehnt. Das Wort muß aber irgendwie in übertragener Bedeutung und auf die Form bezogen gebraucht worden sein, da sonst ein Anschluß an einen anderen Begriff als eine befriedigende Deutung nicht zu finden ist, denn auch nd. *Veddel* = „Vettel, altes Weib“ kommt ja kaum in Frage.

+ **Velthusen** (Francop, O.-Amt Süderelbe, Bez. Harburg) Dorf – 1327–1332 (ZHG 6, 1875, S. 111, Necr.cap., Abschr. 17. Jahrh.) in villa Velthusen, 1367 (Regesten Harburg 250) in villa Velthusen, 1482 (Regesten Harburg 898) in … Velthusen – „Zu den Häusern – mnd. *hûsen* –, zur Siedlung im“ oder „am Felde“.

Veringkanal (O.-Amt Wilhelmsburg, Bez. Harburg) GewN – Benannt nach dem Ingenieur Hermann Vering (vgl. H. Beckershaus, Straßennamen, S. 366).

Vierhausen (Kirchwerder, O.-Amt Vier- u. Marschlande, Bez. Bergedorf) Ortstl., mda. *Veer'husen* – 1856 (Schröder-Biernatzki, Top.[2] II, S. 35) Vierhausen – „Zu den vier Häusern“, vgl. dazu den verbreiteten Ortsnamen *Fiefhusen* zu nd. *fief* = „fünf“.

Vierlande (O.-Amt Vier- u. Marschlande, Bez. Bergedorf) LaN, mda. *Veer'lannen* – 1335 (HUB II, 997, Reg., Abschr. 14. Jahrh.) in Pallude, 1561 (HKR VII, 360_9) der 4 lande, 1568 (Zunftrollen S. 28, Abschr. 18. Jahrh.) in den Veerlanden, 1643 (LAS, Abt. 7, 927) in denen Vier Landen, Mejer 1650: der Lübecker vndt Hamburger Vier Länder, Danckw. 1652: die vier Lande, 1855 (Schröder-Biernatzki, Top.[2] I, S. 150) Die Vierlande – So benannt nach den vier Kirchspielen oder „Landen“ Curslack, Altengamme, Neuengamme und Kirchwerder.

Viersielener Schleusenfleet (Neuenfelde, O.-Amt Süderelbe, Bez. Harburg) GewN – „Fleet, d. h. Abzugsgraben, bei“ oder „mit vier Sielen“.

Vierzigstücken (Neuenfelde, O.-Amt Süderelbe, Bez. Harburg) Ortstl. – Meßtischbl. 1880: Vierzigstücken – Durchsichtiger Name.

Vierzigstückenmoor (Neugraben, O.-Amt Süderelbe, Bez. Harburg) FN – „Moor von Vierzigstücken“.

Vogtsbrack (Ochsenwerder, O.-Amt Vier- u. Marschlande, Bez. Bergedorf) GewN – „Brack, d. h. Stelle, an der der Deich durchbrochen ist, des Vogt(e)s“ als Amtsbezeichnung oder als Familienname.

Volksdorf (O.-Amt Walddörfer, Bez. Wandsbek) Stdttl., früher Dorf, mda. *Volksdörp* – 1296 (HUB I, 894) Volcwardesdorpe, 1320 (HUB II, 471, Abschr. 16. Jahrh.) in Volquardistorpe, 1346 (HUB IV, 276) de Volquerstorp, 1349 (HUB IV, 376) in villis … Volquarstorpe (da es zusammen mit Pronstorf, Kreis Segeberg, erwähnt wird, könnte es sich auch um das vergangene Volkerikestorp handeln), 1396 (SHRU VI, 1280) to Volkmerstorpe, 1399 (Hamb. Test. 120) in Peters Volkerstorpes hus, 1437 (HKR III, S. LXXX_{14}) to Volkmerstorpe, 1461 (HKR II, 120_{25}) versus Volkmerstorpe, 1546 (HKR VI, 220_{21}) to Folckerstorpe, Mejer 1649: Folcksdorp, 1856 (Schröder-Biernatzki, Top.^{2} II, S. 553) Volksdorf – „Dorf – mnd. *dorp*, nnd. *Dörp* – des Folcward, Volquart", ein Rufname als Zusammensetzung von unserem Worte *Volk* in der Bedeutung „Schar, Menge" mit *Wart* in der Bedeutung „Wächter" (vgl. H. Olsen, Historisches Verzeichnis, S. 21 u. G.-W. Röpke, Zwischen Alster und Wandse, S. 196 u. auch W. Laur, Historisches Ortsnamenlexikon, S. 670). In den Formen des 14. und 15. Jahrhunderts ist anscheinend eine Umdeutung zum RN *Volkmar* erfolgt.

Volksdorfer Wald (Volksdorf, O.-Amt Walddörfer, Bez. Wandsbek) FN – „Wald von Volksdorf".

+ **Vor dem Dammtor** (Bez. Hamburg-Mitte) Distrikt – 1855 (Schröder-Biernatzki, Top.^{2} I, S. 320) Vor dem Dammthor – Durchsichtiger Name.

Vorderdeich (Reitbrook, O.-Amt Vier- u. Marschlande, Bez. Bergedorf) h. StrN, früher Ortstl. – 1856 (Schröder-Biernatzki, Top.^{2} II, S. 334) Vorderdeich – Durchsichtiger Name.

Vorhorngraben (Lurup, O.-Amt Blankenese, Bez. Altona) GewN, vgl. StrN *Vorhornweg* – Flurnamensamml. Wegemann 1920–1933: Vorhorn – „Graben vor dem Horn, d. h. Vorsprung" oder „am vorderen Horn" als Terrainbezeichnung.

+ **Voßstruuk** (Eppendorf, O.-Amt u. Bez. Hamburg-Nord) FN – 1343 (HUB IV, 171, Abschr. 14. Jahrh.) a loco … Vosstruke – „Fuchsstrauch" zu nd. *Voss* = „Fuchs" und *Struuk* = „Strauch".

+ **Voßwinkel** (Lauenbruch, O.-Amt u. Bez. Harburg) FN – 1411 (Regesten Harburg 497) in … Voswinkele, 1428 (Regesten Harburg 581) Vosswinkel – „Fuchswinkel".

W

Walddörfer (Bez. Wandsbek) O.-Amt, früher Landherrenschaft – 1566 („Waldbuch" des Wolder Scheele, vgl. W. Füßlein, Geschichte der hamburgischen Walddörfer; Hamburg 1837, S. 66) der ältiste Wald Herr, 1753 (StAH, 720-1, Karte, vgl. W. Füßlein, Geschichte der … Walddörfer, S. 48) über die Wald … Dorfer, 1757 (ZHG 61, 1975, S. 121, Specifikation) von denen … Walddörfern, 1856 (Schröder-Biernatzki, Top.[2] II, S. 609) zu den sogen. Walddörfern – Die Benennung *Walddörfer* steht wie noch andere Landstrich- und Flurnamen sozusagen auf der Schwelle zwischen Appellativen und Eigennamen, und daher fällt es oft schwer, die entsprechenden Quellen für die älteren Belege auszumachen. Da es sich aber um den Namen für ein heutiges Ortsamt und früher für eine Landherrenschaft, also eine bestimmte hamburgische Region, handelt und somit um ein Toponym, wird er auch hier aufgenommen. Die Bedeutung ist ja durchsichtig und einsichtig. Es handelt sich dabei für die frühere Zeit um Farmsen, Ohlstedt, Volksdorf und Wohldorf und die heute zu Schleswig-Holstein gehörenden Großhansdorf und Schmalenbeck und den ehemals hamburgischen Teil von Hoisbüttel. Das heutige Ortsamt Walddörfer umfaßt Volksdorf, Bergstedt, Lemsahl-Mellingstedt, Duvenstedt und Wohldorf-Ohlstedt. Als Landherrenschaft bildeten die Walddörfer die sogenannte Waldherrenschaft, für die der bereits seit dem 15. Jahrhundert bezeugte Waldherr zuständig war. Von ihnen wurden die Rühmerdörfer unterschieden, eine untergegangene Landschaftsbezeichnung (von as. *rumo* = „geräumig") für die Region Alsterdorf, Bergstedt, Bramfeld, Meiendorf, Oldenfelde, Rahlstedt, Sasel, Steilshoop im Winkel zwischen Wandse und Alster. Im Gegensatz zu den Walddörfern lagen sie auf geräumtem gerodetem Gelände.

Waldfrieden (Bramfeld, O.-Amt Bramfeld, Bez. Wandsbek) Sdlg. – Durchsichtiger Name.

Waldfrieden (Hausbruch, O.-Amt Süderelbe, Bez. Harburg) Sdlg. – Siehe oben.

Waldteich (Volksdorf, O.-Amt Walddörfer, Bez. Wandsbek) SN – Durchsichtiger Name.

+ **Walhave** (Sinstorf, O.-Amt u. Bez. Harburg) FN – 1497 (Schatz- u. Zinsverz., S. 92) in dem Walhave, 1523/1525 (Regesten Harburg 1127,

Abschr. 17. Jahrh.) in deme Walhave – Wohl „Hufe, Hof" zu mnd. *hove*, *have*, nnd. *Hof*, *Håf* (vgl. *Witzhave* bei Trittau im Kreis Stormarn – W. Laur, Ortsnamenlexikon, S. 706) „bei, an einem Wall", wobei dieses Wort auch eine Grabenkante bezeichnen kann.

Waltershof (O.-Amt Finkenwerder, Bez. Hamburg-Mitte) IN, h. Stdttl. – 1856 (Schröder-Biernatzki, Top.^{2} II, S. 562) Waltershof, Meßtischbl. 1880: Waltershof – Benannt zu Ende des 18. Jahrhunderts nach dem Senator Walter Beckhoff (vgl. H. Olsen, Historisches Verzeichnis, S. 21).

+ **Walzingdorf** (Billwerder, O.-Amt Vier- u. Marschlande, Bez. Bergedorf) Dorf – 1162 (HUB I, 224) Walzingetorp, 1180 (so nach MUB I, 131, Ratzeb. Kop., nach HUB I, 244–1178) Waldigkedorp – „Dorf – mnd. *dorp*, nnd. *Dörp* – der Walzinge", d. h. „der Leute des Walzo, Walizo", eine hypokoristische Kurzformbildung zu Rufnamen auf *Walha-*, das zu ahd., as. *wal(a)h* = „Kelte, Welscher, Romane" gehört. Beim Bestimmungswort handelt es sich um einen Gruppennamen als Bildung mit dem Suffix *-ing* zu einem Rufnamen.

Wandrahmsfleet (Altstadt, O.-Amt u. Bez. Hamburg-Mitte) GewN – „Fleet, d. h. Wasserlauf, am Wandrahm", heute ein Straßenname. Hier befanden sich Wandrahmen, d. h. Gestelle, in die gefärbtes Tuch zum Trocknen und Glätten gespannt wurde (vgl. H. Olsen, Historisches Verzeichnis, S. 21).

Wandsbek (O.-Amt u. Bez. Wandsbek) Stdttl., früher Stadt u. davor Flecken – 1296 (HUB I, 894) Wantesbeke, 1346 (HUB IV, 276) Thideke Wantesbeke, 1350 (HUB IV, 427) de Wantesbeke, 1463 (HKR II, 182_{17}) de Wantesbeke, 1496 (LAS, Urk.-Abt. B, 100) tom Wandeßbeke, 1502 (DMR S. 552) tome Wandesbek, 1525 (LAS, Urk.-Abt. B, 117) to Wandeszbecke, 1556 (LAS, Urk.-Abt. B, 163, kaiserl. Urk.) Hof Wandisbeck, 1564 (LAS, Urk.-Abt. B, 182) mit dem Hofe Wandesbecke, 16. Jahrh. (SHRU IX, 474, Rückschr.) tho Wandesbeke, 1565 (SHRU IX, 489, Vidimus 1566) tindes der Wandesbecker wischen, 1568 (SHRU IX, S. 267, 2, Verz.) Wandesbegke, 1594 (SHRU IX, S. 483, 88, Test.) daß gudt Wandesbeck, 1594 (Hamb. Bursprak. 145, 19) to … Wandesbeke, 1598 (Zunftrollen S. 257, Abschr. 17. Jahrh.) Wandeszbecke, 1608 (LAS, Abt. 7, 5074) zu Wandesbeke, Mejer 1649: Wandesbeck, 1694 (LAS, Abt. 7, 5093) von Wandesbeck, 1856 (Schröder-Biernatzki, Top.^{2} II, S. 563) Wandsbek – *Wandsbek* ist uns nur als Ortsname überliefert; das Grundwort *Bęk* zeigt aber, daß es sich um die Übertragung eines ursprünglichen

Gewässernamens auf den Ort handelt, und zwar bezog er sich auf den heute *Wandse*, *Eilbeker* und *Mundsburger Kanal* genannten Wasserlauf. Man hat den Orts- und Gewässernamen zu einem Wort as. *wanda* in der Bedeutung „Wende, Grenze" stellen wollen (vgl. W. Laur, Ortsnamen, S. 332, H. Olsen, Historisches Verzeichnis, S. 21, W. Grabke, Wandsbek und Umgebung; Hamburg 1960, S. 28–29 u. G.-W. Röpke, Zwischen Alster und Wandse, S. 15). Bei solch einer Namenbildung hätten wir aber kein Genitiv-s zu erwarten, zumal es sich bei *wanda*, **wande* um ein Femininum handelt, vgl. Ortsnamen wie *Alten-* und *Nienkattbek* zu nd. *Katt* = „Katze", *Mühlenbarbek* oder *Wennebek*. Wie im Falle von *Wanzleben* in Sachsen-Anhalt – alt *Wantesleibo* – wird der Rufname *Wand* vorliegen, der als Kurzform zu mit *Wand-* beginnenden Vollnamen zu unserem heutigen Wort *wenden* gehört (vgl. H. Kaufmann, Ergänzungsband, S. 384). Mit Personennamen zusammengesetzte Gewässernamen sind durchaus verbreitet, vgl. *Jersbek* nordöstlich von Hamburg im Kreis Stormarn – 1310 *Vrekesbeke*, 1596 *Girßbeke* – zum PN *Gerik*, *Jerik* oder das vergangene *Wenekenbek* – 1222 *Wenekenbeke* – zum PN *Weneko* bei Plön.

Wandse (entspringt b. Siek i. Kr. Stormarn u. mündet als Mundsburger Kanal i. d. Alster) FlN – 1855 (Schröder-Biernatzki, Top.[2] I, S. 161) den Eilbek oder die Wanse, Meßtischbl. 1880: Wandse – Der Flußlauf, nach dem *Wandsbek* seinen Namen trägt und der oben beschrieben worden ist, weist und wies je nach dem betreffenden Abschnitt verschiedene Namen auf, die oben erwähnt sind. Dabei ist der Flußname *Wandse* jung und erst seit dem 19. Jahrhundert überliefert. Er stellt eine sog. Rückbildung zum Ortsnamen *Wandsbek* dar (vgl. W. Laur, Ortsnamen, S. 340).

+ **Wankel (Wancefleet)** (Billwerder, O.-Amt Vier- u. Marschlande, Bez. Bergedorf) GewN u. Dorf – Um 1330 (ZHG 6, 1875, S. 126) de villa Wancefleet, 1621 (Aegidius a Couwenberchs Elbkarte) im Wanckel – Der wenigen und unterschiedlichen Formen wegen nur schwer zu deuten, vielleicht ein ursprüngliches **Wankevlêt*.

Warwisch (Kirchwerder, O.-Amt Vier- u. Marschlande, Bez. Bergedorf) Ortstl., früher Bauernschaft – 1318 (HUB II, 430) to Warwysch, 1344 (HUB IV, 209) in Warewische, 1347 (HUB IV, 318, Abschr. um 1400) jegen Warwisch, 1422 (UBStL VI, 434, Abdr. Ende 17. Jahrh.) de Warwisscher kluft, 1455 (UBStL IX, 257) to Warwischk, 1856 (Schröder-Biernatzki, Top.[2] II, S. 35) Warwisch – „Wiese – nd. *Wisch* – bei einem Wehr" oder „einem Fischzaun" zu **war* wohl in dieser Bedeutung wie im vergangenen *Warstede* bei Wewelsfleth in der Wilstermarsch (vgl. W. Laur, Ortsnamenlexikon, S. 679).

Waseberg (Blankenese, O.-Amt Blankenese, Bez. Altona) FN, h. StrN, mda. *Waasbarch* – 1790 (LAS, Abt. 112, 1651, Eb) opn Wahsbarg, 1855 (Schröder-Biernatzki, Top.[2] I, S. 223) durch den … Waseberg – Zu nd. *Wås* = „Reisig, Holzbündel“ oder auch „Soden, Rasen“ (vgl. O. Mensing V, Sp. 499), vielleicht in der Bedeutung „Berg, Erhebung, von der man Reisig“ oder „Soden holte“.

+ **Wasserburg** (Billwerder, O.-Amt Vier- u. Marschlande, Bez. Bergedorf) Pachthof – 1856 (Schröder-Biernatzki, Top.[2] II, S. 162) Wasserburg – Wohl Benennung in übertragener Bedeutung.

Wechselwerder (östl. Teil v. Altengamme, O.-Amt Vier- u. Marschlande, Bez. Bergedorf) FN – Flurnamensamml. Wegemann 1920–1933: Wechselwärder – Das Wort *Wechsel*, nd. *Wessel*, bezieht sich auf die Wechselwirtschaft, den Wechsel in der Bepflanzung und Fruchtfolge.

Wedeler Au (Nebenfl. d. Elbe, Rissen, O.-Amt Blankenese, Bez. Altona) FlN – 1603 (LAS, Urk.-Abt. 3, 278, Abschr.) die Aue, Mejer 1850: Wedelbeck, 1856 (Schröder-Biernatzki, Top.[2] II, S. 573) an der Wedeler-Au – „Au von Wedel“.

Weide (Spadenland, O.-Amt Vier- u. Marschlande, Bez. Bergedorf) früher Distrikt, vgl. StrN *In der Weide* – 1856 (Schröder-Biernatzki, Top.[2] II, S. 575) Weide – Durchsichtiger Name.

Wellingsbüttel (O.-Amt Alstertal, Bez. Wandsbek) Stdttl., früher Kanzleigut – 1296 (HUB I, 894) Wellingsbutle, 1349 (HUB IV, 382) in Wallinghesbůtle, 1382 (SHRU VI, 443, Abschr. 1656) unse dorp … Wallingesbüttel, 1391 (SHRU VI, 948) use slote … unde Welingbutle, 1412 (Wellingsbüttl. Urk. I, S. 20, Abschr.) unses stichtes dorp Wellinghbuttele, 1510 (Wellingsbüttl. Urk. I, S. 30) unszes stichtes dorpp Wellingbuttell, 1552 (LAS, Urk.-Abt. B, 158) to Wellingeßbuttel, 1563 (LAS, Urk.-Abt. B, 181, Transs. 1574) Wellingesbuttell genantt, 1566 (Wellingsbüttl. Urk. I, S. 43, Abschr.) zum Wellingsbuttell, zu Willingsbuttell, 1568 (SHRU IX, S. 267, 2, Verz.) Wellingsbuttel, 1594 (SHRU IX, 1027, 64, Test.) Wellingsbuttell, 1628 (Wellingsbüttl. Urk. II, S. 21, Abschr.) Wellingsbüttell, 1645 (LAS, Abt. 7, 6379) zue Wallingsbüttel, Mejer 1649: Wellingbuttel, Danckw. 1652:

Wellingsbüttel, 1856 (Schröder-Biernatzki, Top.[2] II, S. 577) Wellingsbüttel – Wohl „Büttel, d. h. Siedlung, des Walding, Welding, Welling". Des Genitiv-s wegen, das uns neben *Welling-* bereits in den ältesten Formen begegnet, werden wir kaum eine Mehrzahlform *Wellinge-* anzunehmen haben, wie es Olsen vermutete (vgl. H. Olsen, Historisches Verzeichnis, S. 21), sondern eine Einzahlform, und zwar eine Bildung mit dem Suffix *-ing* als ein Patronymikon von einer Kurzform wie *Waldo* zu mit *Wald-*, *Wall-* beginnenden Vollnamen wie etwa *Walther*. Da uns in den mittelalterlichen Formen mehrfach ein *a* begegnet, ist das *e* in den heutigen und in den alten Formen als das Produkt des i-Umlautes von *a* anzusprechen, hervorgerufen durch das *i* des Suffixes *-ing* (vgl. K. Casemir, Ortsnamen auf -büttel, S. 206–207).

+ **Wendemuth** (Wandsbek, O.-Amt u. Bez. Wandsbek) Meierhof u. Lustschlößchen, vgl. StrN *Wendemuthstraße* – 1678 (LAS, Abt. 15, 472, Abschr. 1730) Wendemuth, 1725 (LAS, Abt. 15, 472, Abschr. 1730) das Guht Wendemuth, 1855 (Schröder-Biernatzki, Top.[2] I, S. 521) Wendemuth – Auf einer Hinschenfelder Hufe errichtete zu Anfang des 17. Jahrhunderts der Wandsbeker Gutspächter Basilier einen „Lusthof". Auf ihn geht wahrscheinlich auch der Name *Wendemuth* zurück, der wohl eine Befehlsform im Sinne von „Wende den Unmut" darstellt (vgl. W. Grabke, Wandsbek und Umgebung, S. 68–69). Nach diesem Besitz ist die *Wendemuthstraße* in Wandsbek benannt und nach dieser wiederum die *Wendemuthstraßenbrücke*, während der Name *Wendemuthkai* in Steinwerder auf den Erbauer des Elbtunnels Georg Ludwig Wendemuth zurückgeht (vgl. H. Beckershaus, Straßennamen, S. 380).

Wendlohe (Schnelsen, O.-Amt Lokstedt, Bez. Eimsbüttel) Gut u. Ortstl., früher Holzvogtsstelle – 1789 (LAS, Abt. 112, 293, Eb) Wendloh, Lüttwendloh, Wendlohwisch, Wendlohrey, 1856 (Schröder-Biernatzki, Top.[2] II, S. 411) Wendlohe, Meßtischbl. 1880: Wendlohe – „Gehölz, Hain" oder auch „sumpfige Stelle" – nd. *Lohe* – „an der Wende".

Wendlohgraben (Schnelsen, O.-Amt Lokstedt, Bez. Eimsbüttel) GewN – „Graben bei Wendlohe".

Wensenbalken (Volksdorf, O.-Amt Walddörfer, Bez. Wandsbek) FN, h. StrN – 1782 (Flurnamensamml. Wegemann, Hamburg, nach Reincke) Wensenbalken, 1856 (Schröder-Biernatzki, Top.[2] II, S. 553) Wendischen-Balken (Weensen-Balken), 1908 (Oldekop, Top.2, XVIII, S. 5) Wensenbalken – Der jungen und unterschiedlichen Formen wegen nur schwer zu deuten. *Wendischen-* könnte auf den Volksnamen der *Wenden* hinweisen und vielleicht auf alte Grenzen und Auseinandersetzungen zurückgehen. Es könnte aber auch mit dem Worte *Wende* zusammenhängen. *Wensen-* könnte dazu eine verkürzte Eigenschaftswortform darstellen – **Wendeschen-* zu *Wensen-*. Das Wort *Balken* in Flurnamen bezieht sich auf eine Erhebung, einen Höhenzug. Mit Recht hebt Reincke im Stormarnbuch hervor, daß es für die Annahme, beim Wensenbalken habe es sich um den Platz des Stormarner Godings gehandelt, keine näheren Hinweise gebe. Vielleicht gründet sie sich auch darauf, daß der Platz des Altholsteiner Godings bei Hohenwestedt *Jahrscher Balken* heißt. Es handelt sich aber um einen jüngeren Platz dieses Godings, und das Wort *Balken* in Flurnamen weist eben nicht auf einen Gerichts- oder Versammlungsplatz hin, sondern einfach auf einen Höhenzug (vgl. auch das über Mellingstedt Gesagte). Nur schwer zu folgen ist der Argumentation bei Beckershaus, *Wensenbalken* gleich *Wendischen-Balken* gehe auf die „Wendenzeit" zurück, wobei auf die Titulatur des dänischen Königs *König ... der Goten und Wenden* hingewiesen wird (vgl. H. Beckershaus, Straßennamen, S. 380). Wie anfangs erwähnt, könnte der Flurname auf Auseinandersetzungen mit den im Nordosten und Osten, bereits im heutigen Kreise Stormarn, siedelnden slawischen Wagriern, den Wenden, zurückgehen. Der dänische König war als Herzog von Holstein überall im Lande Landesherr, und sein Titel *König ... der Wenden* bezog sich ja auf die mittelalterliche dänische Herrschaft an der südlichen Ostseeküste. Ebensowenig können wir der Deutung von H. Reich folgen (vgl. H. Reich, Wensenbalken: Die Walddörfer 11, 1973, S. 107), der *Wensen-* zu *Fenne* oder *Venn, Fehn* stellt, und zwar als eine Bezeichnung für sumpfiges Land. Wie öfters bei Laiendeutungen wird hier nicht der Unterschied zwischen einem stimmhaften Konsonanten *-w-* und einem stimmlosen *-f-* erkannt, ein Fehler, der uns auch bei den Deutungsversuchen zum Inselnamen *Veddel* begegnete.

Werder – *Werder* – mnd. *werder*, *warder*, nnd. *Warder* – stellt eine Weiterbildung mit einem *r*-Suffix zu ahd. *wërid*, as. *wërith*, vgl. Insel- und Ortsnamen auf *-werth*, dar und hat die Bedeutung von „Insel, Halbinsel" (vgl. W. Laur, Ortsnamenlexikon, S. 677).

\+ **Werdering-Elbe** (Elbarm südl. v. Gorrieswerder) GewN – 1368 (Regesten Harburg 254, Transs. 1370) upper Werderingheleve, 1369 (Regesten Harburg 258, Abschr. 15. Jahrh.) Werderinge Elve, 1388 (Regesten Harburg 352, Abschr. Anf. 15. Jahrh. u. 17. Jahrh.) up der ... Werdering-Elve – Wohl „Elbe der Werderinge, d. h. der Bewohner eines

Werders", ein Bewohnername als eine Bildung mit dem Suffix *-ing* zu Werder = „Insel, Halbinsel".

+ **Westerhusen** (Moorburg, O.-Amt Süderelbe, Bez. Harburg) Örtlichkeit – Elbkarte M. Lorck 1568: Westerhusen – „Zu den westlich gelegenen Häusern, zu der westlich gelegenen Siedlung" zur Himmelsrichtungsbezeichnung *wester* und *-husen* als Dativ-Pluralis-Form zu mnd. *hûs* = „Haus" (vgl. *Westerhusen* bei Volsemenhusen in Dithmarschen – W. Laur, Ortsnamenlexikon, S. 691).

Wettern – Mnd. *weteringe*, mnl. *wateringe*, nnd. *Wettern*, *Wetterung*, *Wätering*, stellt eine Bildung mit dem Suffix *-ing* zu nd. *Wåter*, nl. *water* = „Wasser" dar und bezeichnet einen Abzugs- oder Entwässerungsgraben (vgl. W. Laur, Ortsnamenlexikon, S. 643).

+ **Wevelsbek** (rechter Nebenfl. v. Isebek, Harvestehude, O.-Amt u. Bez. Eimsbüttel) FlN – 1599 (Gaedechens, Topographie, S. 112) op dem Weuersbeke – Der Form von 1599 wegen wohl „Bach – nd. *Bęk* – des Webers" zu nd. *Wewer*, vielleicht als ein Beiname gebraucht.

+ **Wiedenburg** (mittelalterl. Burg u. später Teil d. mittelalterlichen Stadt b. d. Reichenstraße u. Hopfensack, Altstadt, O.-Amt u. Bez. Hamburg-Mitte) – 1248–1274 (StAH, 231, I 1 Bd 1, Lib.act) Wydenborch, 1288 (Hamb. Schuldb. 118) in Widenborg, 1333 (Gaedechens, Topographie, S. 46, Anm. 11) super Wideneburg, 1468 (HKR II, 358_8) super Widenborg, 1698 (ZHG 18, 1914, S. 106, Traktat) die Widenborg – Entweder „Burg – mnd. *borch* – des Wido", ein Rufname, der nach Kaufmann zu unserem Worte *weit*, nd. *wied*, gehört (vgl. H. Kaufmann, Ergänzungsband, S. 398), oder auch mnd. **tor wîden borch* = „zur weiten Burg" oder in der Bedeutung „Burg bei Weiden" (vgl. K. Koppmann, Häusernamen 2. Burgen: MVHG Bd 2, 1881 [1882], S. 117, K. Nirrnheim, Widenburg: MVHG Bd 12, 1915 [1916], S. 165–166 u. Th. Schrader, Die Widenburg: ZHG 18, 1914, S. 104–114). *Wiedenburg* nennt man aber auch eine nicht genau lokalisierte erzbischöfliche Burg, die 1012 erbaut und 1066 von den Slawen zerstört wurde, nach Bocklitz die ausgegrabene Turmburg bei Speersort. Ob sich dabei der überlieferte Name bereits auf diese Burg bezog, ist nicht ganz klar (vgl. K. Bocklitz, Hamburgische Festungsanlagen. In: A. Clasen, A. Bocklitz, Studien zur Topographie Hamburgs. Beiträge zur Geschichte Hamburgs Bd 14; Hamburg 1979, S. 100–101 u. R. Busch, Mittelalterliche Stadtarchäologie im Zentrum Hamburgs. In: Domplatzgrabung in Hamburg. Hrsg. v. R. Busch; Neumünster 1995, S. 22).

Wilhelmsburg (O.-Amt Wilhelmsburg, Bez. Harburg) Stdttl., früher Stadt, mda. *Willemsborch* – 1672 (E. v. Grote-Ebstorf, Beiträge, S. 104) … unter dem Namen der Herrschaft Wilhelmsburg bestehen werden mögen, um 1680 (Karte nach Schildknecht, E. Reinstorf, Eindeichung Wilhelmsburg, nach S. 118) Wilhelmus Burgk – Die ehemaligen Groteschen Ländereien im Bereich von Stillhorn und Gorrieswerder, die in den Besitz der Herzöge von Braunschweig-Lüneburg, später der Kurfürsten von Hannover, übergegangen waren, wurden seit dem Ausgang des 17. Jahrhunderts nach Herzog Georg Wilhelm *Wilhelmsburg* genannt.

+ **Willersbrack** (b. Billwerder u. d. Steinbeker Fähre, O.-Amt Vier- u. Marschlande, Bez. Bergedorf) GewN – 1162 (HUB I, 109) Wilredesfleth, 1328 (HUB II, 725, Abschr. 14. Jahrh.) prope locum dictum Willersbrak, 1339 (HUB IV, 80, Abschr. 14. Jahrh.) circa locum, qui Willersbrak … nuncupatur – Ursprünglich „Fleet, d. h. Wasserlauf", dann „Brack, d. h. Stelle, an der früher der Deich durchbrochen war, des Willerad", ein Rufname, der aus ahd., as. *will(i)o*, unserem Wort *Wille*, und *rad*, unserem Worte *Rat*, in der Bedeutung „Ratgeber" zusammengesetzt ist. Die Form *Willersbrack* kann auch als eine elliptische aus **Willers(fleth)brack* entstanden sein.

Wilstorf (O.-Amt u. Bez. Harburg) Stdttl., früher Dorf, mda. *Wilsdörp* – 1202 (HUB I, 335) Wildesdorp, 1294/95 (Regesten Harburg 58, Abschr. 19. Jahrh. nach Lehnsreg. um 1300) in Wildestorpe, 1304 (HUB II, 83) in Willesdorpe, 1307 (HUB II, 130, Abschr. 14. Jahrh.) in Wildestorpe, in Willestorpe, in Willestorp, 1322/1337 (Regesten Harburg 115, Abschr. 1625) in Wildestorpe, 1327–1332 (ZHG 6, 1875, S. 146, Necr.cap., Abschr. 17. Jahrh.) in Wildestorp, 1332/33 (Regesten Harburg 133, Lehnsreg. 14. Jahrh.) in Wildestorpe, 1333 (HUB II, 932, Abschr. 14. Jahrh.) in Wildestorp, 1339 (Regesten Harburg 161, Abschr. 1625) in Wildestorpe, 1361 (Regesten Harburg 229) in Wildestorp, 1406 (Regesten Harburg 477) to Wildestorpe, 1417 (Regesten Harburg 527, Abschr.) in … Willedestorpe, 1432 (Regesten Harburg 597) in Wildestorpe, 1450/51 (Schatz- u. Zinsverz., S. 33) Wildestorppe, 1453 (Regesten Harburg 671) in Wuldestorppe, 1497 (Schatz- u. Zinsverz., S. 97) Wildestorppe, 1523/1525 (Regesten Harburg 1127, Abschr. 17. Jahrh.) Wildestorp – „Dorf – mnd. *dorp*, nnd. *Dörp* – des Wild(o)", ein Rufname, der zu unserem Worte *wild* gehört (vgl. H. Kaufmann, Ergänzungsband, S. 403).

+ **Windsberge** (Stellingen, O.-Amt Stellingen, Bez. Eimsbüttel) FN – 1856 (Schröder-Biernatzki, Top.[2] II, S. 96) die sog. Windsberge (vorm.

Binsberge) – Aus dem Beleg geht nicht hervor, wie die ursprüngliche Form lautet, *Windsberge* würde für eine Zusammensetzung mit dem Worte *Wind* in der Bedeutung „windige Berge“ sprechen.

+ **Winkel** (Lokstedt, O.-Amt Lokstedt, Bez. Eimsbüttel) FN – 1347 (HUB IV, 339, Verz., Abschr. 1581–1586) locum Winkel – Durchsichtiger Name.

+ **Winserbaum** (a. Meßberg, Altstadt, O.-Amt u. Bez. Hamburg-Mitte) Tor, dann Gefängnis – 1326 (Gaedechens, Topographie, S. 45) iuxta Winserboom, 1385 (daselbst) iuxta Winserboom, 1454 (Zunftrollen S. 235) vor deme Winserbome, Mejer 1651: Winserboem – Wie *Winsertor* und *Winserturm* nach der Straße nach Winsen benannt. Zu *-baum* vgl. Eppendorfer Baum.

Winterhude (O.-Amt u. Bez. Hamburg-Nord) Stdttl., früher Dorf, mda. *Winter'hud* – 1250 (HUB I, 556, Abschr.) in villa Winterhude, 1317 (HUB II, 392, Abschr. 14. Jahrh.) in villa Wintherhudhe, 1323 (HUB II, 589, Abschr. 16. Jahrh.) ville Winterhuden, 1347 (HUB IV, 317) ville dicte Winterhude, 1349 (HUB IV, 382) de Winterhude, 1508 (VBHK 17, 9b) in Winterhude, Mejer 1650: Winterhude, 1856 (Schröder-Biernatzki, Top.[2] II, S. 603) Winterhude – Die Jahreszeitenbezeichnung *Winter* bezieht sich wie die entsprechende *Sommer* in entgegengesetzter Bedeutung in Orts- und Flurnamen auf die der Sonne abgekehrte Seite oder im Falle von Gewässernamen auch auf Wasserarmut, das heißt auf bestimmte Bäche, die nur im Winter Wasser führen (vgl. W. Laur, Ortsnamenlexikon, S. 702). Das Grundwort ist *Hude* in der Bedeutung von „Anlegeplatz“ (s. d.).

Wisch – As. *wiska*, mnd. *wisch*, nnd. *Wisch* = „Wiese“ stellt eine Bildung mit einem *sk*-Suffix zu unserem Worte *Wiese* dar, ahd., as. *wiso*, das zu einer Wurzel gehört, die „feucht“ bedeutet, vgl. den Flußnamen *Weser* als eine Bildung mit einem *r*-Suffix. Das Wort *Wisch* weist im Niederdeutschen sowohl einen kurzen – *Wisch* – als auch einen langen Vokal auf – *Wiesch*, ein Unterschied, der anscheinend in eine ältere Zeit zurückgeht und verschieden erklärt wird (vgl. W. Laur, Ortsnamenlexikon, S. 703).

+ **Wisch** (Altengamme, O.-Amt Vier- u. Marschlande, Bez. Bergedorf) Örtlichkeit – Mejer 1649: Wische – Siehe oben.

+ **Wittelake** (b. Finkenwerder, O.-Amt Finkenwerder, Bez. Hamburg-Mitte) GewN – 1442 (Zunftrollen S. 66) umme de Wittelake – „Weiße

Lake“, d. h. „weißes stehendes Gewässer“ oder auch „Wasserlauf“ zu nd. *witt* = „weiß“ und *Lake* (s. d.).

Wittenbergen (Blankenese, O.-Amt Blankenese, Bez. Altona) Ortstl., früher Hsr. – Mejer 1649: Wittenberg, Danckw. 1652: Wittenbergen, 1855 (Schröder-Biernatzki, Top.[2] I, S. 223) Wittenbergen – Wie *Wittenberg* im Kreise Plön oder *Wittenbergen* bei Hamdorf bei Rendsburg oder bei Kellinghusen im Kreise Steinburg oder *Wittenberge* in der westlichen Mark Brandenburg oder *Wittenberg* in Sachsen-Anhalt mnd. **to deme witten berge* bzw. **to den witten bergen* = „zum weißen Berg“ oder „zu den weißen Bergen“ (vgl. W. Laur, Ortsnamenlexikon, S. 704).

Wittenbergener Heide (Rissen, O.-Amt Blankenese, Bez. Altona) FN – „Heide von Wittenbergen“.

Wittmoorgraben (z. Diekbek u. Alster, Duvenstedt, O.-Amt Walddörfer, Bez. Wandsbek) GewN – Meßtischbl. 1880: Wittmoor – „Graben beim Wittmoor“, d. h. „weißen Moor“.

Wördenmoor (Langenhorn, O.-Amt Fuhlsbüttel, Bez. Hamburg-Nord) FN, h. StrN *Wördenmoorweg* – 1856 (Schröder-Biernatzki, Top.[2] II, S. 71) Wöhrmoor, Flurnamensamml. Wegemann 1920–1933: Wördenmoor – „Moor bei der Wöhrde – nnd. *Wöhr* – bei der Wurt“, hier wohl im Sinne von „eingezäunter Platz, Hofstelle“ als Bezeichnung für einen Wohnplatz (vgl. W. Laur, Ortsnamenlexikon, S. 714).

+ **Wörtjenfleet** (= Bäckerfleet, s. d.) GewN – 1770–1780 (E. Reinstorf, Eindeichung Wilhelmsburg, K 13) Wärtjen-Fleth, 1855 (Schröder-Biernatzki, Top.[2] I, S. 429) zwischen dem Bäcker- oder Wörtjen-Fleth – „Fleet, d. h. Abzugsgraben, in dem sich Enteriche aufhalten“, zu nd. *Waart*, *Wort* = „Enterich“.

Wohldorf (O.-Amt Walddörfer, Bez. Wandsbek) Stdttl., früher Dorf, mda. *Wohldörp* – 1303 (HUB II, 38) Woltdorpe, 1306 (HUB II, 113) et Woltdorpe, 1314 (HUB II, 302, Vertr.) to dhem Woltorpe, 1322 (HUB II, 534, Vertr.) to Woltdorpe, 1333 (HUB II, 908) cum castro Wolttorpe, 1343 (SHRU IV, 114) ville nostre Woltorp, 1347 (HUB IV, 335) de … Woltorpe, 1350 (HUB IV, 427) de Woltorp, 1396 (SHRU VI, 1280) in dem Woltorpe, 1416 (LAS, Urk.-Abt. 7, 264) to deme Woltorpe, 1437 (HKR III, S. LXXX_{14}) to deme Woltorpe, 1473 (HKR III, 122_{30}) ad usum Woltorp, Mejer 1650: Woldorp, 1856 (Schröder-Biernatzki, Top.[2] II, S.

609) Wohldorf – Wie *Wohltorf* bei Aumühle im Kreis Herzogtum Lauenburg „Walddorf" zu nd. *Woold* und *Dörp* (vgl. W. Laur, Ortsnamenlexikon, S. 707).

Wohldorfer Graben (Wohldorf, O.-Amt Walddörfer, Bez. Wandsbek) GewN – „Graben von Wohldorf".

Wohldorfer Wald (Wohldorf, O.-Amt Walddörfer, Bez. Wandsbek) FN – 1779 (Karte J. T. Reincke, vgl. Die Walddörfer 1, 1963, S. 15) Wohldorfer Wald, Meßtischbl. 1880: Wohldorfer Wald – „Wald von Wohldorf".

+ **Wolfwerder** (westl. v. Finkenwerder) IN – Elbkarte M. Lorck 1568: Wolffwarder – Wohl zur Tierbezeichnung *Wolf* und *Werder* = „Insel, Halbinsel".

+ **Wollbek** (südl. d. Veddel) GewN – Elbkarte M. Lorck 1568: Wolbecke – Wohl mnd. **Woldbēke* = „Waldbach" bzw. *wōld* im Sinne von „Buschwald, Niedrigwald".

+ **Wordenfleet** (zw. Dover u. Dröge Elbe, Vierlande) GewN – 16. Jahrh. (HGHbl 8, 1970, S. 106) in dat Wordenfleit – Wohl zu *Wort*, *Wurt*, s. Wördenmoor, u. *Fleet* = „Wasserlauf, Kanal".

Wraust (Kirchwerder, O.-Amt Vier- u. Marschlande, Bez. Bergedorf) Ortstl., vgl. StrN *Wrauster Bogen* – 1377 (StAH, 415, 1 Bd 1, Vol. 27, fasc.) de Wroo, 1856 (Schröder-Biernatzki, Top.[2] II, S. 35) Wraust, Flurnamensamml. Wegemann 1920–1933: Wraust – Vielleicht zu nd. *wrosen*, *wrausen* = „auspressen, drücken, zerquetschen" (vgl. O. Mensing V, Sp. 719). Wenn der Beleg *Wroo* von 1377 auf *Wraust* zu beziehen ist, so ist mit der Diphthongierung von *ō* zu *au* und einer Erweiterung mit einem *-st* zu rechnen. Dann könnte unser Ortsname zu einem nicht überlieferten Wort mnd. **wrōh(e)*, **wrōg(e)* in der Bedeutung von „etwas Gekrümmten, Krümmung" wie bei *Wrohe* bei Kiel und *Wrohm* in Dithmarschen gehören (vgl. W. Laur, Ortsnamenlexikon, S. 711). Richert und Beckershaus nennen einen noch früheren Beleg *Wro*, und zwar von 1362 (vgl. H. Richert, Zwischen Bille und Elbe, S. 234 u. H. Beckershaus, Straßennamen, S. 392), ohne allerdings nähere Quellenangaben zu machen.

+ **Wullenburg** (Amt Bergedorf) Örtlichkeit – 1449 (UBStL VIII, 586) to der Wullenborch – Wohl Scherzname zu *wullen* = „prügeln".

Wulmsberg (Hausbruch, O.-Amt Süderelbe, Bez. Harburg) FN u. StrN, mda. *Wulmsbarch* – Wohl aus älter **Wulfsberg* = „Berg des Wulf" entstanden.

+ **Wyst** (Hamm, O.-Amt u. Bez. Hamburg-Mitte) FN – 1345 (SHRU IV, 216, Abschr. 14. Jahrh.) in loco Wyst – Vielleicht zu mnd. **wûst* = „wüst". Auf Grund der einmaligen Überlieferung ist nur schwer zu entscheiden, welchen Vokal hier das *y* bezeichnet.

Z

Ziegelteich (i. Verlauf d. Bornmühlenbaches, O.-Amt u. Bez. Bergedorf) SN – „Teich – nd. *Diek* – bei einer Ziegelei".

Ziegelteich (Stellingen, O.-Amt Stellingen, Bez. Eimsbüttel) SN – Siehe oben.

Ziegelwiesenkanal (Heimfeld, O.-Amt u. Bez. Harburg) GewN – „Kanal bei einer Ziegel(ei)wiese".

Diegleiteich (Osdorf, O.-Amt Blankenese, Bez. Altona) SN – Flurnamensamml. Wegemann 1920–1933: am Ziegelteich – Siehe oben.

Zollenspieker (Kirchwerder, O.-Amt Vier- u. Marschlande, Bez. Bergedorf) Ortstl., früher Domanialgut, mda. *Tollenspieker* – 1482 (HKR IV, 18_{15}) in … Tollenspiker, 1455 (UBStL IX, 257) to deme Tollenspikere (vorher als *to Eyslinghe* – s. d. – erwähnt), 1508 (VBHK 180, 93b) in Tollenspiker, 1544 (Hamb. Bursprak. 133, 28) vor dem Tollenspiker, Elbkarte M. Lorck 1568: Toln Spicker, um 1569 (Karte D. Drever, Leerhoff Nr. 20) Tollenspiker, 1635 (LAS, Urk.-Abt. 210, 997, Kaiserurk.) der Tollenspicker genandt, Mejer 1649: Tollenspicker, Danckw. 1652: beym Zollenspeicher, 1654 (LAS, Urk.-Abt. 210, 1005) so itzo Tollenspieker genantt, 1856 (Schröder-Biernatzki, Top.^{2} II, S. 620) Zollenspiker – „Zollspeicher" zu nd. *Toll* und *Spieker*. Beim alten Eißlingen (s. d.) befand sich eine Zollstelle, nach der sich der jüngere Name *Zollenspieker* einbürgerte.

REGISTER

REGISTER

Register der wichtigsten Grundwörter

Die einzelnen Orts-, Gewässer-, Flur- und Landschaftsnamen nach den Grundwörtern geordnet

<u>Au</u>

Gewässernamen
Au, Berner Aue, Depenau, Dradenau, Düpenau, Dungelau, Gelbe Au, Glinder Au, Grevenau, Gussau, + Lütke Au, Mühlenau, Rahlau, Rüdigerau, Schippelsau, Stellau (?), + Utmörau, Wedeler Au.

<u>Baum</u>

Eichbaum, Eppendorfer Baum, Hammer Baum, Höltigbaum, Lübscherbaum, Rotherbaum, Tannenbaum, + Winserbaum.

<u>Nd. Bẹk, hd. Bach</u>

Gewässernamen
Ammersbek, Barmbek, Bek, Bornbach (2x), Bornbek, Bornmühlenbach, Bostelbek, Bredenbek (2x), Diekbek, Drosselbek, Eilbek, Ellernbek, Engelbach, Farmsener Bach, Flottbek, Furtbek, Geelenbek, Gehlenbek, Göhlbach, + Grindelbek, + Harvestehuder Bach, Hollenbek, Horstbek, + Hundebek, Isebek, Jenfelder Bach, Karnbek, Langenbek, Lohbek (2x), Lottbek, Mellingbek, Minsbek, Moorbek, Mühlenbach, Mühlenbek (2x), Osterbek, + Ottersbek, Pepermöhlenbek, Rethebek, Rodenbek, Röthbek, Rugenbek, Saselbek, Scheidebach, Schillingsbek, Schleemer Bach, Susebek, Tarpenbek, Twehlenbek, + Wevelsbek, + Wollbek.

Ortsnamen
Barmbek, Eilbek, Fischbek, Groß Flottbek, Kirchsteinbek, Klein Flottbek, Ladenbek, Lottbek, Schiffbek, Schönbek, + Schürbek, + Schulenbek, + Seebek, Wandsbek.

Berg

Ortsnamen
Alsterberg, Avensberg, + Besenburg, Boberg, Dulsberg, Friedrichsberg, Gnadenberg, + Hamburgerberg, + Hasenberg, Heidberg, + Hitscherberg, Langberg, Meßberg, Mühlenberg, Mümmelmannsberg, + Roksberg, + Rolandsberg, Saselberg, Schwarzenberg, Tatenberg, Treudelberg, Wittenbergen.

Flurnamen
+ Berg, Butterberg, Gefahrenberg, Hexenberg, Kiekeberg, Kösterberg, Krähenberg, Kreuzstiegsberg, + Lauenberg, Mellenberg, + Milchberg, Notenbarg, Opfer-Berg, Parkberg, Polterberg, Quellenberg, Rütersbarg, Rugenbergen, Schanzenberg, Scheinberg, Schwalkenberg, Sprützenberg, Süllberg, Tafelberg, Waseberg, + Windsberge, Wulmsberg.

Borstel

Borstel (2x), Groß-Borstel, Klein-Borstel.

Brack

Zusammensetzungen mit Appellativen, Adjektiven und Ortsnamen
Billbrack, Brake (?), Galgenbrack, Herrenbrack, Howerbrack, Kuckucksbrack, Kükenbrack, Küsterbrack, Langenbrack, Papenbrack, Riekenbrack, Riepenburger Brack, Rundbrack, Sandbrack, + Seebrack, Süderdeicher Brack, Sülzbrack, Uhlenbuschbrack, Vogtsbrack.

Zusammensetzungen mit Personennamen
Albrechtsbrack, Reckmannsbrack, + Willersbrack.

Brook

Ortsnamen
Grasbrook, Hammerbrook, Hellbrook, Iserbrook, Lehmbrook, Reitbrook.

Flurnamen
+ Brook, Busbrook, Duvenstedter Brook, + Finkenbrook, + Gosebrook, + Hasselbrook, Lauenbruch.

Büttel

Zusammensetzungen mit Personennamen
Appelbüttel, Eimsbüttel, Fuhlsbüttel, Hummelsbüttel (2x), Poppenbüttel, Wellingsbüttel.

Burg

Zusammensetzungen mit Appellativen, Adjektiven und Ortsnamen
Brakenburg, Hamburg, Harburg, Mellingburg (Mellenburg), Moorburg, Müggenburg, Nettelnburg, Neue Burg, Ohlenburg, + Oldenburg, Rönneburg, + Wasserburg, + Wiedenburg, + Wullenburg.

Zusammensetzungen mit Personennamen
Mundsburg, Riepenburg, + Rothenburg, Wilhelmsburg.

Damm

Billwerder Steindamm, Garstedter Damm, Kupferdamm.

Hd. Deich, nd. Diek

Achterdeich (2x), Achterdiek, Altendeich, Billdeich, Billwerder Neuer Deich, Brookdeich, Bullerdeich, Durchdeich, + Gammerdeich, Grünerdeich, Hammerdeich, Hohendeich, Kirchdeich, + Neuendeich, Stadtdeich, Vorderdeich.

Dorf

Zusammensetzungen mit Appellativen, Adjektiven und Flußnamen
Alsterdorf, Bergedorf, Kirchdorf, + Nedderndorf, Neudorf, Niendorf (2x), Ohldörp, Pöseldorf, Sülldorf, Walddörfer, Wohldorf.

Zusammensetzungen mit Personennamen
Eißendorf, Eppendorf, + Haldesdorf, Marmstorf, Meiendorf, Öjendorf, Ohlsdorf, Osdorf, Sinstorf, Tonndorf, Volksdorf, + Walzingdorf, Wilstorf.

Feld

Zusammensetzungen mit Appellativen und Adjektiven
Bahrenfeld, Borgfelde, Bramfeld, + Galgenfeld, + Hohefeld, Hohenfelde, Jenfeld, + Klein-Bramfeld, Langenfelde, + Lehfeld, + Mönkfeld, Neuenfelde, Niedernfeld.

Zusammensetzungen mit Personennamen
Heimfeld, Hinschenfelde, + Odersfelde.

Fleet

Gewässernamen
Bäckerfleet, + Dove Fleet, Dovenfleet, Ewer Schween (?), Finkenwerder Fleet, Francoper Schleusenfleet, + Herrengrabenfleet, Hollandbrookfleet, + Hornefleet, Köhlfleet, + Mühlenfleet, + Nikolaifleet, + Rüschfleet, Sandfleet, Schleusenfleet, + Schmalefleet, + Viersielener Schleusenfleet, Wandrahmsfleet, + Wörtjenfleet, + Wordenfleet.

Ortsnamen
+ Elversfleet, + Hasfleet, Moorfleet, + Urenfleet (2x).

Graben

Gewässernamen
Altenwerder Schleusengraben, Brausielgraben, Brookgraben, Deepenhorngraben, Deepenreiengraben, Deepenwiesengraben, Ellernholtgraben, Fangdiekgraben, Flottgraben, Freerengraben, Havighorster Graben, Holtbarggraben, Krempenheger Graben, Langer Torfgraben, Lütt-Kampgraben, Mesterbrookgraben, Müllergraben, Neuer Graben, Nymphengraben, Obenburger Schleusengraben, Ohmoorgraben, Pannsgraben, Parallelgraben, + Schedelgraben, Scheidegraben, Schießplatzgraben, Schippelsmoorgraben, Schlankweggraben, Schleusengraben, Schulteichgraben, + Seedelgraben, Streckgraben, Tangstedter Graben, Unterburger Schleusengraben, Vorhorngraben, Wittmoorgraben, Wohldorfer Graben.

Ortsnamen
Neugraben.

Grove

Flur- und Gewässernamen
+ Bobberdesgrove, + Grove (2x), Schluisgrove.

Ortsnamen
Lange Grove.

Hagen, Hegen

Flurnamen
Kakenhan (?), + Papeheyne.

Ortsnamen
+ Grubenhagen, + Schmachthagen.

Haus

Buntehaus, + Rotenhaus.

Heide

Flur- und Geländenamen
Dänenheide, Fischbeker Heide, Neugrabener Heide, Wittenbergener Heide.

Ortsnamen
Bramfelderheide, Dehnhaide, + Rönnheide, Saselheide.

Hof

Zusammensetzungen mit Appellativen und Adjektiven
Feldhofe, Grevenhof, + Grubenhof, + Herzogshof, + Jägerhöfen, Kaltehofe, Kirchhof, + Krapphof, + Krenshof, + Kreuzhof, Mönkhof, Neuhof, + Ophof, Pollhof, + Riekenhof, Rosenhof, Seehof.

Zusammensetzungen mit Personennamen
Brandshof, + Gerkenhof, + Hartjenhof (Hartigenhof), Waltershof.

Holt, Holz

Flurnamen
Eichholz, + Ekholt, Ellerholz (2x), + Nordholz.

Ortsnamen
Struckholt.

Horn

Flur- und Geländenamen
Asperhorn = Aspersort, + Billhorn, + Demunder Horn, + Fuhlenhorn, + Hörn, Horn, Jüthorn, Kiefhörn, + Lerhorn, + Mundeshorn, Steckelhörn, + Up dem Horn.

Ortsnamen
Buckhorn, Horn, Langenhorn, Neu-Stillhorn, Stillhorn.

Horst

Flurnamen
+ Schwarzenhorst.

Ortsnamen
Borghorst, Kronshorst, Uhlenhorst.

Hude

Dockenhuden, + Frühlingshude, Harvestehude, + Heimhude, + Papenhude, Winterhude.

Hausen, Husen

Zusammensetzungen mit Appellativen, Adjektiven und Numeralien
Fünfhausen (2x), + Velthusen, Vierhausen, + Westerhusen.

Zusammensetzungen mit Personennamen
+ Engenhusen, Ottensen (?).

-ingen

+ Eißlingen (Ableitung v. einem Personennamen), Stellingen (Ableitung v. einem Appellativ).

Kamp

Flurnamen
+ Hilgenkamp, Kamp, + Olde Kempe, + Rodekamp, + Rövekamp, + Varenkamp.

Ortsnamen
Buchenkamp, Großer Schäferkamp, Hohnerkamp.

Kanal

Ernst-August-Kanal, Goldbekkanal, Hohwegkanal, Lotsekanal, Lunpfadkanal, Seevekanal, Uhlenhorster Kanal, Veringkanal, Ziegelwiesenkanal.

Lake

Gewässernamen
+ Kuhlake, + Stromlake, + Wittelake.

Ortsnamen
+ Bruneslake, Curslack, Holaake.

Land

Flur- u. Landschaftsnamen
Altes Land, Klostergehrenland, Vierlande.

Ortsnamen
+ Kammerland, Neuland, Spadenland.

Marsch

Flurnamen
+ Marsch (2x).

Ortsnamen
Farmsen, Othmarschen.

Moor

Flurnamen
Bornmoor, Francoper Moor, Grootmoor, + Hasenmoor, Hüsenmoor, Jenfelder Moor, Kiebitzmoor, Nincoper Moor, Ohlkuhlmoor, Ohmoor, Raakmoor, + Schiermoor, Stellmoor, Timmermoor, Tonradsmoor, Vierzigstückenmoor, Wördenmoor.

Ortsnamen
+ Glindesmoor, Gut Moor.

Müde, Mühe

Allermöhe (Ortsname), + Bilnemuthe (Flurname).

Müsse

Flurnamen
+ Berkmüsse, + Müssen.

Ortsnamen
Müssen.

Ort

Flurnamen
Aspersort, + Kronsort.

Ortsnamen
Gätjensort, + Gammerort, + Hinterort, Rothenburgsort, Speersort.

Rinne, Rönne

Gewässernamen
Bullenrinne, Hohle Rönne, + Iserhardesrönne, + Schedelrönne, + Steinrönne.

Sand

Insel- u. Geländenamen
Baakensand, Blumensand, + Kattsand, Kreetsand, Neßsand, + Pagensand, Schweenssand, Schweinesand, + Streitsand.

See

Bahrenfelder See, Bramfelder See, Grootsee, Helmuth-Schack-See, Hohendeicher See, Hover See, Öjendorfer See, + See, Seefelder See, Tonndorfer See.

Stedt

Zusammensetzungen mit Appellativen, Adjektiven und Flußnamen
Billstedt, Lokstedt, Nienstedten, Ohlstedt.

Zusammensetzungen mit Personennamen
Bergstedt, Duvenstedt, Eidelstedt, Mellingstedt, Rahlstedt.

Hd. Tal, nd. Dal

Altwiedenthal, Beerental, + Dale, Frauenthal, Joachimstal, Marienthal, Neuwiedenthal, Tinsdahl.

Hd. Teich, nd. Diek

Alter Teich, Außenmühlenteich, Borghorster Teich, Diebsteich, Eichtalteich, Feenteich, Flethmannsteich, Halreienteich, Holzmühlenteich, Kohdiek, Kuckucksteich, Kupferteich (2x), Kupperteich, Lomühlenteich, Mühlenteich (3x), Muusdiek, Nordmark-Teich, Ostender Teich, Prökelmoorteich, Rodenbeker Teich, Rondeelteich, Schleemer Teich, Schulteich, Steinbeker Teich, Steinfurther Diek, Waldteich, Ziegelteich (3x).

Weide

Zusammensetzungen mit Appellativen und Adjektiven
+ Große Weide, Kornweide, + Schweineweide, Weide.

Zusammensetzungen mit Personennamen
+ Everdesweide, Randersweide.

Werder

Zusammensetzungen mit Appellativen, Adjektiven und Gewässernamen
+ Allwerder, + Alsterwerder, Altenwerder, Baakenwerder, Billwerder, + Boizenwerder, + Calwerder, + Deveswerder, Entenwerder, + Feldwerder, Finkenwerder, + Göschenwerder, + Großenwerder, Hasselwerder, + Inwerder, Kirchwerder, Kuhwerder, + Lauenwerder, + Mittelster Werder, Moorwerder, Mühlenwerder, Ochsenwerder, Overwerder, + Papenwerder, Rethwerder, + Sandwerder, Schumacherwerder, Steinwerder, + Stoverwerder, Wechselwerder, + Wolfwerder.

Zusammensetzungen mit Personennamen und Namen von Patrozinien
+ Bolterdesworden (?), Georgswerder, + Gieselwerder, + Gorrieswerder, + Grandeswerder, Griesenwerder, Maakenwerder, + Nikolauswerder, + Reinerswerder, + Sibrandeswerder.

Wettern, Wetterung

Bergwettern, Brookwetter, Bullerwettern, Dove Wettern, Francoper Wettern, Fünfhausener Wettern, Großsander Wettern, Grüner-Damm-Wettern, Höder-Wettern, Hövelwettern, Jenerseite-Wettern, Kirchdorfer Wettern, Kornweidenwettern, Kuckuckswettern, Moorwerder Wettern, Moorwettern, Mühlenwettern, Neuländer Moorwettern, Neuländer Wettern, Niedergeorgswerder Wettern, Rathauswettern, Reiherstieger Wettern, Schönfelder Wettern, Stillhorner Wettern, Unterburger Wetterung.

Register der in den Orts-, Flur- und Gewässernamen enthaltenen Personennamen

Dieses Register enthält die Rufnamen und anderen Personennamen, die in den Orts-, Flur- und Gewässernamen als erste Zusammensetzungsglieder auftreten, und daneben die entsprechenden Ortsnamen. Die wenigen Frauennamen werden durch ein F hinter dem Namen gekennzeichnet. Ein Fragezeichen hinter dem betreffenden Ortsnamen zeigt an, daß die Deutung fraglich ist, so daß es sich beim Bestimmungswort eventuell auch um einen anderen Personennamen oder auch um ein Appellativ oder Adjektiv handeln kann; daher kann bei einer fraglichen Deutung der gleiche Ortsname mehrfach auftreten.

Zweigliedrige deutsche Rufnamen

Aginmar, *Eimer	-	Eimsbüttel
Audulf, Odulf	-	Ohlsdorf
Authari, Othere, Oder	-	+ Odersfelde, Ottersbek (?)
Albrecht	-	Albrechtsbrack
Bobobert, Bobbert	-	+ Bobberdesgrove
Baldhard, Boltert	-	+ Bolterdesworden (+ Bolterdeswerder)
Eberhard, Ewert	-	+ Ewerdesweide, Ewer Schween (?)
Elbert, Elwert	-	+ Elversfleet
Folcward, Volquart	-	Volksdorf
Friedrich	-	Friedrichsberg
Herward	-	Harvestehude
Hunmar, Hummer	-	Hummelsbüttel (2x)
Iserhard	-	+ Iserhardesrönne
Liuthar, Liuther, Lüder	-	Lürade
Marwald, Marold	-	Marmstorf
Milderadis, Milderade, Mildred F	-	Millerntor
Milhard, Milrat, Milert	-	+ Mildersen (?)
Oslef	-	Osdorf
Radulf, Radolf	-	Rahlstedt
Raginheri, Raginer, Reiner	-	+ Reinerswerder
Randheri, Rander	-	+ Randersweide
Rödiger, Rüdiger	-	Rödingsmarkt, Rüdigerau
Sigbrand, Sibrand	-	+ Sibrandeswerder
Walter	-	Waltershof
Wilhelm	-	Wilhelmsburg
Will(e)rad	-	+ Willersbrack

Eingliedrige deutsche Rufnamen (Kurznamen)

Abulo	-	Appelbüttel
Agilo, Eile	-	Eidelstedt
Aitzo, Eitze	-	Eißendorf
Angilo, Engel	-	Engelbach
Avo	-	Avensberg
Berno	-	Barmbek (?)
Beriko	-	Bergstedt
Brun	-	+ Bruneslake

Duvo	-	Duvenstedt
*Eizilo	-	+ Eißlingen
Engo, Ingo	-	+ Engenhusen
Eppo	-	Eppendorf
Ernst-August	-	Ernst-August-Kanal
Frank	-	Francop
Gerico, Gerke	-	+ Gerkenhof
Gisilo	-	+ Gieselwerder
Godiko	-	Gätjensort
Hal(i)d	-	+ Haldesdorf
Herico, Herke, Harke	-	+ Harkenkrug
Harting	-	+ Hartjenhof (+ Hartigenhof)
Haido, Heido, Heide	-	+ Hedingerode
Heimo	-	+ Heimfeld, + Heimhof, + Heimhude
Hunzo	-	Hinschenfelde
Izzo, Itzo, Itziko	-	+ Hitscherberg (+ Hinschenberg)
Mako, Make	-	Maakenwerder
Megino, Meino	-	Meiendorf
Madalo, *Mahalo	-	Mellingstedt
Odo	-	Öjendorf
Otto	-	Ottensen (?)
Poppo	-	Poppenbüttel
Sini	-	Sinstorf
Tadeke, Tato	-	Tatenberg
Todo	-	Tonndorf
Totto	-	Ottensen (?)
Walding	-	Wellingsbüttel
Walzo, Walizo	-	+ Walzingdorf
Wand	-	Wandsbek
Wil(d)o	-	Wilstorf
Wulf	-	Wulmsberg

Rufnamen hebräischer, griechischer oder lateinischer Herkunft (darunter auch Patroziniennamen)

Georg	-	Georgswerder
Gorries	-	+ Gorrieswerder
Jakob	-	+ Jakobshufe
Joachim	-	Joachimstal
Marie F	-	Marienhöhe, + Marienquelle, Marienthal
Nikolaus	-	+ Nikolauswerder

Sankt Georg	-	Sankt Georg
Sankt Paul	-	Sankt Pauli (die letzten als Namen von Patrozinien)

Beinamen und Familiennamen

Brand	-	Brandshof
Cremon (?)	-	Cremoninsel (?)
Dull	-	Dulsberg (?)
Flethmann	-	Flethmannsteich
Fuhl	-	Fuhlsbüttel
Grand	-	+ Grandeswerder
Greve	-	Grevenau (?)
Gris, Gries, Griese	-	Griesenwerder
Köster	-	Kösterberg (?)
Krahn	-	Krahnshorst
Mund(t)	-	+ Mundeshorn, Mundsburg
Rainville	-	Rainville
Reuter	-	Rütersbarg (?)
Reckmann	-	+ Reckmannsbrack
Rodenborg	-	+ Rothenburg
Rulant	-	+ Rolandsberg (Rolandsmühle)
Sween	-	Ewer Schween (?)
Vogt	-	Vogtsbrack (?)
Wewer, Weber	-	+ Wevelsbek

HAMBURGISCHE WÖRTERBÜCHER

Hamburgisches Wörterbuch

In 5 Bänden

Mit einem Umfang von 40.000 Stichwörtern dokumentiert dieses historische Wörterbuch die Bandbreite der Mundarten Hamburgs vom 13. bis 20. Jahrhundert. Satzbeispiele für einzelne Gebrauchsweisen, Redensarten, Spruchgut, volkstümliche Reime und Informationen zu kulturellen Gegebenheiten veranschaulichen die Verwendung der ausgewählten Stichwörter. Begründet 1917 von Agathe Lasch und Conrad Borchling, wurde das Wörterbuch nach seiner 90-jährigen Geschichte schließlich von Jürgen Meier und Beate Hennig vollendet. Das Hamburgische Wörterbuch spiegelt ein gutes Stück Kulturgeschichte wider und ist eine einzigartige und umfangreiche Quelle für jeden Heimatinteressierten.

Fünf Halbleder-Bände
2.600 Seiten
ISBN 978-3-529-04603-2

Kleines Hamburgisches Wörterbuch

Herausgegeben von Beate Henning und Jürgen Meier

Mit rund 6.500 Stichwörtern wird in dem Kleinen Hamburgischen Wörterbuch der wichtigste Wortschatz der Hamburger für ein breites Publikum zugänglich gemacht. Das Buch beinhaltet ein hochdeutsches Register, dem 15.000 plattdeutsche Begriffe zugeordnet sind.

Broschur
270 Seiten
ISBN 978-3-529-04650-6